金融科技系列

基于 Python 的
金融分析与风险管理

畅享版·应用卷

斯文◎著

Python for Financial
Analysis and Risk Management

人民邮电出版社
北京

图书在版编目（CIP）数据

基于Python的金融分析与风险管理：畅享版．应用卷 / 斯文著． -- 北京：人民邮电出版社，2025.1
（金融科技系列）
ISBN 978-7-115-63938-7

Ⅰ．①基… Ⅱ．①斯… Ⅲ．①金融－分析－应用软件 ②金融管理－风险管理－应用软件 Ⅳ．①F83-33

中国国家版本馆CIP数据核字(2024)第053504号

内 容 提 要

Python 是一门以简洁和可读性著称的编程语言，它的易学性使其成为新手和专业人士的首选。Python 提供了丰富的库和框架，广泛应用于数据科学、人工智能、Web 开发等领域。无论你是初学者还是资深开发者，Python 都能满足你的需求。

本书内容共 6 章，立足金融场景讲解 Python 的编程应用，结合利率、汇率、债券、股票、互换、期货等主题演示了 Python 在金融领域的典型应用，帮助读者探寻一种金融大数据分析的新思路。

本书由资深的金融从业者编写，旨在引导读者掌握金融领域的 Python 编程技巧，适合金融领域和金融科技领域的从业者和高校师生学习参考，也适合对 Python 的金融应用感兴趣的其他读者阅读。

◆ 著　　斯　文
  责任编辑　胡俊英
  责任印制　王　郁　焦志炜

◆ 人民邮电出版社出版发行　北京市丰台区成寿寺路 11 号
  邮编　100164　电子邮件　315@ptpress.com.cn
  网址　https://www.ptpress.com.cn
  天津千鹤文化传播有限公司印刷

◆ 开本：787×1092　1/16
  印张：19.75　　　　　　　　　2025 年 1 月第 1 版
  字数：494 千字　　　　　　　　2025 年 1 月天津第 1 次印刷

定价：89.80 元

读者服务热线：(010)81055410　印装质量热线：(010)81055316
反盗版热线：(010)81055315
广告经营许可证：京东市监广登字 20170147 号

前言

本书的一个显著特征就是，以探讨金融产品为主线，Python 编程则是技术实现手段。本书一共分为 6 章，借助 Python 编程探讨利率与汇率，以及债券、股票、互换、期货等的定价、策略及风险等知识点。

一、本书的主要内容

第 1 章聚焦利率与汇率这两个影响金融市场的重要变量以及由此派生的金融产品，具体是结合 Python 编程和 14 个示例，探讨利率的度量、远期利率的测算与远期利率协议的定价，分析汇率标价方法、三角套利交易、远期汇率的测算及外汇远期合约的定价等。

第 2 章关注债券这一重要的有价证券，具体是借助 Python 编程和 16 个示例，讨论债券定价、债券到期收益率、衡量债券利率风险的线性指标——久期与非线性指标——凸性，以及测度债券信用风险的信用评级、违约概率与回收率等。

第 3 章侧重探讨股票的定价问题，具体是运用 Python 编程和 17 个示例，讲解股息贴现模型、股票价格服从的随机过程、投资组合理论、资本资产定价模型以及套利定价理论等。

第 4 章重点讨论股票的投资策略与绩效，具体是结合 Python 编程和 19 个示例，剖析股票的定投策略、事件驱动策略、多空头策略以及跨市场套利策略等常见的投资策略，并对股票投资组合开展绩效评估与归因分析。

第 5 章分析重要的金融衍生品合约——互换，具体是通过 Python 编程和 14 个示例，剖析利率互换、货币互换、信用违约互换以及权益互换等合约的运作机理、期间现金流以及定价（价差）等。

第 6 章讲解期货这一运用广泛的衍生品合约，具体是结合 Python 编程和 18 个示例，探讨期货与现货的价格关系，运用股指期货分析套期保值的类型、追加保证金的风险、基差风险、交叉套期保值，以及滚动套期保值与移仓风险，探讨国债期货的转换因子、最廉价交割以及基于久期的套期保值策略等。

建议读者在本书的学习过程中，首先理解利率、汇率，以及债券、股票、互换、期货等金融产品的概念、特征、定价、交易策略、风险计量与管控等核心内容，然后思考并掌握如何运用 Python 编程实现相应的金融产品定价、交易策略制定和风险量化建模等。

二、本书的约定

一是 Python 代码的排版。Python 作为一门计算机编程语言，它的呈现方式是代码（code），因此 Python 的代码是书中的重要组成部分，本书的 Python 编程是通过 Anaconda 平台的 Spyder 完成的。为了将代码与书中的其他内容相区分，本书凡是涉及代码输入与输出的部分均以灰色为底色；同时，为了便于读者更好地理解代码，书中对代码给出了比较详细的注释（具体是以#引导的文字部分）；此外，为了提升阅读体验，本书在不改变内容的前提下，优化了部分代码输出结果的排版格式。以下方代码为例。

```
In [1]: import numpy as np                          #导入 NumPy 模块并且缩写为 np
   ...: import pandas as pd                         #导入 pandas 模块并且缩写为 pd
   ...: import matplotlib.pyplot as plt             #导入 Matplotlib 的子模块 pyplot 并且缩写为 plt
   ...: from pylab import mpl                       #从 pylab 导入子模块 mpl
   ...: mpl.rcParams['font.sans-serif']=['FangSong']   #以仿宋字体显示中文
   ...: mpl.rcParams['axes.unicode_minus']=False    #解决保存图像时负号显示为方块的问题
   ...: from pandas.plotting import register_matplotlib_converters  #导入注册日期时间转换函数
   ...: register_matplotlib_converters()            #注册日期时间转换函数
```

二是 Excel 文件的导入。笔者在撰写本书时凡涉及在 Python 中导入 Excel 文件，均将其存放于笔者计算机的桌面，因此在代码中 Excel 文件导入的路径显示为'C:/Desktop/文件名称.xlsx'。当然，读者可以选择个人偏好的计算机位置存放 Excel 文件，只需要输入正确的路径即可。

三是关于数学的运用。现代的金融学科离不开数学，数学为金融与 Python 的连通搭建了一座桥梁。因此，本书在讨论金融产品定价、交易策略以及风险管理等的过程中，将不可避免地用到数学符号和表达式。为确保可读性，本书遵循"简洁、易懂、实用"的原则处理相关数学的表述，读者仅需要具有微积分、线性代数和数理统计的入门知识，就可以无障碍地阅读和理解本书，充分体会数学是如何使金融变得富有逻辑又无比优美的。

四是小数点后的位数。本书在对运算的数值结果进行描述时，依据金融领域的习惯，往往保留至小数点后 2 位。此外，针对价格的结果通常会保留至小数点后 4 位，特殊情况下（如股票的行情价格）则保留至小数点后 2 位；针对利率、收益率、涨跌幅或权重等的结果，在有百分数参与计算的情形下往往保留至小数点后 4 位。当然，也可能存在保留不同位数的特殊情形。

三、本书提供的资料

为了让读者的学习效果最大化，阅读体验最优化，本书提供以下两类资料供免费下载。

一是 32 张 Excel 数据表格。这些 Excel 表格是本书描述金融市场以及相关示例的基础数据，数据来源于各大证券交易所、期货交易所以及 Wind、同花顺 iFinD 等金融数据终端，这些数据均是市场的公开数据。

二是 68 张 Python 绘制的彩图。在本书中，为了分析的可视化，运用 Python 生成共计 68 张彩图，由于纸质图书黑白印刷效果受限，为了给读者带来最佳的阅读体验，全部彩图均可免费下载。

以上资料均已上传至人民邮电出版社异步社区，读者可以到异步社区的本书页面下载。

四、温馨提示

由于本书会运用较多的 Python 编程知识，对于 Python 编程零基础或者基础较弱的读者，建议先阅读《基于 Python 金融分析与风险管理（畅享版）基础卷》，以便于高效阅读并充分理解本书中的 Python 代码。本书的 Python 编程所涉及的数据类型、数据结构、语法规则、第三方模块、函数、方法、属性、类等内容，在该书中均有详细的阐述与演示。

最后需要做些风险提示。由于金融市场充满不确定性风险，因此书中描述的交易策略和投资策略无法保证一定会带来盈利。

现在，就正式开启阅读与学习之旅吧！

斯文

2024 年 6 月

资源与支持

资源获取

本书提供如下资源：
- Excel 数据表格；
- 配套彩图文件；
- 本书思维导图；
- 异步社区 7 天 VIP 会员。

要获得以上资源，您可以扫描下方二维码，根据指引领取。

提交错误信息

作者和编辑尽最大努力来确保书中内容的准确性，但难免会存在疏漏。欢迎您将发现的问题反馈给我们，帮助我们提升图书的质量。

当您发现错误时，请登录异步社区（https://www.epubit.com），按书名搜索，进入本书页面，单击"发表勘误"，输入错误信息，单击"提交勘误"按钮即可（见下图）。本书的作者和编辑会对您提交的错误信息进行审核，确认并接受后，您将获赠异步社区的 100 积分。积分可用于在异步社区兑换优惠券、样书或奖品。

与我们联系

我们的联系邮箱是 contact@epubit.com.cn。

如果您对本书有任何疑问或建议，请您发邮件给我们，并请在邮件标题中注明本书书名，以便我们更高效地做出反馈。

如果您有兴趣出版图书、录制教学视频，或者参与图书翻译、技术审校等工作，可以发邮件给我们。

如果您所在的学校、培训机构或企业，想批量购买本书或异步社区出版的其他图书，也可以发邮件给我们。

如果您在网上发现有针对异步社区出品图书的各种形式的盗版行为，包括对图书全部或部分内容的非授权传播，请您将怀疑有侵权行为的链接发邮件给我们。您的这一举动是对作者权益的保护，也是我们持续为您提供有价值的内容的动力之源。

关于异步社区和异步图书

"异步社区"是由人民邮电出版社创办的 IT 专业图书社区，于 2015 年 8 月上线运营，致力于优质内容的出版和分享，为读者提供高品质的学习内容，为作译者提供专业的出版服务，实现作者与读者在线交流互动，以及传统出版与数字出版的融合发展。

"异步图书"是异步社区策划出版的精品 IT 图书的品牌，依托于人民邮电出版社在计算机图书领域的发展与积淀。异步图书面向 IT 行业以及各行业使用 IT 的用户。

目录

第 1 章　运用 Python 分析利率与汇率 ·· 1
   1.1　人民币利率体系 ··· 1
   1.2　人民币汇率体系 ··· 8
   1.3　利率的度量 ·· 12
   1.4　远期利率与远期利率协议 ·· 19
   1.5　汇率报价与套利 ··· 28
   1.6　远期汇率与外汇远期合约 ·· 33
   1.7　本章小结 ··· 43
   1.8　拓展阅读 ··· 44

第 2 章　运用 Python 分析债券 ··· 45
   2.1　债券市场概览 ·· 45
   2.2　债券定价与债券收益率 ··· 53
   2.3　衡量债券利率风险的线性指标——久期 ·· 63
   2.4　衡量债券利率风险的非线性指标——凸性 ··· 72
   2.5　测度债券的信用风险 ·· 77
   2.6　本章小结 ··· 85
   2.7　拓展阅读 ··· 85

第 3 章　运用 Python 分析股票的定价 ··· 86
   3.1　股票市场概况 ·· 86
   3.2　股票内在价值 ·· 94
   3.3　股票价格服从的随机过程 ·· 105
   3.4　投资组合理论 ·· 114
   3.5　资本资产定价模型 ·· 126
   3.6　套利定价理论 ·· 133
   3.7　本章小结 ··· 144
   3.8　拓展阅读 ··· 144

第 4 章　运用 Python 分析股票投资策略与绩效 ··· 146
   4.1　股票的定投策略 ··· 146

- 4.2 股票的事件驱动策略 ……………………………………………………………… 151
- 4.3 股票的多空头策略 ………………………………………………………………… 162
- 4.4 股票的跨市场套利策略 …………………………………………………………… 170
- 4.5 股票投资组合的绩效评估 ………………………………………………………… 175
- 4.6 股票投资组合的业绩归因 ………………………………………………………… 188
- 4.7 本章小结 …………………………………………………………………………… 197
- 4.8 拓展阅读 …………………………………………………………………………… 197

第 5 章 运用 Python 分析互换 …………………………………………………… 198

- 5.1 互换市场的概况 …………………………………………………………………… 198
- 5.2 利率互换 …………………………………………………………………………… 207
- 5.3 货币互换 …………………………………………………………………………… 217
- 5.4 信用违约互换 ……………………………………………………………………… 233
- 5.5 权益互换 …………………………………………………………………………… 244
- 5.6 本章小结 …………………………………………………………………………… 252
- 5.7 拓展阅读 …………………………………………………………………………… 252

第 6 章 运用 Python 分析期货 …………………………………………………… 253

- 6.1 期货市场概况 ……………………………………………………………………… 253
- 6.2 期货与现货的价格关系 …………………………………………………………… 265
- 6.3 股指期货的套期保值 ……………………………………………………………… 273
- 6.4 国债期货的套期保值 ……………………………………………………………… 293
- 6.5 本章小结 …………………………………………………………………………… 305
- 6.6 拓展阅读 …………………………………………………………………………… 306

第 1 章
运用 Python 分析利率与汇率

本章导读

利率（interest rate）表示一定期限内利息额与本金额的比率，决定了在一定情况下借入方承诺支付给借出方的资金数量，代表资金的价格，用百分比表示。通常情况下，利率按照年利率计算并对外报价，这一按年计算的利形式被称为年利率。**汇率**（exchange rate）在名义上是一种货币与另一种货币的兑换比例，其实质是两种货币的相对价格，也就是以一种货币表示另一种货币的价格。无论是利率还是汇率，一直以来都是金融市场的关键变量和风险因子，是决定包括债券、股票、衍生产品等金融产品价格的核心因素，也是影响宏观经济状况的重要金融变量。本章将结合示例讨论如何运用 Python 分析利率与汇率。

本章的内容将涵盖以下几个主题。
- ✓ 介绍我国人民币利率体系、人民币汇率制度的演变以及人民币汇率产品概况，并对利率、汇率的走势进行可视化。
- ✓ 探讨利率的度量，包括复利频次（含连续复利）、不同复利频次利率的等价关系以及零息利率等内容。
- ✓ 分析远期利率的测算以及远期利率协议的现金流与定价。
- ✓ 讨论汇率报价以及利用不同币种之间的汇率报价开展三角套利交易。
- ✓ 剖析远期汇率的机制、运用即期和远期汇率开展的抵补套利交易以及外汇远期合约的定价。

1.1 人民币利率体系

人民币利率体系由中央银行政策利率、金融机构存贷款利率、金融市场基准利率及无风险利率等多个层面构成。接下来，我们详细探讨这些利率的具体内容。

1.1.1 中央银行政策利率

利率作为重要的经济金融变量，在国家宏观调控体系中发挥着重要的作用。中国人民银行作为中央银行，会根据宏观调控的需要，适时运用包括再贷款利率、再贴现利率、回购利率、常备借贷便利利率、中期借贷便利利率等一系列政策利率工具，对利率水平和利率结构进行调整，最终影响资金供求，实现货币政策目标。

1. 再贷款利率

金融机构可以向企业和个人发放贷款，而中央银行对金融机构的贷款称为**再贷款**，**再贷款利率**是中央银行向金融机构发放再贷款所采用的利率。自1984年中国人民银行专门行使中央银行职能以来，再贷款一直是重要的货币政策工具。目前，再贷款主要用于金融机构支持扩大涉农信贷投放（"支农"）、支持小微企业融资（"支小"）以及防范和处置金融风险（"金融稳定"）等。中国人民银行2024年1月25日调整了再贷款利率，具体用途、期限和利率如表1-1所示。

表1-1 中国人民银行的再贷款利率表（自2024年6月25日起执行）

再贷款用途	期限	利率
支农、支小再贷款	3个月	1.45%
	6个月	1.65%
	1年	1.75%
金融稳定再贷款	未规定	1.75%
金融稳定再贷款（延期期间）	未规定	3.77%

数据来源：中国人民银行。

2. 再贴现利率

贴现是指票据的持票人在票据到期前，为取得资金而贴付一定利息并将票据权利转让给金融机构的行为；**再贴现**则是金融机构为了取得资金，将持有的已贴现但尚未到期的票据再以贴现方式向中央银行转让的行为，再贴现所适用的利率就是**再贴现利率**。

中国人民银行自1986年在上海等中心城市开始试办再贴现业务以来，通过适时调整再贴现总量及利率，明确再贴现票据选择，达到吞吐基础货币和实施金融宏观调控的目的，同时发挥调整信贷结构的功能。中国人民银行从2024年1月25日起，对金融机构的再贴现利率下调至1.75%。

3. 回购利率

所谓**回购**（repurchase agreement，repo），是指拥有证券的金融机构同意将证券出售给交易对方，并在未来约定时间以更高的价格将证券买回。出售证券的金融机构得到资金，所支付的利息等于证券卖出与买入之间的差价，相应的利率称为**回购利率**（repo rate）。**央行回购利率**是指中央银行在开展回购业务过程中所使用的利率。

回购也是中国人民银行的一项公开市场业务，按照方向不同分为正回购与逆回购两种。**正回购**是中国人民银行向一级交易商卖出有价证券，并约定在未来特定日期买回有价证券的交易行为。**逆回购**是中国人民银行向一级交易商购买有价证券，并约定在未来特定日期将有价证券卖回给一级交易商的交易行为。

2013年1月，中国人民银行在公开市场推出了**短期流动性调节工具**（short-term liquidity operations，SLO）。短期流动性调节工具以7天期以内短期回购为主，采用市场化利率招标方式开展操作。2022年年末操作的一次短期流动性调节工具是2022年12月30日中国人民银行以利率招标方式开展的 1830 亿元、期限为 7 天的逆回购操作，中标利率为 2.00%。

4. 常备借贷便利利率

2013 年 1 月，中国人民银行创设**常备借贷便利**（standing lending facility，SLF），主要功能是满足金融机构期限较长的大额流动性需求，以抵押方式发放，合格抵押品包括高信用评级的债券类资产及优质信贷资产等。常备借贷便利利率发挥了利率走廊上限的作用，有利于维护货币市场利率平稳运行。在 2022 年年末，根据不同的期限，常备借贷便利利率分别是隔夜 2.85%、7 天 3.00%、1 个月 3.35%，期末常备借贷便利余额为 123 亿元。

5. 中期借贷便利利率

2014 年 9 月，中国人民银行创设**中期借贷便利**（medium-term lending facility，MLF），对象是符合宏观审慎管理要求的商业银行、政策性银行，采取质押方式发放。中期借贷便利利率发挥中期政策利率的作用，通过调节金融机构中期融资的成本，引导金融机构向符合国家政策导向的实体经济部门提供低成本资金，促进社会融资成本的降低。根据中国人民银行公布的信息，2022 年 12 月，中国人民银行对金融机构开展中期借贷便利操作共计 6500 亿元，期限 1 年，利率为 2.75%，期末中期借贷便利余额为 4.55 万亿元。

1.1.2 金融机构存贷款利率

金融机构存贷款利率主要包括人民币存贷款基准利率以及贷款市场报价利率两大类，并且与广大居民和企业的日常金融活动直接相关。

1. 人民币存贷款基准利率

人民币存贷款基准利率由中国人民银行制定并发布，银行目前吸收人民币存款的利率以及在 2019 年之前发放人民币贷款的利率，均是在参考中国人民银行基准利率的基础上自行设置的。2000 年 1 月至 2024 年 1 月，中国人民银行对存款基准利率累计调整 26 次，对贷款基准利率累计调整 28 次。表 1-2 所示是 2015 年 10 月 24 日调整后的金融机构人民币存贷款基准利率表。

表 1-2 金融机构人民币存贷款基准利率表

项目	期限	基准利率
人民币存款	活期存款	0.35%
	3 个月	1.10%
	半年	1.30%
	1 年	1.50%
	2 年	2.10%
	3 年	2.75%
人民币贷款	1 年以内（含 1 年）	4.35%
	1 至 5 年（含 5 年）	4.75%
	5 年以上	4.90%

资料来源：中国人民银行。

2013年7月20日，中国人民银行全面放开金融机构贷款利率管制，取消金融机构贷款利率0.7倍的下限，人民币贷款利率完全市场化。2015年10月23日，中国人民银行宣布，自2015年10月24日起对商业银行和农村合作金融机构等不再设置存款利率浮动上限，人民币存款利率也完全市场化。

然而，鉴于贷款基准利率由中央银行规定，带有较强的行政色彩，即使在贷款利率上下限均已放开的背景下，商业银行发放贷款时大多仍参照贷款基准利率定价，一些商业银行甚至通过协同行为以贷款基准利率的一定倍数（如0.9倍）设定贷款利率隐性下限，这便阻碍了利率向实体经济的传导功能。为此，金融机构强烈需要更加市场化的利率作为贷款利率的定价基准，这就引出下面要讨论的贷款市场报价利率。

2. 贷款市场报价利率

贷款市场报价利率（loan prime rate，LPR）是由各报价银行按公开市场操作利率（主要指中期借贷便利利率）加点形成的方式报价，由全国银行间同业拆借中心计算得出，为银行贷款提供定价参考。LPR包括1年期和5年期以上两个品种。银行的1年期和5年期以上贷款利率参照相应期限的LPR定价，1年期以内、1年至5年期贷款利率由银行自主选择参考的LPR期限品种定价。

截至2022年年末，LPR报价银行包括18家银行，每月20日（遇节假日顺延）上午9点前，各报价银行向全国银行间同业拆借中心提交报价，全国银行间同业拆借中心按去掉最高和最低报价后算术平均，并向0.05%的整数倍就近取整计算得出LPR，于当日9点15分对外公布，公众可在全国银行间同业拆借中心和中国人民银行网站查询。2022年12月20日，1年期LPR为3.65%，5年期以上LPR为4.30%。

需要指出的是，目前的LPR报价形成机制是依据2019年8月16日发布的《中国人民银行公告〔2019〕第15号》，并且从2019年8月20日起正式实施。

中国人民银行官方网站提供了LPR的历史数据。下面通过Python导入存放2019年8月至2022年12月LPR数据的Excel文件并且进行可视化。需要注意的是，为了便于本章后面的编程，在这里导入NumPy、pandas等常用模块以及绘图能够显示中文字体等功能的代码，这些代码也适用于本书其他各章。具体代码如下，绘制的走势图如图1-1所示。

```
In [1]: import numpy as np                              #导入NumPy模块并且缩写为np
   ...: import pandas as pd                             #导入pandas模块并且缩写为pd
   ...: import matplotlib.pyplot as plt                 #导入Matplotlib的子模块pyplot并且缩写为plt
   ...: from pylab import mpl                           #从pylab导入子模块mpl
   ...: mpl.rcParams['font.sans-serif']=['FangSong']    #以仿宋字体显示中文
   ...: mpl.rcParams['axes.unicode_minus']=False        #解决保存图像时负号显示为方块的问题
   ...: from pandas.plotting import register_matplotlib_converters  #导入注册日期时间转换函数
   ...: register_matplotlib_converters()                #注册日期时间转换函数

In [2]: LPR=pd.read_excel(io='C:/Desktop/贷款市场报价利率的数据.xlsx', sheet_name='Sheet1',
header=0,index_col=0)                                   #导入数据

In [3]: LPR.plot(figsize=(9,6),title='贷款市场报价利率（LPR）走势',xlabel='日期',ylabel='利率',
   ...:          grid=True)                             #数据可视化
Out[3]:
```

从图1-1可以看到，从2020年1月以来，无论是1年期还是5年期以上的LPR，均存在2

个明显的降息窗口期,一是2020年前4个月,二是2021年12月至2022年8月,背后的原因就是为了有效对冲外部环境对经济的负面影响,运用货币政策强化逆周期调节,在引导货币市场利率中枢下移的同时,通过LPR传导进一步降低实体经济的融资成本。

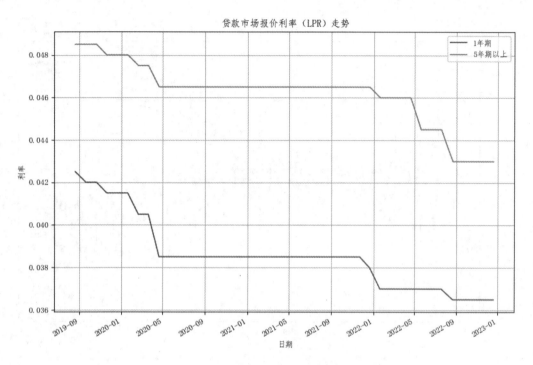

图1-1 用Python绘制的贷款市场报价利率走势
(2019年8月至2022年12月)

1.1.3 金融市场基准利率

在推进利率市场化改革进程中,金融市场已经培育了一系列基于实际交易的基准利率,主要包括银行间同业拆借利率、质押式回购利率以及上海银行间同业拆放利率等。

1. 银行间同业拆借利率

同业拆借(inter-bank lending)是金融机构同业之间发生的短期、无担保资金融通行为,目的在于调剂头寸和临时性资金余缺。**同业拆借利率**就是基于同业拆借行为而产生的报价利率。目前,金融机构之间的同业拆借需要通过中国外汇交易中心暨全国银行间同业拆借中心(简称"中国外汇交易中心")的交易系统才能完成,拆借期限包括1天、7天、14天、21天、1个月、2个月、3个月、4个月、6个月、9个月和1年共11个品种,并且该利率的代码以大写英文字母IBO开头。

中国外汇交易中心提供了同业拆借利率的历史数据。通过Python导入2021年至2022年1天(IBO001)、7天(IBO007)和14天(IBO014)这3个常用期限的同业拆借利率数据,并且绘制走势图(见图1-2),具体的代码如下。

```
In [4]: IBO=pd.read_excel(io='C:/Desktop/银行间同业拆借利率的数据.xlsx', sheet_name='Sheet1',
header=0,index_col=0)  #导入数据
```

```
In [5]: IBO.plot(figsize=(9,6),title='银行间同业拆借利率走势',xlabel='日期', ylabel='利率',
   ...:          grid=True)    #数据可视化
Out[5]:
```

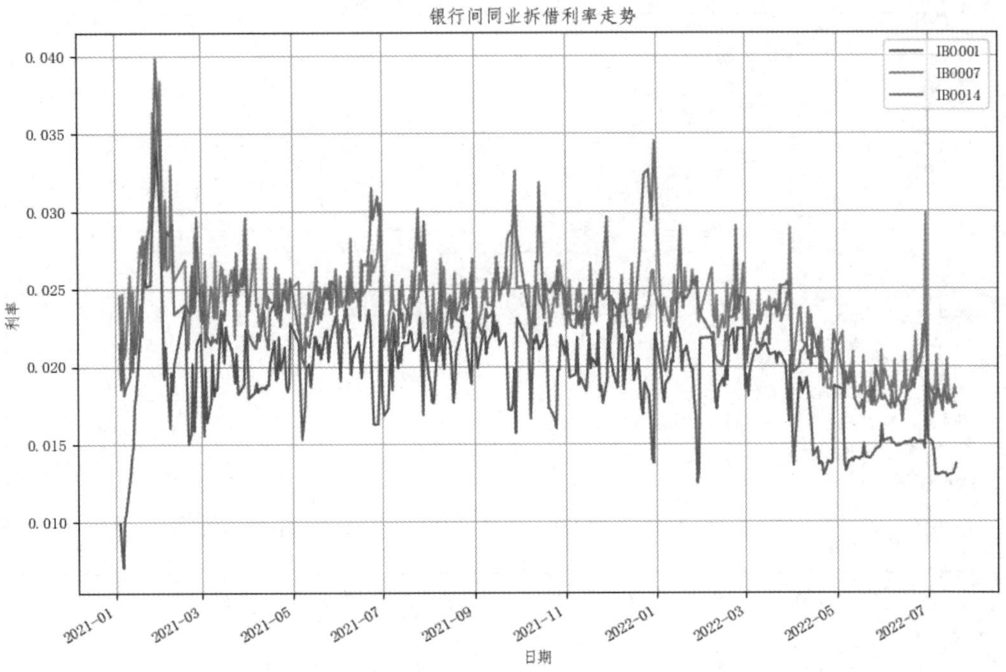

图 1-2　用 Python 绘制的银行间同业拆借利率走势（2021 年至 2022 年）

通过图 1-2 比较这 3 个不同期限品种的同业拆借利率，可以发现期限为 1 天和 14 天的利率波动较大，期限为 7 天的利率波动相对较小。

2. 质押式回购利率

质押式回购（pledge-style repo）是交易双方进行的以债券为权利质押的一种短期资金融通业务，具体是指资金融入方（正回购方）在将债券出质给资金融出方（逆回购方）融入资金的同时，双方约定在将来某一日期由正回购方按约定回购利率计算的资金额向逆回购方返还资金，逆回购方解除出质债券上质权的融资行为。

根据不同交易场所、不同交易主体，回购利率可以划分为银行间质押式回购利率、银行间回购定盘利率、存款类金融机构间的债券回购利率、存款类金融机构间的回购定盘利率以及交易所回购利率等 5 类，下面依次简要介绍。

一是银行间质押式回购利率。自 1997 年建立全国统一的银行间债券市场并开展债券质押式回购交易之日起，中国外汇交易中心就开始计算并发布 1 天（R001）、7 天（R007）等 11 个期限品种的银行间质押式回购利率，期限品种与银行间同业拆借的期限品种一致，利率代码以大写英文字母 R 开头，所有银行间市场的参与主体均可参与交易，并且不区分质押物，利率的变动能够体现整个银行间市场资金面的松紧情况。

二是银行间回购定盘利率。中国外汇交易中心于 2006 年 3 月开始发布银行间回购定盘利率（fixing repo rate），以每个交易日上午 9 点至 11 点（2015 年 7 月以后调整为 9 点至 11 点 30 分）

的质押式回购交易为基础,将所有成交利率排序并取中位数,并且于当日 11 点(2015 年 7 月以后调整为 11 点 30 分)对外发布,该利率的代码以大写英文字母 FR 开头,期限品种仅包括 1 天、7 天和 14 天。银行间回购定盘利率不仅是回购等资金交易的重要定价参考,也被广泛运用于利率衍生品。

三是存款类金融机构间的债券回购利率。2014 年以后,随着金融机构的同业业务和资管业务的蓬勃发展,银行间市场的非银行金融机构参与主体不断增加,使得传统的银行间质押式回购利率波动受交易对手和质押物的影响有所加大。为了更加真实、精确地反映银行体系流动性松紧变化,降低非银行金融机构对利率定价的扰动,中国外汇交易中心于 2014 年 12 月开始专门编制并发布存款类金融机构间的债券回购利率,利率代码以大写英文字母 DR 开头,期限品种与传统的银行间质押式回购利率保持一致。

四是存款类金融机构间的回购定盘利率。2017 年 5 月,中国外汇交易中心推出了存款类金融机构间的回购定盘利率,该利率的形成机制与银行间回购定盘利率类似,只不过以存款类金融机构间的质押式回购交易作为基础,利率代码以大写英文字母 FDR 开头,期限品种与银行间回购定盘利率保持一致,也是仅有 1 天、7 天和 14 天共计 3 个期限品种。

五是交易所回购利率。上海证券交易所、深圳证券交易所均可以开展债券回购交易,该回购交易的全称是**债券通用质押式回购交易**,交易所回购的参与者主要集中于非银行金融机构以及个人投资者,交易资金多为短期资金,同时交易比较容易受股票市场波动的影响。交易所回购利率的期限最短为 1 天,最长为 182 天,上海证券交易所和深圳证券交易所的回购利率有所不同。上海证券交易所的回购利率代码以大写英文字母 GC 开头,深圳证券交易所的回购利率代码则以 R-开头。

针对以上 5 类质押式回购利率,最常用的期限品种均是 7 天。此外,中国外汇交易中心对外提供发生在银行间债券市场的回购利率历史数据,上海证券交易所、深圳证券交易所则对外提供各自的回购利率历史数据。

3. 上海银行间同业拆放利率

上海银行间同业拆放利率(Shanghai interbank offered rate,Shibor),以位于上海的全国银行间同业拆借中心为技术平台计算、发布并命名,从 2007 年 1 月 4 日开始正式运行。Shibor 是由信用等级较高、货币市场上人民币交易相对活跃、信息披露比较充分的银行组成报价团,自主报出人民币同业拆出利率并经过计算确定的算术平均利率,是单利、无担保、批发性利率。截至 2022 年年末,参与 Shibor 报价的银行共计 18 家。

Shibor 期限品种包括隔夜(O/N)、1 周(1W)、2 周(2W)、1 个月(1M)、3 个月(3M)、6 个月(6M)、9 个月(9M)及 1 年(1Y),其中,最具有参考价值的是 3 个月 Shibor。上海银行间同业拆放利率网站对外提供 Shibor 历史数据的下载服务。

下面通过 Python 导入 2021 年至 2022 年 7 天银行间回购定盘利率(FR007)和 3 个月 Shibor(Shibor3M)的数据,并且绘制走势图(见图 1-3),具体代码如下。

```
In [6]: FR_Shibor=pd.read_excel(io='C:/Desktop/FR007与Shibor3M的数据.xlsx', sheet_name='Sheet1',
header=0,index_col=0)   #导入数据

In [7]: FR_Shibor.plot(figsize=(9,6),title='FR007与Shibor3M走势',xlabel='日期',ylabel='利率',
   ...:                 grid=True)   #数据可视化
Out[7]:
```

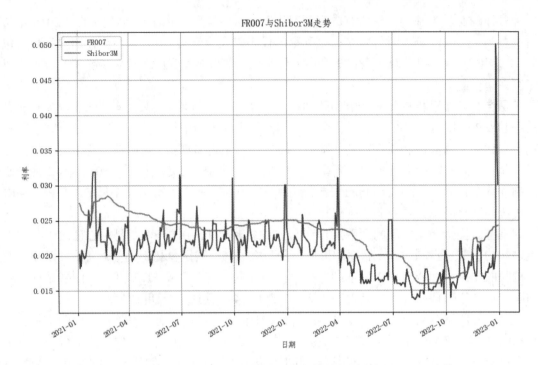

图 1-3 用 Python 绘制的 7 天银行间回购定盘利率与 3 个月 Shibor 走势
（2021 年至 2022 年）

通过图 1-3 可以清楚看到，相比于 3 个月 Shibor，7 天银行间回购定盘利率的波动更大；与此同时，7 天银行间回购定盘利率在每个季度最后一个月月末（3 月末、6 月末、9 月末和 12 月末）的报价，往往会高于其他的交易日。

1.1.4 无风险利率的说明

在讲完上述的各种利率以后，作为本节的结尾，有必要提一下在金融领域比较常用的一个利率变量——无风险利率。**无风险利率**（risk-free interest rate），也称为**无风险收益率**（risk-free return rate），是指将资金投资于一项无任何风险的资产而得到的利率或收益率。无风险利率是一种理想且抽象的利率，毕竟在一个充满风险的世界中很难找到一项不存在任何风险的资产。但即便如此，无风险利率依然广泛用于金融产品定价、交易策略制定以及风险量化建模。

根据国内金融实战的惯例，无风险利率通常可以选取前面提到的人民币存贷款基准利率、贷款市场报价利率（LPR）、上海银行间同业拆放利率（Shibor）以及在第 2.2 节讨论的国债到期收益率和国债零息收益率，本书后面的相关章节会给出具体的运用。

1.2 人民币汇率体系

人民币是我国的法定货币，人民币汇率代表人民币与外币之间的比价关系，是宏观经济重要的金融变量。本节介绍人民币汇率制度的演变、人民币汇率产品以及人民币汇率指数等内容。

1.2.1 人民币汇率制度的演变

人民币汇率制度是我国经济开放程度和自信程度的集中体现,当然人民币汇率制度也经历了一个长期、复杂的演变过程。

在改革开放之初的一段时间内,外汇是一种稀缺的金融资源,为了鼓励企业出口创汇,采取的是官方汇率与外汇调剂市场汇率并行的双重汇率制度。直到1994年1月1日,人民币官方汇率才与外汇调剂市场汇率正式并轨,也就在同一天正式开始实行以市场供求为基础的、单一的、有管理的浮动汇率制。

此后经过了10多年的艰苦探索,中国人民银行在2005年7月21日发布了《中国人民银行关于完善人民币汇率形成机制改革的公告》(中国人民银行公告〔2005〕第16号),明确从2005年7月21日起开始实行以市场供求为基础、参考一篮子货币进行调节、有管理的浮动汇率制度,这是人民币汇率制度的一次重大改革,被称为"7·21"汇改。从此,人民币汇率不再盯住单一美元,人民币汇率形成机制更贴近"自由浮动的汇率制度",并且奠定了现行人民币汇率制度的基本框架。

比较近期的一次人民币汇率改革发生在2015年8月11日。为了增强人民币兑美元汇率中间价的市场化程度和基准性,完善人民币兑美元汇率中间价的报价,2015年8月11日中国人民银行对外发布《中国人民银行关于完善人民币兑美元汇率中间价报价的声明》,明确自2015年8月11日起,在每日银行间外汇市场开盘前,参考上日银行间外汇市场收盘汇率,并在综合考虑外汇供求情况以及国际主要货币汇率变化的基础上,做市商向中国外汇交易中心提供中间价报价。中国人民银行的这份声明也被称为"8·11"汇改。

"8·11"汇改的成效主要表现在3个方面。第一,市场供求对汇率的影响加大。从改革后的市场表现来看,中间价与前一日收盘价之间的价差较汇改前明显缩小,中间价更能体现市场的供求变化,是人民币汇率朝着自由浮动汇率转变的一次有益尝试。第二,人民币汇率实现双向波动。在2005年"7·21"汇改后,人民币经历大约10年的升值期,汇率预期呈现单边走势,而在2015年"8·11"汇改后,人民币波动性明显增强,有升有降,市场预期出现分化。第三,政府对汇率波动容忍度更高,调控手段由直接入市干预转变为主要采取市场化手段,包括增加逆周期调控因子、隔夜拆借利率调整、外汇风险准备金等市场化手段和窗口指导。

"8·11"汇改还带来了另一个重大成果,就是人民币于2015年11月底被国际货币基金组织批准加入特别提款权(special drawing right,SDR)货币篮子并成为第三大权重货币,并于2016年10月1日起正式生效。

1.2.2 人民币汇率产品

金融机构之间的外汇交易均是通过银行间外汇市场(即中国外汇交易中心)完成的,同时中国外汇交易中心提供了与人民币汇率相关的产品,具体包括人民币外汇即期、人民币外汇远期、人民币外汇货币掉期等,由于本章后面的内容仅涉及汇率即期和远期交易,这里就重点介绍人民币外汇即期和人民币外汇远期这两类产品(这两类产品的相关要素详见表1-3),人民币外汇货币掉期的内容将在第5.1.2小节介绍。

表 1-3 人民币外汇即期、远期产品的要素

要素名称	人民币外汇即期	人民币外汇远期
产品定义	交易双方以约定的外汇币种、金额、汇率,在成交日后第2个营业日或第2个营业日以内交割的人民币外汇交易	交易双方以约定的外汇币种、金额、汇率,并在成交日后2个营业日以上的约定日期交割的人民币外汇交易
交易模式	竞价交易、询价交易和撮合交易	双边询价交易和撮合交易
交易品种	包括 USD/CNY（美元兑人民币）、EUR/CNY（欧元兑人民币）、JPY/CNY（日元兑人民币）、HKD/CNY（港币兑人民币）、GBP/CNY（英镑兑人民币）等共计29种汇率	包括 USD/CNY、EUR/CNY、JPY/CNY、HKD/CNY、GBP/CNY 等共计26种汇率
清算方式	竞价交易为集中清算,询价交易和撮合交易为双边清算或净额清算	双边清算或净额清算
交易时间	北京时间 9:30—次日 3:00（少数交易品种的交易时间会略短）,周六、周日及法定节假日不开市	

资料来源：中国外汇交易中心。

中国外汇交易中心提供人民币汇率的相关数据下载服务。针对美元兑人民币及欧元兑人民币这两个主要的交易品种,通过 Python 导入 2005 年 7 月 21 日（"7·21"汇改发生日）至 2022 年年末每日汇率中间价数据的 Excel 文件,并且绘制汇率走势图（见图 1-4）,具体代码如下。

```
In [8]: FX=pd.read_excel(io='C:/Desktop/汇率中间价数据.xlsx',sheet_name='Sheet1',header=0,
   index_col=0)    #导入数据

In [9]: FX.plot(figsize=(9,6),title='美元兑人民币及欧元兑人民币的汇率走势',xlabel='日期',
   ...:          ylabel='汇率',grid=True)              #数据可视化
Out[9]:
```

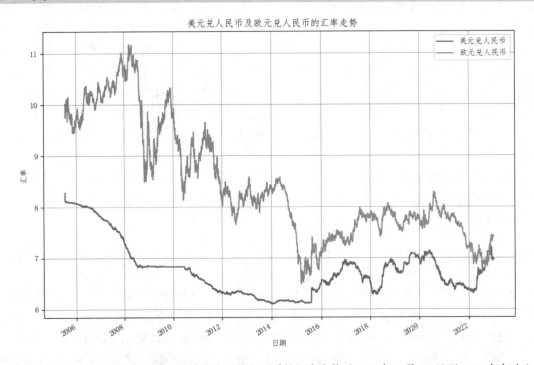

图 1-4 用 Python 绘制的美元兑人民币及欧元兑人民币的汇率走势（2005 年 7 月 21 日至 2022 年年末）

从图 1-4 中可以清楚地看到,从 2005 年 7 月 21 日汇改至 2015 年,美元兑人民币汇率处

于下行通道中，而在 2015 年以后，美元兑人民币汇率出现了有涨也有跌的双向波动局面。相比之下，自 2005 年 7 月 21 日至 2022 年年末，欧元兑人民币的汇率则实现了有升也有降的双向波动。

1.2.3 人民币汇率指数

长期以来，金融市场主要通过美元兑人民币的双边汇率来观察人民币汇率。由于汇率浮动旨在调节与多个贸易伙伴的贸易和投资，仅关注美元兑人民币双边汇率无法全面反映商品的国际比价，因此人民币汇率不应仅以美元为参考，更需要参考一篮子货币。

汇率指数是一种加权平均汇率，主要用于综合计算一国货币对一篮子外国货币的加权平均汇率变动，能够更加全面地反映一国货币的价值变化。相比于参考单一货币（比如美元），参考一篮子货币能够更加全面和准确地反映人民币汇率的市场变化情况，进而更好地体现我国商品和服务的综合竞争力，更好地发挥人民币汇率调节进出口、投资及国际收支的作用。

2015 年 12 月 11 日，中国外汇交易中心正式发布 CFETS 人民币汇率指数，同时列出了参考 BIS 货币篮子、SDR 货币篮子计算的人民币汇率指数。CFETS 是中国外汇交易中心的英文名称 China Foreign Exchange Trade System 的英文缩写，BIS 是 Bank for International Settlements（国际清算银行）的英文缩写，SDR 是 Special Drawing Right（特别提款权）的英文缩写。表 1-4 梳理了中国外汇交易中心发布的人民币汇率指数的相关信息。

表 1-4 中国外汇交易中心发布的人民币汇率指数

要素名称	CFETS 人民币汇率指数	BIS 货币篮子人民币汇率指数	SDR 货币篮子人民币汇率指数
参考标准	参考中国外汇交易中心挂牌的各类人民币兑外汇交易币种	参考国际清算银行的货币篮子	参考特别提款权的货币篮子
样本货币权重	样本货币权重采用考虑转口贸易因素的贸易权重法计算得出	样本货币权重采用 BIS 货币篮子权重	样本货币权重由各样本货币在特别提款权货币篮子的相对权重计算得出
样本货币取价	当日人民币外汇汇率中间价	对于中国外汇交易中心挂牌交易的人民币外汇币种，取价是当日人民币外汇汇率中间价和交易参考价；对于其他的人民币外汇币种，取价根据当日人民币兑美元汇率中间价和该币种兑美元汇率套算形成	当日人民币外汇汇率中间价
指数计算方法	几何平均法		
指数基期	2014 年 12 月 31 日		
基期指数	100 点		

注：针对每个人民币汇率指数所参考一篮子的具体货币币种以及币种的最新权重，可以访问中国货币网进行查询。

资料来源：中国外汇交易中心。

以上这些人民币汇率指数的推出并定期公布，为市场观察人民币汇率提供了更加综合的量化指标，有助于引导市场改变过去主要关注美元兑人民币双边汇率的习惯，逐渐把参考一篮子货币计算的有效汇率作为人民币汇率水平的主要参照系，有利于保持人民币汇率在合理均衡水平上的基本稳定。

中国外汇交易中心提供人民币汇率指数的历史数据下载服务。通过 Python 导入 2015 年 11 月 30 日（指数起始日）至 2022 年年末的 3 个人民币汇率指数数据，并且绘制汇率指数走势图（见图 1-5），具体代码如下。

```
In [10]: RMB_index=pd.read_excel(io='C:/Desktop/人民币汇率指数的数据.xlsx', sheet_name='Sheet1',
header=0,index_col=0)  #导入数据

In [11]: RMB_index.plot(figsize=(9,6),title='人民币汇率指数走势',xlabel='日期',
   ...:                 ylabel='汇率指数',grid=True)   #数据可视化
Out[11]:
```

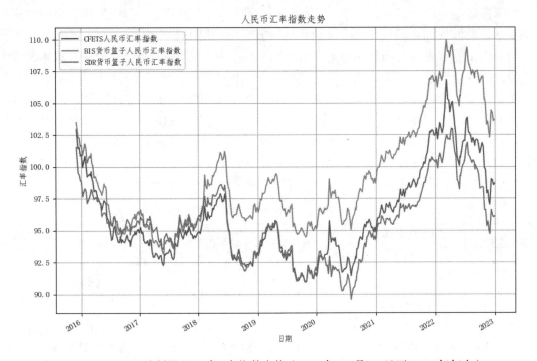

图 1-5　用 Python 绘制的人民币汇率指数走势（2015 年 11 月 30 日至 2022 年年末）

从图 1-5 可以看到，一方面这 3 个人民币汇率指数在走势上具有一定的趋同性，另一方面由于不同的人民币汇率指数所参考的一篮子外汇交易币种以及币种的权重存在差异，因此不同指数之间在走势上存在着一定的分化，BIS 货币篮子人民币汇率指数与其他两个指数的分化尤为明显。

1.3　利率的度量

有了前面关于利率体系的知识储备，本节将围绕利率的度量问题展开。通过利率计算得到的利息可以分为单利和复利，其中，单利仅仅针对本金计息，而复利则根据本金与前期利息之和计算利息，因此复利也俗称"利滚利"。在金融市场中，单利和复利都会被运用到，因此涉及利率时需要区分是单利还是复利。如果是复利则需要清楚复利频次是多少，每半年复利还是每季度复利抑或连续复利，这是利率的相对性；同时，不同频次的复利利率之间又存在着某种等价关系，这又涉及利率的等价性。

1.3.1 利率的相对性

为了能够更好地理解利率的相对性,首先借助一个商业银行存款利率的示例进行讲解,然后再进行抽象的归纳与概括。

1. 一个示例

【例 1-1】假定有 A 银行、B 银行、C 银行、D 银行、E 银行、F 银行共 6 家商业银行在 2022 年年末均对外发布"1 年期存款利率为 2%"的信息,乍一看这句话的意思清楚明了,细细一想却是隐藏着"玄机",这个"玄机"就是利率的计算方式。下面具体展开讨论。

A 银行的利息是 1 年复利 1 次。储户在 A 银行存入 1 万元,在 1 年后(2023 年年末)得到的本息和如下。

$$10000 \times (1 + 2\%) = 10200 \text{(元)} \tag{式 1-1}$$

B 银行的利息是每半年复利 1 次。这意味着储户每半年能获取本金 $\times \dfrac{2\%}{2}$ 的利息,并且利息可用于再投资。储户在 B 银行存入 1 万元,在 1 年后得到的本息和如下。

$$10000 \times \left(1 + \dfrac{2\%}{2}\right)^2 = 10201 \text{(元)} \tag{式 1-2}$$

C 银行的利息是每季度复利 1 次。这表示储户每个季度能获取本金 $\times \dfrac{2\%}{4}$ 的利息,利息可用于再投资。储户在 C 银行存入 1 万元,在 1 年后得到的本息之和(保留至小数点后 2 位,下同)如下。

$$10000 \times \left(1 + \dfrac{2\%}{4}\right)^4 = 10201.51 \text{(元)} \tag{式 1-3}$$

D 银行的利息是每月复利 1 次。这表示储户每月能获取本金 $\times \dfrac{2\%}{12}$ 的利息,利息可用于再投资。储户在 D 银行存入 1 万元,在 1 年后得到的本息和如下。

$$10000 \times \left(1 + \dfrac{2\%}{12}\right)^{12} = 10201.84 \text{(元)} \tag{式 1-4}$$

E 银行的利息是每周复利 1 次,并且假定一年有 52 周。这意味着储户每周能获取本金 $\times \dfrac{2\%}{52}$ 的利息,利息依然可用于再投资。储户在 E 银行存入 1 万元,在 1 年后得到的本息和如下。

$$10000 \times \left(1 + \dfrac{2\%}{52}\right)^{52} = 10201.97 \text{(元)} \tag{式 1-5}$$

F 银行的利息是每天复利 1 次,并且假定一年有 365 天。这意味着储户每天能获取本金 $\times \dfrac{2\%}{365}$ 的利息,利息依然可用于再投资。储户在 F 银行存入 1 万元,在 1 年后得到的本息和如下。

$$10000 \times \left(1 + \dfrac{2\%}{365}\right)^{365} = 10202.01 \text{(元)} \tag{式 1-6}$$

基于以上的计算结果不难发现，随着复利频次的不断增加，1年后得到的本息和也在增加。这个示例充分揭示了利率的相对性特征，即单纯的利率数字是缺乏现实意义的，只有将利率与复利频次结合在一起才能准确地理解利率并正确计算出利息。

2. Python 的演示

针对【例 1-1】，可以通过 Python 高效地计算得出相关的结果，在运算时需要用 for 循环语句，具体的代码如下。

```
In [12]: par=1e4                                    #本金1万元
    ...: r=0.02                                     #利率2%
    ...: m_list=[1,2,4,12,52,365]                   #不同的复利频次
    ...: name_list=['每年复利1次','每半年复利1次','每季度复利1次','每月复利1次',
    ...:            '每周复利1次','每天复利1次']

In [13]: value_list=[]                              #创建空列表用于后续存放本息和的数据
    ...: i=0                                        #设置一个变量用于后续的 for 语句

In [14]: for m in m_list:                           #用 for 语句快速计算并输出不同复利频次的本息和
    ...:     value=par*pow((1+r/m),m)               #计算本息和
    ...:     value_list.append(value)               #存放于列表的尾部
    ...:     print(name_list[i],'本息和的金额（元）',round(value_list[i],2))  #输出结果
    ...:     i=i+1                                  #变量加上1
每年复利1次 本息和的金额（元） 10200.0
每半年复利1次 本息和的金额（元） 10201.0
每季度复利1次 本息和的金额（元） 10201.51
每月复利1次 本息和的金额（元） 10201.84
每周复利1次 本息和的金额（元） 10201.97
每天复利1次 本息和的金额（元） 10202.01
```

从以上输出的结果可以发现，运用 Python 计算得到的结果不仅与手动计算的结果相同，而且效率大幅提升。

3. 结论的推广

现在将【例 1-1】的结论进行推广，并且用数学符号给出一般的数学表达式。假设初始的投资本金用 L 表示，投资期限 n 年，利率 R 是年利率，每年的复利频次用 m 表示，到期时的本息和（投资终值）用 FV 表示，存在如下计算公式。

$$FV = L\left(1+\frac{R}{m}\right)^{mn} \quad (\text{式 1-7})$$

其中，（式 1-7）中的幂指数 mn 表示 $m \times n$。

下面通过 Python 自定义一个用于计算不同复利频次条件下本息和的函数，具体的代码如下。

```
In [15]: def FV(L,n,R,m):
    ...:     '''用于计算不同复利频次本息和的函数
    ...:     L: 初始的投资本金;
    ...:     n: 投资期限（年）;
    ...:     R: 年利率;
```

```
   ...:         m:每年的复利频次,输入Y代表每年复利1次,输入S代表每半年复利1次,输入Q代表每季度复利
1次,输入M代表每月复利1次,输入W代表每周复利1次,输入其他则表示每天复利1次'''
   ...:     if m=='Y':                              #每年复利1次
   ...:         value=L*pow(1+R,n)                  #计算本息和
   ...:     elif m=='S':                            #每半年复利1次
   ...:         value=L*pow(1+R/2,2*n)
   ...:     elif m=='Q':                            #每季度复利1次
   ...:         value=L*pow(1+R/4,4*n)
   ...:     elif m=='M':                            #每月复利1次
   ...:         value=L*pow(1+R/12,12*n)
   ...:     elif m=='W':                            #每周复利1次
   ...:         value=L*pow(1+R/52,52*n)
   ...:     else:                                   #每天复利1次
   ...:         value=L*pow(1+R/365,365*n)
   ...:     return value
```

在以上自定义的函数 FV 中,只需要输入初始的投资本金、投资期限、年利率以及每年的复利频次等参数,就可以快速计算得到对应的本息之和。

下面针对【例 1-1】中每周复利 1 次的情形验证自定义函数 FV 的正确性,具体代码如下。

```
In [16]: N=1                                        #投资期限(年)
    ...: FV_week=FV(L=par,n=N,R=r,m='W')            #计算每周复利1次的本息和
    ...: print('每周复利1次得到的本息和(元)', round(FV_week,2))
每周复利1次得到的本息和(元) 10201.97
```

以上的计算结果表明,通过自定义函数 FV 计算得到的结果与前面通过 for 循环语句得到的结果是完全相同的。

4. 复利频次与投资终值的关系

通过【例 1-1】可以得出复利频次与投资终值存在正相关关系,为了能够形象地展示这两者之间的关系,下面运用 Python 进行可视化。

【例 1-2】假定初始投资本金为 100 元,每年复利 1 次的年利率是 2%,投资期限是 1 年,考察复利频次从 1 至 200 所对应的到期本息和,相关的代码如下,得到的关系图如图 1-6 所示。

```
In [17]: par=100                                    #投资本金100元
    ...: m_list=np.arange(1,201)                    #创建从1到200的整数数组

In [18]: value_list=par*pow(1+r/m_list,m_list)      #计算到期本息和的数组

In [19]: plt.figure(figsize=(9,6))
    ...: plt.plot(m_list,value_list,'r-',lw=2)
    ...: plt.xlabel('复利频次',fontsize=12)
    ...: plt.ylabel('本息和(元)',fontsize=12)
    ...: plt.xticks(fontsize=12)
    ...: plt.xlim(xmin=0,xmax=200)                  #横轴刻度最小值是0、最大值是200
    ...: plt.yticks(fontsize=12)
    ...: plt.title('复利频次与本息和之间的关系', fontsize=12)
    ...: plt.grid()
    ...: plt.show()
```

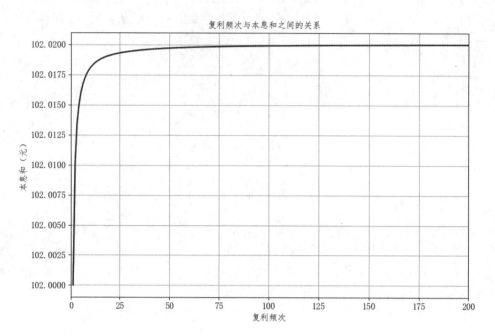

图1-6 复利频次与本息和之间的关系

从图1-6可以看到,复利频次增加对本息和的边际正效应是不断减弱的。通过目测可以发现,当复利频次超过75以后,这种边际正效应就变得非常微弱。当复利频次不断增加并且最终趋近于正无穷大时,便涉及下面要讨论的连续复利。

5. 连续复利

根据(式1-7),当$m=1$时所对应的利率有时被称为**等值年利率**(equivalent annual interest rate)。当m趋于正无穷大($m \to +\infty$)时,就称为**连续复利**(continuous compounding),对应的利率称为**连续复利利率**。

在连续复利条件下,运用数学的极限定理,(式1-7)可以改写如下。

$$FV = \lim_{m \to +\infty} L\left(1 + \frac{R}{m}\right)^{mn} = Le^{Rn} \qquad (式1\text{-}8)$$

其中,e是自然对数的底数,是一个无限不循环小数,近似等于2.71828,Python的math模块、NumPy模块都有计算e^x的函数。

1.3.2 利率的等价性

读到这里,读者也许已经得出一个重要的结论:不同复利频次的利率之间存在一种等价关系。比如,按每季度复利一次的利率3%与每月复利一次的利率2.9925%(保留至小数点后4位)可以计算得到相同金额的利息。下面就逐一考察这两种等价关系。

1. 等价关系之一

首先,考察每年复利m_1次的利率R_1与每年复利m_2次的利率R_2之间的等价关系式,这里的$m_1 \neq m_2$。根据(式1-7)可以得到如下等式。

$$R_2 = m_2\left[\left(1+\frac{R_1}{m_1}\right)^{\frac{m_1}{m_2}} - 1\right] \qquad \text{(式 1-9)}$$

根据（式 1-9），已知每年复利频次 m_1 的利率 R_1，就能计算出等价的每年复利频次 m_2 的利率 R_2。

为了计算的方便，针对（式 1-9），通过 Python 自定义一个函数，该函数可以通过复利频次 m_1 的利率 R_1 计算出等价的复利频次 m_2 的利率 R_2，具体的代码如下。

```
In [20]: def R_m2(R_m1,m1,m2):
    ...:     '''通过已知复利频次的利率，计算等价的新复利频次所对应利率的函数
    ...:     R_m1: 对应于复利频次 m1 的利率，该利率是已知的；
    ...:     m1: 对应于利率 R_m1 的复利频次；
    ...:     m2: 新的复利频次'''
    ...:     r=m2*(pow(1+R_m1/m1,m1/m2)-1)      #计算对应于复利频次 m2 的利率
    ...:     return r
```

通过以上的函数 R_m2，输入利率和复利频次，就能计算出等价的新复利频次所应对的利率，下面通过一个示例进行演示。

【例 1-3】 假定 G 银行对外的利率报价是 3%，按季度复利，计算等价的按月复利的利率。由于 $R_1=3\%$、$m_1=4$ 和 $m_2=12$，根据（式 1-9），等价的按月复利的利率计算如下（结果保留至小数点后 4 位，下同）。

$$12\left[\left(1+\frac{3\%}{4}\right)^{\frac{4}{12}} - 1\right] = 2.9925\% \qquad \text{(式 1-10)}$$

下面直接运用自定义函数 R_m2 进行验证，具体的代码如下。

```
In [21]: R_quarter=0.03                #每季度复利的利率
    ...: m_quarter=4                   #每季度复利的复利频次
    ...: m_month=12                    #每月复利的复利频次

In [22]: R_month=R_m2(R_m1=R_quarter,m1=m_quarter,m2=m_month)    #等价的每月复利利率
    ...: print('计算等价的按月复利所对应的利率',round(R_month,6))
计算等价的按月复利所对应的利率 0.029925
```

通过 Python 计算得到的结果与手动计算得到的结果是相同的。

2. 等价关系之二

接着考察连续复利利率与每年复利 m 次利率之间的等价关系式。假设 R_c 代表连续复利的利率，这里的 c 代表 continuous 的首字母，R_m 是与连续复利利率等价的每年复利 m 次的利率，根据（式 1-7）和（式 1-8），可以得到如下两个等式。

$$R_c = m \times \ln\left(1+\frac{R_m}{m}\right) \qquad \text{(式 1-11)}$$

$$R_m = m\left(e^{R_c/m} - 1\right) \qquad \text{(式 1-12)}$$

其中，（式 1-11）中的 ln 表示自然对数。

根据（式 1-11），已知每年复利频次 m 的利率 R_m，可以计算得到等价的连续复利利率 R_c；同样根据（式 1-12），已知每年的复利频次 m、连续复利利率 R_c，就能计算出与连续复利利率等价的每年复利 m 次的利率 R_m。

为了计算方便，针对（式 1-11）通过 Python 自定义一个已知复利频次和对应的复利利率并计算等价连续复利利率的函数，具体的代码如下。

```
In [23]: def Rc(Rm,m):
    ...:     '''通过已知的复利频次及对应的利率，计算等价的连续复利利率的函数
    ...:     Rm: 复利频次 m 的利率；
    ...:     m: 复利频次'''
    ...:     from numpy import log        #导入 NumPy 模块的 log 函数
    ...:     r=m*log(1+Rm/m)              #计算等价的连续复利利率
    ...:     return r
```

通过以上的函数 Rc，输入复利频次以及对应的利率，就可以计算得到等价的连续复利利率。

同样，针对（式 1-12）通过 Python 自定义一个已知连续复利利率和复利频次并计算对应复利频次利率的函数，具体的代码如下。

```
In [24]: def Rm(Rc,m):
    ...:     '''通过连续复利利率和复利频次，计算对应复利频次利率的函数
    ...:     Rc: 连续复利利率；
    ...:     m: 复利频次'''
    ...:     from numpy import exp        #导入 NumPy 模块的 exp 函数
    ...:     r=m*(exp(Rc/m)-1)            #计算对应复利频次 m 的利率
    ...:     return r
```

通过以上的函数 Rm，输入连续复利利率和复利频次，就可以计算得到对应复利频次的利率。下面通过两个示例演示相应的等价关系。

【例 1-4】假定 H 银行对外的利率报价是 2.4%，按月复利，计算等价的连续复利利率。由于 $m=12$、$R_m=2.4\%$，根据（式 1-11），等价的连续复利利率计算如下。

$$12\times\ln\left(1+\frac{2.4\%}{12}\right)=2.3976\% \quad \text{（式 1-13）}$$

下面直接运用自定义函数 Rc 进行运算，具体的代码如下。

```
In [25]: R1=0.024                         #按月复利的利率
    ...: m1=12                            #按月复利的频次

In [26]: R_c=Rc(Rm=R1,m=m1)               #计算等价的连续复利利率
    ...: print('等价的连续复利利率',round(R_c,6))
等价的连续复利利率 0.023976
```

【例 1-5】假定 I 银行对外的利率报价是 2.5%，该利率是连续复利利率，计算等价的每季复利的利率。由于 $m=4$、$R_c=2.5\%$，根据（式 1-12），与之对应的按季复利的利率计算如下。

$$4\times\left(e^{2.5\%/4}-1\right)=2.5078\% \quad \text{（式 1-14）}$$

下面通过自定义函数 Rm 直接求解，具体的代码如下。

```
In [27]: R2=0.025                         #连续复利的利率
    ...: m2=4                             #按季复利的频次
```

```
In [28]: R_m=Rm(Rc=R2,m=m2)              #计算等价的按季复利的利率
    ...: print('等价的按季复利的利率',round(R_m,6))
等价的按季复利的利率 0.025078
```

1.3.3 零息利率

零息利率（zero-coupon interest rate），也称**即期利率**（spot rate）或**零息率**（zero rate），具体指如果一笔投资在到期前不产生现金流，仅在到期时才有现金流，该笔投资的年化收益率就是零息利率。

如果在零息利率前加上一个期限 T，则 T 年期零息利率就是指在某一时点投入资金并持有 T 年可获得的年化利率，当然所有的利息和本金都在 T 年年末一次性支付给投资者，在到期前不支付任何利息与本金。

【例 1-6】假定期限为 3 年、每年复利 1 次的零息利率是 3%，这意味着今天的 1 万元按照该零息利率投资并且在 3 年后才能得到的本息和等于 $10000 \times (1+3\%)^3 = 10927.27$（元）。如果将零息利率的复利频次调整为每季度复利 1 次，其他变量都保持不变，则 3 年后的本息和等于 $10000 \times (1+3\%/4)^{12} = 10938.07$（元）。

运用第 1.3.1 小节的自定义函数 FV 进行验证，具体的代码如下。

```
In [29]: Par=1e4                         #本金1万元
    ...: T=3                             #期限3年
    ...: R3=0.03                         #零息利率

In [30]: FV1=FV(L=Par,n=T,R=R3,m='Y')    #计算3年后到期的本息和
    ...: print('零息利率每年复利1次的情况下3年后取得的本息和（元）',round(FV1,2))
零息利率每年复利1次的情况下3年后取得的本息和（元） 10927.27

In [31]: FV2=FV(L=Par,n=T,R=R3,m='Q')    #计算3年后到期的本息和
    ...: print('零息利率每季度复利1次的情况下3年后取得的本息和（元）',round(FV2,2))
零息利率每季度复利1次的情况下3年后取得的本息和（元） 10938.07
```

但很不巧的是，在金融市场上直接观察到的利率（如债券的票面利率）往往不是零息利率，因此通常需要运用带票息的债券市场价格推算出相应的零息利率以及零息利率曲线，关于这些问题会在本书第 2.2.5 小节详细讨论。

1.4 远期利率与远期利率协议

前面讨论的利率都是基于当前时点的，换言之，就是 1 年期的利率是基于当前投资在 1 年以后获得的收益，2 年期的利率是基于当前投资在 2 年后获得的报酬。但是在金融市场中，经常会遇到以下情形：假定一家企业根据财务预算安排，在 1 年后才会有借款需求，借款期限是 3 年，这就意味着企业的借款初始日是 1 年后，借款到期日则是 4 年后，这种发生在未来而非当前的交易被称为**远期交易**（forward transaction）。

针对远期交易，当前的利率或者即期利率还适用吗？如果不适用，采用怎样的利率才合理呢？以上问题的答案就是本节要讨论的远期利率以及由此衍生出来的远期利率协议。

1.4.1 远期利率的测算

远期利率（forward interest rate，FIR）是由当前的零息利率（即期利率）所隐含的对应于将来某一时间区间的利率，当确定了不同期限的零息利率后，相应的远期利率就可以根据零息利率推导得出。为了更形象地加以说明，下面结合一个示例展开讨论。

1. 一个示例

【例1-7】假定在某一个交易日，金融市场内不同期限的零息利率报价情况如表1-5所示，同时假定零息利率均是连续复利利率。

表1-5 不同期限的零息利率及到期的本息和

期限	零息利率 （连续复利利率）	初始本金100元在到期日的本息和（元） （保留至小数点后4位）
1年	2.0%	$100e^{2\%\times 1}=102.0201$
2年	2.2%	$100e^{2.2\%\times 2}=104.4982$
3年	2.5%	$100e^{2.5\%\times 3}=107.7884$
4年	2.8%	$100e^{2.8\%\times 4}=111.8513$
5年	3.0%	$100e^{3\%\times 5}=116.1834$

接下来讨论基于表1-5的信息如何计算第T年的远期利率。

假定第1年远期利率用R_{f1}表示，需要注意的是，第1年远期利率就等于1年期零息利率，即$R_{f1}=2.0\%$。

第2年远期利率用R_{f2}表示，该远期利率可以通过1年期零息利率与2年期零息利率计算得出，并且有如下的等式。

$$100e^{2\%\times 1}e^{R_{f2}\times 1}=100e^{2.2\%\times 2} \qquad (式1\text{-}15)$$

通过（式1-15）计算得到第2年远期利率$R_{f2}=2.4\%$。针对（式1-15）的含义，等号的左边表示初始本金100元首先按照当前的1年期零息利率投资1年，1年后到期的本息和又按照当前的第2年远期利率再投资1年后得到的本息和；等号的右边则表示初始本金100元直接按照当前的2年期零息利率投资2年之后所取得的本息和。

第3年远期利率用R_{f3}表示，该远期利率可以通过2年期的零息利率与3年期的零息利率计算得出，具体的计算公式如下。

$$100e^{2.2\%\times 2}e^{R_{f3}\times 1}=100e^{2.5\%\times 3} \qquad (式1\text{-}16)$$

运用（式1-16）计算得到第3年的远期利率$R_{f3}=3.1\%$。（式1-16）的含义与（式1-15）类似：等号的左边表示初始本金100元首先按照当前的2年期零息利率投资2年，2年后到期的本息和再按照当前的第3年远期利率投资1年后得到的本息和；等号的右边则表示本金100元直接按照当前的3年期零息利率在到期时取得的本息和。

第4年远期利率用R_{f4}表示，可以通过3年期的零息利率与4年期的零息利率计算得出，相关计算公式如下。

$$100e^{2.5\%\times 3}e^{R_{f4}\times 1}=100e^{2.8\%\times 4} \qquad (式1\text{-}17)$$

计算得到第4年的远期利率$R_{f4}=3.7\%$。（式1-17）的含义可以参考（式1-16）的解释，只需调整相应的期限。

第 5 年远期利率用 R_{f5} 表示，可以通过 4 年期的零息利率与 5 年期的零息利率测算得出，相关计算公式如下。

$$100e^{2.8\% \times 4} e^{R_{f5} \times 1} = 100e^{3\% \times 5} \qquad (式 1\text{-}18)$$

计算得到第 5 年远期利率 $R_{f5} = 3.8\%$。（式 1-18）的含义也可以参考（式 1-16）的解释，同样也需调整相应的期限。

2. Python 的演示

针对【例 1-7】的远期利率计算可以运用 Python 方便地完成。由于第 1 年远期利率就等于 1 年期零息利率，因此下面的 Python 编程仅用于计算第 2 年至第 5 年的远期利率，具体分为两个步骤。

第 1 步：输入不同期限的零息利率数据，并通过 Python 自定义一个包含联立方程组的函数。具体的代码如下。

```
In [32]: par=100                                            #初始本金
    ...: R_list=np.array([0.02,0.022,0.025,0.028,0.03])    #创建零息利率的数组
    ...: T_list=np.array([1,2,3,4,5])                       #创建期限的数组

In [33]: def f(Rf):                                         #通过自定义一个函数计算远期利率
    ...:     from numpy import exp                          #从 NumPy 模块导入 exp 函数
    ...:     R2,R3,R4,R5=Rf                                 #设定第 2 年、第 3 年、第 4 年和第 5 年的远期利率
    ...:     eq1=par*exp(R_list[0]*T_list[0])*exp(R2*T_list[0])-par*exp(R_list[1]*T_list[1])   #计算第 2 年远期利率的等式
    ...:     eq2=par*exp(R_list[1]*T_list[1])*exp(R3*T_list[0])-par*exp(R_list[2]*T_list[2])   #计算第 3 年远期利率的等式
    ...:     eq3=par*exp(R_list[2]*T_list[2])*exp(R4*T_list[0])-par*exp(R_list[3]*T_list[3])   #计算第 4 年远期利率的等式
    ...:     eq4=par*exp(R_list[3]*T_list[3])*exp(R5*T_list[0])-par*exp(R_list[-1]*T_list[-1]) #计算第 5 年远期利率的等式
    ...:     return np.array([eq1,eq2,eq3,eq4])
```

第 2 步：利用 SciPy 子模块 optimize 中的 fsolve 函数计算具体的数值结果。相关代码如下。

```
In [34]: import scipy.optimize as sco                       #导入 SciPy 的子模块 optimize 并且缩写为 sco

In [35]: R0=np.array([0.01,0.01,0.01,0.01])                 #创建初始的远期利率数组

In [36]: FIR_list=sco.fsolve(func=f,x0=R0)                  #计算远期利率

In [37]: print('第 2 年远期利率',round(FIR_list[0],4))
    ...: print('第 3 年远期利率',round(FIR_list[1],4))
    ...: print('第 4 年远期利率',round(FIR_list[2],4))
    ...: print('第 5 年远期利率',round(FIR_list[3],4))
第 2 年远期利率 0.024
第 3 年远期利率 0.031
第 4 年远期利率 0.037
第 5 年远期利率 0.038
```

3. 数学表达式

结合【例 1-7】得出计算远期利率的数学表达式。不失一般性，假定 R_1 和 R_2 是分别对应期

限 T_1 和 T_2 的零息利率,其中 $T_1 < T_2$ 并且期限单位是年,两个零息利率均是连续复利利率,R_f 表示从 T_1 至 T_2 的远期利率,可以得到如下的等式关系。

$$e^{R_1T_1}e^{R_f(T_2-T_1)} = e^{R_2T_2} \quad (式1\text{-}19)$$

经过整理以后得到如下公式。

$$R_f = R_2 + (R_2 - R_1)T_1/(T_2 - T_1) \quad (式1\text{-}20)$$

(式 1-20)就是计算远期利率的数学表达式。为了更方便地计算远期利率,用 Python 自定义计算远期利率的函数,具体代码如下。

```
In [38]: def FIR(R1,R2,T1,T2):
    ...:     '''计算远期利率的函数
    ...:     R1: 期限为 T1 的零息利率(连续复利利率);
    ...:     R2: 期限为 T2 的零息利率(连续复利利率);
    ...:     T1: 对应于零息利率 R1 的期限(年);
    ...:     T2: 对应于零息利率 R2 的期限(年)'''
    ...:     R_forward=R2+(R2-R1)*T1/(T2-T1)      #计算远期利率
    ...:     return R_forward
```

在以上的自定义函数 FIR 中,输入相应的零息利率和期限等参数,就可以快速计算出对应的远期利率数值。下面利用该自定义的函数验证【例 1-7】的计算结果,具体的代码如下。

```
In [39]: FIR_result=FIR(R1=R_list[:-1],R2=R_list[1:],T1=T_list[:-1],T2=T_list[1:])  #计算远期利率

In [40]: print('第 2 年远期利率',round(FIR_result[0],4))
    ...: print('第 3 年远期利率',round(FIR_result[1],4))
    ...: print('第 4 年远期利率',round(FIR_result[2],4))
    ...: print('第 5 年远期利率',round(FIR_result[-1],4))
第 2 年远期利率 0.024
第 3 年远期利率 0.031
第 4 年远期利率 0.037
第 5 年远期利率 0.038
```

从以上的代码输出结果可以看到,两种不同方式所计算得到的数值结果相同。

1.4.2 远期利率协议的概念与现金流

2007 年 9 月 29 日,中国人民银行发布了《远期利率协议业务管理规定》,从 2007 年 11 月 1 日起允许金融机构在全国银行间同业拆借中心开展远期利率协议的相关业务。本小节侧重讨论远期利率协议的基本概念以及如何测算现金流。

1. 基本概念

远期利率协议(forward rate agreement,FRA)是一种衍生品合约,合约的交易双方约定在未来某一时间(通常是合约到期日),按照合约本金分别以固定利率和参考利率计算的利息进行一次性支付。参考利率是经中国人民银行授权的全国银行间同业拆借中心等机构发布的银行间市场具有基准性质的市场利率或中国人民银行公布的基准利率,具体由交易双方共同约定,常见的参考利率是 3 个月 Shibor 等浮动利率。

这里需要简单提一下的是,远期利率协议以及第 1.6 节讨论的外汇远期合约均属于衍生品。

衍生品（derivative），也称**衍生产品**，是一种金融合约，其价值取决于一种或多种基础资产或指数，合约的基本种类包括远期、掉期（互换）、期货、期权以及具有前述一种或多种合约特征的结构化金融工具。衍生品依赖的基础资产包括利率、汇率、股票、债券、信贷资产、大宗商品等，依赖的指数包括股票指数、债券指数、外汇指数、商品指数等。

远期利率协议的买入方（多头）支付以固定利率计算的利息，卖出方（空头）支付以参考利率计算的利息。为了降低支付风险，在合约到期时交易双方采用**净额结算**（netting settlement），也就是当固定利率大于参考利率时，远期利率协议的多头最终支付给空头的金额等于固定利率与参考利率的利差乘本金（假定期限为 1 年）；相反，当参考利率大于固定利率时，空头最终支付给多头的金额等于参考利率与固定利率的利差乘本金。具体见表1-6。

表1-6 不同利率情形下的远期利率协议交易方收支

情形	多头（买入方）	空头（卖出方）	金额（假定期限为1年）
固定利率 > 参考利率	支付	收取	（固定利率−参考利率）×本金
固定利率 < 参考利率	收取	支付	（参考利率−固定利率）×本金

2. 现金流的计算公式

计算远期利率协议的现金流需要设定以下 3 个变量。

R_k：远期利率协议约定的固定利率。

R_m：在 T_1 时点观察到的 $[T_1, T_2]$ 期间的参考利率（例如 Shibor）。

L：远期利率协议的面值或本金。

在远期利率协议中，通常约定 R_k 和 R_m 的复利周期与这些利率所对应的 $T_1 - T_2$ 的时间区间保持一致，比如 $T_1 - T_2$ 的期限是 3 个月，则 R_k 和 R_m 的复利频次按季复利。

此外，需要特别注意的是，R_m 在 T_1 时点确定并在 T_2 时点才支付对应金额。因此，对于远期利率协议的多头，在 T_2 时点的现金流 CF_{long} 表示如下。

$$CF_{long} = L(R_m - R_k)(T_2 - T_1) \qquad (式1-21)$$

对于空头，在 T_2 时点的现金流 CF_{short} 表示如下。

$$CF_{short} = L(R_k - R_m)(T_2 - T_1) = -CF_{long} \qquad (式1-22)$$

需要注意的是，实践中通常会在 $[T_1, T_2]$ 期间的期初（即 T_1 时点）就支付经贴现后的利差现值，并且贴现利率是 R_m，贴现的期限是 $T_2 - T_1$。

因此，结合（式1-21），对于多头在 T_1 时点的现金流 CF_{long} 表达式如下。

$$CF_{long} = \frac{L(R_m - R_k)(T_2 - T_1)}{1 + (T_2 - T_1)R_m} \qquad (式1-23)$$

同样结合（式1-22），对于空头在 T_1 时点的现金流 CF_{short} 表达式如下。

$$CF_{short} = \frac{L(R_k - R_m)(T_2 - T_1)}{1 + (T_2 - T_1)R_m} \qquad (式1-24)$$

此外，在以上的现金流计算中，如果结果是正数就表示现金流入，即收取净额；相反，如果结果是负数则表示现金流出，即支付净额。

3. Python 的自定义函数

为了计算的便利性，利用 Python 自定义一个计算远期利率协议现金流的函数，具体的代码如下。

```
In [41]: def Cashflow_FRA(Rk,Rm,L,T1,T2,position,when):
   ...:     '''计算远期利率协议现金流的函数
   ...:     Rk: 远期利率协议约定的固定利率；
   ...:     Rm: 在T1时点观察到并适用于[T1,T2]期间的参考利率；
   ...:     L: 远期利率协议的本金；
   ...:     T1: T1期限的长度（以年为单位）；
   ...:     T2: T2期限的长度（以年为单位），T2大于T1；
   ...:     position: 头寸方向，输入long代表多头，输入其他表示空头；
   ...:     when: 现金流发生时点，输入begin代表发生在T1时点，输入其他则代表发生在T2时点'''
   ...:     if position=='long':                               #针对多头
   ...:         if when=='begin':                              #现金流发生在T1时点
   ...:             cashflow=L*(Rm-Rk)*(T2-T1)/(1+(T2-T1)*Rm)  #计算现金流
   ...:         else:                                          #现金流发生在T2时点
   ...:             cashflow=(Rm-Rk)*(T2-T1)*L
   ...:     else:                                              #针对空头
   ...:         if when=='begin':
   ...:             cashflow=L*(Rk-Rm)*(T2-T1)/(1+(T2-T1)*Rm)
   ...:         else:
   ...:             cashflow=(Rk-Rm)*(T2-T1)*L
   ...:     return cashflow
```

在以上自定义函数 Cashflow_FRA 中，输入固定利率、参考利率、本金、相关期限、头寸方向以及现金流发生时点等参数，就能计算出远期利率协议的现金流数值。下面通过一个具体示例进行演示。

4. 一个示例

【例 1-8】 假定 J 公司在 2021 年 7 月 1 日预期在 1 年后（即 2022 年 7 月 1 日）将向 K 银行贷款 1 亿元，贷款期限是 3 个月，贷款到期日是 2022 年 9 月 30 日。为了应对利率上涨的风险，J 公司与 K 银行签订一份远期利率协议，协议的要素如下。

（1）相关日期。签署日是 2021 年 7 月 1 日，并且生效日也是当天，此外，到期日是 2022 年 9 月 30 日，因此整个合约期限为 1 年零 3 个月。

（2）交易双方。J 公司是多头，K 银行则是空头，也就是 J 公司向 K 银行支付以固定利率计算的利息，K 银行向 J 公司支付以参考利率计算的利息。

（3）合约本金。该协议的本金是 1 亿元，相关利息的计算以该本金作为基础。

（4）利率约定。约定固定利率是 2.4%，参考利率是 3 个月 Shibor，并且确定该参考利率具体金额的时点是 2022 年 7 月 1 日。

在 2022 年 7 月 1 日，3 个月 Shibor 对外报价是 2%。针对交易双方支付的现金流金额，根据现金流发生的不同时点，有以下两种情形。

情形 1：远期利率协议的现金流发生在 2022 年 9 月 30 日（到期日）。

J 公司针对远期利率协议的现金流计算如下。

$$1亿元 \times (2\% - 2.4\%) \times 0.25 = -10 万元 \quad (式1\text{-}25)$$

K 银行针对远期利率协议的现金流计算如下。

$$1 亿元 \times (2.4\% - 2\%) \times 0.25 = 10 万元 \quad (式1\text{-}26)$$

情形2：远期利率协议的现金流发生在2022年7月1日（签署日的第1年年末）。

在此情形下计算现金流，需要以2022年7月1日的3个月Shibor（即2%）作为贴现利率，将情形1计算得到的现金流贴现至2022年7月1日。

J公司在2022年7月1日的现金流计算如下（保留至小数点后2位，下同）。

$$\frac{-10 万元}{1+2\% \times 0.25} = -99502.49 元 \quad (式1\text{-}27)$$

K银行在2022年7月1日的现金流计算如下。

$$\frac{10 万元}{1+2\% \times 0.25} = 99502.49 元 \quad (式1\text{-}28)$$

以上的现金流计算结果表明，J公司需要向K银行支付净额。如果支付发生在2022年9月30日，支付净额为10万元；如果支付发生在2022年7月1日，则支付净额为99502.49元。

为了验证以上结果，运用Python自定义函数Cashflow_FRA计算【例1-8】中的远期利率协议现金流，具体的代码如下。

```
In [42]: par_FRA=1e8                    #远期利率协议的本金
    ...: R_fix=0.024                    #固定利率
    ...: Shibor3M=0.02                  #2022年7月1日3个月Shibor
    ...: tenor1=1                       #设置期限1年（T1）
    ...: tenor2=1.25                    #设置期限1.25年（T2）

In [43]: cashflow_long1=Cashflow_FRA(Rk=R_fix,Rm=Shibor3M,L=par_FRA,T1=tenor1,
    ...:                             T2=tenor2,position='long',when='end')    #多头现金流
    ...: cashflow_short1=Cashflow_FRA(Rk=R_fix,Rm=Shibor3M,L=par_FRA,T1=tenor1,
    ...:                             T2=tenor2,position='short',when='end')   #空头现金流
    ...: print('发生在2022年9月30日J公司现金流金额（元）', cashflow_long1)
    ...: print('发生在2022年9月30日K银行现金流金额（元）', cashflow_short1)
发生在2022年9月30日J公司现金流金额（元） -100000.0
发生在2022年9月30日K银行现金流金额（元） 100000.0

In [44]: cashflow_long2=Cashflow_FRA(Rk=R_fix,Rm=Shibor3M,L=par_FRA,T1=tenor1,
    ...:                             T2=tenor2,position='long',when='begin')  #多头现金流
    ...: cashflow_short2=Cashflow_FRA(Rk=R_fix,Rm=Shibor3M,L=par_FRA,T1=tenor1,
    ...:                             T2=tenor2,position='short',when='begin') #空头现金流
    ...: print('发生在2022年7月1日J公司现金流金额（元）', round(cashflow_long2,2))
    ...: print('发生在2022年7月1日K银行现金流金额（元）', round(cashflow_short2,2))
发生在2022年7月1日J公司现金流金额（元） -99502.49
发生在2022年7月1日K银行现金流金额（元） 99502.49
```

无论是手动计算还是运用Python编程，所得到的远期利率协议现金流的金额均相同。

1.4.3 远期利率协议的定价

在运用远期利率协议时，一个无法回避的问题是如何对合约进行定价，本小节就围绕这个问题展开。

1. 数学表达式

在远期利率协议的定价中，首先要引入一个新的变量R_f，该变量表示在合约定价日计算得

到的处于未来期间$[T_1, T_2]$的远期参考利率。同时，定价模型隐含着一个重要的前提条件，就是假定该远期参考利率能够被实现，即等式$R_m = R_f$成立。

在定价日，对于多头而言，远期利率协议的合约价值V_{long}表示如下。

$$V_{long} = L(R_f - R_k)(T_2 - T_1)e^{-RT_2} \qquad (式1\text{-}29)$$

对于空头而言，合约价值V_{short}表示如下。

$$V_{short} = L(R_k - R_f)(T_2 - T_1)e^{-RT_2} = -V_{long} \qquad (式1\text{-}30)$$

其中，R代表期限T_2的无风险利率，也就是贴现利率并且是连续复利利率；其他变量的含义与第1.4.2小节的（式1-21）相同，同时R_k、R_f复利周期与$T_1 - T_2$的期限保持一致。此外，当$R_k = R_f$时，合约价值等于0。

2. Python 的自定义函数

下面通过 Python 自定义计算远期利率协议合约价值的函数，具体的代码如下。

```
In [45]: def Value_FRA(Rk,Rf,R,L,T1,T2,position):
    ...:     '''计算远期利率协议合约价值的函数
    ...:     Rk: 远期利率协议约定的固定利率；
    ...:     Rf: 定价日计算得到的处于未来期间[T1,T2]的远期参考利率；
    ...:     R: 期限 T2 的无风险利率，并且是连续复利利率；
    ...:     L: 远期利率协议的本金；
    ...:     T1: T1 期限的长度（以年为单位）；
    ...:     T2: T2 期限的长度（以年为单位），T2 大于 T1；
    ...:     position: 头寸方向，输入long代表多头，输入其他表示空头'''
    ...:     from numpy import exp                    #导入NumPy模块的exp函数
    ...:     if position=='long':                     #对于多头
    ...:         value=L*(Rf-Rk)*(T2-T1)*exp(-R*T2)   #计算远期利率协议的合约价值
    ...:     else:                                    #对于空头
    ...:         value=L*(Rk-Rf)*(T2-T1)*exp(-R*T2)
    ...:     return value
```

在以上自定义函数 Value_FRA 中，输入固定利率、远期参考利率、无风险利率、本金、相关期限以及头寸方向等参数，就可以方便地计算出远期利率协议的合约价值。下面通过一个具体示例进行演示。

3. 一个示例

【例1-9】 L公司与M银行于2021年6月30日达成一份远期利率协议，约定L公司在第1.75年年末至第2年年末（即2023年4月1日至6月30日）收取的固定利率为2.8%（每季复利一次），同时在该期间以3个月Shibor作为参考利率，远期利率协议的本金为10亿元。因此L公司是空头，M银行是多头。

在2022年7月1日需要计算该远期利率协议的价值，显然，$T_1 = 0.75$和$T_2 = 1$。在2022年7月1日，期限1年并且连续复利的无风险利率为1.9324%[1]、9个月Shibor为2.2890%、1年Shibor为2.3630%，根据第1.4.1小节的（式1-20）可以计算得到9个月后的3个月Shibor远期利率为2.5850%。

---

[1] 本例的无风险利率运用1年期国债到期收益率，关于债券到期收益率的内容详见本书第2.2.3小节。

对于 L 公司（空头），结合（式 1-30）计算 2022 年 7 月 1 日的合约价值如下。

$$10\ 亿元 \times 0.25 \times (2.8\% - 2.585\%)\ e^{-1.9324\%} = 527213.06\ 元 \qquad （式 1-31）$$

对于 M 银行（多头），结合（式 1-29）计算 2022 年 7 月 1 日的合约价值如下。

$$10\ 亿元 \times 0.25 \times (2.585\% - 2.8\%)\ e^{-1.9324\%} = -527213.06\ 元 \qquad （式 1-32）$$

接下来，就运用 Python 高效计算远期利率协议的合约价值从而进行验证，相关的编程分为两个步骤。

第 1 步：计算远期利率。利用第 1.4.1 小节的自定义函数 FIR，在 2022 年 7 月 1 日计算 9 个月后的 3 个月 Shibor 远期利率。具体代码如下。

```
In [46]: Shibor9M=0.022890                                    #9个月Shibor
    ...: Shibor1Y=0.023630                                    #1年Shibor
    ...: T_9M=0.75                                            #设置期限0.75年（T1）
    ...: T_1Y=1.0                                             #设置期限1年（T2）

In [47]: FIR_Shibor=FIR(R1=Shibor9M,R2=Shibor1Y,T1=T_9M,T2=T_1Y)     #计算远期利率
    ...: print('2022年7月1日计算得到9个月后的3个月Shibor远期利率',round(FIR_Shibor,6))
2022年7月1日计算得到9个月后的3个月Shibor远期利率 0.02585
```

第 2 步：计算合约价值。这里需要运用到自定义函数 Value_FRA，具体代码如下。

```
In [48]: Par_FRA=1e9                                          #远期利率协议的本金
    ...: R_fix=0.028                                          #固定利率
    ...: R_riskfree=0.019324                                  #1年期的无风险利率

In [49]: value_short=Value_FRA(Rk=R_fix,Rf=FIR_Shibor,R=R_riskfree,L=Par_FRA,T1=T_9M,
    ...:                       T2=T_1Y,position='short')  #计算空头的合约价值
    ...: value_long=Value_FRA(Rk=R_fix,Rf=FIR_Shibor,R=R_riskfree,L=Par_FRA,T1=T_9M,
    ...:                      T2=T_1Y,position='long')   #计算多头的合约价值
    ...: print('2022年7月1日L公司（空头）的合约价值（元）',round(value_short,2))
    ...: print('2022年7月1日M银行（多头）的合约价值（元）',round(value_long,2))
2022年7月1日L公司（空头）的合约价值（元） 527213.06
2022年7月1日M银行（多头）的合约价值（元） -527213.06
```

从以上计算结果可以看到，由于 Shibor 远期利率（远期参考利率）低于固定利率，因此对于 L 公司（空头）而言，该远期利率协议带来了一定的浮盈，而对于 M 银行（多头）则产生了浮亏。需要注意的是，以上的浮盈和浮亏都是暂时的，最终是带来盈利还是亏损将取决于 2023 年 4 月 1 日当天的 3 个月 Shibor 报价。

远期利率协议的现金流及合约价值的表达式汇总详见表 1-7。

表 1-7 远期利率协议的现金流及合约价值的表达式汇总

表达式的类型	多头	空头
现金流表达式（T_1 时点）	$CF_{long} = \dfrac{L(R_m - R_k)(T_2 - T_1)}{1 + (T_2 - T_1)R_m}$	$CF_{short} = \dfrac{L(R_k - R_m)(T_2 - T_1)}{1 + (T_2 - T_1)R_m}$
现金流表达式（T_2 时点）	$CF_{long} = L(R_m - R_k)(T_2 - T_1)$	$CF_{short} = L(R_k - R_m)(T_2 - T_1)$
合约价值表达式	$V_{long} = L(R_f - R_k)(T_2 - T_1)e^{-RT_2}$	$V_{short} = L(R_k - R_f)(T_2 - T_1)e^{-RT_2}$

1.5 汇率报价与套利

本节将讨论汇率，借助 Python 讨论汇率报价以及如何通过不同币种之间的汇率实现套利。同时，我们会发现汇率与利率之间具有密不可分的关系。

1.5.1 汇率标价方法

汇率是一种货币与另一种货币的兑换比例，由于两种货币的相对价格可用这两种货币互为表示，即以**本国货币**（local currency，简称"**本币**"）表示**外国货币**（foreign currency，简称"**外币**"）的价格，或以外币表示本币的价格，因此，汇率报价就存在两种不同的标价方法——直接标价法和间接标价法。

1. 直接标价法

直接标价法（direct quotation），也称**应付标价法**（giving quotation），是以若干个单位的本币表示 1 个单位外币的标价方法。比如，中国外汇交易中心 2022 年 8 月 1 日对外发布的美元兑人民币汇率中间价是 6.7467，即 1 美元可以兑换 6.7467 元人民币，该汇率报价就运用了直接标价法。

假定 E_{dq} 代表运用直接标价法的汇率，具体的汇率表达式如下。

$$E_{dq} = \frac{X \text{单位本币}}{1 \text{单位外币}} \quad \text{（式 1-33）}$$

同时，假定需要将 M 单位的外币兑换为本币（也就是**汇兑**），在直接标价法下，根据（式 1-33）得到可兑换的本币金额如下。

$$\text{可兑换的本币金额} = ME_{dq} = MX \text{单位本币} \quad \text{（式 1-34）}$$

注意，（式 1-34）的 MX 代表 M 乘 X。

同理，假定需要将 N 单位的本币兑换为外币，在直接标价法下，通过（式 1-33）得到可兑换的外币金额如下。

$$\text{可兑换的外币金额} = \frac{N}{E_{dq}} = \frac{N}{X} \text{单位外币} \quad \text{（式 1-35）}$$

在直接标价法下，当汇率上升（即一定单位的外币折算的本币数量增加），意味着外币币值上升，本币币值下降，称为**外币升值**或**本币贬值**；反之，当汇率下降（即一定单位的外币折算的本币数量减少），称为**外币贬值**或**本币升值**。

2. 间接标价法

间接标价法（indirect quotation）与直接标价法的表述方式相反，其是以若干个单位的外币表示 1 个单位本币的标价方法。比如，英格兰银行（The Bank of England，即英国中央银行）2022 年 7 月 29 日对外发布的英镑兑美元汇率是 1.2162，即 1 英镑可以兑换 1.2162 美元，这一汇率报价就运用了间接标价法。

假定 E_{iq} 代表运用间接标价法的汇率，具体的表达式如下。

$$E_{iq} = \frac{Y 单位外币}{1 单位本币} \quad \text{(式 1-36)}$$

如果需要将 M 单位的外币兑换为本币，在间接标价法下，根据（式 1-36）得到可兑换的本币金额如下。

$$可兑换的本币金额 = \frac{M}{E_{iq}} = \frac{M}{Y} 单位本币 \quad \text{(式 1-37)}$$

假定需要将 N 单位的本币兑换为外币，在间接标价法下，根据（式 1-36）得到可兑换的外币金额如下。

$$可兑换的外币金额 = NE_{iq} = NY 单位外币 \quad \text{(式 1-38)}$$

在间接标价法下，当汇率上升（即一定单位的本币折算的外币数量增加），意味着本币升值或外币贬值；反之，当汇率下降（即一定单位的本币折算的外币数量减少），则表示本币贬值或外币升值。

下面通过美元兑人民币、英镑兑欧元两种不同汇率的示例，更好地演示汇率的不同标价方法以及汇兑计算。

3. 一个示例

【例 1-10】O 公司是注册在中国的一家企业，本币是人民币；P 公司是注册在英国的一家企业，本币是英镑。在 2022 年 7 月 29 日，这两家公司持有的外币以及相应的汇率报价见表 1-8。这两家公司均需要将所持有的外币兑换成本币。

表 1-8 两家公司持有的外币与相应的汇率报价

公司	所属国家	持有的外币	汇率类型	汇率报价（2022 年 7 月 29 日）	标价方法
O 公司	中国	600 万美元	美元兑人民币	6.7437	直接标价法
P 公司	英国	800 万欧元	英镑兑欧元	1.1928	间接标价法

数据来源（仅针对汇率报价）：中国外汇交易中心、英格兰银行。

针对 O 公司，600 万美元按照 2022 年 7 月 29 日美元兑人民币汇率可以兑换得到如下金额的人民币。

$$600 万美元 \times 6.7437 = 40462200 元 \quad \text{(式 1-39)}$$

针对 P 公司，800 万欧元按照 2022 年 7 月 29 日英镑兑欧元汇率可以得到如下金额的英镑（保留小数点后 2 位）。

$$800 万欧元 \div 1.1928 = 6706908.12 英镑 \quad \text{(式 1-40)}$$

为了验证以上的计算结果，通过 Python 计算相应的汇兑金额，一共分为两个步骤。

第 1 步：自定义函数。通过 Python 自定义一个通过汇率计算汇兑金额的函数。具体的代码如下。

```
In [50]: def Exchange(E,LC,FC,quote):
    ...:     '''通过汇率计算汇兑金额的函数
    ...:     E：汇率报价；
    ...:     LC：用于兑换的以本币计价的币种金额，输入 Na 表示相关金额未知；
    ...:     FC：用于兑换的以外币计价的币种金额，输入 Na 表示相关金额未知；
```

```
   ...:         quote: 标价方法，输入direct表示直接标价法，输入其他表示间接标价法'''
   ...:     if LC=='Na':                       #外币兑换为本币
   ...:         if quote=='direct':            #直接标价法
   ...:             value=FC*E                 #计算兑换得到的本币金额
   ...:         else:                          #间接标价法
   ...:             value=FC/E                 #计算兑换得到的本币金额
   ...:     else:                              #本币兑换为外币
   ...:         if quote=='direct':
   ...:             value=LC/E                 #计算兑换得到的外币金额
   ...:         else:
   ...:             value=LC*E                 #计算兑换得到的外币金额
   ...:     return value
```

在以上自定义函数 Exchange 中，输入汇率报价、用于兑换的以本币计价的币种金额（如需）、用于兑换的以外币计价的币种金额（如需）以及标价方法等参数，就可以计算出按一定金额的本币兑换为外币或者按一定金额的外币兑换为本币的数值结果。

第 2 步：计算汇兑金额。通过第 1 步自定义函数 Exchange，依次计算出 O 公司和 P 公司将外币兑换成本币的金额。具体的代码如下。

```
In [51]: USD_RMB=6.7437                #美元兑人民币的汇率
   ...: GBP_EUR=1.1928                 #英镑兑欧元的汇率
   ...: amount_USD=6e6                 #O公司（中国公司）持有的美元金额
   ...: amount_EUR=8e6                 #P公司（英国公司）持有的欧元金额

In [52]: amount_RMB=Exchange(E=USD_RMB,LC='Na',FC=amount_USD,quote='direct')    #兑换为人民币的金额
   ...: amount_GBP=Exchange(E=GBP_EUR,LC='Na',FC=amount_EUR,quote='indirect')  #兑换为英镑的金额
   ...: print('O公司将600万美元兑换成人民币的金额（元）',amount_RMB)
   ...: print('P公司将800万欧元兑换成英镑的金额（英镑）',round(amount_GBP,2))
O公司将600万美元兑换成人民币的金额（元） 40462200.0
P公司将800万欧元兑换成英镑的金额（英镑） 6706908.12
```

以上运用 Python 编程得出的金额与手动计算的数值是一致的。

1.5.2 三角套利交易

在全球外汇市场上，几乎所有的货币都与美元存在汇率。两个非美元货币之间的汇率可以通过它们各自与美元之间的汇率套算出来，这种套算的汇率称为**交叉汇率**（cross exchange rate）。例如，美元与人民币之间有一个汇率，美元与泰铢（THB）之间也有一个汇率，从而可以套算出人民币与泰铢之间的交叉汇率；与此同时，在外汇市场也存在人民币与泰铢之间直接的汇率报价。

因此，当直接的汇率报价与交叉汇率出现偏差时，就会带来套利机会，由此形成的套利交易称为**三角套利**（triangular arbitrage）交易。下面用一个示例详细剖析三角套利交易的运作机理。

1. 一个示例

【例 1-11】假定 Q 公司是中国一家从事国际贸易的企业，并且与泰国有长期的贸易往来，该企业在国内的 R 银行和泰国的 S 银行均开立了银行账户。表 1-9 列出了在 2022 年 8 月 1 日由 R 银行公布的美元兑人民币、人民币兑泰铢以及由 S 银行公布的美元兑泰铢等汇率报价信息。

表 1-9　2022 年 8 月 1 日不同汇率的报价情况

汇率类型	汇率报价	报价银行	标价方法
美元兑人民币	6.7467	R 银行（中国）	直接标价法
美元兑泰铢	35.9484	S 银行（泰国）	直接标价法
人民币兑泰铢	5.3865	R 银行（中国）	间接标价法

数据来源：中国外汇交易中心、泰国银行。

基于表 1-9 的汇率数据，可以计算得到人民币兑泰铢的交叉汇率如下（保留至小数点后 4 位）。

$$\text{人民币兑泰铢的交叉汇率} = \frac{\text{美元兑泰铢汇率}}{\text{美元兑人民币汇率}} = \frac{35.9484}{6.7467} = 5.3283 \quad （式1\text{-}41）$$

显然，交叉汇率 5.3283 不等于直接的汇率报价 5.3865，因而存在三角套利交易机会。假定 Q 公司运用 1 亿元人民币进行套利，套利交易存在以下两条可能的路径。

套利路径 1：人民币→美元→泰铢→人民币。

具体而言，首先将 1 亿元人民币通过 R 银行公布的美元兑人民币汇率兑换为美元，然后将美元通过 S 银行公布的美元兑泰铢汇率兑换为泰铢，最后将泰铢通过 R 银行公布的人民币兑泰铢汇率重新兑换为人民币①。将最终的人民币金额与最初的人民币金额进行比较，如果最终的人民币金额更大，则表示套利成功，相反则表明套利失败。具体的计算如下。

$$\frac{\frac{1亿元}{6.7467} \times 35.9484}{5.3865} = 98919406.53 元 < 1 亿元 \quad （式1\text{-}42）$$

从（式 1-42）可以明显看到，路径 1 的套利是失败的，因此 Q 公司不应该采用路径 1 开展套利交易。

套利路径 2：人民币→泰铢→美元→人民币。

具体而言，首先将 1 亿元人民币通过 R 银行公布的人民币兑泰铢汇率兑换为泰铢，然后将泰铢通过 S 银行公布的美元兑泰铢汇率兑换为美元，最后将美元通过 R 银行公布的美元兑人民币汇率兑换为人民币，然后比较最终与最初的两个金额大小。具体的计算如下。

$$\frac{1亿元 \times 5.3865}{35.9484} \times 6.7467 = 101092397.85 元 > 1 亿元 \quad （式1\text{-}43）$$

显然，（式 1-43）表明路径 2 的套利是成功的，因此，Q 公司应该选择该路径开展汇率的三角套利交易，并且套利收益为 1092397.85 元。

2. 抽象的数学表达

结合【例 1-11】，针对三角套利交易抽象出一般化的数学表达式。假定 E_1 表示 A 货币兑 B 货币的汇率，汇率标价是以若干个单位的 A 货币表示 1 个单位的 B 货币；E_2 表示 B 货币兑 C 货币的汇率，汇率标价是以若干个单位的 B 货币表示 1 个单位的 C 货币；E_3 表示 A 货币兑 C 货币的实际报价汇率，汇率是以若干个单位的 A 货币表示 1 个单位的 C 货币。$\tilde{E}_3$ 表示 A 货币兑 C 货币的交叉汇率，即 $\tilde{E}_3 = E_1 E_2$。此外，套利者拥有以 A 货币计价的初始本金 M。下面分

---

① 严格意义上讲，套利过程中需要区分汇率的买入价与卖出价，汇率买入价是指银行向客户买入外汇所适用的汇率，卖出价则是指银行向客户卖出外汇所适用的汇率。在该示例以及本书后续的内容中，为了简化分析而暂不区分汇率的买入价与卖出价。

3 种情形讨论三角套利的路径与套利收益。

情形 1：交叉汇率高于直接的汇率报价。即 $\tilde{E}_3 > E_3$，也就是 $E_1 E_2 > E_3$，成功的套利路径应当如下。

$$A\text{ 货币} \rightarrow C\text{ 货币} \rightarrow B\text{ 货币} \rightarrow A\text{ 货币}$$

通过该套利路径，最终得到以 A 货币计价的金额等于 $\dfrac{M}{E_3} E_2 E_1$，根据情形 1 的条件，可以得出 $\dfrac{M}{E_3} E_2 E_1 > M$，套利者获得的套利收益等于 $M\left(\dfrac{E_2 E_1}{E_3} - 1\right)$。

情形 2：交叉汇率低于直接的汇率报价。即 $\tilde{E}_3 < E_3$，也就是 $E_1 E_2 < E_3$，成功的套利路径应当如下。

$$A\text{ 货币} \rightarrow B\text{ 货币} \rightarrow C\text{ 货币} \rightarrow A\text{ 货币}$$

通过这样的套利路径，最终可以得到以 A 货币计价的金额等于 $\dfrac{M}{E_1 E_2} E_3$，根据情形 2 的条件，可以得出 $\dfrac{M}{E_1 E_2} E_3 > M$，套利者获得的套利收益等于 $M\left(\dfrac{E_3}{E_1 E_2} - 1\right)$。

情形 3：交叉汇率等于直接的汇率报价。即 $\tilde{E}_3 = E_3$，也就是 $E_1 E_2 = E_3$，显然不存在套利交易机会。

3. Python 编程

根据以上关于汇率三角套利交易的数学表达式，运用 Python 自定义一个计算三角套利收益并显示套利路径的函数，具体的代码如下。

```
In [53]: def Tri_Arbitrage(E1,E2,E3,M,A,B,C):
   ...:     '''计算汇率三角套利收益并且显示套利路径的函数
   ...:     E1: A货币兑B货币的汇率，以若干个单位A货币表示1个单位B货币；
   ...:     E2: B货币兑C货币的汇率，以若干个单位B货币表示1个单位C货币；
   ...:     E3: A货币兑C货币的汇率，以若干个单位A货币表示1个单位C货币；
   ...:     M: 以A货币计价的初始套利本金；
   ...:     A: A货币的名称，例如输入人民币表示A货币是人民币；
   ...:     B: B货币的名称，例如输入美元表示B货币是美元；
   ...:     C: C货币的名称，例如输入欧元表示C货币是欧元'''
   ...:     E3_new=E1*E2                            #计算A货币兑C货币的交叉汇率
   ...:     if E3_new>E3:                           #当交叉汇率高于直接的汇率报价
   ...:         profit=M*(E3_new/E3-1)              #计算套利收益
   ...:         path=['套利路径: ',A,'→',C,'→',B,'→',A]    #设定套利的路径
   ...:     elif E3_new<E3:                         #当交叉汇率低于直接的汇率报价
   ...:         profit=M*(E3/E3_new-1)
   ...:         path=['套利路径: ',A,'→',B,'→',C,'→',A]
   ...:     else:                                   #当交叉汇率等于直接的汇率报价
   ...:         profit=0
   ...:         path=['套利路径: 不存在']
   ...:     return [profit,path]                    #输出包含套利收益和套利路径的列表
```

在以上自定义函数 Tri_Arbitrage 中，输入 3 个汇率价格、初始套利本金以及相应的 3 个币种名称等参数，可以快速计算得到套利收益并且给出套利实施的路径。

需要注意，自定义函数 Tri_Arbitrage 中的 3 个汇率参数 E1、E2 和 E3 有特定的标价规则，

如果拟输入的汇率不满足这些标价规则，则应当对拟输入的汇率取倒数以后再输入，否则结果就会出错。

下面将自定义函数 Tri_Arbitrage 运用于【例 1-11】计算套利收益并找出相应的套利路径，具体的代码如下。

```
In [54]: USD_RMB=6.7467            #美元兑人民币的汇率
    ...: USD_THB=35.9484           #美元兑泰铢的汇率
    ...: RMB_THB=5.3865            #人民币兑泰铢的汇率
    ...: value_RMB=1e8             #以人民币计价的初始本金

In [55]: arbitrage=Tri_Arbitrage(E1=USD_RMB,E2=1/USD_THB,E3=1/RMB_THB,M=value_RMB,
    ...:                         A='人民币',B='美元',C='泰铢')   #套利收益和套利路径

In [56]: print('三角套利交易的收益（元）',round(arbitrage[0],2))
三角套利交易的收益（元） 1092397.85

In [57]: print(arbitrage[1])       #显示套利路径
['套利路径：', '人民币', '→', '泰铢', '→', '美元', '→', '人民币']
```

以上通过 Python 输出的套利收益和套利路径的结果，与前面示例的计算分析结果相同。再次强调，在自定义函数 Tri_Arbitrage 中，当输入美元兑泰铢、人民币对泰铢这两个汇率时，由于汇率标价方法与汇率参数 E2、E3 的标价规则不一致，所以就需要输入汇率的倒数。

1.6 远期汇率与外汇远期合约

第 1.5 节讨论的汇率其实质是**即期汇率**（spot exchange rate），也称**现汇汇率**，通常是交易双方成交后在 2 个营业日内办理交割所适用的汇率，即期汇率主要用于满足企业和金融机构对当前汇兑的需要。

然而，在现实的经济活动中，一些企业会遇到数天、数周甚至数月以后才会发生外汇兑换的需要。比如，国内某家公司在 2022 年 7 月初就预见在当年年底会有一笔大额美元资金到账，并且需要兑换为人民币，为了规避在之后半年内美元兑人民币汇率的波动风险，该公司可以选择与银行签订一份外汇远期合约以提前锁定汇率，这就涉及远期汇率。本节将围绕远期汇率和外汇远期合约展开讨论。

1.6.1 远期汇率的测算

远期汇率（forward exchange rate，FER），也称**期汇汇率**，是指买卖双方成交时，约定在未来某个日期进行交割时所适用的汇率。在中国外汇交易中心交易的远期汇率，主要的期限包括 1 周、1 个月、3 个月、6 个月和 1 年。类似于远期利率，远期汇率需要通过计算才能得到。

1. 数学表达式

假定有两种货币分别是 A 货币和 B 货币，E_s 表示即期汇率，标价方法是以若干个单位的 A 货币表示 1 个单位的 B 货币，E_f 表示期限为 T 的远期汇率，远期汇率的标价方法与即期汇率一致，期限 T 以年为单位以及 $T \leqslant 1$；A 货币的无风险利率用 r_A 表示，B 货币的无风险利率

用 r_B 表示，这两个利率的复利周期与期限 T 保持一致，比如 T 是半年，则利率就是每半年复利一次。接着，考虑以下两种情形。

情形 1：将 M 金额的 A 货币通过即期汇率兑换为 B 货币，并投资以 B 货币计价、期限为 T 的无风险资产（如国债），在投资到期日收回以 B 货币计价的本金与收益之和就等于 $M(1+r_B T)/E_s$。

情形 2：将 M 金额的 A 货币直接购买以 A 货币计价、期限为 T 的无风险资产，同时通过外汇远期合约约定按照当前期限 T 的远期汇率将到期日的投资本金和收益全部兑换为 B 货币，则以 B 货币计价的本金与收益之和等于 $M(1+r_A T)/E_f$。

根据金融市场的无套利原理，无论是情形 1 还是情形 2，最终获得以 B 货币计价的本金与收益之和应当相同，即存在以下恒等关系式。

$$M(1+r_B T)/E_s = M(1+r_A T)/E_f \qquad (式1\text{-}44)$$

（式 1-44）经过整理以后就得到远期汇率的如下表达式。

$$E_f = E_s \frac{1+r_A T}{1+r_B T} \qquad (式1\text{-}45)$$

通过（式 1-45）可以清楚地看到，远期汇率以即期汇率为基础，又与即期汇率存在差异；影响远期汇率的主要变量有即期汇率以及两种货币的无风险利率。

此外，在（式 1-45）两边同时减去 E_s，可以得出远期汇率与即期汇率之间的汇差，表达式如下。

$$E_f - E_s = E_s \frac{(r_A - r_B)T}{1+r_B T} \qquad (式1\text{-}46)$$

根据（式 1-46），当 $r_A > r_B$ 时，远期汇率高于即期汇率（即 $E_f > E_s$），汇差为正，称为**升水**（premium）；当 $r_A < r_B$ 时，远期汇率低于即期汇率（即 $E_f < E_s$），汇差为负，称为**贴水**（discount）；当 $r_A = r_B$ 时，远期汇率与即期汇率相等（即 $E_f = E_s$），汇差为零，称为**平价**（par）。

2. Python 自定义函数

为了高效计算远期汇率，通过 Python 自定义一个计算远期汇率的函数，具体的代码如下。

```
In [58]: def FER(spot,r_A,r_B,T):
    ...:     '''计算远期汇率的函数，两种货币分别是A货币和B货币
    ...:     spot: 即期汇率，以若干个单位A货币表示1个单位B货币；
    ...:     r_A: A货币的无风险利率（复利周期与期限T保持一致）；
    ...:     r_B: B货币的无风险利率（复利周期与期限T保持一致）；
    ...:     T: 远期汇率的期限（年）'''
    ...:     forward=spot*(1+r_A*T)/(1+r_B*T)       #计算远期汇率
    ...:     return forward
```

在以上自定义函数 FER 中，只需要输入即期汇率、两种货币的无风险利率以及期限等参数，就可以计算出特定期限的远期汇率。下面通过美元兑人民币远期汇率的示例进行演示。

3. 一个示例

【例 1-12】 假定 T 银行需要在 2022 年 8 月 2 日计算期限分别是 1 个月、3 个月、6 个月和 1 年的美元兑人民币远期汇率，当天的即期汇率是 6.7462。同时，用 Shibor 代表人民币无风险

利率，用中国外汇交易中心的境内美元同业拆放参考利率（美元Ciror）代表美元无风险利率。表1-10为在2022年8月2日相关期限的利率数据。

表1-10 2022年8月2日相关期限的利率

利率类型及复利频次	1个月	3个月	6个月	1年
Shibor	1.7040%	1.7990%	1.9420%	2.1510%
美元Ciror	2.4800%	2.8400%	3.1500%	3.6100%
复利频次	每月复利1次	每季度复利1次	每半年复利1次	每年复利1次

数据来源：中国外汇交易中心。

直接通过自定义函数FER计算2022年8月2日各期限的美元兑人民币远期汇率，具体的代码如下。

```
In [59]: FX_spot=6.7462                                    #即期汇率
    ...: Tenor=np.array([1/12,3/12,6/12,1.0])              #期限（年）
    ...: r_RMB=np.array([0.017040,0.017990,0.019420,0.021510])   #人民币无风险利率
    ...: r_USR=np.array([0.0248,0.0284,0.0315,0.0361])      #美元无风险利率

In [60]: FX_forward=np.zeros_like(Tenor)  #创建与期限数组形状相同的零元素数组（用于后续存放远期汇率）

In [61]: for i in range(len(Tenor)):               #运用for语句快速计算不同期限的远期汇率
    ...:     FX_forward[i]=FER(spot=FX_spot,r_A=r_RMB[i],r_B=r_USR[i],T=Tenor[i])  #计算远期汇率

In [62]: print('1个月美元兑人民币远期汇率',round(FX_forward[0],4))
    ...: print('3个月美元兑人民币远期汇率',round(FX_forward[1],4))
    ...: print('6个月美元兑人民币远期汇率',round(FX_forward[2],4))
    ...: print('1年美元兑人民币远期汇率',round(FX_forward[-1],4))
1个月美元兑人民币远期汇率 6.7418
3个月美元兑人民币远期汇率 6.7288
6个月美元兑人民币远期汇率 6.7061
1年美元兑人民币远期汇率    6.6512
```

通过以上的输出结果，不仅可以得到相应期限的远期汇率，而且可以判断出远期汇率相对即期汇率处于贴水状态，原因在于相同期限的人民币无风险利率低于美元无风险利率。

1.6.2 抵补套利交易

在外汇市场上，针对远期汇率也存在报价。因此，针对【例1-12】，当计算得到的远期汇率（均衡的远期汇率）与实际报价的远期汇率之间产生差异时，就产生了**抵补套利**（covered interest arbitrage）交易的机会。下面结合一个示例讲解抵补套利交易的运作机制。

1. 一个示例

【例1-13】沿用【例1-12】的相关信息，T银行计算得到在2022年8月2日，6个月美元兑人民币的远期汇率是6.7061。但是，中国外汇交易中心当天针对该远期汇率的报价是6.7283，显然这两个远期汇率之间存在差异，因此T银行就存在套利的机会。此外，当天的即期汇率是6.7462，6个月Shibor是1.9420%，6个月美元Ciror是3.1500%。可能的套利路径有以下两条。

套利路径1：T银行当天（2022年8月2日）按照6个月Shibor在银行间市场拆入（借入）

人民币 1 亿元，按照美元兑人民币的即期汇率全部兑换为美元，并按照 6 个月美元 Ciror 将美元资金在银行间市场拆出（即借出美元），同时按照当天市场报价的 6 个月美元兑人民币远期汇率，在 6 个月后将美元兑换为人民币，并且偿还拆入的人民币本金和利息。最终得到的套利收益计算如下（结果保留至小数点后 2 位，下同）。

$$\text{套利收益} = \text{借出美元的本息和} \times \text{远期汇率} - \text{借入人民币的本息和} \quad （式1\text{-}47）$$

$$\text{借入人民币的本息和} = 1\text{亿元} \times (1 + 1.942\% \times 0.5) = 100971000 \text{ 元} \quad （式1\text{-}48）$$

$$\text{借出美元的本息和} = \frac{1\text{亿元}}{6.7462} \times (1 + 3.15\% \times 0.5) = 15056624.47 \text{ 美元} \quad （式1\text{-}49）$$

$$\text{套利收益} = 15056624.47 \times 6.7283 - 100971000 = 334486.42 （\text{元}） \quad （式1\text{-}50）$$

套利路径 2：T 银行当天按照 6 个月美元 Ciror 在银行间市场拆入（借入）1500 万美元，按照美元兑人民币的即期汇率全部兑换为人民币，并按照 6 个月 Shibor 将人民币资金在银行间市场拆出（即借出人民币），同时按照当天市场报价的 6 个月美元兑人民币远期汇率，在 6 个月后将人民币兑换为美元，并且归还拆入的美元本金和利息。得到的套利收益计算如下。

$$\text{套利收益} = \frac{\text{借出人民币的本息和}}{\text{远期汇率}} - \text{借入美元的本息和} \quad （式1\text{-}51）$$

$$\text{借入美元的本息和} = 1500 \text{万美元} \times (1 + 3.15\% \times 0.5) = 15236250 \text{ 美元} \quad （式1\text{-}52）$$

$$\text{借出人民币的本息和} = 1500 \text{万美元} \times 6.7462 \times (1 + 1.9420\% \times 0.5) = 102175584.03 \text{ 元} \quad （式1\text{-}53）$$

$$\text{套利收益} = \frac{102175584.03}{6.7283} - 15236250 = -50306.44 （\text{美元}） \quad （式1\text{-}54）$$

通过以上的分析不难发现，套利路径 1 是可行的，而套利路径 2 则是不可行的。因此，T 银行应该选择套利路径 1 开展抵补套利交易。根据上述分析可以得出结论，抵补套利的实质就是结合即期汇率和远期汇率开展的套利交易。

2. 抽象的数学表达式

基于【例 1-13】，可以抽象出针对抵补套利交易的数学表达式。依然假定 A 货币和 B 货币两种不同的币种，r_A 和 r_B 分别表示这两种货币的无风险利率，并且利率的复利周期与期限 T 保持一致；E_s 表示即期汇率，标价方法是以若干个单位的 A 货币表示 1 个单位的 B 货币，E_f 表示期限为 T 的均衡远期汇率，并且通过（式 1-45）计算得出，外汇市场期限为 T 的报价远期汇率用 $\tilde{E}_f$ 表示。下面根据均衡远期汇率与报价远期汇率的大小关系，分以下 3 种情形讨论抵补套利的路径以及对应的套利收益。

情形 1：均衡远期汇率小于报价远期汇率（$E_f < \tilde{E}_f$）。结合（式 1-45），可以得到关于情形 1 的如下表达式。

$$E_s \frac{1 + r_A T}{1 + r_B T} < \tilde{E}_f \quad （式1\text{-}55）$$

同时，假定以 A 货币计价且数量为 M 的本金，在（式 1-55）的两边同时乘 M 并且经过整理以后，可以得到如下的套利收益表达式。

$$\frac{M}{E_s}(1 + r_B T)\tilde{E}_f - M(1 + r_A T) > 0 \quad （式1\text{-}56）$$

（式 1-56）大于号左边的式子蕴含了套利路径，具体的套利路径分为以下 4 步。

第 1 步：在期初按照利率 r_A 借入期限为 T、以 A 货币计价且本金等于 M 的资金。

第 2 步：将资金按照即期汇率 E_s 兑换为 B 货币，并且投资于利率为 r_B、期限为 T 的资产。

第 3 步：签订一份外汇远期合约，并约定期限为 T 的远期汇率 $\tilde{E}_f$。

第 4 步：在投资到期日（即第 1 步的借款到期日），将 B 货币的本息和按照汇率 $\tilde{E}_f$ 兑换为 A 货币，并且偿还期初借入 A 货币的本息和，剩余的金额 $\dfrac{M}{E_s}(1+r_B T)\tilde{E}_f - M(1+r_A T)$ 就是套利收益。

情形 2：均衡远期汇率大于报价远期汇率（$E_f > \tilde{E}_f$）。参考情形 1 的分析思路，可以得到如下表达式。

$$E_s \frac{1+r_A T}{1+r_B T} > \tilde{E}_f \qquad (\text{式 1-57})$$

同时，假定以 B 货币计价且数量为 N 的本金，在（式 1-57）的两边同时乘 N 并且经过整理以后，得到如下的套利收益表达式。

$$\frac{NE_s(1+r_A T)}{\tilde{E}_f} - N(1+r_B T) > 0 \qquad (\text{式 1-58})$$

同样，在（式 1-58）大于号左边的式子也给出了套利路径，分为以下 4 步。

第 1 步：在期初按照利率 r_B 借入期限为 T、以 B 货币计价且本金等于 N 的资金。

第 2 步：将资金按照即期汇率 E_s 兑换为 A 货币，并且投资于利率为 r_A、期限为 T 的资产。

第 3 步：签订一份外汇远期合约，约定期限为 T 的远期汇率 $\tilde{E}_f$。

第 4 步：在投资到期后，将 A 货币的本息和按照汇率 $\tilde{E}_f$ 兑换为 B 货币，并且偿还期初借入 B 货币的本息和，剩余的金额 $\dfrac{NE_s(1+r_A T)}{\tilde{E}_f} - N(1+r_B T)$ 就是套利收益。

情形 3：均衡远期汇率等于报价远期汇率（$E_f = \tilde{E}_f$）。在这种情形下，不存在抵补套利的机会，套利收益等于 0。

3. Python 的代码

下面，通过 Python 自定义一个计算抵补套利收益并且能够显示套利路径的函数，具体的代码如下。

```
In [63]: def Cov_Arbitrage(S,F,M_A,M_B,r_A,r_B,T,A,B):
    ...:     '''计算抵补套利收益并显示套利路径的函数，两种货币分别是A货币和B货币
    ...:     S:即期汇率，以若干个单位A货币表示1个单位B货币；
    ...:     F:外汇市场报价的远期汇率，标价方法与即期汇率一致；
    ...:     M_A:借入A货币的本金，输入Na表示相关金额未知；
    ...:     M_B:借入B货币的本金，输入Na表示相关金额未知；
    ...:     r_A:A货币的利率（复利周期与期限T保持一致）；
    ...:     r_B:B货币的利率（复利周期与期限T保持一致）；
    ...:     T:远期汇率的期限（年）；
    ...:     A:A货币的名称，输入人民币表示A货币是人民币；
    ...:     B:B货币的名称，输入美元表示B货币是美元'''
    ...:     #为了能够更好地理解以下代码，分3个步骤
    ...:     #第1步：计算均衡远期汇率并且当均衡远期汇率小于报价远期汇率
    ...:     F_new=S*(1+r_A*T)/(1+r_B*T)                    #计算均衡远期汇率
```

```python
   ...:         if F_new<F:                                              #均衡远期汇率小于报价远期汇率
   ...:             if M_B=='Na':                                        #当借入A货币的本金
   ...:                 profit=M_A*(1+T*r_B)*F/S-M_A*(1+T*r_A)           #计算套利收益
   ...:                 if profit>0:                                     #套利收益大于零
   ...:                     path=['套利路径如下',
   ...:                           '(1)初始时点借入的货币名称：',A,
   ...:                           '(2)同时按即期汇率兑换后并投资的货币名称：',B,
   ...:                           '(3)按照远期汇率在投资结束时兑换后的货币名称：',A,
   ...:                           '(4)最后偿还初始时点的借入资金']
   ...:                 else:                                            #套利收益小于或等于零
   ...:                     path=['不存在套利机会']
   ...:             else:                                                #当借入B货币的本金
   ...:                 profit=M_B*S*(1+T*r_A)/F-M_B*(1+T*r_B)
   ...:                 if profit>0:
   ...:                     path=['套利路径如下',
   ...:                           '(1)初始时点借入的货币名称：',B,
   ...:                           '(2)同时按即期汇率兑换后并投资的货币名称：',A,
   ...:                           '(3)按照远期汇率在投资结束时兑换后的货币名称：',B,
   ...:                           '(4)最后偿还初始时点的借入资金']
   ...:                 else:
   ...:                     path=['不存在套利机会']
   ...:         #第2步：当均衡远期汇率大于报价远期汇率
   ...:         elif F_new>F:                                            #均衡远期汇率大于报价远期汇率
   ...:             if M_B=='Na':
   ...:                 profit=M_A*(1+T*r_B)*F/S-M_A*(1+T*r_A)
   ...:                 if profit>0:
   ...:                     path=['套利路径如下',
   ...:                           '(1)初始时点借入的货币名称：',A,
   ...:                           '(2)同时按即期汇率兑换后并投资的货币名称：',B,
   ...:                           '(3)按照远期汇率在投资结束时兑换后的货币名称：',A,
   ...:                           '(4)最后偿还初始时点的借入资金']
   ...:                 else:
   ...:                     path=['不存在套利机会']
   ...:             else:
   ...:                 profit=M_B*S*(1+T*r_A)/F-M_B*(1+T*r_B)
   ...:                 if profit>0:
   ...:                     path=['套利路径如下',
   ...:                           '(1)初始时点借入的货币名称：',B,
   ...:                           '(2)同时按即期汇率兑换后并投资的货币名称：',A,
   ...:                           '(3)按照远期汇率在投资结束时兑换后的货币名称：',B,
   ...:                           '(4)最后偿还初始时点的借入资金']
   ...:                 else:
   ...:                     path=['不存在套利机会']
   ...:         #第3步：当均衡远期汇率等于报价远期汇率
   ...:         else:                                                    #均衡远期汇率等于报价远期汇率
   ...:             if M_B=='Na':
   ...:                 profit=0
   ...:                 path=['不存在套利机会']
   ...:             else:
   ...:                 profit=0
   ...:                 path=['不存在套利机会']
   ...:         return [profit,path]                                     #输出套利收益和套利路径
```

在以上自定义函数 Cov_Arbitrage 中，输入即期汇率、外汇市场报价的远期汇率、不同币种的利率、初始借入的金额、期限以及相关币种等参数，就可以计算得到套利的金额以及找出套利的路径。

下面运用该自定义函数，计算【例1-13】的套利收益金额以及套利路径情况，具体的代码如下。

```
In [64]: value_RMB=1e8              #借入人民币金额
    ...: value_USD=1.5e7            #借入美元金额
    ...: Shibor=0.019420            #6个月Shibor
    ...: Ciror=0.0315               #6个月美元Ciror
    ...: tenor=6/12                 #6个月的期限（以年为单位）
    ...: FX_spot=6.7462             #即期汇率
    ...: FX_forward=6.7283          #报价远期汇率

In [65]: arbitrage_RMB=Cov_Arbitrage(S=FX_spot,F=FX_forward,M_A=value_RMB,M_B='Na',
    ...:                   r_A=Shibor,r_B=Ciror,T=tenor,A='人民币',B='美元') #初始
时点借入的人民币

In [66]: print('借入人民币1亿元开展抵补套利的收益（元）',round(arbitrage_RMB[0],2))
    ...: print(arbitrage_RMB[1])   #输出套利路径
借入人民币1亿元开展抵补套利的收益（元） 334486.42
['套利路径如下', '(1)初始时点借入的货币名称：', '人民币', '(2)同时按即期汇率兑换后并投资的货币名称：', '美元', '(3)按照远期汇率在投资结束时兑换后的货币名称：', '人民币', '(4)最后偿还初始时点借入的资金']

In [67]: arbitrage_USD=Cov_Arbitrage(S=FX_spot,F=FX_forward,M_A='Na',M_B=value_USD,
    ...:                   r_A=Shibor,r_B=Ciror,T=tenor,A='人民币',B='美元') #初始
时点借入的美元

In [68]: print('借入1500万美元开展抵补套利的收益（美元）',round(arbitrage_USD[0],2))
    ...: print(arbitrage_USD[1])    #输出套利路径
借入1500万美元开展抵补套利的收益（美元） -50306.44
['不存在套利机会']
```

以上计算得到的套利收益以及显示的套利路径情况与前面通过手动计算分析的结果相同。

1.6.3 外汇远期合约的定价

外汇远期合约（foreign exchange forward，FEF）是一种衍生品合约，合约的买卖双方通过合约约定买卖外汇的币种、金额、远期汇率以及未来交割外汇的时间，在交割日双方依据合约最终完成货币的收付。在合约到期日，以约定的远期汇率买入约定金额货币的一方称为多头，卖出约定金额货币的一方称为空头。

与远期利率合约相似的是，在外汇远期合约的订立日（初始日），对于合约双方而言，合约价值均等于零；但是，此后伴随着即期汇率与不同币种利率的变化，外汇远期合约的价值会发生变化。下面结合一个示例讨论外汇远期合约的运作机制以及合约的定价。

1. 一个示例

【例1-14】假定在2022年1月28日，U公司与V银行签订了一份期限为1年的外汇远期合约，合约要素信息约定如下。

一是在合约到期日（2023年1月28日），U公司用人民币1亿元向V银行兑换美元，即

合约的本金是 1 亿元，U 公司是合约的空头（到期支付人民币、收取美元），V 银行则是合约的多头（到期支付美元、收取人民币）。

二是按照合约初始日（2022 年 1 月 28 日）约定的期限为 1 年的美元兑人民币远期汇率进行兑换。

三是根据（式 1-45）并结合表 1-11 中 2022 年 1 月 28 日即期汇率以及期限为 1 年的 Shibor（人民币利率）与美元 Ciror（美元利率），计算得到期限为 1 年的远期汇率等于 6.3746 × (1 + 2.66%) ÷ (1 + 0.61%) = 6.5044869894，这里将计算结果保留小数点后 10 位，是为了能使手动计算的结果与 Python 运算结果保持一致，否则会存在偏差。

表 1-11 美元兑人民币即期汇率、Shibor 与美元 Ciror 的信息

日期	即期汇率	6 个月 Shibor（每半年复利 1 次）	6 个月 Ciror（每半年复利 1 次）	1 年 Shibor（每年复利 1 次）	1 年美元 Ciror（每年复利 1 次）
2022-01-28	6.3746	—	—	2.6600%	0.6100%
2022-07-28	6.7411	2.0040%	3.1100%	—	—

数据来源：中国外汇交易中心。

在 2022 年 7 月 28 日也就是合约剩余期限为 6 个月的时候，U 公司与 V 银行需要对该外汇远期合约进行估值，其中 U 公司的估值以人民币计价，V 银行的估值以美元计价。

为了能够更好地理解外汇远期合约的定价逻辑，假定在定价日（2022 年 7 月 28 日）U 公司与 V 银行又签订了一份期限为 6 个月的外汇远期合约，这份新合约的要素如下。

一是在合约到期日（即 2023 年 1 月 28 日），V 银行用人民币 1 亿元向 U 公司兑换美元，即合约的本金依然是人民币 1 亿元，但在合约到期日的人民币现金流方向恰好与 2022 年 1 月 28 日签订的外汇远期合约相反，即 U 公司到期收取人民币、支付美元，V 银行则到期收取美元、支付人民币。

二是按照新合约的初始日（2022 年 7 月 28 日）的美元兑人民币远期汇率进行兑换。显然，这份新合约在合约初始日的价值依然等于零。

将 2022 年 1 月 28 日和 2022 年 7 月 28 日分别签订的两份外汇远期合约结合在一起，可以发现无论是 U 公司还是 V 银行，在合约到期日人民币的净现金流均为 0；但是，由于这两份合约约定的远期汇率不同，将使得合约到期日美元的净现金流不等于 0，将美元的净现金流进行贴现就可以得出 2022 年 1 月 28 日签订的外汇远期合约在当年 7 月 28 日的美元价值，合约的人民币价值就等于合约的美元价值乘定价日（2022 年 7 月 28 日）的即期汇率。

根据以上的合约信息以及定价逻辑，具体计算 2022 年 1 月 28 日签订的外汇远期合约在当年 7 月 28 日的价值，可以分为以下 3 个步骤。

第 1 步：计算在 2022 年 7 月 28 日期限为 6 个月的美元兑人民币远期汇率。在计算过程中，将运用表 1-11 的 2022 年 7 月 28 日即期汇率、6 个月 Shibor 和 6 个月美元 Ciror 数据，从而得到 6 个月远期汇率是 6.7411 × (1 + 0.5 × 2.004%) ÷ (1 + 0.5 × 3.11%) = 6.7043925183，计算结果保留小数点后 10 位的理由同上。

第 2 步：计算针对 U 公司并且按照人民币计价的外汇远期合约价值。2022 年 7 月 28 日连续复利的美元利率是 3.0861%，该结果可以通过第 1.3.2 小节的自定义函数 Rc 快速计算得出并且保留至小数点后 4 位；当天的即期汇率等于 6.7411，则可以得到外汇远期合约的价值如下。

$$6.7411 \times \left(\frac{1 亿元}{6.5044869894} - \frac{1 亿元}{6.7043925183} \right) e^{-0.5 \times 3.0861\%} = 3042858.19 元 \quad （式 1-59）$$

第 3 步：计算针对 V 银行并且按照美元计价的外汇远期合约价值，可以得出如下的结果。

$$\left(\frac{1亿元}{6.7043925183} - \frac{1亿元}{6.5044869894}\right)e^{-0.5 \times 3.0861\%} = -451388.97 \text{ 美元} \quad （式1-60）$$

从以上的计算可以看到，2022 年 7 月 28 日对 U 公司而言，外汇远期合约带来了一定金额的浮盈；相比之下，对 V 银行外汇远期合约带来的是浮亏。

2. 一般化的数学表达式

基于【例 1-14】，可以提炼出针对外汇远期合约价值的数学表达式。假定一份外汇远期合约包含 A 货币和 B 货币，合约期限为 T，并且在合约初始日约定了期限为 T 的远期汇率 E_{fT}，汇率标价方法是以若干个单位的 A 货币表示 1 个单位的 B 货币。在合约定价日，合约的剩余期限是 τ，并且当天期限为 τ 的远期汇率用 $E_{f\tau}$ 表示，当天的即期汇率用 E_s 表示，A 货币的利率（连续复利利率）用 R_A 表示，B 货币的利率（连续复利利率）用 R_B 表示，合约的价值用 V 表示。下面按照合约本金计价币种的不同分两种情形讨论。

情形 1：合约本金以 A 货币计价并且金额为 M。这意味着合约的多头在合约到期日需要按照远期汇率 E_{fT} 向合约空头买入金额 M 的 A 货币并且支付相应金额的 B 货币。表 1-12 梳理了当合约本金以 A 货币计价时，针对不同合约方并按照不同货币计价的合约价值表达式。

表 1-12　合约本金以 A 货币计价情形下针对不同合约方的合约价值表达式

合约方	合约价值的计价货币	合约价值表达式
多头	A 货币	$V = E_s \left(\dfrac{M}{E_{f\tau}} - \dfrac{M}{E_{fT}}\right) e^{-R_B \tau}$
多头	B 货币	$V = \left(\dfrac{M}{E_{f\tau}} - \dfrac{M}{E_{fT}}\right) e^{-R_B \tau}$
空头	A 货币	$V = E_s \left(\dfrac{M}{E_{fT}} - \dfrac{M}{E_{f\tau}}\right) e^{-R_B \tau}$
空头	B 货币	$V = \left(\dfrac{M}{E_{fT}} - \dfrac{M}{E_{f\tau}}\right) e^{-R_B \tau}$

情形 2：合约本金以 B 货币计价并且金额为 N。表 1-13 梳理了当合约本金以 B 货币计价时，针对不同合约方并按照不同货币计价的合约价值表达式。

表 1-13　合约本金以 B 货币计价情形下针对不同合约方的合约价值表达式

合约方	合约价值的计价货币	合约价值表达式
多头	A 货币	$V = (NE_{f\tau} - NE_{fT}) e^{-R_A \tau}$
多头	B 货币	$V = \dfrac{(NE_{f\tau} - NE_{fT}) e^{-R_A \tau}}{E_s}$
空头	A 货币	$V = (NE_{fT} - NE_{f\tau}) e^{-R_A \tau}$
空头	B 货币	$V = \dfrac{(NE_{fT} - NE_{f\tau}) e^{-R_A \tau}}{E_s}$

3. Python 编程

下面通过 Python 自定义一个计算外汇远期合约价值的函数，具体的代码如下。

```
In [69]: def Value_FEF(F1,F2,S,par,R,t,pc,vc,position):
    ...:     '''计算外汇远期合约价值的函数，两种货币分别是A货币和B货币
    ...:     F1: 合约初始日约定的远期汇率，以若干个单位A货币表示1个单位B货币；
    ...:     F2: 合约定价日的远期汇率，标价方法与F1相同；
    ...:     S: 合约定价日的即期汇率，标价方法与F1相同；
    ...:     par: 合约本金，本金的计价货币需要与币种参数pc保持一致；
    ...:     R: 贴现利率（连续复利利率），比如本金是A货币，则贴现利率是B货币的利率；
    ...:     t: 合约的剩余期限（年）；
    ...:     pc: 合约本金的币种，输入A表示选择A货币，输入其他则表示选择B货币；
    ...:     vc: 合约估值的币种，输入A表示选择A货币，输入其他则表示选择B货币；
    ...:     position: 合约头寸方向，输入long表示多头，输入其他表示空头'''
    ...:     from numpy import exp                        #从NumPy模块导入exp函数
    ...:     if pc=='A':                                  #合约本金以A货币计价
    ...:         if position=='long':                     #针对合约多头
    ...:             if vc=='A':                          #合约价值以A货币计价
    ...:                 value=S*(par/F2-par/F1)*exp(-R*t)  #计算合约价值
    ...:             else:                                #合约价值以B货币计价
    ...:                 value=(par/F2-par/F1)*exp(-R*t)
    ...:         else:                                    #针对合约空头
    ...:             if vc=='A':
    ...:                 value=S*(par/F1-par/F2)*exp(-R*t)
    ...:             else:
    ...:                 value=(par/F1-par/F2)*exp(-R*t)
    ...:     else:                                        #合约本金以B货币计价
    ...:         if position=='long':
    ...:             if vc=='A':
    ...:                 value=(par*F2-par*F1)*exp(-R*t)
    ...:             else:
    ...:                 value=(par*F2-par*F1)*exp(-R*t)/S
    ...:         else:
    ...:             if vc=='A':
    ...:                 value=(par*F1-par*F2)*exp(-R*t)
    ...:             else:
    ...:                 value=(par*F1-par*F2)*exp(-R*t)/S
    ...:     return value
```

在以上自定义函数 Value_FEF 中，输入远期汇率、即期汇率、合约本金、贴现利率、合约的剩余期限、货币币种以及合约头寸方向等参数，就能计算得出外汇远期合约的价值。

下面通过该自定义函数，验证【例1-14】的外汇远期合约价值，具体编程分为两个步骤。

第1步：计算合约初始日（2022年1月28日）以及合约定价日（2022年7月28日）的远期汇率。具体的代码如下。

```
In [70]: spot_Jan28=6.3746          #2022年1月28日即期汇率
    ...: Shibor_1Y=0.0266           #1年Shibor
    ...: Ciror_1Y=0.0061            #1年美元Ciror
    ...: T1=1                       #外汇远期合约的整个期限（年）
```

```
In [71]: forward_Jan28=FER(spot=spot_Jan28,r_A=Shibor_1Y,r_B=Ciror_1Y,T=T1)  #计算远期汇率
    ...: print('2022年1月28日期限为1年的美元兑人民币远期汇率',round(forward_Jan28,10))
2022年1月28日期限为1年的美元兑人民币远期汇率 6.5044869894

In [72]: spot_Jul28=6.7411              #2022年7月28日即期汇率
    ...: Shibor_6M=0.02004              #6个月Shibor
    ...: Ciror_6M=0.0311                #6个月美元Ciror
    ...: T2=6/12                        #外汇远期合约的剩余期限（年）

In [73]: forward_Jul28=FER(spot=spot_Jul28,r_A=Shibor_6M,r_B=Ciror_6M,T=T2)  #计算远期汇率
    ...: print('2022年7月28日期限为6个月的美元兑人民币远期汇率', round(forward_Jul28,10))
2022年7月28日期限为6个月的美元兑人民币远期汇率 6.7043925183
```

第2步：在合约定价日计算外汇远期合约的价值。具体的代码如下。

```
In [74]: par_RMB=1e8                    #外汇远期合约的本金（人民币）
    ...: r_USD=0.030861                 #2022年7月28日连续复利的美元利率

In [75]: V1_FEF=Value_FEF(F1=forward_Jan28,F2=forward_Jul28,S=spot_Jul28,par=par_RMB,
    ...:                  R=r_USD,t=T2,pc='A',vc='A',position='short')  #空头的合约价值
    ...: V2_FEF=Value_FEF(F1=forward_Jan28,F2=forward_Jul28,S=spot_Jul28,par=par_RMB,
    ...:                  R=r_USD,t=T2,pc='A',vc='B',position='long')   #多头的合约价值
    ...: print('2022年7月28日空头（U公司）外汇远期合约价值（元）',round(V1_FEF,2))
    ...: print('2022年7月28日多头（V银行）外汇远期合约价值（美元）',round(V2_FEF,2))
2022年7月28日空头（U公司）外汇远期合约价值（元） 3042858.19
2022年7月28日多头（V银行）外汇远期合约价值（美元） -451388.97
```

根据以上输出的结果可以发现，通过Python运算的结果与前面手动计算得到的数值是一致的。需要再次强调的是，如果在手动计算时，没有将远期汇率的数值结果保留小数点后10位（比如保留小数点后4位），则手动计算的外汇远期合约价值就会与Python运算结果出现一定差异，读者不妨自行验证一下。

到这里，本章的内容就全部讲解完毕了，第2章将讨论与利率存在紧密关联的债券。

1.7 本章小结

利率与汇率不仅是构建整个金融体系的基石，而且是金融市场极为重要的两个关键变量和风险因子，同时利率与汇率也息息相关。本章在介绍人民币利率体系与人民币汇率体系的基础上，运用Python并结合14个示例，重点讨论了以下知识点。

（1）**利率度量**。即使相同金额的利率，在不同复利频次的情况下也会计算出不同的利息金额，这就是利率的相对性；不同复利频次的利率之间存在等价关系，这是利率等价性的体现。

（2）**远期利率**。借贷、投资等金融活动会涉及跨时间的资产配置，这时需要引入远期金融变量，远期利率就是一种重要的远期金融变量，通过即期利率并结合期限就可以测算出远期利率。

（3）**远期利率协议**。远期利率协议是基于远期利率的一种合约，并且属于衍生品的范畴，无论是合约现金流的测算还是合约定价，合约本金、即期利率和远期利率都是关键变量。

（4）**汇率标价与汇兑**。汇率的标价方法包括直接标价法与间接标价法，在不同币种兑换过

程中，除了选择合适的汇率以外，也要看清该汇率的标价方法。

（5）**汇率的套利交易**。由于汇率涉及不同的币种，所以在全球外汇市场存在希望利用不同汇率实现无风险收益的套利资金，常见的汇率套利策略包括三角套利交易、抵补套利交易等。

（6）**远期汇率**。远期汇率也是一种重要的远期金融变量，相比远期利率，测算远期汇率会涉及即期汇率、不同币种利率等更多的变量。

（7）**外汇远期合约**。与远期利率协议相似，外汇远期合约是基于远期汇率的一种金融合约，但是外汇远期合约的定价更加复杂，涉及的变量包括不同币种的本金、即期汇率、远期汇率以及利率等。

1.8 拓展阅读

本章的内容参考了如下资料，建议感兴趣的读者拓展学习。

（1）中国人民银行官方网站关于人民币利率体系、人民币汇率制度等官方权威资料以及相关数据。

（2）中国货币网关于人民币利率产品与汇率产品的介绍、交易规则以及历史数据。

（3）《货币金融学（第十二版）》（作者弗雷德里克·S.米什金）。本书是金融领域的一本经典入门级教程，书中的第 4 章至第 6 章对利率做了详尽的阐述，第 17 章针对外汇市场以及汇率也有一定篇幅的论述。

# 第 2 章 运用 Python 分析债券

本章导读

债券（bond）是一种有价证券，具体是指政府、金融机构、工商企业等主体直接向社会借债筹集资金时，向投资者发行并承诺在一定期限内按一定利率支付利息同时按约定条件偿还本金的债权债务凭证。在人类社会发展的进程中，债券有着悠久的历史。在现代金融体系中，债券是一种极为重要的债务融资工具，债券市场也是金融市场的重要组成部分。债券价值是每一位债券持有人非常关心的问题，同时利率风险和信用风险是债券面临的两大主要风险。本章将结合债券市场的示例，讨论如何运用 Python 分析债券的定价、收益率及风险等。

本章的内容将涵盖以下几个主题。
- ✓ 描述存量规模、品种、交易场所等债券市场的概况，并且针对债券规模变化趋势与交易分布结构进行可视化。
- ✓ 讨论债券定价模型、债券到期收益率以及如何运用票息剥离法和插值法获取零息利率曲线。
- ✓ 探讨衡量债券利率风险的线性指标——久期，包括麦考利久期、修正久期与美元久期，以及通过久期分析债券到期收益率变动对债券价格的影响。
- ✓ 剖析衡量债券利率风险的非线性指标——凸性，并且结合凸性分析债券到期收益率变动对债券价格的影响。
- ✓ 论述评估债券信用风险的信用评级、违约概率和回收率，以及分析如何通过债券价格测度违约概率。

2.1 债券市场概览

从 1981 年财政部恢复发行国债开始至今，我国债券市场经历了曲折的探索和发展。1996 年年末建立债券中央托管机构以后，我国债券市场翻开了崭新的一页，从此步入了快速发展的新阶段。为了能够对债券市场有一个大概了解，本节就从债券规模、债券品种、债券交易场所以及债券数据服务机构等 4 个方面展开介绍。

2.1.1 债券规模

截至 2022 年年末，我国债券的存量规模达到 142.18 万亿元，是 2010 年年末债券存量规模 16.96 万亿元的 8.38 倍。为了形象地展示债券存量规模的变化情况，导入外部数据并且用 Python 绘制出 2010—2022 年债券存量规模与国内生产总值（GDP）对比的走势图（见图 2-1），具体的代码如下。

```
In [1]: import numpy as np                          #导入NumPy模块并且缩写为np
   ...: import pandas as pd                         #导入pandas模块并且缩写为pd
   ...: import matplotlib.pyplot as plt             #导入Matplotlib的子模块pyplot并且缩写为plt
   ...: from pylab import mpl                       #从pylab导入子模块mpl
   ...: mpl.rcParams['font.sans-serif']=['FangSong']  #以仿宋字体显示中文
   ...: mpl.rcParams['axes.unicode_minus']=False    #解决保存图像时负号显示为方块的问题
   ...: from pandas.plotting import register_matplotlib_converters  #导入注册日期时间转换函数
   ...: register_matplotlib_converters()            #注册日期时间转换函数

In [2]: Bond_GDP=pd.read_excel(io='C:/Desktop/债券存量规模与GDP.xlsx',sheet_name='Sheet1',header=0,index_col=0)    #导入数据

In [3]: Bond_GDP.plot(kind='bar',figsize=(9,6),title='债券存量规模与国内生产总值（GDP）',
   ...:               xlabel='日期',ylabel='金额（万亿元）',grid=True)   #可视化（柱形图）
Out[3]:
```

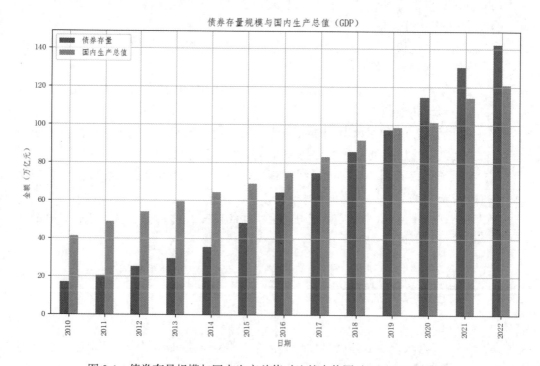

图 2-1 债券存量规模与国内生产总值对比的走势图（2010—2022 年）

从图 2-1 中不难发现，在 2010 年至 2022 年，债券存量规模在最初的 10 年处于不断追赶国内生产总值的阶段，于 2020 年超越当年的国内生产总值，此后两年均高于同年的国内生产总值，这在一定程度上体现出债券市场的重要性日益凸显。

2.1.2 债券品种

按照发行主体以及审批机构的不同,债券可以划分为政府债、央行票据、金融债、同业存单、企业债、公司债、政府支持机构债、国际机构债、资产支持证券、非公开定向债务融资工具、中期票据、短期融资券、项目收益票据、可转换公司债券以及可交换公司债券等债券品种。表 2-1 统计了截至 2022 年年末按照债券品种划分的债券余额及占比情况。

表 2-1　2022 年年末按照债券品种划分的债券余额及占比情况

债券品种	债券余额（亿元）	债券余额占比（%）
政府债		
国债	256489.06	18.04
地方政府债	348803.38	24.53
央行票据	150.00	0.01
金融债		
政策性金融债	225789.82	15.88
商业银行债	79966.67	5.62
非银行金融机构债	32639.90	2.30
同业存单	141264.40	9.94
企业债		
一般企业债	20986.84	1.48
集合企业债	327.30	0.02
公司债		
一般公司债	52882.46	3.72
私募公司债	53782.69	3.78
政府支持机构债	18925.00	1.33
国际机构债	490.00	0.03
资产支持证券		
信贷资产支持证券	14316.37	1.01
资产支持票据	8393.78	0.59
企业资产支持证券	21340.63	1.50
保险资产支持证券	10.00	0.00
非公开定向债务融资工具	22958.40	1.61
中期票据	89914.62	6.32
短期融资券		
一般短期融资券	5241.60	0.37
超短期融资券	17079.49	1.20

续表

债券品种	债券余额（亿元）	债券余额占比（%）
项目收益票据	123.96	0.01
可转换公司债券	8377.92	0.59
可交换公司债券	1531.90	0.11
合计	1421786.19	100.00

数据来源：同花顺。

1. 政府债

政府债包括国债和地方政府债。**国债**（treasury bond）是由财政部发行、以中央政府的财政收入作为还款来源的债券，按照目的不同可以划分为普通国债与特别国债。普通国债发行目的通常是弥补财政赤字，特别国债则是基于某一特殊背景发行并且用于应对重大公共危机或服务于重大政策。

地方政府债是指省、自治区、直辖市和经省级人民政府批准自办债券发行的计划单列市人民政府发行的，约定一定期限内还本付息的政府债，分为一般债券和专项债券。一般债券是为没有收益的公益性项目发行的，主要以一般公共预算收入作为还本付息的资金来源；专项债券是为有一定收益的公益性项目发行的，以项目对应的政府性基金收入或专项收入作为还本付息的资金来源。

2. 央行票据

中央银行票据（简称"央行票据"或"央票"）是中央银行为调节商业银行超额准备金而向商业银行发行的短期债务凭证，其实质是中央银行债券。中国人民银行首次通过公开市场操作发行央行票据是在 2003 年 4 月，该票据期限为 6 个月、本金为 50 亿元。2015 年 10 月，中国人民银行在英国伦敦成功发行了本金 50 亿元、期限 1 年的首只离岸央行票据。

3. 金融债

金融债包括政策性金融债、商业银行债、非银行金融机构债等。其中，规模较大的是政策性金融债，是由国家开发银行、中国农业发展银行和中国进出口银行等政策性银行发行的债券；商业银行债包括由商业银行发行的普通债、次级债、混合资本债、二级资本工具以及其他一级资本工具等；非银行金融机构债包括保险公司债、证券公司债以及其他非银行金融机构债等。

4. 同业存单

同业存单是指由银行在全国银行间市场上发行的记账式定期存款凭证，目的是拓展商业银行的融资渠道，同时作为一种货币市场工具也能有效促进货币市场的发展。2013 年 12 月 12 日在全国银行间市场，中国工商银行、中国农业银行、中国银行、中国建设银行以及国家开发银行发行了首批同业存单，合计规模 190 亿元。

5. 企业债

企业债原本是特指 1987 年 3 月国务院发布的《企业债券管理暂行条例》所规范的企业债

券。该暂行条例在1993年8月经修订后更名为《企业债券管理条例》，并且于2011年1月做了修订。企业债是指企业法人依照法定程序发行、约定在一定期限内还本付息的有价证券，企业债包括了一般企业债、集合企业债。企业债的发行审批权限原本归属于国家发展和改革委员会，根据2023年3月的国务院机构改革方案，企业债的发行审批权限划归中国证监会。中国证监会于2023年10月发布了最新修订后的《公司债券发行与交易管理办法》，该办法明确将企业债纳入其中，实现了企业债与公司债的监管并轨。

6. 公司债

公司债原本特指受《证券法》规范和约束的公司债券。目前，由中国证监会负责监管公司债的发行、上市、交易等环节。公司债是指公司依照法定程序发行、约定在一定期限还本付息的有价证券。此外，根据《公司债发行与交易管理办法》，公司债可以采用公开发行（一般公司债）和非公开发行（私募公司债）两种方式。针对公开发行的公司债实施注册制，即由证券交易所负责受理、审核，并报中国证监会注册；针对非公开发行的公司债，在每次发行完成后向中国证券业协会报备。

7. 政府支持机构债

政府支持机构债是指由政府支持的公司或金融机构发行并由政府提供担保的债券。中央汇金投资有限责任公司于2010年在全国银行间债券市场成功发行了两期共计1090亿元的人民币债券，该债券就属于政府支持机构债。此外，2013年3月中国铁路总公司正式挂牌成立，承担原铁道部的企业职责，中国人民银行于2013年7月正式同意将原铁道部发行的铁路建设债券、短期融资券、中期票据等铁路各类债券融资工具统一归入政府支持机构债，以此增强投资者对中国铁路总公司的信心，推动铁路投融资体系改革。

8. 国际机构债

国际机构债是指包括国际开发性金融机构在内的国际机构所发行的债券。2005年10月国际金融公司和亚洲开发银行在银行间债券市场分别发行以人民币计价的债券11.3亿元和10亿元，这是债券市场首次引入国际机构作为债券发行主体。

9. 资产支持证券

资产支持证券是指由工商企业或金融机构作为发起机构，将具有稳定现金流的资产（如信贷资产）信托给受托机构（通常是金融机构），由受托机构发行的、以该资产所产生的现金支付其收益的收益证券。资产支持证券可以进一步细分为信贷资产支持证券、资产支持票据（Asset-backed Medium-term Notes，ABN）、企业资产支持证券以及保险资产支持证券等四大类。

10. 非公开定向债务融资工具

非公开定向债务融资工具（简称"定向工具"）是指有法人资格的非金融企业，向银行间市场特定机构投资者发行并在特定机构投资者范围内流通转让的债务融资工具。定向工具是由中国银行间市场交易商协会于2011年推出的。

11. 中期票据与短期融资券

中期票据是指在银行间债券市场按照计划分期发行的、期限在1年以上的融资工具。

短期融资券是指在银行间债券市场发行的、期限在 1 年以内的短期融资工具。按照期限的不同可划分为一般短期融资券和超短期融资券，其中，超短期融资券是期限在 270 天以内的短期融资券。

中期票据和短期融资券均需要在中国银行间市场交易商协会注册后方可发行。

12. 项目收益票据

2014 年 7 月 11 日，中国银行间市场交易商协会发布《银行间债券市场非金融企业项目收益票据业务指引》并正式推出项目收益票据。**项目收益票据**（project revenue note，PRN）是指非金融企业在银行间债券市场发行的、募集资金用于项目建设且以项目产生的经营性现金流为主要偿债来源的债务融资工具。

13. 可转换公司债券与可交换公司债券

可转换公司债券（简称"可转债"）是指债券持有者可以在一定时期内按一定比例或价格将其转换成一定数量的另一种证券（如股票）的公司债券。

可交换公司债券（简称"可交债"）是指上市公司的股东依法发行、在一定期限内依据约定的条件可以交换成该股东所持有的上市公司股份的公司债券。

2.1.3 债券交易场所

目前，债券市场形成了包括银行间市场、交易所市场以及柜台市场等的统一分层的市场体系。其中，交易所市场是债券交易的场内市场，银行间市场以及柜台市场则属于场外市场，债券市场的参与者既有机构投资者也有个人投资者。

1. 银行间市场

银行间市场是债券市场的主体，市场参与者是各类机构投资者，实行双边谈判成交。银行间市场属于场外批发市场。

中央国债登记结算有限责任公司（简称"中央结算公司"）作为债券中央托管机构，为债券实行集中统一托管，为银行间市场投资者开立证券账户，并且为市场的交易结算提供服务。除了境内的金融机构，银行间市场也向境外央行或货币当局、国际金融组织和主权财富基金开放。

银行间市场的交易品种包括现券交易、质押式回购、买断式回购、远期交易以及债券借贷等。

2. 交易所市场

交易所市场是债券市场的重要组成部分，开展债券交易的证券交易所例如上海证券交易所、深圳证券交易所、北京证券交易所以及全国中小企业股份转让系统（俗称"新三板"），由包括个人在内的各类社会投资者参与，属于集中撮合交易的零售市场。

交易所市场实行两级托管体制，中央结算公司是债券一级托管人，负责为交易所开立代理总账户；中国证券登记结算有限责任公司（简称"中国结算"）是债券二级托管人，负责对交易所投资者账户的交易进行记录。交易所市场的交易品种包括现券交易、质押式回购等。

3. 柜台市场

柜台市场实行两级托管体制，中央结算公司是债券一级托管人，负责为承办银行开立债券自营账户和代理总账户；承办银行是债券二级托管人。

柜台市场包含商业银行柜台市场与证券公司柜台市场两大类。

商业银行柜台市场是银行间市场的延伸，参与者限定为个人投资者，属于场外零售市场。目前，商业银行柜台市场的交易品种仅为现券交易。

证券公司柜台市场是交易所市场的延伸，可以满足投资者在交易所市场之外开展交易的需要，证券公司柜台市场仅限于交易非公开发行的公司债。

4. 债券通

债券通（bond connect）是内地与香港债券市场互联互通的创新合作机制，境内外投资者可通过香港与内地债券市场基础设施机构连接，买卖香港与内地债券市场交易流通债券，包括"北向通"及"南向通"。

"北向通"于2017年7月3日开通，具体是指香港等地的投资者经由香港与内地基础设施机构在交易、托管、结算等方面互联互通的机制安排，投资于内地银行间市场。

"南向通"于2021年9月24日上线，具体是指境内债券市场机构投资者经由内地与香港相关基础服务机构在交易、托管、结算等方面互联互通的机制安排，投资于香港债券市场。

5. 债券交易的市场分布

表2-2整理了2022年全年债券交易在不同交易市场的分布情况，需要注意的是，表中的债券交易包含债券现券交易与回购交易。此外，由于数据获得性的限制，表中的债券交易市场仅限于上海证券交易所、深圳证券交易所以及银行间市场。

表2-2 2022年债券交易的市场分布情况

交易市场	债券交易金额（万亿元）	比重（%）
银行间市场	1648.93	79.52
上海证券交易所	363.83	17.54
深圳证券交易所	60.96	2.94
合计	2073.72	100.00

数据来源：同花顺。

为了更形象地展示2022年债券交易的市场分布情况，通过外部导入数据并用Python绘制出饼图（见图2-2），具体的代码如下。

```
In [4]: bond=pd.read_excel(io='C:/Desktop/债券交易的市场分布数据.xlsx', sheet_name='Sheet1',
   ...: header=0,index_col=0)    #导入数据

In [5]: plt.figure(figsize=(9,6))
   ...: plt.pie(x=bond['债券交易金额（万亿元）'],labels=bond.index,autopct='%1.2f%%',
   ...:         textprops={'fontsize':12})          #绘制饼图并显示占比数据
   ...: plt.axis('equal')                            #使饼图呈圆形
```

```
...: plt.legend(loc=1,fontsize=12)                    #图例放在右上方
...: plt.title('2022年债券交易的市场分布图',fontsize=12)
...: plt.show()
```

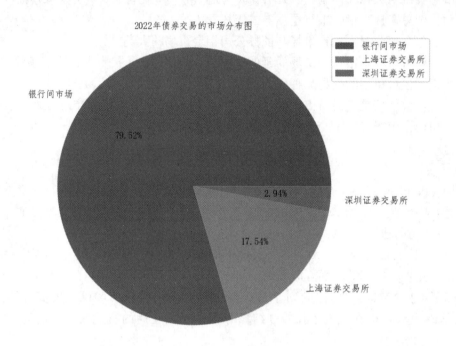

图 2-2　2022 年债券交易在不同交易市场的分布情况

2.1.4　债券数据服务机构

目前提供债券估值等数据的专业服务机构主要有 4 家，分别是中债金融估值中心有限公司、中证指数有限公司、中国外汇交易中心以及银行间市场清算所股份有限公司。

中债金融估值中心有限公司（简称"中债估值中心"）是中央结算公司的全资子公司，于 2017 年 5 月成立，致力于建设成为金融市场定价基准形成平台，提供的债券估值数据在债券市场上拥有较高的权威性和较强的影响力，是银行间市场债券交易的重要参考依据，相关数据和公告通过中国债券信息网对外发布。

中证指数有限公司（简称"中证指数公司"）于 2005 年 8 月由上海证券交易所和深圳证券交易所共同出资设立，公司自 2006 年起开始研究债券收益率曲线和债券估值，已经构建完成涉及债券定价等多个品牌产品。

中国外汇交易中心在第 1 章多次提及，该中心于 1994 年 4 月正式成立，是中国人民银行总行直属事业单位，为银行间外汇市场、货币市场、债券市场等提供发行、交易、交易后处理以及信息等服务，该中心通过其主办的中国货币网对外发布相关的数据和公告。

银行间市场清算所股份有限公司（简称"上海清算所"）于 2009 年 11 月成立，是银行间市场唯一一家专业化集中清算机构，也是三大债券发行登记托管结算机构之一（另两家分别是中央结算公司和中国结算），为金融市场的本外币交易及衍生品交易提供登记、托管、估值、清算及结算等服务。

需要指出的是，以上 4 家机构所提供的关于债券估值数据会存在一定差异，并且中债估值

中心和中证指数公司的债券估值数据需要单独订购。

2.2 债券定价与债券收益率

针对债券市场有一个框架性的认知以后，本节将侧重于讨论债券的定价以及收益率等核心内容。

2.2.1 债券的核心要素

债券作为一种有价证券，存在几个核心要素，具体包括面值、单位、期限、票面利率以及债券价格等。

面值（par value），也称**本金**（principal），是债券发行人承诺偿还给债券持有人的货币总额。

债券的基本单位是"张"，1张债券面值是100元；债券的交易单位是"手"，1手=10张，1手债券面值就是1000元，按照债券的交易规则，债券交易必须是1手的整数倍。

期限（term）是指债券发行日和到期日之间的时间间隔；此外，在债券定价时也会涉及**剩余期限**（time to maturity），即债券定价日和债券到期日之间的时间间隔。

票面利率（coupon rate）是指债券利息与债券面值的比率，是发行人承诺在债券存续期内支付给债券持有人利息的计算标准。票面利率乘以债券面值就得到**票面利息**（简称"票息"），票面利息的支付频次可以每年一次，也可以每半年甚至每季度一次。票面利率为零的债券被称为**零息债券**（zero-coupon bond）。比如，在国内债券市场上，期限在1年期以内（不含1年）的短期国债通常是零息债券，这类国债会冠以"贴现国债"字样，1年期及1年期以上的中长期国债则是带票息债券，并冠以"附息国债"字样。

债券价格是债券进行市场交易的价格，价格按照面值的百分数报出，债券价格的面值基数是100元。债券价格分为净价与全价，其中，**净价**（clean price）是债券买卖的价格，也是债券市场的报价；净价加上应计利息就等于债券的**全价**（dirty price），也称**发票价**，全价用于债券的结算，其中**应计利息**就是对两个相邻票息支付日之间的票息进行摊销的金额。

$$全价 = 净价 + 应计利息 \quad (式\ 2\text{-}1)$$

$$净价 = 全价 - 应计利息 \quad (式\ 2\text{-}2)$$

$$应计利息 = 债券面值 \times 票面利率 \times \frac{已计息天数}{1年的天数（比如365）} \quad (式\ 2\text{-}3)$$

如无特别的说明，本章的债券价格均指全价。在第6.4.2小节还会针对全价与净价做进一步的讨论。

2.2.2 基于单一贴现利率的债券定价

由于债券在发行时，面值、票面利率、票息支付频次、期限等要素均已确定，所以在债券的存续期间，债券持有人获得的现金流是可以事前确定的，因此债券的理论价格应当等于将债券持有人在债券存续期间所收取的现金流（本金和票息）进行贴现后的总和，这就是**债券定价模型**。最简单的债券定价模型是假定不同期限的贴现利率均相同，也就是基于单一贴现利率的债券定价模型。此外，债券支付票息的情况不同（支付或不支付票息），债券定价模型的数学表达式也会存在一定的差异。

1. 定价模型与 Python 代码

定价模型之一：零息债券的定价模型。

假定 B 代表债券价格，L 代表债券本金，y 代表贴现利率并且是连续复利利率，T 代表债券期限或剩余期限并且单位是年。零息债券的定价公式如下。

$$B = Le^{-yT} \tag{式 2-4}$$

定价模型之二：带票息债券的定价模型。

假定 C 代表债券的票面利率，m 是每年票息支付的频次并且 $m \geq 1$，同时假定 0 时点（初始时点）为债券的定价日，债券第 i 期票息的支付发生在 t_i 时点（票息支付日），其中 $i = 1, 2, \cdots, N$，同时，t_i 也可以表示从初始时点至第 i 期票息支付日的期限（单位是年），最后一期的票息与本金同时支付，因此 t_N 代表债券期限或剩余期限，此外，符号 B、L 和 y 的含义与（式 2-4）中的相同。带票息债券的定价公式如下。

$$B = \frac{C}{m}L\sum_{i=1}^{N}e^{-yt_i} + Le^{-yt_N} = \left(\frac{C}{m}\sum_{i=1}^{N}e^{-yt_i} + e^{-yt_N}\right)L \tag{式 2-5}$$

下面通过 Python 自定义一个基于单一贴现利率计算债券价格的函数，具体的代码如下。

```
In [6]: def Bondprice_onediscount(C,m,y,t):
   ...:     '''基于单一贴现利率计算债券价格的函数
   ...:     C: 债券的票面利率，如果输入 0 则表示零息债券；
   ...:     m: 债券票息每年的支付频次；
   ...:     y: 单一贴现利率；
   ...:     t: 定价日距离后续每一期票息支付日的期限数组，零息债券则直接输入数字'''
   ...:     L=100                                          #设定债券面值 100 元
   ...:     if C==0:                                       #针对零息债券
   ...:         price=np.exp(-y*t)*L                       #计算零息债券的价格
   ...:     else:                                          #针对带票息债券
   ...:         coupon=np.ones_like(t)*L*C/m               #创建每一期票息金额的数组
   ...:         PV_coupon=np.sum(coupon*np.exp(-y*t))      #计算每一期票息在定价日的现值之和
   ...:         PV_par=L*np.exp(-y*t[-1])                  #计算债券面值在定价日的现值
   ...:         price=PV_coupon+PV_par                     #计算定价日的债券价格
   ...:     return price
```

在以上自定义的函数 Bondprice_onediscount 中，输入票面利率、票息每年的支付频次、单一贴现利率以及相关期限等参数，就可以计算得到债券的价格。下面通过两个示例演示债券定价模型。

2. 两个示例

【例 2-1】 2022 年 7 月 29 日财政部发行了"22 贴现国债 37"（债券代码 229937），期限为 0.5 年，到期一次支付本金（零息债券），起息日为 2022 年 8 月 1 日，到期日是 2023 年 1 月 30 日。假设定价日是 2022 年 8 月 1 日，贴现利率（连续复利利率）是 1.5539%，根据（式 2-4）并结合前面的参数，定价日该债券的价格计算如下（结果保留小数点后 4 位，下同）。

$$B = 100 \times e^{-1.5539\% \times 0.5} = 99.2261 \text{（元）} \tag{式 2-6}$$

通过计算可以得到在 2022 年 8 月 1 日，"22 贴现国债 37"的债券价格是 99.2261 元。

下面运用自定义函数 Bondprice_onediscount 验证债券价格的正确性，具体的代码如下。

```
In [7]: C_TB2237=0                      #22贴现国债37票面利率
   ...: T_TB2237=0.5                    #22贴现国债37期限
   ...: m_TB2237=0                      #22贴现国债37每年支付票息的频次
   ...: y_TB2237=0.015539               #22贴现国债37贴现利率

In [8]: value_TB2237=Bondprice_onediscount(C=C_TB2237,m=m_TB2237,y=y_TB2237, t=T_TB2237)
#计算债券价格
   ...: print('2022年8月1日22贴现国债37的价格(元)',round(value_TB2237,4))
2022年8月1日22贴现国债37的价格(元) 99.2261
```

以上Python代码输出结果与手工计算得到的结果是一致的。

【例2-2】 2022年7月14日财政部发行了"22附息国债15"(债券代码220015),期限为50年,票面利率3.4%(带票息债券),每年付息2次,起息日为2022年7月15日,到期日为2072年7月15日。假设定价日是2022年7月15日,贴现率(连续复利利率)是3.3723%,债券存续期内将有共计100期的票息支付,并且定价日至第i期票息支付日的期限可以写成$t_i=0.5i$,其中$i=1,2,\cdots,100$。根据(式2-5)并结合前面的参数,定价日该债券的价格计算如下。

$$B=100\times\left(\frac{3.4\%}{2}\sum_{i=1}^{100}e^{-3.3723\%\times 0.5i}+e^{-3.3723\%\times 50}\right)=99.9786(元) \qquad (式2-7)$$

通过计算可以得到在2022年7月15日,"22附息国债15"的价格是99.9786元。

下面依然运用计算债券价格函数Bondprice_onediscount进行验证,具体的代码如下。

```
In [9]: C_TB2215=0.034                  #22附息国债15票面利率
   ...: m_TB2215=2                      #22附息国债15每年支付票息的频次
   ...: y_TB2215=0.033723               #22附息国债15贴现利率
   ...: T_TB2215=50                     #22附息国债15期限

In [10]: n_TB2215=m_TB2215*T_TB2215     #22附息国债15的票息支付总次数

In [11]: Tlist_TB2215=np.arange(1,n_TB2215+1)/m_TB2215  #定价日距离每期票息支付日的期限数组
   ...: Tlist_TB2215                    #查看结果
Out[11]:
array([ 0.5,  1. ,  1.5,  2. ,  2.5,  3. ,  3.5,  4. ,  4.5,  5. ,  5.5,
        6. ,  6.5,  7. ,  7.5,  8. ,  8.5,  9. ,  9.5, 10. , 10.5, 11. ,
       11.5, 12. , 12.5, 13. , 13.5, 14. , 14.5, 15. , 15.5, 16. , 16.5,
       17. , 17.5, 18. , 18.5, 19. , 19.5, 20. , 20.5, 21. , 21.5, 22. ,
       22.5, 23. , 23.5, 24. , 24.5, 25. , 25.5, 26. , 26.5, 27. , 27.5,
       28. , 28.5, 29. , 29.5, 30. , 30.5, 31. , 31.5, 32. , 32.5, 33. ,
       33.5, 34. , 34.5, 35. , 35.5, 36. , 36.5, 37. , 37.5, 38. , 38.5,
       39. , 39.5, 40. , 40.5, 41. , 41.5, 42. , 42.5, 43. , 43.5, 44. ,
       44.5, 45. , 45.5, 46. , 46.5, 47. , 47.5, 48. , 48.5, 49. , 49.5,
       50. ])

In [12]: value_TB2215=Bondprice_onediscount(C=C_TB2215,m=m_TB2215,y=y_TB2215, t=Tlist_TB2215)  #计算债券价格
   ...: print('2022年7月15日22附息国债15的价格(元)',round(value_TB2215,4))
2022年7月15日22附息国债15的价格(元) 99.9786
```

以上代码输出的结果也验证了前面手动计算得到的结果是正确的。

2.2.3 债券到期收益率

在前面讨论的（式2-4）和（式2-5）中，贴现利率 y 其实就是连续复利的债券到期收益率。

到期收益率（yield to maturity，YTM），也称**债券收益率**（bond yield），是指将该收益率用于对债券的全部现金流贴现时，所得到的数值结果恰好等于债券市场价格。通常而言，债券市场价格是可以观察到的，所以，投资者需要通过观察到的债券价格反推出债券的到期收益率。

对于零息债券而言，计算到期收益率比较简单，直接在（式2-4）两边取自然对数并经过整理后就能得到零息债券的到期收益率，具体如下。

$$y = \frac{1}{T}\ln\frac{L}{B} \qquad （式2-8）$$

相比之下，计算带票息债券到期收益率则复杂许多，这里通过一个示例引出针对带票息债券到期收益率的计算方法。

【例2-3】2019年6月5日财政部发行了期限是7年的"19附息国债07"（债券代码190007），票面利率3.25%，每年付息1次，起息日为2019年6月6日，到期日为2026年6月6日。在2022年6月6日，中国债券信息网发布的该债券平均结算价是102.8640元，剩余期限为4年，在剩余期限内有共计4期的票息需要支付（不包含2022年6月6日支付的票息），定价日至第 i 期票息支付日的期限可以写成 $t_i = i$，其中 $i = 1, 2, \cdots, 4$。根据（式2-5），可以得到如下等式。

$$100 \times \left(3.25\% \times \sum_{i=1}^{4} e^{-yi} + e^{-4y}\right) = 102.8640 \text{（元）} \qquad （式2-9）$$

但是通过这个等式求解 y 不是一件容易的事情，通常需要运用迭代的方式计算。而借助Python可以很方便得到结果，需要用到SciPy子模块optimize中的fsolve函数，具体的编程分为3个步骤。

第1步：通过Python自定义一个计算债券到期收益率（连续复利利率）的函数。具体的代码如下。

```
In [13]: def YTM(P,C,m,t):
    ...:     '''计算债券到期收益率（连续复利利率）的函数
    ...:     P:观察到的债券价格;
    ...:     C:债券的票面利率，零息债券则直接输入0;
    ...:     m:债券票息每年的支付频次;
    ...:     t:定价日至后续每一期票息支付日的期限数组，零息债券可以直接输入数字'''
    ...:     import scipy.optimize as so           #导入SciPy的子模块optimize
    ...:     L=100                                  #设定债券面值100元
    ...:     if C==0:                               #针对零息债券
    ...:         y=(np.log(L/P))/t                  #计算零息债券的到期收益率
    ...:     else:                                  #针对带票息债券
    ...:         def f(y):                          #另行自定义一个函数
    ...:             coupon=np.ones_like(t)*L*C/m   #创建每一期票息金额的数组
    ...:             PV_coupon=np.sum(coupon*np.exp(-y*t))  #每一期票息在定价日的现值之和
    ...:             PV_par=L*np.exp(-y*t[-1])      #债券面值在定价日的现值
    ...:             value=PV_coupon+PV_par         #定价日的债券现金流现值之和
    ...:             return value-P                 #债券现金流现值之和减去债券价格
    ...:         y=so.fsolve(func=f,x0=0.1)         #计算带票息债券的到期收益率
    ...:     return y
```

在以上自定义的函数YTM中，输入债券价格、票面利率、票息每年的支付频次以及期限等参数，可以快速计算得出债券的到期收益率。

第 2 步：运用第 1 步自定义的函数 YTM，计算出"19 附息国债 07"的到期收益率。具体的代码如下。

```
In [14]: P_TB1907=102.8640              #19 附息国债 07 市场价格
    ...: C_TB1907=0.0325                #19 附息国债 07 票面利率
    ...: m_TB1907=1                     #19 附息国债 07 票息支付的频次
    ...: T_TB1907=4                     #19 附息国债 07 剩余期限

In [15]: n_TB1907=m_TB1907*T_TB1907     #19 附息国债 07 剩余的票息支付次数
    ...: Tlist_TB1907=np.arange(1,n_TB1907+1) #定价日距离每期票息支付日的期限数组

In [16]: y_TB1907=YTM(P=P_TB1907,C=C_TB1907,m=m_TB1907,t=Tlist_TB1907) #计算到期收益率（数组格式）
    ...: y_TB1907=float(y_TB1907)        #转换为浮点型
    ...: print('2022 年 6 月 6 日 19 附息国债 07 的到期收益率',round(y_TB1907,6))
2022 年 6 月 6 日 19 附息国债 07 的到期收益率  0.024584
```

通过以上的计算，得到 2022 年 6 月 6 日"19 附息国债 07"的到期收益率为 2.4584%（保留至小数点后 4 位）。

第 3 步：针对计算结果进行验证，具体是运用第 2 步计算得到的债券到期收益率并结合第 2.2.2 小节的自定义函数 Bondprice_onediscount，计算出"19 附息国债 07"的债券价格。具体的代码如下。

```
In [17]: price_TB1907=Bondprice_onediscount(C=C_TB1907,m=m_TB1907,y=y_TB1907, t=Tlist_TB1907)   #计算债券价格用于验证
    ...: print('2022 年 6 月 6 日 19 附息国债 07 的债券价格（元）',round(price_TB1907,4))
2022 年 6 月 6 日 19 附息国债 07 的债券价格（元）  102.8640
```

以上代码输出的债券价格与市场观察到的 2022 年 6 月 6 日"19 附息国债 07"的债券价格完全一致，这说明到期收益率计算结果是正确的。

2.2.4 基于不同期限贴现利率的债券定价

前面的讨论其实都假定用一个贴现利率对不同期限的现金流进行贴现，这样的处理虽然简单易懂，但是忽视了一个很重要的因素——利率的**期限结构**（term structure），也就是利率与期限存在一定关联性。在正常的市场条件下，期限越长，利率往往会越高。如果针对不同期限的现金流，采用不同的零息利率作为贴现利率进行贴现，债券的定价将更加精确，因此需要对第 2.2.2 小节的债券定价模型做出必要的修正。

定价模型之一：零息债券的定价模型（基于不同期限贴现利率）。

假定 B 代表债券价格，L 代表债券本金，T 代表债券期限或剩余期限（用年表示），y_T 是对应期限 T 年的贴现利率（连续复利利率）。基于不同期限贴现利率的零息债券定价公式如下。

$$B = Le^{-y_T T}$$

（式 2-10）

定价模型之二：带票息债券的定价模型（基于不同期限贴现利率）。

假定 C 代表债券的票面利率，m 是每年票息支付的频次并且 $m \geq 1$，y_i 代表对应期限 t_i 的贴现利率并且是连续复利利率，期限 t_i 是定价日距离第 i 期票息支付日的期限（用年表示），并且 $i=1,2,\cdots,N$，符号 B、L 的含义与（式 2-10）相同。基于不同期限贴现率的带票息债券定价公式如下。

$$B = \frac{C}{m} L \sum_{i=1}^{N} e^{-y_i t_i} + L e^{-y_N t_N} \qquad \text{(式 2-11)}$$

下面通过 Python 自定义一个基于不同期限贴现利率计算债券价格的函数,具体的代码如下。

```
In [18]: def Bondprice_diffdiscount(C,m,y,t):
    ...:     '''基于不同期限贴现利率计算债券价格的函数
    ...:     C: 债券的票面利率,输入0表示零息债券;
    ...:     m: 债券票息每年的支付频次;
    ...:     y: 不同期限的贴现利率数组;零息债券直接输入数字;
    ...:     t: 定价日距离后续每一期票息支付日的期限数组;零息债券直接输入数字'''
    ...:     L=100                                          #设定债券面值100元
    ...:     if C==0:                                       #针对零息债券
    ...:         price=np.exp(-y*t)*L                       #计算零息债券的价格
    ...:     else:                                          #针对带票息债券
    ...:         coupon=np.ones_like(y)*L*C/m               #创建每一期票息金额的数组
    ...:         PV_coupon=np.sum(coupon*np.exp(-y*t))      #每一期票息在定价日的现值之和
    ...:         PV_par=L*np.exp(-y[-1]*t[-1])              #债券面值在定价日的现值
    ...:         price=PV_coupon+PV_par                     #计算带票息债券的价格
    ...:     return price
```

在以上自定义的函数 Bondprice_diffdiscount 中,输入票面利率、票息每年的支付频次、不同期限的贴现利率以及期限等参数,就可以计算得出债券价格。

需要注意的是,对(式 2-11)而言最核心的变量就是对应于不同期限的贴现利率 y_i,通常这些贴现利率就是不同期限的零息利率。随之而来的问题是,这些零息利率可能无法直接在金融市场上观察得到,相应的解决方案是运用债券的市场价格推算出不同期限的零息利率。

2.2.5 通过票息剥离法测算零息利率

计算零息利率比较常用的方法是**票息剥离法**(bootstrap method)。下面通过国债的示例具体讨论并演示该方法。

1. 一个示例

【例 2-4】假定在 2022 年 6 月 13 日,债券市场上分别有剩余期限是 0.25 年(3 个月)、0.5 年(6 个月)、1 年、1.5 年和 2 年的 5 只国债,具体债券的票面利率、付息频次和债券价格信息见表 2-3,基于这 5 只债券的价格信息并运用票息剥离法计算对应期限的零息利率。

表 2-3 不同期限国债的要素信息

债券	剩余期限(年)	票面利率	付息频次	债券价格(元)
第 1 只国债	0.25	0	0	99.6625
第 2 只国债	0.5	0	0	99.2117
第 3 只国债	1.0	3.38%	每年付息 2 次	101.5898
第 4 只国债	1.5	3.62%	每年付息 2 次	102.5276
第 5 只国债	2.0	3.69%	每年付息 2 次	103.0998

由于期限是 0.25 年、0.5 年的国债无票息,因此相对比较容易计算对应于这两个期限的零息利率。其他期限的 3 只国债均有票息,则计算对应期限的零息利率会略微复杂。

第 1 只国债的实质是 99.6625 元的投资在 3 个月后将收到 100 元，3 个月的连续复利利率 y_1 满足（式 2-12）并可以计算得到 $y_1=1.3523\%$（保留至小数点后 4 位，下同）。

$$99.6625e^{y_1 \times 0.25}=100 \quad (式 2\text{-}12)$$

第 2 只国债的实质是 99.2117 元的投资在 6 个月后收到 100 元，6 个月的连续复利利率 y_2 满足（式 2-13）并得到 $y_2=1.5828\%$。

$$99.2117e^{y_2 \times 0.5}=100 \quad (式 2\text{-}13)$$

对于期限为 1 年的第 3 只国债，因为票面利率为 3.38%并且每年付息 2 次，这意味着在 0.5 年年末和 1 年年末均收到 $0.5 \times 3.38\% \times 100=1.69$（元）的票息，同时在 1 年年末会收到 100 元的面值。结合（式 2-11），期限为 1 年的连续复利利率 y_3 满足如下等式。

$$0.5 \times 3.38\% \times 100\left(e^{-y_2 \times 0.5}+e^{-y_3}\right)+100e^{-y_3}=101.5898 \quad (式 2\text{-}14)$$

由于 y_2 已经通过（式 2-13）计算得到，因此可以得到 $y_3=1.7628\%$。

针对期限为 1.5 年的第 4 只国债，计算的思路与第 3 只国债相似。由于票面利率为 3.62%并且每年付息 2 次，这意味着在 0.5 年年末、1 年年末以及 1.5 年年末均收到 $0.5 \times 3.62\% \times 100=1.81$（元）的票息，在 1.5 年年末还收到 100 元的面值。期限为 1.5 年的连续复利利率 y_4 满足如下等式。

$$0.5 \times 3.62\% \times 100\left(e^{-y_2 \times 0.5}+e^{-y_3}+e^{-y_4 \times 1.5}\right)+100e^{-y_4 \times 1.5}=102.5276 \quad (式 2\text{-}15)$$

前面已经计算得到了 y_2、y_3 的值，因此通过（式 2-15）可以得到 $y_4=1.8972\%$。

针对期限为 2 年的第 5 只国债，计算的思路也与第 3 只国债相似。由于票面利率是 3.69%并且每年付息 2 次，这意味着在 0.5 年年末、1 年年末、1.5 年年末以及 2 年年末均收到 $0.5 \times 3.69\% \times 100=1.845$（元）的票息，在 2 年年末还收到 100 元的面值。期限为 2 年的连续复利利率 y_5 满足如下等式。

$$0.5 \times 3.69\% \times 100\left(e^{-y_2 \times 0.5}+e^{-y_3}+e^{-y_4 \times 1.5}+e^{-y_5 \times 2}\right)+100e^{-y_5 \times 2}=103.0998 \quad (式 2\text{-}16)$$

最终可以得到 $y_5=2.0963\%$。

下面通过 Python 验证上述 5 个期限的零息利率，具体编程分为 3 个步骤。

第 1 步：输入相关已知的参数并通过 Python 自定义一个包含联立方程组的函数。具体的代码如下。

```
In [19]: P=np.array([99.6625,99.2117,101.5898,102.5276,103.0998])    #国债价格
    ...: t=np.array([0.25,0.5,1.0,1.5,2.0])                           #国债的剩余期限
    ...: C=np.array([0,0,0.0338,0.0362,0.0369])                       #票面利率

In [20]: def f(y):                                                    #通过自定义函数求解零息利率
    ...:     from numpy import exp                                    #从 NumPy 模块中导入 exp 函数
    ...:     y1,y2,y3,y4,y5=y                                         #不同期限的零息利率
    ...:     L=100                                                    #设置国债面值 100 元
    ...:     eq1=P[0]*exp(y1*t[0])-L                                  #用第 1 只国债计算零息利率的式子
    ...:     eq2=P[1]*exp(y2*t[1])-L                                  #用第 2 只国债计算零息利率的式子
    ...:     eq3=0.5*C[2]*L*(exp(-y2*t[1])+exp(-y3*t[2]))+L*exp(-y3*t[2])-P[2]    #用第 3 只
国债计算零息利率的式子
    ...:     eq4=0.5*C[3]*L*(exp(-y2*t[1])+exp(-y3*t[2])+exp(-y4*t[3]))+L*exp(-y4*t[3])-
P[3]  #用第 4 只国债计算零息利率的式子
    ...:     eq5=0.5*C[-1]*L*(exp(-y2*t[1])+exp(-y3*t[2])+exp(-y4*t[3])+exp(-y5*t[-1]))+
L*exp(-y5*t[-1])-P[-1]  #用第 5 只国债计算零息利率的式子
    ...:     return np.array([eq1,eq2,eq3,eq4,eq5])
```

第 2 步：运用 SciPy 的子模块 optimize 中的函数 fsolve，求解第 1 步中的联立方程式。具体的代码如下。

```
In [21]: import scipy.optimize as so          #导入 SciPy 的子模块 optimize

In [22]: y0=[0.1,0.1,0.1,0.1,0.1]             #初始猜测的零息利率

In [23]: y_list=so.fsolve(func=f,x0=y0)       #计算不同期限的零息利率
    ...: print('0.25年零息利率（连续复利）', round(y_list[0],6))
    ...: print('0.5年零息利率（连续复利）', round(y_list[1],6))
    ...: print('1年零息利率（连续复利）', round(y_list[2],6))
    ...: print('1.5年零息利率（连续复利）', round(y_list[3],6))
    ...: print('2年零息利率（连续复利）', round(y_list[-1],6))
0.25年零息利率（连续复利）  0.013523
0.5年零息利率（连续复利）   0.015828
1年零息利率（连续复利）     0.017628
1.5年零息利率（连续复利）   0.018972
2年零息利率（连续复利）     0.020963
```

第 3 步：对计算得到的零息利率进行可视化，也就是绘制零息利率曲线（见图 2-3）。具体的代码如下。

```
In [24]: plt.figure(figsize=(9,6))
    ...: plt.plot(t,y_list,'b-',lw=2)          #绘制曲线
    ...: plt.plot(t,y_list,'ro')               #绘制圆点
    ...: plt.xlabel('期限（年）', fontsize=12)
    ...: plt.xticks(fontsize=12)
    ...: plt.ylabel('利率',fontsize=12)
    ...: plt.yticks(fontsize=12)
    ...: plt.title('用票息剥离法得到的零息利率曲线',fontsize=12)
    ...: plt.grid()
    ...: plt.show()
```

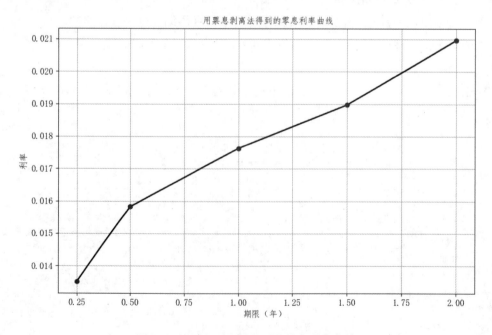

图 2-3　用票息剥离法得到的零息利率曲线

图 2-3 中的点就是通过票息剥离法并结合市场上的国债交易价格推算得到的零息利率，将这些点用直线连接起来所形成的曲线称为**零息利率曲线**或**零息收益率曲线**。

2. 插值处理

当解决了一个问题以后，另一个问题又接踵而来。从图 2-3 不难发现，对应于期限 0.75 年、1.25 年和 1.75 年的零息利率是缺失的，如果当债券市场上恰好缺少这些期限的债券时，通常的替代做法就是基于已有的零息利率数据进行插值处理。SciPy 子模块 interpolate 中的 interp1d 函数可以方便地进行插值处理。

【例 2-5】沿用【例 2-4】计算得到的 2022 年 6 月 13 日零息利率，运用三次样条插值法计算期限为 0.75 年、1.25 年和 1.75 年的零息利率，并且绘制新的零息利率曲线（见图 2-4）。具体编程分两个步骤展开。

第 1 步：选择相应的插值法开展插值运算。相关的代码如下。

```
In [25]: import scipy.interpolate as si          #导入 SciPy 的子模块 interpolate

In [26]: func=si.interp1d(x=t,y=y_list,kind='cubic')   #运用三次样条插值法

In [27]: t_new=np.array([0.25,0.5,0.75,1.0,1.25,1.5,1.75,2.0])  #创建新的期限数组

In [28]: y_new=func(t_new)                       #计算基于插值法的零息利率

In [29]: for i in range(len(t_new)):             #运用 for 语句快速输出结果
    ...:     print(t_new[i],'年期限的零息利率',round(y_new[i],6))
0.25 年期限的零息利率 0.013523
0.5 年期限的零息利率 0.015828
0.75 年期限的零息利率 0.016995
1.0 年期限的零息利率 0.017628
1.25 年期限的零息利率 0.018241
1.5 年期限的零息利率 0.018972
1.75 年期限的零息利率 0.019865
2.0 年期限的零息利率 0.020963
```

通过插值法，得到期限为 0.75 年、1.25 年以及 1.75 年的零息利率分别是 1.6995%、1.8241% 以及 1.9865%。

第 2 步：结合插值法运算得到的零息利率数值绘制出新的零息利率曲线。相关的代码如下。

```
In [30]: plt.figure(figsize=(9,6))
    ...: plt.plot(t_new,y_new,'b-',lw=2)
    ...: plt.plot(t_new,y_new,'ro')
    ...: plt.xlabel('期限（年）', fontsize=12)
    ...: plt.xticks(fontsize=12)
    ...: plt.ylabel('利率',fontsize=12)
    ...: plt.yticks(fontsize=12)
    ...: plt.title('运用三次样条插值法得到的零息利率曲线',fontsize=12)
    ...: plt.grid()
    ...: plt.show()
```

图 2-4 就是通过三次样条插值法得到的零息利率曲线，与图 2-3 相比，图 2-4 的零息利率曲线显得更加丰富和饱满，并且可以有效地运用于债券定价。

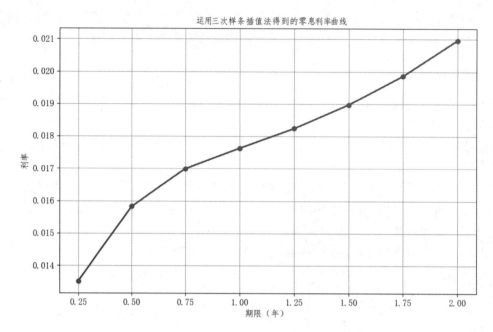

图 2-4 用三次样条插值法得到的零息利率曲线

2.2.6 运用零息利率对债券定价

结合第 2.2.4 小节与第 2.2.5 小节的讲解，通过一个示例具体演示如何运用不同期限的零息利率作为贴现利率计算债券价格。

【例 2-6】假定在 2022 年 6 月 13 日债券市场有一只国债，票面利率为 3.6%，每年支付票息 4 次，即每季度支付的票息是 $100 \times 3.6\% \div 4 = 0.9$（元），剩余期限为 2 年，运用【例 2-5】计算得到的零息利率（见表 2-4）对该债券进行定价。

表 2-4 2022 年 6 月 13 日债券市场不同期限的零息利率 （单位：%）

利率类型	0.25 年	0.5 年	0.75 年	1.0 年	1.25 年	1.5 年	1.75 年	2.0 年
零息利率（连续复利利率）	1.3523	1.5828	1.6995	1.7628	1.8241	1.8972	1.9865	2.0963

根据表 2-4 的信息，运用期限为 0.25 年的零息利率 1.3523% 进行贴现，计算 0.25 年年末支付票息的现值；运用期限为 0.5 年的零息利率 1.5828% 进行贴现，计算 0.5 年年末支付票息的现值，依此类推。

因此，根据第 2.2.4 小节讨论的（式 2-11），债券的价格计算如下（结果保留至小数点后 4 位）。

$$0.9 \big(e^{-1.3523\% \times 0.25} + e^{-1.5828\% \times 0.5} + e^{-1.6995\% \times 0.75} + e^{-1.7628\%} + e^{-1.8241\% \times 1.25} +$$
$$e^{-1.8972\% \times 1.5} + e^{-1.9865\% \times 1.75} + e^{-2.0963\% \times 2} \big) + 100 e^{-2.0963\% \times 2} = 102.9436 \text{（元）} \quad \text{（式 2-17）}$$

下面运用自定义函数 Bondprice_diffdiscount 对上述债券价格进行验证，具体代码如下。

```
In [31]: C_new=0.036              #债券的票面利率
   ...: m_new=4                   #票息每年支付频次
```

```
In [32]: price_new=Bondprice_diffdiscount(C=C_new,m=m_new,y=y_new,t=t_new) #计算债券价格
    ...: print('基于不同期限的贴现利率计算债券价格（元）',round(price_new,4))
基于不同期限的贴现利率计算债券价格（元） 102.9436
```

通过 Python 编程得出的债券价格与手动计算的结果是吻合的。

根据上述分析，可以得出这样一个结论：在不考虑发债主体偿还能力的前提下，债券面临的最大风险就是利率风险，当贴现利率上升时，债券价格就会下跌，当贴现利率下降时，债券价格就会上涨。那么，如何有效衡量债券的利率风险呢？接下来的两节将给出答案。

2.3 衡量债券利率风险的线性指标——久期

在 20 世纪 30 年代，美国经济学家弗雷德里克·麦考利（Frederick Macaulay）通过研究发现，除了债券的剩余期限以外，债券的票面利率、票息支付频次、市场利率等因素都会影响到债券的利率风险，将这些因素综合在一起，麦考利提出了衡量债券利率风险的指标——久期。

久期（duration），简而言之就是债券持有人收到债券所有现金流（票息和本金）需要等待的平均时间。久期可以分为麦考利久期、修正久期和美元久期，本节将对此展开全面讨论。

2.3.1 麦考利久期

为了纪念麦考利对债券领域所做出的贡献，将麦考利提出的久期称为**麦考利久期**（Macaulay duration），同时麦考利久期也是理解修正久期和美元久期的基础。

1. 数学表达式

首先讨论麦考利久期的数学表达式。假定将初始时点设定为计算债券久期的日期（定价日），债券在 t_i 时点提供给债券持有人的现金流用 c_i 表示，其中 $i=1,2,\cdots,N$。需注意，对于带票息债券，除了最后一期的现金流包含票息和本金，其余各期的现金流只有票息。债券价格 B 与连续复利的到期收益率 y 之间的关系式如下。

$$B = \sum_{i=1}^{N} c_i e^{-y t_i} \tag{式 2-18}$$

（式 2-18）意味着，债券价格等于所有未来支付的现金流现值之和。

结合（式 2-18），将债券价格 B 的倒数乘债券价格对到期收益率 y 的一阶导数，并且加上负号，最终得到麦考利久期 D 的数学表达式。

$$D = -\frac{1}{B}\frac{dB}{dy} = \frac{\sum_{i=1}^{N} t_i c_i e^{-y t_i}}{B} = \sum_{i=1}^{N} t_i \left(\frac{c_i e^{-y t_i}}{B} \right) \tag{式 2-19}$$

重点关注（式 2-19）最右边的式子，$c_i e^{-y t_i}/B$ 这一项表示未来 t_i 时点现金流的现值与债券价格之间的比值，在计算麦考利久期时，该比率就是时间 t_i 的权重。此外，需强调的是，在定义麦考利久期时，运用的贴现利率是债券到期收益率 y。

仔细观察（式 2-19），可以得出以下关于麦考利久期的有趣结论。

一是债券期限与麦考利久期的关系。显而易见的是，在其他条件不变的情况下，债券的期限越长，麦考利久期也会越长。

二是票面利率与麦考利久期的关系。在其他条件不变的情况下，当票面利率下降时，麦考利久期也会延长。对此用两只典型的债券加以说明：第 1 只债券是期限为 T 年的零息债券，该债券的麦考利久期就等于债券期限 T；第 2 只债券是期限为 T 年的带票息债券，麦考利久期显然小于 T。

为了能够更好地理解麦考利久期的数学表达式，下面结合一个示例进行讲解和演示。

2. 一个示例

【例 2-7】 在 2022 年 8 月 4 日，"16 附息国债 17"的剩余期限为 4 年，到期日是 2026 年 8 月 4 日，票面利率为 2.74%，票息是每年支付 2 次（半年支付 1 次）并且每期的票息金额是 $0.5 \times 2.74\% \times 100 = 1.37$（元），到期收益率（连续复利利率）为 2.4%。通过（式 2-19）计算该债券的麦考利久期，表 2-5 列出了麦考利久期的完整计算过程。

表 2-5 "16 附息国债 17"麦考利久期的完整计算过程

期限（年）	现金流（元）	现金流现值（元）	权重	期限×权重
0.5	1.37	$1.37e^{-0.5 \times 2.4\%} = 1.3537$	$\dfrac{1.37e^{-0.5 \times 2.4\%}}{101.2342} = 1.3372\%$	0.0067
1.0	1.37	$1.37e^{-1.0 \times 2.4\%} = 1.3375$	$\dfrac{1.37e^{-1.0 \times 2.4\%}}{101.2342} = 1.3212\%$	0.0132
1.5	1.37	$1.37e^{-1.5 \times 2.4\%} = 1.3216$	$\dfrac{1.37e^{-1.5 \times 2.4\%}}{101.2342} = 1.3055\%$	0.0196
2.0	1.37	$1.37e^{-2.0 \times 2.4\%} = 1.3058$	$\dfrac{1.37e^{-2.0 \times 2.4\%}}{101.2342} = 1.2899\%$	0.0258
2.5	1.37	$1.37e^{-2.5 \times 2.4\%} = 1.2902$	$\dfrac{1.37e^{-2.5 \times 2.4\%}}{101.2342} = 1.2745\%$	0.0319
3.0	1.37	$1.37e^{-3.0 \times 2.4\%} = 1.2748$	$\dfrac{1.37e^{-3.0 \times 2.4\%}}{101.2342} = 1.2593\%$	0.0378
3.5	1.37	$1.37e^{-3.5 \times 2.4\%} = 1.2596$	$\dfrac{1.37e^{-3.5 \times 2.4\%}}{101.2342} = 1.2442\%$	0.0435
4.0	101.37	$101.37e^{-4.0 \times 2.4\%} = 92.0910$	$\dfrac{101.37e^{-4.0 \times 2.4\%}}{101.2342} = 90.9683\%$	3.6387
合计	110.96	101.2342（债券价格）	100%	3.8172（麦考利久期）

注：计算结果均保留小数点后 4 位。

根据表 2-5 的计算结果，在 2022 年 8 月 4 日"16 附息国债 17"的价格等于 101.2342 元，麦考利久期是 3.8172。

3. Python 代码

运用 Python 验证【例 2-7】的"16 附息国债 17"麦考利久期的数值，编程分为两个步骤。

第 1 步：通过 Python 自定义一个计算债券麦考利久期的函数。具体的代码如下。

```
In [33]: def Mac_Duration(C,m,y,t):
    ...:     '''计算麦考利久期的函数
    ...:     C: 债券的票面利率;
```

```
   ...:     m: 债券每年支付票息的频次；
   ...:     y: 债券的到期收益率（连续复利利率）；
   ...:     t: 定价日距离后续每一期现金流支付日的期限数组，零息债券可直接输入数字'''
   ...:     L=100                                    #设定债券面值100元
   ...:     if C==0:                                 #针对零息债券
   ...:         duration=t                           #计算零息债券的麦考利久期
   ...:     else:                                    #针对带票息债券
   ...:         coupon=np.ones_like(t)*L*C/m         #创建每一期票息金额的数组
   ...:         PV_coupon=sum(coupon*np.exp(-y*t))   #计算每一期票息在定价日的现值之和
   ...:         PV_par=L*np.exp(-y*t[-1])            #计算债券面值在定价日的现值
   ...:         price=PV_coupon+PV_par               #计算定价日的债券价格
   ...:         cashflow=coupon                      #创建现金流数组并初始设定其等于票息
   ...:         cashflow[-1]=L*(1+C/m)               #最后一个元素调整为票息与本金之和
   ...:         weight=cashflow*np.exp(-y*t)/price   #计算时间的权重
   ...:         duration=sum(t*weight)               #计算带票息债券的麦考利久期
   ...:     return duration
```

在以上自定义的函数 Mac_Duration 中，输入债券的票面利率、每年支付票息的频次、到期收益率以及现金流期限等参数，就可以计算出债券的麦考利久期。

第 2 步：运用自定义函数 Mac_Duration 计算"16 附息国债 17"的麦考利久期。具体的代码如下。

```
In [34]: C_TB1617=0.0274                           #16 附息国债 17 票面利率
    ...: m_TB1617=2                                #16 附息国债 17 票息支付频次
    ...: y_TB1617=0.024                            #16 附息国债 17 到期收益率
    ...: T_TB1617=4                                #16 附息国债 17 剩余期限（年）

In [35]: n_TB1617=m_TB1617*T_TB1617                #16 附息国债 17 剩余支付票息的次数

In [36]: Tlist_TB1617=np.arange(1,n_TB1617+1)/m_TB1617   #16 附息国债 17 现金流支付期限数组
    ...: Tlist_TB1617                             #查看结果
Out[36]: array([0.5, 1. , 1.5, 2. , 2.5, 3. , 3.5, 4. ])

In [37]: D1_TB1617=Mac_Duration(C=C_TB1617,m=m_TB1617,y=y_TB1617,t=Tlist_TB1617) #计算麦考利久期
    ...: print('2022年8月4日16附息国债17债券麦考利久期',round(D1_TB1617,4))
2022 年 8 月 4 日 16 附息国债 17 债券麦考利久期 3.8172
```

以上运用 Python 代码输出的麦考利久期与表 2-5 的计算结果是相同的。

4. 利率变量与麦考利久期的关系

本小节的开头简要提到了票面利率与麦考利久期的关系，这里将进一步考察票面利率、到期收益率等利率变量具体将如何影响麦考利久期。为了说明清楚这个问题，借助一个示例进行讲解。

【例 2-8】沿用【例 2-7】的"16 附息国债 17"债券信息，并且分以下两种情形依次进行分析。

情形 1：债券的票面利率是在[1%,5%]的区间取等差数列，同时保持其他参数不变，计算不同票面利率对应的麦考利久期，并且将票面利率与麦考利久期的关系可视化。

情形 2：债券到期收益率也是在[1%,5%]的区间取等差数列，并且保持其他参数不变，计算不同到期收益率对应的麦考利久期，也需要将到期收益率与麦考利久期的关系可视化。

下面直接运用 Python 编程，具体分为两个步骤。

第 1 步：依次计算不同票面利率、不同到期收益率对应的麦考利久期。具体的代码如下。

```
In [38]: C_list=np.linspace(0.01,0.05,200)      #票面利率取在1%至5%区间的等差数列
    ...: y_list=np.linspace(0.01,0.05,200)      #到期收益率也取在1%至5%区间的等差数列

In [39]: D_list1=np.ones_like(C_list)           #创建数组用于存放对应不同票面利率的麦考利久期
    ...: D_list2=np.ones_like(y_list)           #创建数组用于存放对应不同到期收益率的麦考利久期

In [40]: for i in range(len(C_list)):           #用for语句计算对应不同票面利率的麦考利久期
    ...:     D_list1[i]=Mac_Duration(C=C_list[i],m=m_TB1617,y=y_TB1617,t=Tlist_TB1617)

In [41]: for i in range(len(y_list)):           #用for语句计算对应不同到期收益率的麦考利久期
    ...:     D_list2[i]=Mac_Duration(C=C_TB1617,m=m_TB1617,y=y_list[i],t=Tlist_TB1617)
```

第2步：将票面利率、到期收益率与麦考利久期的关系进行可视化并且用1×2子图模式展示，见图2-5。具体的代码如下。

```
In [42]: plt.figure(figsize=(11,6))
    ...: plt.subplot(1,2,1)                                    #第1个子图
    ...: plt.plot(C_list,D_list1,'r-',lw=2)
    ...: plt.xticks(fontsize=12)
    ...: plt.xlabel('票面利率',fontsize=12)
    ...: plt.yticks(fontsize=12)
    ...: plt.ylabel('麦考利久期',fontsize=12)
    ...: plt.title('票面利率与麦考利久期的关系', fontsize=12)
    ...: plt.grid()
    ...: plt.subplot(1,2,2,sharey=plt.subplot(1,2,1))          #第2个子图并且与第1个子图的纵轴同刻度
    ...: plt.plot(y_list,D_list2,'b-',lw=2)
    ...: plt.xticks(fontsize=12)
    ...: plt.xlabel('到期收益率',fontsize=12)
    ...: plt.yticks(fontsize=12)
    ...: plt.title('到期收益率与麦考利久期的关系', fontsize=12)
    ...: plt.grid()
    ...: plt.show()
```

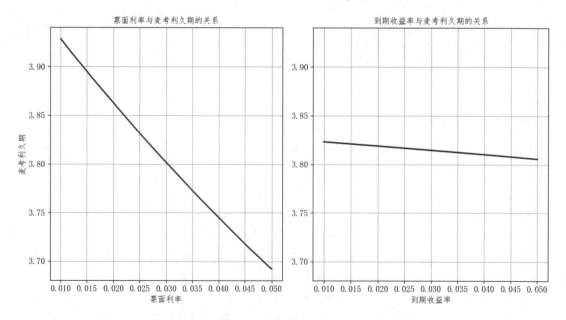

图2-5 票面利率、到期收益率与麦考利久期的关系

从图 2-5 可以清楚看到，无论是票面利率还是到期收益率，均与麦考利久期呈现负相关关系；此外，相比到期收益率，麦考利久期对票面利率更加敏感。

5. 麦考利久期的应用

当债券到期收益率 y 发生微小的变化 Δy 时，利用泰勒展开式①，并结合（式 2-19）可以得到债券价格变化 ΔB 的如下近似关系式。

$$\Delta B \approx \frac{\mathrm{d}B}{\mathrm{d}y}\Delta y = -BD\Delta y \qquad (式 2\text{-}20)$$

注意，由于 Δy 非常小，因此可以忽略泰勒展开式中的二阶及更高阶项。此外，$\frac{\mathrm{d}B}{\mathrm{d}y}$ 代表债券价格 B 对到期收益率 y 的一阶导数并且等于 $-BD$。

（式 2-20）的含义是指，当债券到期收益率发生微小变动时，债券价格变化金额可以近似等于到期收益率变化前的债券价格与麦考利久期以及到期收益率变化金额的乘积。

如果将（式 2-20）两边同时除以债券价格 B，则有如下近似等式。

$$\frac{\Delta B}{B} \approx -D\Delta y \qquad (式 2\text{-}21)$$

（式 2-21）的含义更加直观，当到期收益率发生微小变化时，债券价格变动的百分比（涨跌幅）近似等于麦考利久期与到期收益率变动的乘积。

下面通过一个具体示例来判断（式 2-20）的精确程度。

【例 2-9】 沿用【例 2-7】讨论的"16 附息国债 17"，假定 2022 年 8 月 4 日当天的债券到期收益率（连续复利利率）从 2.4% 上升至 2.45%，也就是增加 5 个基点（$\Delta y = 0.05\%$），分别运用麦考利久期和债券定价模型两种方法计算债券价格的变动金额。

方法 1：运用麦考利久期计算。结合（式 2-20）以及表 2-5 可以得到债券价格变动额的近似结果如下（保留至小数点后 4 位，下同）。

$$\Delta B = -101.2342 \times 3.8172 \times 0.05\% = -0.1932（元）\qquad (式 2\text{-}22)$$

这就意味着债券价格将从原来的 101.2342 元下降到 $101.2342 - 0.1932 = 101.0410$（元）。

针对方法 1，运用 Python 进行验算，并且需要运用到第 2.2.2 小节的自定义函数 Bondprice_onediscount，具体的代码如下。

```
In [43]: P0=Bondprice_onediscount(C=C_TB1617,m=m_TB1617,y=y_TB1617,t=Tlist_TB1617)  #计算债券价格
    ...: print('2022年8月4日到期收益率变化前的16附息国债17价格（元）',round(P0,4))
2022年8月4日到期收益率变化前的16附息国债17价格（元） 101.2342

In [44]: y_chg=0.0005                           #到期收益率变化额（【例2-10】也会用到）
    ...: P_chg1=-D1_TB1617*P0*y_chg             #用麦考利久期计算债券价格变化
    ...: print('用麦考利久期计算16附息国债17的价格变化（元）',round(P_chg1,4))
用麦考利久期计算16附息国债17的价格变化（元） -0.1932
```

---

① 泰勒展开式在金融产品定价中有非常广泛的运用。若函数 $f(x)$ 在 $x = x_0$ 处具有 n 阶导数，则泰勒展开式如下。

$$f(x) = f(x_0) + \frac{f'(x_0)}{1!}(x-x_0) + \frac{f''(x_0)}{2!}(x-x_0)^2 + \cdots + \frac{f^{(n)}(x_0)}{n!}(x-x_0)^n$$

其中，$f'(x_0)$ 代表一阶导数，$f''(x_0)$ 代表二阶导数，$f^{(n)}(x_0)$ 代表 n 阶导数。

```
In [45]: P1=P0+P_chg1                         #用麦考利久期近似计算债券的新价格
    ...: print('用麦考利久期计算到期收益率变化后的16附息国债17价格(元)', round(P1,4))
用麦考利久期计算到期收益率变化后的16附息国债17价格(元) 101.0410
```

方法2：运用债券定价模型（式2-5）计算精确的债券价格。对此，直接借助Python并且依然运用自定义函数Bondprice_onediscount，具体的代码如下。

```
In [46]: P2=Bondprice_onediscount(C=C_TB1617,m=m_TB1617,y=y_TB1617+y_chg, t=Tlist_TB1617) #计算债券价格
    ...: print('运用债券定价模型计算到期收益率变化后的16附息国债17价格(元)', round(P2,4))
运用债券定价模型计算到期收益率变化后的16附息国债17价格(元) 101.0412
```

通过债券定价模型可以得到，当到期收益率增加5个基点以后，精确的债券价格是101.0412元，该数值与运用麦考利久期计算得到的近似债券价格是很接近的，两者仅相差0.0002元。

2.3.2 修正久期

在探讨麦考利久期的时候，一个很重要的前提条件是债券的到期收益率 y 是连续复利利率，当到期收益率不再满足连续复利的条件时，就需要对麦考利久期做出一定的修正，这就引出了**修正久期**（modified duration）。

1. 数学表达式

假定债券到期收益率 y 每年复利1次，第2.3.1小节的（式2-21）就可以改写如下。

$$\frac{\Delta B}{B} \approx -\frac{D\Delta y}{1+y} \quad \text{（式2-23）}$$

与（式2-21）相比，（式2-23）多出了一个分母 $1+y$。

进一步推广，如果债券到期收益率 y 每年复利 m 次，（式2-21）就可以进一步改写如下。

$$\frac{\Delta B}{B} \approx -\frac{D\Delta y}{1+y/m} \quad \text{（式2-24）}$$

如果当债券到期收益率 y 是连续复利利率，也就是复利频次 $m \to +\infty$（趋近于正无穷大），（式2-24）就退化为（式2-21）。

下面定义一个新变量 D^*，该变量的表达式如下。

$$D^* = \frac{D}{1+y/m} \quad \text{（式2-25）}$$

其中，D 是麦考利久期，y 代表每年复利 m 次的债券到期收益率，新变量 D^* 就是债券的修正久期。

结合（式2-24）与（式2-25），就得到如下两个近似关系式。

$$\frac{\Delta B}{B} \approx -D^*\Delta y \quad \text{（式2-26）}$$

$$\Delta B \approx -BD^*\Delta y \quad \text{（式2-27）}$$

此外，需要注意的是，（式2-25）中的债券到期收益率 y 是每年复利 m 次的收益率，而计算麦考利久期的债券到期收益率是连续复利利率。对此，可以运用第1.3.2小节提到的每年复

利 m 次利率与连续复利利率之间的等价关系（式 1-11）或（式 1-12）进行相互转换。

$$R_c = m \times \ln\left(1 + \frac{R_m}{m}\right) \quad \text{（式 1-11）}$$

$$R_m = m\left(e^{R_c/m} - 1\right) \quad \text{（式 1-12）}$$

一般而言，计算修正久期所运用的债券到期收益率复利频次与该债券票息每年支付的频次是一致的。比如债券票息是每半年支付 1 次，则计算修正久期时所使用的到期收益率就应当是每半年复利 1 次。

2. Python 自定义函数

为了实现运算的高效，通过 Python 自定义一个计算债券修正久期的函数，并且需要用到自定义函数 Mac_Duration 的部分代码，具体的代码如下。

```
In [47]: def Mod_Duration(C,m,y,t):
    ...:     '''计算修正久期的函数
    ...:     C：债券的票面利率；
    ...:     m：债券票息每年的支付频次，也是债券到期收益率每年的复利频次；
    ...:     y：每年复利 m 次的到期收益率；
    ...:     t：定价日距离后续每一期现金流支付日的期限数组，零息债券可直接输入数字'''
    ...:     L=100                                    #设定债券面值为 100 元
    ...:     if C==0:                                 #针对零息债券
    ...:         D_Macaulay=t                         #零息债券的麦考利久期
    ...:     else:                                    #针对带票息债券
    ...:         r=m*np.log(1+y/m)                    #等价的连续复利到期收益率
    ...:         coupon=np.ones_like(t)*L*C/m         #创建每一期票息金额的数组
    ...:         PV_coupon=sum(coupon*np.exp(-r*t))   #每一期票息在定价日的现值之和
    ...:         PV_par=L*np.exp(-r*t[-1])            #面值在定价日的现值
    ...:         price=PV_coupon+PV_par               #定价日的债券价格
    ...:         cashflow=coupon                      #先将现金流设定等于票息
    ...:         cashflow[-1]=L*(1+C/m)               #最后一个元素等于票息与本金之和
    ...:         weight=cashflow*np.exp(-r*t)/price   #时间的权重
    ...:         D_Macaulay=sum(t*weight)             #带票息债券的麦考利久期
    ...:     D_Modified=D_Macaulay/(1+y/m)            #债券的修正久期
    ...:     return D_Modified
```

在以上自定义的函数 Mod_Duration 中，输入债券的票面利率、票息每年的支付频次、到期收益率以及期限等参数，就可以便捷地计算得到债券的修正久期。下面通过一个示例进行演示。

3. 一个示例

【例 2-10】沿用【例 2-7】的"16 附息国债 17"，计算 2022 年 8 月 4 日该债券的修正久期。同时，假定每年复利 2 次的债券到期收益率增加 5 个基点，分别运用债券的修正久期和债券定价公式计算债券的最新价格。相应的运算过程和 Python 编程具体分为 3 个步骤。

第 1 步：计算债券的修正久期。由于【例 2-7】给出的债券到期收益率 2.4%是连续复利利率，需要通过（式 1-12）将连续复利的到期收益率转换为每年复利 2 次的到期收益率，从而得到每年复利 2 次的到期收益率是 2.4145%（保留至小数点后 4 位，下同）。

同时,已经得到麦考利久期是 3.8172,根据(式 2-25)可以得到修正久期如下。

$$D^* = \frac{3.8172}{1+2.4145\%/2} = 3.7717 \quad (式 2-28)$$

下面运用自定义函数 Mod_Duration 验证以上债券修正久期,同时需要先运用第 1.3.2 小节的自定义函数 Rm,计算与连续复利的到期收益率 2.4%等价且每年复利 2 次的到期收益率,具体的代码如下。

```
In [48]: def Rm(Rc,m):                              #第1.3.2小节自定义的函数
   ...:     '''通过连续复利利率和复利频次,计算等价的复利利率的函数
   ...:     Rc: 连续复利利率;
   ...:     m: 复利频次'''
   ...:     from numpy import exp                   #导入NumPy模块的exp函数
   ...:     r=m*(exp(Rc/m)-1)                       #计算等价的复利频次m的利率
   ...:     return r

In [49]: y1_TB1617=Rm(Rc=y_TB1617,m=m_TB1617)   #计算等价的每年复利2次到期收益率
   ...: print('计算16附息国债17每年复利2次的到期收益率',round(y1_TB1617,6))
计算16附息国债17每年复利2次的到期收益率 0.024145

In [50]: D2_TB1617=Mod_Duration(C=C_TB1617,m=m_TB1617,y=y1_TB1617,t=Tlist_TB1617)  #计算修正久期
   ...: print('2022年8月4日16附息国债17的修正久期',round(D2_TB1617,4))
2022年8月4日16附息国债17的修正久期 3.7717
```

第 2 步:运用(式 2-27)计算当每年复利 2 次的收益率增加 5 个基点,也就是从 2.4145%增加至 2.4645%时,债券价格的变化金额。

$$\Delta B = -101.2342 \times 3.7717 \times 0.0005 = -0.1909 \text{(元)} \quad (式 2-29)$$

因此,债券价格下降至 $101.2342 - 0.1909 = 101.0433$(元)。

下面继续运用 Python 编程进行验证,具体的代码如下。

```
In [51]: P_chg2=-D2_TB1617*P0*y_chg               #用修正久期计算债券价格变化
   ...: print('用修正久期计算16附息国债17的价格变化(元)',round(P_chg2,4))
用修正久期计算16附息国债17的价格变化(元) -0.1909

In [52]: P3=P0+P_chg2                              #用修正久期近似计算到期收益率变化后的债券价格
   ...: print('用修正久期计算到期收益率变化后的16附息国债17价格(元)',round(P3,4))
用修正久期计算到期收益率变化后的16附息国债17价格(元) 101.0433
```

第 3 步:通过债券定价模型计算精确的债券价格。需要运用自定义函数 Bondprice_onediscount,由于该函数仅适用于连续复利的到期收益率,因此要先运用第 1.3.2 小节的自定义函数 Rc,计算得出与每年复利 2 次的到期收益率等价并连续复利的到期收益率。具体的代码如下。

```
In [53]: def Rc(Rm,m):                              #第1.3.2小节自定义的函数
   ...:     '''通过已知的复利频次及对应的利率,计算等价的连续复利利率的函数
   ...:     Rm: 复利频次m的利率;
   ...:     m: 复利频次'''
   ...:     from numpy import log                   #导入NumPy模块的log函数
   ...:     r=m*log(1+Rm/m)                         #计算等价的连续复利利率
   ...:     return r

In [54]: y2_TB1617=Rc(Rm=y1_TB1617+y_chg,m=m_TB1617)   #计算等价的连续复利到期收益率
```

```
       ...: print('计算16附息国债17新的连续复利到期收益率',round(y2_TB1617,6))
计算16附息国债17新的连续复利到期收益率 0.024494

In [55]: P4=Bondprice_onediscount(C=C_TB1617,m=m_TB1617,y=y2_TB1617,t=Tlist_TB1617) #计算债券价格
       ...: print('运用债券定价模型计算到期收益率变化后的16附息国债17价格（元）', round(P4,4))
运用债券定价模型计算到期收益率变化后的16附息国债17价格（元） 101.0435
```

根据以上输出代码的结果，每年复利2次的到期收益率2.4145%在增加5个基点后得到新的到期收益率是2.4645%，与该收益率等价的连续复利收益率是2.4494%。然后，运用债券定价模型计算得到精确的债券价格是101.0435元，这一结果与直接运用修正久期计算出的近似结果依然十分接近，两者之间也仅相差0.0002元。

2.3.3 美元久期

美元久期（dollar duration），也称**绝对额久期**，是指债券价格与修正久期的乘积，引入美元久期就是希望迅速计算出债券到期收益率变动而导致债券价格变动的金额。

1. 数学表达式与 Python 自定义函数

假定美元久期用 D_s 表示，则具体的数学表达式如下。

$$D_s = BD^*$$ （式2-30）

将（式2-30）代入（式2-27），就可以得到一个简洁的近似等式如下。

$$\Delta B \approx -D_s \Delta y$$ （式2-31）

（式2-31）的含义很清晰明了，当债券到期收益率发生微小变动而导致的债券价格变动金额，就等于美元久期与到期收益率变化金额的乘积。

运用 Python 自定义计算债券美元久期的函数，这里需要用到自定义函数 Mod_Duration 的部分代码，具体的代码如下。

```
In [56]: def Dollar_Duration(C,m,y,t):
       ...:     '''计算美元久期的函数
       ...:     C: 债券的票面利率;
       ...:     m: 债券票息每年的支付频次，也是债券到期收益率每年的复利频次;
       ...:     y: 每年复利m次的债券到期收益率;
       ...:     t: 定价日距离后续每一期现金流支付日的期限数组；零息债券可直接输入数字'''
       ...:     L=100                                    #设定债券面值100元
       ...:     r=m*np.log(1+y/m)                        #计算等价的连续复利到期收益率
       ...:     if C==0:                                 #针对零息债券
       ...:         price=L*np.exp(-r*t)                 #零息债券的价格
       ...:         D_Macaulay=t                         #零息债券的麦考利久期
       ...:     else:                                    #针对带票息债券
       ...:         coupon=np.ones_like(t)*L*C/m         #创建每一期票息金额的数组
       ...:         PV_coupon=sum(coupon*np.exp(-r*t))   #每一期票息在定价日的现值之和
       ...:         PV_par=L*np.exp(-r*t[-1])            #面值在定价日的现值
       ...:         price=PV_coupon+PV_par               #定价日的债券价格
       ...:         cashflow=coupon                      #先将现金流设定等于票息
       ...:         cashflow[-1]=L*(1+C/m)               #最后一个元素等于票息与本金之和
       ...:         weight=cashflow*np.exp(-r*t)/price   #时间的权重
       ...:         D_Macaulay=sum(t*weight)             #带票息债券的麦考利久期
```

```
   ...:     D_Modified=D_Macaulay/(1+y/m)         #债券的修正久期
   ...:     D_Dollar=price*D_Modified             #债券的美元久期
   ...:     return D_Dollar
```

在以上的自定义函数 Dollar_Duration 中，输入债券的票面利率、票息每年的支付频次、到期收益率以及期限等参数，就能计算出债券的美元久期。下面通过一个示例进行演示。

2. 一个示例

【例 2-11】沿用【例 2-7】的"16 附息国债 17"，计算 2022 年 8 月 4 日该债券的美元久期。根据表 2-5 的债券价格 101.2342 元以及【例 2-10】计算得出的修正久期 3.7717，运用（式 2-30）可以计算该债券的美元久期如下（保留至小数点后 1 位）。

$$D_s = 101.2342 \times 3.7717 = 381.8 \quad （式 2-32）$$

下面运用自定义函数 Dollar_Duration 验证美元久期的结果，具体的代码如下。

```
In [57]: D3_TB1617=Dollar_Duration(C=C_TB1617,m=m_TB1617,y=y1_TB1617,t=Tlist_TB1617)   #计算美元久期
   ...: print('2022年8月4日16附息国债17的美元久期',round(D3_TB1617,1))
2022年8月4日16附息国债17的美元久期 381.8
```

此外，通过美元久期还能快速计算得到债券的基点价值，**基点价值**（DV01）是指当债券到期收益率变动 1 个基点（1 b.p.或者 0.01%）时债券价格的变化金额，是债券投资领域中广泛运用的衡量债券价格弹性的指标。在本例中，"16 付息国债 17"的基点价值等于 381.8×0.01% = 0.03818（元）。

2.4 衡量债券利率风险的非线性指标——凸性

需要注意的是，久期仅仅适用于当债券到期收益率变化很小的情形，这一结论也可以根据泰勒展开式比较直观地得出。当债券到期收益率出现比较大的变化（比如变动 100 个基点），利用麦考利久期得出的近似债券价格与实际价格之间的差异会有多大？针对这个问题，下面通过一个示例进行讲解。

【例 2-12】依然沿用【例 2-7】的"16 附息国债 17"，假定在 2022 年 8 月 4 日连续复利的债券到期收益率飙升 100 个基点，即从 2.4%增加至 3.4%[1]，需要计算债券的最新价格。

运用麦考利久期近似计算债券价格的变化。运用（式 2-20）以及表 2-5 可以得到债券价格变动额的近似结果如下（保留至小数点后 4 位，下同）。

$$\Delta B = -101.2342 \times 3.8172 \times 1\% = -3.8643 （元） \quad （式 2-33）$$

这意味着债券价格将从原来的 101.2342 元下降至 101.2342 − 3.8643 = 97.3699（元）。

作为对比，运用债券定价模型（式 2-5）计算到期收益率变化后精确的债券价格。为此，直接运用自定义函数 Bondprice_onediscount 进行测算，具体的代码如下。

```
In [58]: y_chg_new=0.01                          #债券到期收益率变化100个基点
   ...: y_new=y_TB1617+y_chg_new                 #上升100个基点后的债券到期收益率
```

---

[1] 通常而言，在一个交易日内，国债到期收益率变动超过 50 个基点已经属于极端波动行情了，本例中设定到期收益率变动 100 个基点仅仅是为了分析需要，在国内债券市场上几乎不存在。

```
In [59]: P5=Bondprice_onediscount(C=C_TB1617,m=m_TB1617,y=y_new,t=Tlist_TB1617)   #计算债券价格
    ...: print('运用债券定价模型计算到期收益率上升100个基点后的16附息国债17价格(元)',round(P5,4))
运用债券定价模型计算到期收益率上升100个基点后的16附息国债17价格（元） 97.4448
```

运用债券定价模型计算得到的债券精确价格是 97.4448 元，与麦考利久期计算的结果之间相差了 0.0749 元，差异较大，该结果也印证了债券久期仅仅适用于收益率变化很小的情形。为了弥补久期的不足，同时为了更精确地测度债券的利率风险，就需要引入衡量债券利率风险的非线性指标——凸性。

2.4.1 凸性的机理

凸性（convexity），也称**凸度**或**曲率**，用于衡量债券价格对债券到期收益率变化的非线性关系，由斯坦利·迪勒（Stanley Diller）于 1984 年引入债券分析。

1. 数学表达式

将债券价格 B 的倒数乘债券价格对到期收益率 y 的二阶导数，并结合（式 2-18）就可以得到凸性的数学表达式。

$$C = \frac{1}{B}\frac{d^2 B}{dy^2} = \frac{\sum_{i=1}^{N} c_i t_i^2 e^{-yt_i}}{B} = \sum_{i=1}^{N} t_i^2 \left(\frac{c_i e^{-yt_i}}{B}\right) \quad \text{（式 2-34）}$$

其中，C 代表债券的凸性，到期收益率 y 是连续复利利率，其他符号的含义也与计算麦考利久期的（式 2-19）相同。

通过（式 2-34）不难发现，凸性的实质就是债券支付现金流时间 t_i 平方的加权平均数，而权重与计算久期的权重一致，即在 t_i 时点债券现金流现值与债券价格的比值。此外，通过（式 2-34）也可以看出，零息债券的凸性就等于剩余期限的平方。下面通过一个示例展开讨论。

【**例 2-13**】沿用【例 2-7】的"16 附息国债 17"，计算 2022 年 8 月 4 日该债券的凸性。表 2-6 列出了计算"16 附息国债 17"凸性的完整过程。

表 2-6 计算"16 附息国债 17"凸性的完整过程

期限（年）	现金流（元）	现金流现值（元）	权重	期限的平方×权重
0.5	1.37	1.3537	1.3372%	0.0033
1.0	1.37	1.3375	1.3212%	0.0132
1.5	1.37	1.3216	1.3055%	0.0294
2.0	1.37	1.3058	1.2899%	0.0516
2.5	1.37	1.2902	1.2745%	0.0797
3.0	1.37	1.2748	1.2593%	0.1133
3.5	1.37	1.2596	1.2442%	0.1524
4.0	101.37	92.0910	90.9683%	14.5549
合计	110.96	101.2342（债券价格）	100%	14.9979（债券凸性）

注：表 2-6 中的第 1 列至第 4 列与表 2-5 完全一致，差异仅在最后一列。此外，计算过程中的数据均采用实际值，只是将最终的计算结果保留小数点后 4 位。

通过表 2-6 可以得到，"16 附息国债 17"的债券凸性是 14.9979。

2. Python 编程

下面运用 Python 验证【例 2-13】计算的债券凸性结果，具体编程分为两个步骤。

第 1 步：运用 Python 自定义计算债券凸性的函数，需要参考自定义函数 Mac_Duration 的部分代码。具体的代码如下。

```
In [60]: def Convexity(C,m,y,t):
    ...:     '''计算债券凸性的函数
    ...:     C: 债券的票面利率;
    ...:     m: 债券票息每年支付的频次;
    ...:     y: 债券的到期收益率（连续复利利率）;
    ...:     t: 定价日距离后续每一期现金流支付日的期限数组，零息债券可直接输入数字'''
    ...:     L=100                                  #设定债券面值为100元
    ...:     if C==0:                               #针对零息债券
    ...:         convexity=pow(t,2)                 #零息债券的凸性
    ...:     else:                                  #针对带票息债券
    ...:         coupon=np.ones_like(t)*L*C/m       #创建每一期票息金额的数组
    ...:         PV_coupon=sum(coupon*np.exp(-y*t)) #每一期票息在定价日的现值之和
    ...:         PV_par=L*np.exp(-y*t[-1])          #面值在定价日的现值
    ...:         price=PV_coupon+PV_par             #定价日的债券价格
    ...:         cashflow=coupon                    #先将现金流设定等于票息
    ...:         cashflow[-1]=L*(1+C/m)             #最后一个元素等于票息与本金之和
    ...:         weight=cashflow*np.exp(-y*t)/price #计算每期现金流时间的权重
    ...:         convexity=sum(pow(t,2)*weight)     #计算带票息债券的凸性
    ...:     return convexity
```

在以上自定义函数 Convexity 中，输入债券的票面利率、票息每年支付的频次、到期收益率以及期限等参数，就可以方便地计算出债券的凸性。

第 2 步：通过第 1 步的自定义函数 Convexity 计算 "16 附息国债 17" 的债券凸性。具体的代码如下。

```
In [61]: Convexity_TB1617=Convexity(C=C_TB1617,m=m_TB1617,y=y_TB1617,t=Tlist_TB1617) #计算债券凸性
    ...: print('2022年8月4日16附息国债17的凸性',round(Convexity_TB1617,4))
2022年8月4日16附息国债17的凸性 14.9979
```

Python 代码的输出结果与表 2-6 中计算得到的数值结果是相同的。

2.4.2 凸性的功能

1. 重要的关系式

凸性的功能需要从一个重要的关系式讲起。利用泰勒展开式，同时忽略展开式中的三阶以及更高阶项，债券价格变动与债券到期收益率变动之间就存在如下近似关系式。

$$\Delta B \approx \frac{dB}{dy}\Delta y + \frac{1}{2}\frac{d^2 B}{dy^2}(\Delta y)^2 \quad \text{（式 2-35）}$$

结合（式 2-19）和（式 2-34），（式 2-35）就可以改写如下。

$$\frac{\Delta B}{B} \approx -D\Delta y + \frac{1}{2}C(\Delta y)^2 \quad \text{（式 2-36）}$$

两边同时乘债券价格 B 就可以得到以下式子。

$$\Delta B \approx -BD\Delta y + \frac{1}{2}BC(\Delta y)^2 \qquad （式 2-37）$$

显然，（式 2-37）比（式 2-20）更能精确地衡量债券到期收益率变动对债券价格的影响，这就是凸性的核心功能。下面通过一个示例讲解凸性的这一功能。

2. 一个示例

【例 2-14】沿用【例 2-7】的 "16 附息国债 17"，同时假定 2022 年 8 月 4 日连续复利的债券到期收益率上升 100 个基点，即从 2.4% 增加至 3.4%。利用（式 2-37）计算债券的最新价格，其中，麦考利久期是 3.8172，凸性是 14.9979，债券原先的价格是 101.2342 元，可以得出如下债券价格变化金额。

$$\Delta B = -3.8172 \times 101.2342 \times 1\% + 0.5 \times 14.9979 \times 101.2342 \times 1\%^2 = -3.7884 （元） \qquad （式 2-38）$$

据此，可以得出当债券到期收益率提高 100 个基点时，债券的最新价格近似等于 101.2342 − 3.7884 = 97.4458（元）。这一价格与利用债券定价模型计算得到的精确价格 97.4448 元之间仅仅相差了 0.001 元，这充分说明引入债券凸性以后，债券定价明显得到改善。

下面运用 Python 进行验证，具体编程分为以下两个步骤。

第 1 步：考虑到运算的便捷性，通过 Python 自定义一个结合麦考利久期和凸性用于计算债券价格变化金额的函数。具体代码如下。

```
In [62]: def Bondprice_chg(B,D,C,y_chg):
    ...:     '''运用麦考利久期和凸性计算债券价格变化金额的函数
    ...:     B: 到期收益率变化之前的债券价格；
    ...:     D: 债券的麦考利久期；
    ...:     C: 债券的凸性；
    ...:     y_chg: 债券到期收益率的变化金额'''
    ...:     price_chg1=-D*B*y_chg                    #根据麦考利久期计算债券价格的变化金额
    ...:     price_chg2=0.5*C*B*pow(y_chg,2)          #根据凸性计算债券价格的变化金额
    ...:     price_chg=price_chg1+price_chg2          #同时考虑久期和凸性
    ...:     return price_chg
```

在以上自定义函数 Bondprice_chg 中，输入原先的债券价格、麦考利久期、凸性以及到期收益率的变化金额等参数，就可以得出由于到期收益率变化而导致债券价格变化的近似金额。

第 2 步：运用第 1 步的自定义函数 Bondprice_chg，最终计算出到期收益率上升 100 个基点以后的债券近似价格。具体代码如下。

```
In [63]: P_chg3=Bondprice_chg(B=P0,D=D1_TB1617,C=Convexity_TB1617,y_chg=y_chg_new) #计算债券价格的变化
    ...: print('考虑久期和凸性之后的 16 附息国债 17 价格变化（元）',round(P_chg3,4))
考虑久期和凸性之后的 16 附息国债 17 价格变化（元）  -3.7884

In [64]: P6=P0+P_chg3                                #考虑久期和凸性之后的债券新价格
    ...: print('考虑久期和凸性之后的 16 附息国债 17 最新价格（元）',round(P6,4))
考虑久期和凸性之后的 16 附息国债 17 最新价格（元）  97.4458
```

以上 Python 编程运算得出的结果与前面手动计算得到的结果是完全一致的。

3. 凸性对债券价格修正效应的可视化

下面借助一个示例并运用可视化的方法，刻画当引入凸性以后对近似债券价格的修正效

应，从而更好地理解（式2-37）的意义。

【例2-15】沿用【例2-7】的"16附息国债17"，同时假定2022年8月4日连续复利的债券到期收益率变化额 Δy 是在区间[-1%,1%]取等差数列，分别计算以下3种不同债券价格。

债券价格1：仅考虑麦考利久期时所对应的债券新价格。
债券价格2：同时考虑麦考利久期和凸性所对应的债券新价格。
债券价格3：运用债券定价模型计算得到的债券新价格。

此外，测算不同债券价格之间的差异结果并且可视化。直接运用Python进行运算，具体编程分为两个步骤。

第1步：基于不同的债券到期收益率，依次计算3种不同的债券价格。具体的代码如下。

```
In [65]: y_chg_list=np.linspace(-0.01,0.01,200)      #创建到期收益率变化额的等差数列
    ...: y_new_list=y_TB1617+y_chg_list               #变化后的到期收益率

In [66]: P_chg_list1=-D1_TB1617*P0*y_chg_list         #用麦考利久期计算债券价格变化
    ...: P_new_list1=P0+P_chg_list1                   #用麦考利久期计算债券新价格（债券价格1）

In [67]: P_chg_list2=Bondprice_chg(B=P0,D=D1_TB1617,C=Convexity_TB1617,y_chg=y_chg_list)
#结合麦考利久期和凸性计算债券价格变化
    ...: P_new_list2=P0+P_chg_list2                   #结合麦考利久期和凸性计算债券新价格（债券价格2）

In [68]: P_new_list3=np.ones_like(y_new_list)         #创建初始数组用于存放债券新价格

In [69]: for i in range(len(y_new_list)):             #运用for语句
    ...:     P_new_list3[i]=Bondprice_onediscount(C=C_TB1617,m=m_TB1617,y=y_new_list[i],
t=Tlist_TB1617)   #债券定价模型计算债券新价格（债券价格3）
```

第2步：以债券定价模型计算得到的债券新价格（债券价格3）作为基准价格，测算仅考虑麦考利久期计算得到的债券新价格（债券价格1）与基准价格之间的差额，同时测算考虑麦考利久期和凸性计算得到的债券新价格（债券价格2）与基准价格之间的差额，并且绘制相应的图形（见图2-6）。具体的代码如下。

```
In [70]: diff_list1=P_new_list1-P_new_list3           #债券价格1与基准价格之间的差异
    ...: diff_list2=P_new_list2-P_new_list3           #债券价格2与基准价格之间的差异

In [71]: plt.figure(figsize=(9,6))
    ...: plt.plot(y_chg_list,diff_list1,'b-',label='仅考虑麦考利久期',lw=2)
    ...: plt.plot(y_chg_list,diff_list2,'m-',label='结合麦考利久期和凸性',lw=2)
    ...: plt.xticks(fontsize=12)
    ...: plt.xlabel('债券到期收益率的变化',fontsize=12)
    ...: plt.yticks(fontsize=12)
    ...: plt.ylabel('与基准价格的差异（元）',fontsize=12)
    ...: plt.title('凸性对债券价格的修正效应',fontsize=12)
    ...: plt.legend(fontsize=12)
    ...: plt.grid()
    ...: plt.show()
```

仔细观察图2-6，可以得出以下3个重要的结论。

第一，麦考利久期的局限性。麦考利久期仅仅适用于债券到期收益率变化极其微小的情况，同时计算得出的近似价格低于债券的真实价格，并且随着到期收益率变动的扩大，价格低

估效应会快速放大。

第二，凸性的重要功能。当引入凸性以后，即使债券到期收益率出现了比较大的变动（例如变化 100 个基点），所得到的近似债券价格依然很接近债券定价模型给出的价格，因此凸性对债券价格的修正效应十分明显。

第三，修正效应的非对称性。在引入凸性以后，当债券到期收益率出现了负的变动（到期收益率下降），得到的近似债券价格略低于债券的精确价格；相反，当债券到期收益率出现了正的变动（到期收益率上升），所得到的近似债券价格略高于精确价格，这表明凸性对债券价格的修正效应存在着非对称性。

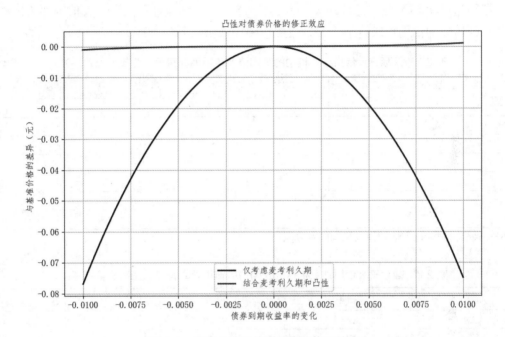

图 2-6　债券凸性对债券价格的修正效应

2.5　测度债券的信用风险

自 2014 年"11 超日债"作为首只违约债券以来，债券市场的违约便时有发生。根据同花顺的统计，2022 年全年共有 27 家债券发行人出现了违约，涉及的违约债券金额达到 500.61 亿元。对于债券投资者而言，除了由于到期收益率的变动而引发的利率风险，另一个重要的风险就是债券发行人违约而引发的信用风险。因此，本节将集中讨论债券的信用风险。

2.5.1　信用评级

信用评级（credit rating），是指专业的评级机构对影响经济主体（国家、企业等）或者债务融资工具的信用风险因素进行分析，针对其偿债能力和偿债意愿做出综合评价，并通过预先定义的信用等级符号进行表示。这里的债务融资工具通常包括银行贷款、债券以及其他债务类融资产品。

信用评级最早诞生于 20 世纪初期的美国，1902 年穆迪公司的创始人约翰·穆迪（John

Moody）开始对当时发行的铁路债券进行评级，从而开创了信用评级的先河。目前，公认的国际三大信用评级机构分别是标准普尔公司（Standard & Poor's，简称"标普"）、穆迪投资者服务公司（Moody's，简称"穆迪"）、惠誉国际信用评级有限公司（Fitch Rating，简称"惠誉"）。本小节将简要介绍这三大信用评级机构的评级符号、评级符号的定义以及我国信用评级行业的发展概况。

1. 评级符号

不同的评级机构拥有各自的评级符号，并且通常按照短期债务（期限不超过 1 年）和长期债务（期限超过 1 年）分别进行评级。表 2-7、表 2-8 分别梳理了国际三大信用评级机构针对短期、长期债务的信用评级符号，并且按照信用评级由高到低排序。

表 2-7　国际三大信用评级机构的短期债务信用评级符号（由高到低排序）

标普	穆迪	惠誉
A-1	P-1	F1
A-2	P-2	F2
A-3	P-3	F3
B		B
C	NP	C
D		RD
		D

资料来源：国际三大信用评级机构的官方网站。

表 2-8　国际三大信用评级机构的长期债务信用评级符号（由高到低排序）

标普	穆迪	惠誉	级别
AAA	Aaa	AAA	投资级别
AA	Aa	AA	
A	A	A	
BBB	Baa	BBB	
BB	Ba	BB	投机级别
B	B	B	
CCC	Caa	CCC	
CC	Ca	CC	
C	C	C	
		RD	
		D	

资料来源：国际三大信用评级机构的官方网站。

此外，为了创设更细的信用等级，通常会针对评级符号添加数字、加号（+）或减号（-）作为后缀。比如，穆迪在 Aa 等级后面增加数字后缀从而进一步细分等级为 Aa1、Aa2 和 Aa3，其中，Aa1 信用等级高于 Aa2，Aa2 又高于 Aa3；类似地，标普和惠誉将 AA 等级分为 AA+、AA 和 AA-，AA+信用等级高于 AA，AA 又高于 AA-。

需要注意的是，穆迪对 Aaa 与 Caa 以下等级（不含 Caa）均不再通过后缀加以细分，这一规则也适用于标普和惠誉。

2. 评级符号的定义

不同评级机构对评级符号的定义存在一些细微的差异，表 2-9 以标普信用评级符号的定义为例，并且区分短期债务和长期债务。

表 2-9 标普信用评级符号的定义

不同期限的债务	评级符号	定义
短期债务	A-1	还本付息能力最强，安全性最高
	A-2	还本付息能力较强，安全性较高
	A-3	还本付息能力一般，安全性易受不良环境变化的影响
	B	还本付息能力较弱，有一定的违约风险
	C	还本付息能力很弱，违约风险较高
	D	不能按期还本付息
长期债务	AAA	偿还债务的能力极强，基本不受不利经济环境的影响，违约风险极低
	AA	偿还债务的能力很强，受不利经济环境的影响不大，违约风险很低
	A	偿还债务能力较强，较易受不利经济环境的影响，违约风险较低
	BBB	偿还债务能力一般，受不利经济环境影响较大，违约风险一般
	BB	偿还债务能力较弱，受不利经济环境影响很大，有较高违约风险
	B	偿还债务的能力较大地依赖于良好的经济环境，违约风险很高
	CCC	偿还债务的能力极度依赖于良好的经济环境，违约风险极高
	CC	在破产或重组时可获得保护较小，基本不能保证偿还债务
	C	不能偿还债务

资料来源：标普信用评级（中国）有限公司官方网站。

3. 我国信用评级行业的发展概况

我国信用评级行业源于 1987 年。为了规范企业债券的发行，1987 年在中国人民银行和国家计划委员会的牵头下，组建了首家信用评级机构——吉林省资信评估公司，此后信用评级公司在各地纷纷落地开花。2005 年以后随着债券市场的发展，信用评级行业也开始加速发展。

然而，长期以来信用评级行业在发展中存在着两大问题：一是整个信用评级行业存在过度保护，评级机构缺乏有效约束，忽视声誉积累；二是评级机构独立性不够，过度迎合市场主体高评级需求。

2019 年 11 月 26 日，中国人民银行、国家发展改革委、财政部、证监会联合发布《信用评级业管理暂行办法》，明确了信用评级行业规范发展的政策导向，建立健全统一监管的制度框架，该办法于 2019 年 12 月 26 日起施行。

在 2021 年 8 月 6 日，中国人民银行、国家发展改革委、财政部、银保监会[①]、证监会等联合发布了《关于促进债券市场信用评级行业健康发展的通知》，对评级方法、评级机构公司治理和内部控制、信息披露、市场环境以及监督管理等方面提出了新要求，该通知于 2022 年 8 月 6 日起施行。

目前，国内具有一定影响力的评级机构包括中诚信国际信用评级有限责任公司（简称"中诚信"）、联合资信评估股份有限公司（简称"联合资信"）、上海新世纪资信评估投资服务有限公司

---

① 2023 年 5 月 18 日，国家金融监督管理总局揭牌，不再保留银保监会。

（简称"新世纪"）、大公国际资信评估有限公司（简称"大公国际"）、东方金诚国际信用评估有限公司（简称"东方金诚"）以及中证鹏元资信评估股份有限公司（简称"中证鹏元"）等。

2.5.2 违约概率与回收率

1. 累积违约概率

表 2-10 是由穆迪对外公布的基于 1920 年至 2021 年全球债券市场统计得出的关于不同评级的债券平均累积违约概率，这些数据显示了最初某个级别的债券在随后 20 年内的违约变化情况。

表 2-10 1920—2021 年平均累积违约概率 （单位：%）

初始评级	1 年	2 年	3 年	4 年	5 年	10 年	15 年	20 年
Aaa	0.00	0.01	0.03	0.07	0.14	0.68	1.05	1.30
Aa	0.06	0.17	0.27	0.42	0.64	1.85	3.18	4.06
A	0.08	0.23	0.48	0.74	1.04	2.75	4.55	6.03
Baa	0.23	0.64	1.13	1.67	2.24	5.13	8.02	10.36
Ba	1.13	2.70	4.42	6.23	8.00	15.81	22.08	26.86
B	3.21	7.38	11.64	15.52	18.97	30.95	38.90	44.33
Caa-C	9.42	16.76	22.78	27.95	32.38	46.55	55.18	62.29

数据来源：穆迪 2022 年 2 月 8 日发布的《年度违约研究：继 2021 年急剧下降后违约将于今年温和上升》。

为了便于理解表 2-10 数据的含义，假定观察日是 2022 年 1 月 1 日，并且以观察到的初始信用评级为 A 的债券（即 2022 年 1 月 1 日信用评级为 A）作为分析对象。根据表 2-10 中的数据，债券分析师可以认为该评级的债券有 0.08% 概率在随后的 1 年内将发生违约，即在 2022 年发生违约的概率是 0.08%；有 0.23% 的概率在随后的 2 年内违约，即在 2022 年至 2023 年的累积违约概率是 0.23%；有 0.48% 的概率在随后的 3 年内违约，即在 2022 年至 2024 年的累积违约概率是 0.48%；依此类推。

据此，表 2-10 中的每个数据就是对应于某个初始信用评级债券在期限 n 年内的累积违约概率。

2. 回收率

回收率（recovery rate）又称违约回收率，定义为当债务人违约时，债务融资工具（比如贷款、债券）的本金和应计利息被收回的程度，以债务工具面值的百分比来表示。比如，回收率是 10%，就意味着收回债权金额的 10%。常见的回收率计算方法主要有以下两种。

第 1 种是以最终的回收金额计算回收率。例如，某笔贷款的本金和利息合计 1 亿元，违约后贷款银行最终仅收回 8000 万元，则回收率为 80%。

第 2 种则是以违约后若干个交易日内（通常是 30 个交易日或者自然日）债务工具的市场价格估算回收率。当计算债券的回收率时，就普遍采用这种方法，原因是众多债券持有人在债券出现违约后的短时间内倾向于将所持债券进行变现。例如，某债券在 2022 年 9 月 1 日出现了违约，在 9 月 30 日该债券价格下跌至 65 元，则该债券的回收率为 65%。

表 2-11 是穆迪基于 1983 年至 2021 年全球债券市场统计得出的高级无抵押债券的平均回

收率，并且依据不同信用评级进行列示。从中不难发现，信用评级越高，平均回收率基本也越高。

表 2-11　1983—2021 年高级无抵押债券的平均回收率　　　　　　　　（单位：%）

信用评级	第 1 年	第 2 年	第 3 年	第 4 年	第 5 年
Aaa	未提供	3.33	3.33	61.88	69.58
Aa	37.24	39.02	38.08	43.95	42.21
A	35.13	45.33	46.91	46.28	45.69
Baa	42.35	43.98	44.39	44.51	44.09
Ba	43.20	42.43	41.45	41.14	40.97
B	37.05	36.59	37.28	37.85	38.41
Caa-C	38.28	38.49	38.36	38.40	38.38

注：Aaa 回收率基于 5 个样本，其中 3 个样本是冰岛的银行，因此统计得出的结果存在小样本的统计偏差。
数据来源：穆迪 2022 年 2 月 8 日发布的《年度违约研究：继 2021 年急剧下降后违约将于今年温和上升》。

此外，有研究表明影响债券回收率的主要因素包括宏观经济环境、债务人所处的行业环境、债务人的特征以及债券自身的特性等。

2.5.3　通过债券价格测度违约概率

由于债券价格可以在市场上观察到，并且在比较成熟的金融市场中债券价格会包含投资者对债券违约的预期，因此就可以通过债券价格推算出债券发行主体的违约概率（probability of default，PD），本小节就围绕这一问题展开讨论。

1. 风险中性

在运用债券价格推算违约概率的过程中，将会运用到**风险中性**（risk neutral）原理。为了更好地理解这一原理，下面将结合一个抽象的例子加以说明。假定存在期限均为 1 年的以下 3 笔投资。

第 1 笔投资：投资者在 1 年后可以获得 4% 的确定性收益率，即该笔投资是无风险的，因此投资的预期收益率也是 4%，即 $100\% \times 4\% = 4\%$，这里的 100% 表示概率。

第 2 笔投资：投资者在 1 年后有 50% 的概率获得 8% 的回报，同样有 50% 的概率获得零回报，第 2 笔投资的期望收益率是 4%，即 $50\% \times 8\% + 50\% \times 0 = 4\%$。

第 3 笔投资：投资者在 1 年后有 52% 的概率获得 100% 的回报（即投资本金翻倍），却有 48% 的概率获得 -100% 的回报（即投资本金归零），而第 3 笔投资的期望收益率依然是 4%，即 $52\% \times 100\% + 48\% \times (-100\%) = 4\%$。

显然，以上 3 笔投资的预期收益率相同，但是就风险而言，第 3 笔投资的风险最高，第 2 笔投资的风险次之，第 1 笔投资的风险最小（即无风险）。注意，在风险中性的状态下，这 3 笔投资对投资者而言都是无差异的。因此，当预期收益率相同时，投资者不会在意投资的风险，影响投资者决策的仅仅是预期收益率的高低，这就是风险中性原理的基本含义。

2. 债券价格的两种数学表达式

有了前面关于风险中性原理的知识铺垫，接着探讨基于债券价格的违约概率模型。
为了简化分析，假设一个期限为 T 年并且有信用风险的零息公司债券，债券本金用 L 表示，该债券连续复利的到期收益率用 y^* 表示，相同期限的无风险利率则记作 y，并且 $y^* > y$。$y^* - y$ 表示**债券利差**（bond yield spreads），债券利差也称为**债券收益率价差**或**债券收益率溢差**，是指债券到期收益率高于无风险利率的溢价部分。

λ 表示连续复利的年化违约概率[①]，$e^{-\lambda T}$ 表示 T 年内债券不发生违约的概率，$1 - e^{-\lambda T}$ 则表示 T 年内债券发生违约的概率，债券的违约回收率用 R 表示，P^* 表示观察到的该债券市场价格。针对该债券价格可以通过两种方式表达。

第 1 种：按照第 2.2.2 小节的债券定价模型（式 2-4），零息公司债券价格 P^* 可以有如下表达式。

$$P^* = Le^{-y^*T} \qquad (式2\text{-}39)$$

第 2 种：运用风险中性原理对债券定价，零息公司债券价格 P^* 的表达式如下。

$$P^* = Le^{-\lambda T}e^{-yT} + RL(1 - e^{-\lambda T})e^{-yT} \qquad (式2\text{-}40)$$

这里需要说明的是，（式 2-40）等号的右边代表在两种不同情形下债券期望现金流的现值之和，其中，$Le^{-\lambda T}$ 表示债券不发生违约（情形 1）的期望现金流，$RL(1 - e^{-\lambda T})$ 表示债券发生违约（情形 2）的期望现金流，e^{-yT} 表示贴现因子。因此，根据风险中性原理，债券价格的实质就是考虑了违约风险的期望现金流的现值。

结合（式 2-39）和（式 2-40）并且经过整理之后，可以推导出连续复利的违约概率 λ 的表达式如下。

$$\lambda = -\frac{1}{T}\ln\left(\frac{e^{-y^*T} - Re^{-yT}}{1-R}\right) - y \qquad (式2\text{-}41)$$

通过（式 2-41）可以发现，影响违约概率的重要变量有 3 个，分别是债券到期收益率、无风险利率以及回收率。此外，虽然（式 2-41）是通过零息债券推导得出的，但是该式子也可以近似运用于带票息债券。

此外，国内外的一些金融教材会将（式 2-41）简化为如下的近似表达式。

$$\lambda \approx \frac{y^* - y}{1 - R} \qquad (式2\text{-}42)$$

（式 2-42）的优点是表达式非常简洁，比较适合手动计算，然而缺点是降低了违约概率的测量精度。为了能够精确地计量违约概率，同时依托 Python 的强大运算能力，本书统一采用（式 2-41）。

最后需要注意的是，以上分析隐含了这样一个假设前提：债券利差仅仅是对投资者承担违约风险的一种经济补偿。当然，这样的假设严格来说并不完整，比如在现实债券市场中，债券价格会受到流动性的冲击，债券流动性越弱，债券价格也会越低，债券到期收益率就越高，因此债券利差也包含对流动性风险的补偿。然而为了简化分析，通常会做出比较宽松的假设。

下面通过一个示例具体演示如何通过债券价格测算出违约概率。

3. 一个示例

【例 2-16】 假定在 2022 年 8 月 9 日，一家金融机构需要根据表 2-12 中的信息计算两只不

[①] 关于连续复利的违约概率与累积违约概率之间的数学关系，可以参见本书第 5.4.3 小节的讨论。

同信用评级债券连续复利的违约概率,同时,无风险利率则是参考国债的到期收益率,当天 2 年期和 5 年期的无风险利率(连续复利利率)分别是 2.1872%和 2.4889%。

表 2-12 两只不同信用评级债券的相关信息

债券简称	发行主体	剩余期限	债项评级	到期收益率(连续复利利率)	回收率
17 眉岷投	眉山岷东开发投资有限公司	2 年	AA	5.6137%	39.02%
17 广铁 01	广州地铁集团有限公司	5 年	AAA	3.0536%	69.58%

注:表中的回收率数据引用了表 2-11 的数据,其他数据来源于上海清算所。

下面直接运用 Python 计算这两只债券连续复利的违约概率,具体编程分为以下 3 个步骤。

第 1 步:运用 Python 自定义一个通过债券到期收益率计算违约概率(连续复利)的函数。相关的代码如下。

```
In [72]: def prob_default(y1,y2,R,T):
    ...:     '''通过债券到期收益率计算连续复利违约概率的函数
    ...:     y1: 无风险利率,并且是连续复利利率;
    ...:     y2: 存在信用风险的债券到期收益率,并且是连续复利利率;
    ...:     R: 违约回收率;
    ...:     T: 债券的期限或剩余期限(年)'''
    ...:     from numpy import exp,log        #导入 NumPy 模块的 exp 和 log 函数
    ...:     A=(exp(-y2*T)-R*exp(-y1*T))/(1-R)  #(式 2-41)圆括号内的表达式
    ...:     prob=-log(A)/T-y1                  #计算连续复利的违约概率
    ...:     return prob
```

在以上的自定义函数 prob_default 中,只需要输入无风险利率、债券到期收益率、债券的回收率以及期限等参数,就可以快速计算得出连续复利的违约概率。

第 2 步:运用第 1 步的自定义函数 prob_default 分别计算"17 眉岷投"和"17 广铁 01"这两只债券的违约概率。相关的代码如下。

```
In [73]: T_meishan=2                #17 眉岷投的剩余期限
    ...: T_metro=5                  #17 广铁 01 的剩余期限
    ...: y_meishan=0.056137         #17 眉岷投的到期收益率
    ...: y_metro=0.030536           #17 广铁 01 的到期收益率
    ...: R_meishan=0.3902           #17 眉岷投的回收率
    ...: R_metro=0.6958             #17 广铁 01 的回收率
    ...: y_2Y=0.021872              #2 年期无风险利率
    ...: y_5Y=0.024889              #5 年期无风险利率

In [74]: PD_meishan=prob_default(y1=y_2Y,y2=y_meishan,R=R_meishan,T=T_meishan)  #17 眉岷投的违约概率
    ...: PD_metro=prob_default(y1=y_5Y,y2=y_metro,R=R_metro,T=T_metro)          #17 广铁01的违约概率
    ...: print('17 眉岷投连续复利的违约概率',round(PD_meishan,4))
    ...: print('17 广铁 01 连续复利的违约概率',round(PD_metro,4))
17 眉岷投连续复利的违约概率   0.0575
17 广铁 01 连续复利的违约概率 0.0192
```

从以上的代码输出结果可以看到,由于"17 眉岷投"债券的评级仅为 AA,与评级 AAA 的"17 广铁 01"债券相比,"17 眉岷投"债券的连续复利违约概率更高,并且是"17 广铁 01"债券的近 3 倍。

第 3 步：以"17 广铁 01"债券作为敏感性分析对象，考察到期收益率和回收率这两个变量对违约概率的影响并且可视化，形成关系图（见图 2-7），其中，到期收益率取[3%,5%]区间的等差数列，回收率取[60%,90%]区间的等差数列。相关的代码如下。

```
In [75]: y_list=np.linspace(0.03,0.05,100)      #17广铁01到期收益率的等差数列（数组）
    ...: R_list=np.linspace(0.6,0.9,100)        #17广铁01回收率的等差数列（数组）

In [76]: PD_y_list=prob_default(y1=y_5Y,y2=y_list,R=R_metro,T=T_metro) #对应不同到期收益率的违约概率

In [77]: PD_R_list=prob_default(y1=y_5Y,y2=y_metro,R=R_list,T=T_metro) #对应不同回收率的违约概率

In [78]: plt.figure(figsize=(11,6))
    ...: plt.subplot(1,2,1)                              #第1个子图
    ...: plt.plot(y_list,PD_y_list,'r-',lw=2)
    ...: plt.xticks(fontsize=12)
    ...: plt.xlabel('债券到期收益率',fontsize=12)
    ...: plt.yticks(fontsize=12)
    ...: plt.ylabel('违约概率',fontsize=12)
    ...: plt.title('债券到期收益率与违约概率的关系', fontsize=12)
    ...: plt.grid()
    ...: plt.subplot(1,2,2,sharey=plt.subplot(1,2,1))   #第2个子图并且与第1个子图的纵轴同刻度
    ...: plt.plot(R_list,PD_R_list,'b-',lw=2)
    ...: plt.xticks(fontsize=12)
    ...: plt.xlabel('违约回收率',fontsize=12)
    ...: plt.yticks(fontsize=12)
    ...: plt.title('违约回收率与违约概率的关系', fontsize=12)
    ...: plt.grid()
    ...: plt.show()
```

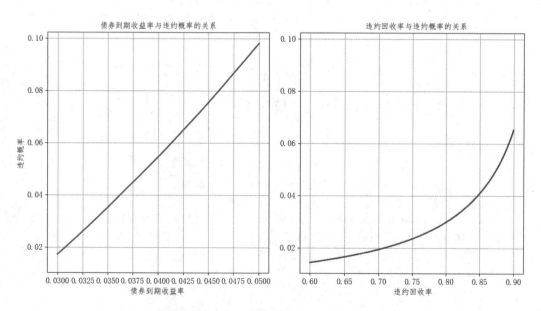

图 2-7 债券到期收益率、违约回收率与违约概率之间的关系

通过观察图 2-7，可以得到以下两个重要的结论。

第一，违约概率不仅是债券到期收益率的增函数，而且是债券回收率的增函数。

第二，违约概率与债券到期收益率之间呈现一种线性关系，但是违约概率与违约回收率之间是非线性关系。

到这里，本章的内容就讨论完毕了，接下来的两章将聚焦股票探讨如何运用 Python 对股票展开分析。

2.6 本章小结

债券市场是现代金融市场非常重要的组成部分。本章在简要介绍债券市场的基础上，借助 Python 并结合 16 个示例，讨论了关于债券的以下重要知识点。

（1）**债券定价**。债券的定价分为两大类：一类是基于单一贴现利率的定价，这意味着针对不同期限采用相同的贴现利率；另一类是基于不同期限贴现利率的定价，也就是不同的期限对应不同的贴现利率。此外，可以采用票息剥离法测算出不同期限的零息利率，这些零息利率就可以作为贴现利率。

（2）**债券久期**。久期是衡量债券利率风险的线性指标，主要包含麦考利久期、修正久期以及美元久期。麦考利久期与修正久期之间虽然存在着差异但可以相互转换，美元久期与修正久期的关系更加密切，并且通过美元久期可以得到债券的基点价值。

（3）**债券凸性**。当债券到期收益率出现较大幅度变动时，仅用久期计算债券价格会出现价格失真的情况，引入凸性以后得到的债券近似价格则与真实价格差异较小。凸性的数学表达式与麦考利久期存在部分相同之处。

（4）**信用风险**。信用风险是债券另一类重要的风险，信用评级是衡量债券信用风险的定性方法，违约概率与回收率则是衡量信用风险的量化指标，可以通过债券价格（债券到期收益率）测算出风险中性状态下的违约概率。

2.7 拓展阅读

本章的内容参考了如下资料，建议感兴趣的读者拓展学习。

（1）中国债券信息网提供的各类债券的交易要素、即时报价以及市场交易规则等信息。

（2）在 *Some Theoretical Problems Suggested by the Movements of Interest Rates, Bond Yields and Stock Prices in the United States since 1856* 这本书的第 11 章，作者弗雷德里克·麦考利首次提出久期的概念并且给出了完整的计算公式，从此以后，久期逐步发展成为衡量债券利率风险的一个关键性量化指标。

（3）在名为 "The Parametric Analysis of Fixed Income Securities" 的文章中，作者斯坦利·迪勒首次运用凸性的工具衡量了债券的非线性利率风险，从而进一步深化了人们对债券定价与债券风险的认知。

第 3 章
运用 Python 分析股票的定价

本章导读

股票（stock）是股份公司为筹集资金而发行给各股东作为持股凭证，股东借此取得股息和红利的一种有价证券。1606 年 9 月 9 日荷兰东印度公司（Dutch East India Company）发行了人类历史上第一张股票，此后股票逐步发展成为重要的投资工具和金融产品，并且渐渐走进普通民众的生活。一家公司的股票具有多大的价值，股票的预期收益率有多高，不仅困扰着无数的投资者，而且是现代金融学的一个非常重要的研究领域。本章结合 A 股市场的示例，讲解如何运用 Python 分析股票定价。

本章的内容将涵盖以下几个主题。
- ✓ 介绍多层次股票市场以及主要的股票指数，并且对部分有代表性的股票指数的走势进行可视化。
- ✓ 讨论用于测算股票内在价值的股息贴现模型，包括零增长模型、不变增长模型、二阶段增长模型以及三阶段增长模型。
- ✓ 探究股票价格服从的随机过程，包含马尔可夫过程与有效市场假说、维纳过程与广义维纳过程以及几何布朗运动。
- ✓ 探讨投资组合理论，涵盖投资组合的相关变量、可行集与有效前沿以及资本市场线。
- ✓ 剖析资本资产定价模型，涉及系统性风险与非系统性风险、模型的数学表达以及证券市场线。
- ✓ 分析套利定价理论，包括单因子模型、多因子模型以及定价效应。

3.1 股票市场概况

上海证券交易所和深圳证券交易所开业标志着中国股票市场正式诞生。本节将介绍多层次股票市场和主要的股票指数等内容。

3.1.1 多层次股票市场

多层次股票市场包括主板、创业板、科创板、新三板（含北京证券交易所）等。

此外，中国证监会于 2023 年 2 月 17 日发布了《首次公开发行股票注册管理办法》等一系列政策，标志着股票市场步入了全面实行股票发行注册制的崭新阶段。

本节基于 2023 年的相关规定进行描述，若后续出台新的相关规定，请遵从最新的规定执行，特此说明。

1. 主板

1990 年股票市场的正式起步，标志着主板市场的成功建立。主板突出"大盘蓝筹"特色，重点支持业务模式成熟、经营业绩稳定、规模较大、具有行业代表性的优质企业。其中，上海证券交易所主板的证券代码以数字 60 开头，深圳证券交易所主板的证券代码以数字 00 开头，并且证券代码均由 6 位数字组成。

根据 2023 年 2 月 17 日发布的《上海证券交易所股票上市规则（2023 年 2 月修订）》《深圳证券交易所股票上市规则（2023 年修订）》的规定，针对发行股票或存托凭证并且在主板上市，不同的发行主体需要满足不同的市值与财务指标。

境内发行人，市值及财务指标需要至少符合以下标准中的一项：

（1）最近三年净利润均为正，且最近三年净利润累计不低于 1.5 亿元，最近一年净利润不低于 6000 万元，最近三年经营活动产生的现金流量净额累计不低于 1 亿元或营业收入累计不低于 10 亿元；

（2）预计市值不低于 50 亿元，且最近一年净利润为正，最近一年营业收入不低于 6 亿元，最近三年经营活动产生的现金流量净额累计不低于 1.5 亿元；

（3）预计市值不低于 80 亿元，且最近一年净利润为正，最近一年营业收入不低于 8 亿元。

已在境外上市的红筹企业，至少需要满足下列标准中的一项：

（1）市值不低于 2000 亿元；

（2）市值 200 亿元以上，且拥有自主研发、国际领先技术，科技创新能力较强，在同行业竞争中处于相对优势地位。

未在境外上市的红筹企业，需要符合下列标准中的至少一项：

（1）预计市值不低于 200 亿元，且最近一年营业收入不低于 30 亿元；

（2）营业收入快速增长，拥有自主研发、国际领先技术，在同行业竞争中处于相对优势地位，且预计市值不低于 100 亿元；

（3）营业收入快速增长，拥有自主研发、国际领先技术，在同行业竞争中处于相对优势地位，且预计市值不低于 50 亿元，最近一年营业收入不低于 5 亿元。

这里的"红筹企业"是指注册地在境外、主要经营活动在境内的企业；此外，前面提到的"营业收入快速增长"应当符合下列标准之一：

（1）最近一年营业收入不低于 5 亿元的，最近三年营业收入复合增长率 10% 以上；

（2）最近一年营业收入低于 5 亿元的，最近三年营业收入复合增长率 20% 以上；

（3）受行业周期性波动等因素影响，行业整体处于下行周期的，发行人最近三年营业收入复合增长率高于同行业可比公司同期平均增长水平。

但是处于研发阶段的红筹企业和对国家创新驱动发展战略有重要意义的红筹企业，不适用"营业收入快速增长"的要求。

发行人具有表决权差异安排的，市值及财务指标需要至少符合下列标准中的一项：

（1）预计市值不低于 200 亿元，且最近一年净利润为正；

（2）预计市值不低于100亿元，且最近一年净利润为正，最近一年营业收入不低于10亿元。

截至2022年年末，在主板上市的公司数量共计3100多家。

2. 创业板

2009年10月，深圳证券交易所正式推出了创业板，首批共28家公司上市。创业板深入贯彻创新驱动发展战略，适应发展更多依靠创新、创造、创意的大趋势，主要服务成长型创新创业企业，支持传统产业与新技术、新产业、新业态、新模式深度融合。创业板的证券代码以数字300开头。

中国证监会于2020年6月12日发布了《创业板首次公开发行股票注册管理办法（试行）》等一系列规定，明确创业板首次公开发行股票（IPO）试点注册制。

根据2023年2月17日发布的《深圳证券交易所创业板股票上市规则（2023年修订）》的相关规定，发行人是境内企业且不存在表决权差异安排的，市值及财务指标至少满足以下标准中的一项：

（1）最近两年净利润均为正，且累计净利润不低于5000万元；

（2）预计市值不低于10亿元，最近一年净利润为正且营业收入不低于1亿元；

（3）预计市值不低于50亿元，且最近一年营业收入不低于3亿元。

营业收入快速增长，拥有自主研发、国际领先技术，同行业竞争中处于相对优势地位的尚未在境外上市的红筹企业，申请在创业板上市的，市值及财务指标应当至少符合下列标准中的一项：

（1）预计市值不低于100亿元；

（2）预计市值不低于50亿元，且最近一年营业收入不低于5亿元。

关于"营业收入快速增长"的界定标准与前面"主板"部分保持一致。

截至2022年年末，在创业板市场上市的公司数量共计1232家，其中，通过注册制上市的公司数量共计412家。

3. 科创板

2019年6月13日上海证券交易所科创板正式开板，同年7月22日首批25家公司股票在科创板挂牌交易。科创板面向世界科技前沿、面向经济主战场、面向国家重大需求；优先支持符合国家战略，拥有关键核心技术，科技创新能力突出，主要依靠核心技术开展生产经营，具有稳定的商业模式，市场认可度高，社会形象良好，具有较强成长性的企业。科创板的证券代码以数字68开头。

根据2023年8月发布的《上海证券交易所科创板股票上市规则（2023年8月修订）》，发行人申请在科创板上市，市值及财务指标至少需要符合下列标准中的一项：

（1）预计市值不低于10亿元，最近两年净利润均为正且累计净利润不低于5000万元，或者预计市值不低于10亿元，最近一年净利润为正且营业收入不低于1亿元；

（2）预计市值不低于15亿元，最近一年营业收入不低于2亿元，且最近三年累计研发投入占最近三年累计营业收入的比例不低于15%；

（3）预计市值不低于20亿元，最近一年营业收入不低于3亿元，且最近三年经营活动产生的现金流量净额累计不低于1亿元；

（4）预计市值不低于30亿元，且最近一年营业收入不低于3亿元；

（5）预计市值不低于40亿元，主要业务或产品需经国家有关部门批准，市场空间大，目前已取得阶段性成果；医药行业企业需至少有一项核心产品获准开展二期临床试验；其他符合科创板定位的企业需具备明显的技术优势并满足相应条件。

营业收入快速增长，拥有自主研发、国际领先技术，同行业竞争中处于相对优势地位的尚未在境外上市的红筹企业，以及存在表决权差异安排的发行人，申请发行股票或存托凭证并在科创板上市的，市值及财务指标应当至少符合下列上市标准中的一项：

（1）预计市值不低于 100 亿元；

（2）预计市值不低于 50 亿元，且最近一年营业收入不低于 5 亿元。

截至 2022 年年末，在科创板市场上市的公司数量共计 501 家。

4. 新三板

2013 年 12 月 13 日，国务院发布《关于全国中小企业股份转让系统有关问题的决定》，明确全国中小企业股份转让系统（俗称"新三板"）是经国务院批准，依据证券法设立的全国性证券交易场所，主要为创新型、创业型、成长型中小微企业发展服务。同时，根据 2019 年 12 月 27 日发布的《全国中小企业股份转让系统分层管理办法》[①]，通过设置基础层、创新层和精选层，从而将不同的挂牌公司进行分层管理。

为了深化新三板改革，将全国中小企业股份转让系统的精选层变更设立为北京证券交易所（简称"北交所"），并且于 2021 年 11 月 15 日正式开市交易，同时全国中小企业股份转让系统继续保留基础层和创新层。

2023 年 8 月 4 日北京证券交易所发布了修订后的《北京证券交易所股票上市规则（试行）》，该规则规定，申请公开发行股票并上市的，发行人除了要满足在全国中小企业股份转让系统连续挂牌满 12 个月的创新层挂牌公司，最近一年期末净资产不低于 5000 万元，公开发行后公司股本总额不少于 3000 万元等要求以外，发行人的市值及财务指标应当至少符合下列标准中的一项：

（1）预计市值不低于 2 亿元，最近两年净利润均不低于 1500 万元且加权平均净资产收益率平均不低于 8%，或者最近一年净利润不低于 2500 万元且加权平均净资产收益率不低于 8%；

（2）预计市值不低于 4 亿元，最近两年营业收入平均不低于 1 亿元，且最近一年营业收入增长率不低于 30%，最近一年经营活动产生的现金流量净额为正；

（3）预计市值不低于 8 亿元，最近一年营业收入不低于 2 亿元，最近两年研发投入合计占最近两年营业收入合计比例不低于 8%；

（4）预计市值不低于 15 亿元，最近两年研发投入合计不低于 5000 万元。

截至本书写作时，北交所的证券代码以数字 43、83、87 或 92 开头，全国中小企业股份转让系统的证券代码以数字 4 或 8 开头。

截至 2022 年年末，在北交所上市的公司 162 家，创新层挂牌公司 1653 家，基础层挂牌公司 4910 家。

5. A 股、B 股以及存托凭证

按照股票交易币种的不同，股票分为 A 股和 B 股。其中，A 股的正式名称是**人民币普通股票**，以人民币标明面值，以人民币认购和买卖，交易价格是每股的价格。B 股的正式名称是**人民币特种股票**，以人民币标明面值，但是以其他货币认购和买卖，也称为**境内上市外资股**。

[①] 2022 年 3 月 4 日，该办法被重新修订过。

B股市场于1992年诞生,一方面是为了吸引海外投资者参与股票市场,活跃整个市场的交易;另一方面也是通过制度设计以阻断国际资本的投机风险传递给A股,充分保护当时尚处婴儿期的A股市场。然而,伴随着2002年12月**合格境外机构投资者**(qualified foreign institutional investor, QFII)制度正式实施,大量境外机构可以通过QFII直接投资A股市场,B股的历史使命逐渐走向终结,截至2022年年末,B股股票仅剩下86只。

存托凭证(depository receipt, DR)是指由存托人签发、以境外证券(如股票)为基础在本国境内证券市场发行并交易、代表境外基础证券权益的一种证券类型。2018年3月22日,国务院办公厅转发证监会《关于开展创新企业境内发行股票或存托凭证试点若干意见的通知》,允许开展创新企业发行存托凭证的试点,有效加大资本市场对实施创新驱动发展战略的支持力度。2020年10月29日,九号有限公司存托凭证在科创板成功上市交易,证券简称"九号公司",证券代码689009,存托人是中国工商银行。这是A股市场发行的首只存托凭证。此后,中国证监会于2022年2月11日发布《境内外证券交易所互联互通存托凭证业务监管规定》、2023年2月17日发布《存托凭证发行与交易管理办法(试行)》,对存托凭证的规则做了进一步的拓展和优化。

3.1.2 主要的股票指数

目前,主要的**股票指数**(简称"股指")按照涵盖不同证券交易所上市的股票样本,包括上证综合指数、上证180指数、上证50指数、上证科创板50成分指数、深证成分股指数、创业板指数、深证100指数、北证50成分指数、沪深300指数、中证小盘500指数以及中证1000指数等。

1. 上证综合指数

上证综合指数(简称"上证指数"或"上证综指")是上海证券交易所编制的股票指数,由在上海证券交易所上市的符合条件的股票与存托凭证组成样本(ST、*ST证券除外),反映上海证券交易所上市公司的整体表现,于1991年7月15日起正式对外发布。上证指数的基准日定为1990年12月19日,基准日的指数点位100点,该指数的权重以股票的市值(股票价格×发行股票数)为依据,指数代码000001。

上证指数还细分成一系列的指数,具体包括A股指数、B股指数、工业类指数、商业指数、地产类指数、公用事业类指数、综合类指数、中型综指以及上证流通指数等。上证指数是研判股市变化趋势极为重要的参考依据。

2. 上证180指数

上证180指数(简称"上证180"),是上海证券交易所对原上证30指数进行调整并更名而成的,选取在该交易所全部A股股票与存托凭证中综合排名靠前的180只证券作为样本,旨在建立一个反映上海证券市场的概貌和运行状况,能够作为投资评价尺度及金融衍生产品基础的基准指数,于2002年7月1日起对外发布。指数基准日定为2002年6月28日,基准日的指数定为3299.06点,指数代码000010。

上证180指数与上证指数之间最大的区别在于,上证180是成分指数,而不是综合指数。依据样本稳定性和动态跟踪相结合的原则,上证180每半年调整一次样本股,每次调整比例一般不超过10%（即不超过18只），特殊情况下也可对样本进行临时调整。

3. 上证50指数

上证50指数（简称"上证50"）以上证180样本为样本空间，挑选规模大、流动性好的最具代表性的50只证券作为样本，综合反映上海证券市场最具市场影响力的一批龙头企业的整体表现，于2004年1月2日起对外发布。指数基准日定为2003年12月31日，基准日的指数定为1000点，指数代码000016。

与上证180相同的是，上证50每半年调整一次样本股，每次调整比例一般不超过10%（即不超过5只），特殊情况下也可以对样本进行临时调整。

4. 上证科创板50成分指数

上证科创板50成分指数（简称"科创50"）由科创板挂牌的市值大、流动性好的50只证券组成，反映最具市场代表性的一批科创企业的整体表现，从2020年7月23日开始正式发布实时行情。该指数以2019年12月31日为基准日，基准日的指数定为1000点，指数代码000688。

科创50的样本股每季度调整一次，调整实施时间为每年3月、6月、9月和12月的第2个星期五的下一个交易日。

5. 深证成分股指数

深证成分股指数（简称"深证成指"）选取在深圳证券交易所市值大、流动性好的500只证券为样本，反映中国新兴成长性企业的整体表现，与上证指数一起成为A股市场最重要的两大标尺指数。深圳成指于1995年1月23日起对外发布，基准日定为1994年7月20日，基准日指数定为1000点，指数代码399001。

深证成指的样本股每半年调整一次，同时样本股考察期设定为半年，考察截止日分别是每年的4月30日和10月31日。

6. 创业板指数

创业板指数（简称"创业板指"）选取创业板市值大、流动性好的100只证券为样本，是创业板市场的标尺和产品指数，该指数刻画我国战略性新兴产业和创新创业企业，高新技术企业在指数中占比超过九成，战略性新兴产业占比超过八成。该指数于2010年6月1日起对外发布，基准日定为2010年5月31日，基准日指数是1000点，指数代码399006。

创业板指调整的频次以及样本股考察周期的设定，与深证成指保持一致，同时每次样本股调整数量不超过样本总数的10%（即不超过10只）。

7. 深证100指数

深证100指数（简称"深证100"）选取深圳证券交易所市值大、流动性好的100只证券为样本，反映创新型、成长型龙头企业的整体情况，提供可交易的指数产品和金融衍生工具的标的资产。

该指数于2003年1月2日起对外发布，基准日定为2002年12月31日，基准日指数是1000点，指数代码399330。

深证100的调整频次以及样本股考察周期的设定也与深证成指保持一致，同时每次样本股调整数量不超过样本总数的 10%（即不超过 10 只）。

8. 北证 50 成分指数

北证 50 成分指数（简称"北证 50"）是由北京证券交易所规模大、流动性好并且最具市场代表性的 50 只上市公司证券组成，以综合反映市场整体表现。

该指数于 2022 年 11 月 21 日起对外发布，基准日定为 2022 年 4 月 29 日，基准日指数是 1000 点，指数代码 899050。

北证 50 每季度审核一次样本，并根据审核结果调整指数的样本股，每次调整数量比例一般不超过 10%（即不超过 5 只）。

9. 沪深 300 指数

沪深 300 指数（简称"沪深 300"）是由上海证券交易所、深圳证券交易所（合称"沪深证券交易所"）于 2005 年 4 月 8 日起联合发布的反映 A 股市场整体趋势的指数，由这两家交易所规模大、流动性好并且最具代表性的 300 只证券组成，能够作为投资业绩的评价标准，为指数化投资和指数衍生产品创新提供基础条件。指数基准日为 2004 年 12 月 31 日，基准日的指数是 1000 点，指数代码 000300（上海证券交易所）或 399300（深圳证券交易所）。

沪深 300 每半年审核一次样本，并根据审核结果调整指数的样本股，每次调整数量的比例一般不超过 10%（即不超过 30 只）。

10. 中证小盘 500 指数

中证小盘 500 指数（简称"中证 500"）由中证指数有限公司编制并于 2007 年 1 月 15 日起对外发布，挑选了沪深证券交易所具有代表性的中小市值公司证券组成样本股，以便综合反映沪深证券市场中小市值公司的整体状况。指数的基准日为 2004 年 12 月 31 日，基准日的指数是 1000 点，指数代码 000905（上海证券交易所）或 399905（深圳证券交易所）。

该指数的样本选取方式如下：首先，在样本空间中剔除沪深 300 指数样本以及过去一年日均总市值排名前 300 的证券；其次，对样本空间内剩余证券按照过去一年日均成交金额由高到低排名，剔除排名后 20%的证券；最后，将剩余证券按照过去一年日均总市值由高到低进行排名，选取排名前 500 的证券作为指数样本。该指数的样本调整方式与沪深 300 基本相同。

11. 中证 1000 指数

中证 1000 指数（简称"中证 1000"）选取中证 800 指数样本以外的规模偏小且流动性强的 1000 只证券作为指数样本，与沪深 300 和中证 500 等指数形成互补。这里的中证 800 指数样本由沪深 300 与中证 500 的样本共同组成。中证 1000 同样由中证指数有限公司编制，并于 2014 年 10 月 17 日起对外发布，基准日和基准日指数与中证 500 相同，指数代码 000852。

指数的样本选取方式与中证 500 比较类似，具体如下：首先，剔除样本空间内中证 800 指数样本及过去一年日均总市值排名前 300 名的证券；其次，将样本空间内证券按照过去一年的日均成交金额由高到低排名，剔除排名后 20%的证券；最后，将样本空间内剩余证券按照过去一年日均总市值由高到低排名，选取排名在 1000 名之前的证券作为指数样本。该指数的样本调整方式与中证 500 相同。

12. 指数走势的可视化

各证券交易所以及中证指数有限公司的官方网站提供了相关股票指数的历史数据。下面导入上证 50、深证 100、沪深 300 以及中证 1000 等 4 只股票指数在 2021 年至 2022 年的日收盘价数据并且通过 Python 进行可视化，具体的代码如下，走势图见图 3-1。

```
In [1]: import numpy as np                                 #导入 NumPy 模块并且缩写为 np
   ...: import pandas as pd                                #导入 pandas 模块并且缩写为 pd
   ...: import matplotlib.pyplot as plt                    #导入 Matplotlib 的子模块 pyplot 并且缩写为 plt
   ...: from pylab import mpl                              #从 pylab 导入子模块 mpl
   ...: mpl.rcParams['font.sans-serif']=['FangSong']       #以仿宋字体显示中文
   ...: mpl.rcParams['axes.unicode_minus']=False           #解决保存图像时负号显示为方块的问题
   ...: from pandas.plotting import register_matplotlib_converters  #导入注册日期时间转换函数
   ...: register_matplotlib_converters()                   #注册日期时间转换函数

In [2]: data_index=pd.read_excel(io='C:/Desktop/4只股票指数的日收盘价数据.xlsx', sheet_name='Sheet1',
header=0,index_col=0)      #导入数据

In [3]: data_index.plot(subplots=True,sharex=True,layout=(2,2),figsize=(11,9),grid=True,
   ...:                 title='4只股票指数日收盘价的走势图',xlabel='日期',ylabel='收盘价',
   ...:                 fontsize=11)     #数据可视化
Out[3]:
```

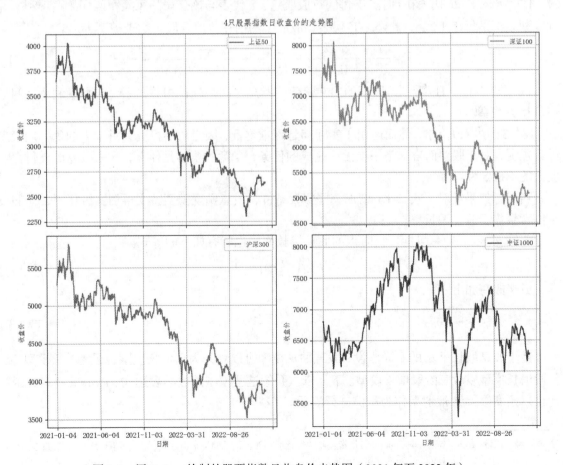

图 3-1　用 Python 绘制的股票指数日收盘价走势图（2021 年至 2022 年）

从图 3-1 可以发现，代表大型上市公司的上证 50、深证 100 以及沪深 300 这 3 只股票指数在走势上是比较趋同的，相比之下，代表小型上市公司的中证 1000 则显得比较特别。

3.2 股票内在价值

股票**内在价值**（intrinsic value）是指股票本身应该具有的价值，这不同于股票的**市场价格**（market price）。由于股票是一种金融资产，因此股票的内在价值可以通过**收入资本化法**（capitalization of income method）进行计算，也就是采用对股票存续期内的未来预期现金流进行贴现的方式计算股票的内在价值，这种方法也称为**现金流贴现法**（discount cash flow approach），在逻辑上与第 2.2 节讨论的债券定价模型是一脉相承的。

对于股票而言，未来的预期现金流就是股票发行人向投资者发放的**股息**（dividend），也称**股利**或**红利**。因此，测算股票内在价值最基本也是最常用的方法是**股息贴现模型**（dividend discount model，DDM）。

3.2.1 股息贴现模型概述

假定一家公司满足持续经营假设[①]，同时该公司的股息派发日均是在每年年末并且用 t 表示（$t=1,2,\cdots,\infty$），D_t 代表在 t 时点支付的每股股息，r 代表与该公司的风险相匹配的贴现利率并且复利频次是每年 1 次[②]，此外，V 代表每股股票的内在价值。股息贴现模型可以表达如下。

$$V = \frac{D_1}{1+r} + \frac{D_2}{(1+r)^2} + \frac{D_3}{(1+r)^3} + \cdots = \sum_{t=1}^{\infty} \frac{D_t}{(1+r)^t} \qquad （式 3-1）$$

从（式 3-1）可以看到，股票的内在价值与股息之间呈现正相关关系，与贴现利率之间呈现负相关关系。

（式 3-1）看似简单，然而运用于实际却是困难重重，因为需要投资者对未来的每一期股息进行预测，对于股票而言这是一项无法完成的任务，毕竟股票不是债券，未来股息的支付存在极大的不确定性。

当然，如果针对（式 3-1）增加一些假设条件，股息贴现模型就变得切实可行了，而假设条件就聚焦于股息增长率。

假定 g_t 表示从 $t-1$ 时点至 t 时点的股息增长率，也就有如下的等式。

$$D_{t-1}(1+g_t) = D_t \qquad （式 3-2）$$

或者改写如下。

$$g_t = \frac{D_t - D_{t-1}}{D_{t-1}} \qquad （式 3-3）$$

基于股息增长率 g_t 的不同假设，股息贴现模型可以划分为零增长模型、不变增长模型、二阶段增长模型以及三阶段增长模型。下面依次介绍这些模型的数学表达式、Python 自定义函数并且以招商银行 A 股股票作为示例进行演示。

[①] **持续经营假设**（going concern assumption）是指企业的经营活动在可预见的将来会继续下去，而不会终止经营或破产清算。这一假设也是企业会计核算的一个重要原则和前提条件。
[②] 该贴现利率就是公司股票要求的收益率，该收益率由本章第 3.5 节的资本资产定价模型计算得出。

3.2.2 零增长模型

假设公司未来的每股股息是一个固定的常数，这意味着股息增长率 $g_t = 0$，此时的股息贴现模型称为**零增长模型**（zero-growth model，ZGM），也称为**无增长模型**（no-growth model）。

1. 数学表达式与 Python 自定义函数

假定 D_0 表示公司已支付的最近一期每股股息金额，并且未来公司每一期的股息都等于常数 D_0，也就有如下等式。

$$D_0 = D_1 = D_2 = D_3 = \cdots = D_\infty \quad \text{（式 3-4）}$$

将（式 3-4）代入（式 3-1）中，并且利用无穷级数的性质，就得到如下等式①。

$$V = \sum_{t=1}^{\infty} \frac{D_0}{(1+r)^t} = D_0 \sum_{t=1}^{\infty} \frac{1}{(1+r)^t} = \frac{D_0}{r} \quad \text{（式 3-5）}$$

根据（式 3-5），在零增长模型中，股票内在价值仅仅取决于两个变量，一是固定的股息，二是贴现利率。

通过 Python 自定义一个运用零增长模型计算股票内在价值的函数，具体的代码如下。

```
In [4]: def Value_ZGM(D,r):
   ...:     '''用零增长模型计算股票内在价值的函数
   ...:     D: 公司已支付的最近一期每股股息金额；
   ...:     r: 与公司风险相匹配的贴现利率，并且是每年复利1次'''
   ...:     value=D/r                  #计算股票的内在价值
   ...:     return value
```

在自定义函数 Value_ZGM 中，输入每股股息金额和贴现利率这两个参数，可以得到基于零增长模型的股票内在价值。

2. 一个示例

【例 3-1】2022 年 12 月 31 日，A 金融机构的一位证券分析师希望计算招商银行 A 股股票的内在价值，并且运用零增长模型进行测算。招商银行最近一期支付股息是在 2022 年 7 月 15 日，每股股息 1.522 元，因此，在测算时证券分析师假设招商银行未来每年支付的每股股息均是 1.522 元；此外，计算所运用的贴现利率等于 6.90%②。

根据（式 3-5），可以运用零增长模型计算得出招商银行股票内在价值，计算过程如下（结果保留至小数点后 4 位，下同）。

$$V = \frac{D_0}{r} = \frac{1.522}{6.90\%} = 22.0580 \text{（元）} \quad \text{（式 3-6）}$$

下面运用 Python 自定义函数 Value_ZGM 进行验证，具体的代码如下。

```
In [5]: Div=1.522                      #招商银行A股最近一期的股息
   ...: rate=0.069                     #贴现利率
```

---

① 由于 $r > 0$，因此根据无穷级数的性质可以得到 $\sum_{t=1}^{\infty} \frac{1}{(1+r)^t} = \frac{1}{r}$。

② 针对如何计算得到该贴现利率的金额，完整的过程详见第 3.5.2 小节的【例 3-13】，这里的贴现利率保留至小数点后两位。

```
In [6]: value1=Value_ZGM(D=Div,r=rate)         #计算股票内在价值
   ...: print('基于零增长模型的招商银行A股股票内在价值（元）',round(value1,4))
基于零增长模型的招商银行A股股票内在价值（元） 22.0580
```

以上 Python 代码的输出结果与手动计算得到的结果一致。同时，通过零增长模型计算得到招商银行 A 股股票内在价值均等于每股 22.0580 元，该数值远低于股票在 2022 年 12 月 30 日的收盘价每股 37.26 元。

3.2.3 不变增长模型

零增长模型对股息金额固定不变的假设过于严苛，尤其是针对成长性突出的公司，运用零增长模型将会显著低估真实的内在价值。因此，一种可选的替代方案是将股息的假设条件调整为"在未来每股股息将保持一个固定且为正的增长率，即 $g_t = g > 0$"，此时的股息贴现模型称为**不变增长模型**（constant-growth model，CGM）。

1. 数学表达式与 Python 自定义函数

在不变增长模型中，可以得到关于未来股息的如下等式。

$$D_1 = D_0(1+g) \tag{式 3-7}$$

$$D_2 = D_1(1+g) = D_0(1+g)^2 \tag{式 3-8}$$

$$\cdots$$

$$D_t = D_{t-1}(1+g) = D_0(1+g)^t \tag{式 3-9}$$

将（式 3-9）代入（式 3-1）中，并且运用等比数列的求和公式，可以得到如下运用不变增长模型计算股票内在价值的表达式[①]。

$$V = \sum_{t=1}^{\infty} \frac{D_0(1+g)^t}{(1+r)^t} = D_0 \sum_{t=1}^{\infty} \frac{(1+g)^t}{(1+r)^t} = D_0 \frac{1+g}{r-g} \tag{式 3-10}$$

需要注意的是，运用（式 3-10）有一个隐含的限定条件，就是贴现利率必须大于股息增长率，即 $r > g$，否则得到的结果为负数（当 $r < g$）或者不存在（当 $r = g$）。

此外，从（式 3-10）可以看到，在不变增长模型中，增加了股息增长率这个变量，并且该变量与股票内在价值之间保持正相关关系。

通过 Python 自定义一个运用不变增长模型计算股票内在价值的函数，具体的代码如下。

```
In [7]: def Value_CGM(D,g,r):
   ...:     '''运用不变增长模型计算股票内在价值的函数
   ...:     D: 公司已支付的最近一期每股股息金额；
   ...:     g: 股息增长率，并且数值要小于贴现利率；
   ...:     r: 与公司风险相匹配的贴现利率，并且是每年复利1次'''
   ...:     if r>g:
   ...:         value=D*(1+g)/(r-g)              #计算股票内在价值
   ...:     else:                                #当贴现利率小于或等于股息增长率
   ...:         value='输入的贴现利率小于或等于股息增长率而导致结果不存在'
   ...:     return value
```

[①] 根据等比数列的求和公式，可以得到 $\sum_{t=1}^{\infty} \frac{(1+g)^t}{(1+r)^t} = \frac{1+g}{r-g}$。

在以上自定义函数 Value_CGM 中，仅需要输入每股股息金额、股息增长率以及贴现利率等参数，就可以通过不变增长模型计算股票内在价值。

2. 一个示例

【例 3-2】沿用【例 3-1】的信息，A 金融机构的证券分析师希望运用不变增长模型重新计算招商银行 A 股股票内在价值。在估计股息增长率的过程中，分析师依据 2013 年至 2022 年招商银行股息支付情况，同时结合对该银行未来经营情况的预测，将每年股息增长率确定为 5%，其他变量的取值与【例 3-1】保持一致。

根据（式 3-10），可以得到运用不变增长模型计算的招商银行 A 股股票内在价值。

$$V = D_0 \frac{1+g}{r-g} = 1.522 \times \frac{1+5\%}{6.90\%-5\%} = 84.1105（元） \quad （式 3-11）$$

下面通过 Python 自定义函数 Value_CGM 进行验证，具体的代码如下。

```
In [8]: growth=0.05                                      #招商银行股息增长率

In [9]: value2=Value_CGM(D=Div,g=growth,r=rate)          #计算股票内在价值
   ...: print('基于不变增长模型的招商银行A股股票内在价值(元)',round(value2,4))
基于不变增长模型的招商银行A股股票内在价值(元) 84.1105
```

通过以上的运算可以看到，基于不变增长模型得到的招商银行 A 股股票内在价值是每股 84.1105 元，该数值显著高于 2022 年 12 月 30 日收盘价每股 37.26 元。

3.2.4 二阶段增长模型

将股息增长率设定为一个常数依然有些理想化，毕竟公司在发展过程中往往会经历"先快后慢"的阶梯式增长过程。为了能够使股息贴现模型更加符合公司的现实，二阶段增长模型就诞生了。**二阶段增长模型**（two stage growth model，2SGM）假设公司的发展呈现出以下两个截然不同的阶段。

第 1 个阶段是超常增长阶段。处于该阶段的公司，业绩增长率高于正常水平，因而在股息增长率的表现上也会处于超常的状态。

第 2 个阶段是永续增长阶段。此时的公司业绩增长率处于均衡水平，股息增长率也将回归常态。

1. 数学表达式

假设公司的第 1 个阶段处于未来 $[0,T]$ 区间，该区间的股息增长率用 g_1 表示；第 2 个阶段则是处于 $(T,\infty]$ 区间，该阶段的股息增长率用 g_2 表示，并且 $g_1 > g_2$。在二阶段增长模型中，针对未来每年股息的表达式详见表 3-1。

表 3-1 二阶段增长模型的公司股息表达式

公司的发展阶段	时间点	股息的表达式
第 1 个阶段	第 1 年年末	$D_1 = D_0(1+g_1)$
	第 2 年年末	$D_2 = D_1(1+g_1) = D_0(1+g_1)^2$
	⋮	⋮
	第 T 年年末	$D_T = D_{T-1}(1+g_1) = D_0(1+g_1)^T$

续表

公司的发展阶段	时间点	股息的表达式
第2个阶段	第 $T+1$ 年年末	$D_{T+1}=D_T(1+g_2)=D_0(1+g_1)^T(1+g_2)$
	第 $T+2$ 年年末	$D_{T+2}=D_{T+1}(1+g_2)=D_0(1+g_1)^T(1+g_2)^2$
	⋮	⋮
	第 $T+N$ 年年末	$D_{T+N}=D_{T+N-1}(1+g_2)=D_0(1+g_1)^T(1+g_2)^N$
	⋮	⋮

同时，假定第 1 个阶段的股息贴现之和用 V_1 表示，第 2 个阶段的股息贴现之和用 V_2 表示。将第 1 个阶段的每期股息表达式代入（式 3-1）中，可以得到 V_1 的表达式如下。

$$V_1 = D_0 \sum_{t=1}^{T} \frac{(1+g_1)^t}{(1+r)^t} \qquad \text{（式 3-12）}$$

将第 2 个阶段的每期股息表达式代入（式 3-1）中，并且运用等比数列的求和公式，可以得到 V_2 的表达式如下。

$$V_2 = \frac{D_0(1+g_1)^T}{(1+r)^T} \sum_{t=1}^{\infty} \frac{(1+g_2)^t}{(1+r)^t} = D_0 \frac{(1+g_1)^T}{(1+r)^T}\left(\frac{1+g_2}{r-g_2}\right) \qquad \text{（式 3-13）}$$

将（式 3-12）和（式 3-13）相结合，就可以得出运用二阶段增长模型计算股票内在价值的表达式。

$$V = V_1 + V_2 = D_0\left[\sum_{t=1}^{T} \frac{(1+g_1)^t}{(1+r)^t} + \frac{(1+g_1)^T}{(1+r)^T}\left(\frac{1+g_2}{r-g_2}\right)\right] \qquad \text{（式 3-14）}$$

需要注意的是，运用（式 3-14）依然有一个隐含的条件，就是贴现利率必须大于第 2 个阶段股息增长率，即 $r > g_2$，否则就会出现错误。

此外，观察（式 3-14）可以发现，在二阶段增长模型中，影响股票内在价值的变量增加为 4 个，包括最近一期股息、贴现利率、第 1 个阶段股息增长率以及第 2 个阶段股息增长率。

2. Python 自定义函数

通过 Python 自定义一个运用二阶段增长模型计算股票内在价值的函数，具体的代码如下。

```
In [10]: def Value_2SGM(D,g1,g2,T,r):
    ...:     '''运用二阶段增长模型计算股票内在价值的函数
    ...:     D: 公司已支付的最近一期每股股息金额；
    ...:     g1: 第 1 个阶段的股息增长率；
    ...:     g2: 第 2 个阶段的股息增长率，并且数值要小于贴现利率；
    ...:     T: 第 1 个阶段的期限，单位是年；
    ...:     r: 与公司风险相匹配的贴现利率，并且是每年复利 1 次'''
    ...:     if r>g2:                                    #贴现利率大于第 2 个阶段股息增长率
    ...:         T_list=np.arange(1,T+1)                 #创建从 1 到 T 的整数数组
    ...:         V1=D*sum(pow(1+g1,T_list)/pow(1+r,T_list))   #第 1 个阶段股息贴现之和
    ...:         V2=D*pow(1+g1,T)*(1+g2)/(pow(1+r,T)*(r-g2))  #第 2 个阶段股息贴现之和
    ...:         value=V1+V2                             #计算股票的内在价值
    ...:     else:                                      #贴现利率小于或等于第 2 个阶段的股息增长率
    ...:         value='输入的贴现利率小于或等于第 2 个阶段股息增长率而导致结果不存在'
    ...:     return value
```

在以上自定义的函数 Value_2SGM 中，只需要输入每股股息金额、两个阶段不同的股息增长率、第 1 个阶段的期限以及贴现利率等参数，就可以快速计算得到二阶段增长模型的股票内在价值。

3. 一个示例

【例 3-3】沿用【例 3-1】的信息，A 金融机构的证券分析师为了能够更加合理地计算招商银行 A 股股票的内在价值，将运用二阶段增长模型进行测算，结合招商银行过去已支付的股息，设定了如下变量：第 1 个阶段的股息增长率为 8%，第 2 个阶段的股息增长率为 4%，并且第 1 个阶段的期限是 5 年，其他变量的取值与【例 3-1】保持一致。

根据（式 3-14），得到运用二阶段增长模型计算的招商银行 A 股股票内在价值如下。

$$V = D_0 \left[\sum_{t=1}^{T} \frac{(1+g_1)^t}{(1+r)^t} + \frac{(1+g_1)^T}{(1+r)^T} \left(\frac{1+g_2}{r-g_2} \right) \right] = 1.522 \times \left[\sum_{t=1}^{5} \frac{(1+8\%)^t}{(1+6.90\%)^t} + \frac{(1+8\%)^5}{(1+6.90\%)^5} \left(\frac{1+4\%}{6.90\%-4\%} \right) \right]$$
$$= 65.2969 （元）$$

（式 3-15）

下面通过自定义函数 Value_2SGM 验证招商银行 A 股股票的内在价值，具体的代码如下。

```
In [11]: g_stage1=0.08                       #第1个阶段股息增长率
    ...: g_stage2=0.04                       #第2个阶段股息增长率
    ...: T_stage1=5                          #第1个阶段的期限（年）

In [12]: value3=Value_2SGM(D=Div,g1=g_stage1,g2=g_stage2,T=T_stage1,r=rate)  #计算股票内在价值
    ...: print('基于二阶段增长模型的招商银行A股股票内在价值（元）',round(value3,4))
基于二阶段增长模型的招商银行A股股票内在价值（元） 65.2969
```

通过以上的运算，得到运用二阶段增长模型计算出招商银行 A 股股票的内在价值是每股 65.2969 元，依然高于 2022 年 12 月 30 日收盘价每股 37.26 元。

下面通过敏感性分析并借助 Python 考察不同阶段的股息增长率与股票内在价值之间的关系。在这里，第 1 个阶段股息增长率的取值是处于区间[6%,10%]的等差数列，第 2 个阶段股息增长率的取值则是处于区间[2%,5%]的等差数列，具体的代码如下，关系见图 3-2。

```
In [13]: g1_list=np.linspace(0.06,0.1,100)   #第1个阶段股息增长率的数组
    ...: g2_list=np.linspace(0.02,0.05,100)  #第2个阶段股息增长率的数组

In [14]: value_list1=np.zeros_like(g1_list)  #创建初始数组用于存放对应第1个阶段股息增长率的股票内在价值
    ...: value_list2=np.zeros_like(g2_list)  #创建初始数组用于存放对应第2个阶段股息增长率的股票内在价值

In [15]: for i in range(len(g1_list)):       #运用for语句
    ...:     value_list1[i]=Value_2SGM(D=Div,g1=g1_list[i],g2=g_stage2,T=T_stage1,r=rate)
#计算股票内在价值

In [16]: for i in range(len(g2_list)):       #运用for语句
    ...:     value_list2[i]=Value_2SGM(D=Div,g1=g_stage1,g2=g2_list[i],T=T_stage1,r=rate)
#计算股票内在价值

In [17]: plt.figure(figsize=(11,6))
    ...: plt.subplot(1,2,1)                  #第1个子图
    ...: plt.plot(g1_list,value_list1,'r-',lw=2)
    ...: plt.xticks(fontsize=12)
```

```
   ...: plt.xlabel('第1个阶段股息增长率',fontsize=12)
   ...: plt.yticks(fontsize=12)
   ...: plt.ylabel('股票内在价值(元)',fontsize=12)
   ...: plt.title('第1个阶段股息增长率与股票内在价值的关系',fontsize=12)
   ...: plt.grid()
   ...: plt.subplot(1,2,2,sharey=plt.subplot(1,2,1))   #第2个子图,并且与第1个子图共用纵轴刻度
   ...: plt.plot(g2_list,value_list2,'b-',lw=2)
   ...: plt.xticks(fontsize=12)
   ...: plt.xlabel('第2个阶段股息增长率',fontsize=12)
   ...: plt.yticks(fontsize=12)
   ...: plt.title('第2个阶段股息增长率与股票内在价值的关系',fontsize=12)
   ...: plt.grid()
   ...: plt.show()
```

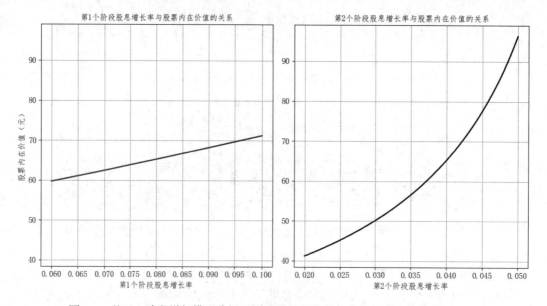

图 3-2　基于二阶段增长模型分析不同阶段的股息增长率与股票内在价值的关系

观察图 3-2，可以得到关于二阶段增长模型的以下两个重要结论。

一是股息增长率的正效应。无论是第 1 个阶段股息增长率还是第 2 个阶段股息增长率，都对股票内在价值产生了正向影响。

二是不同阶段股息增长率的差异效应。第 1 个阶段股息增长率对股票内在价值的影响是线性的，但是第 2 个阶段股息增长率的影响则是非线性的；同时，相比第 1 个阶段股息增长率，股票内在价值对第 2 个阶段股息增长率更加敏感。

3.2.5　三阶段增长模型

当然，将公司的未来股息支付划分为两个阶段还是略显粗糙，为了能够使股票内在价值测算更加精细化，三阶段增长模型便应运而生。**三阶段增长模型**（three stage growth model，3SGM）基于生命周期将公司的未来发展划分为 3 个阶段——成长阶段、过渡阶段和成熟阶段。

在**成长阶段**，公司的业绩快速增长，股息增长率通常较高，并且假定是一个固定值；在**过渡阶段**，公司的经营开始趋向成熟，业绩增长开始减缓，因此这一阶段的股息增长率开始呈现

线性下降趋势；当步入**成熟阶段**后，公司的业绩增速与整体经济的增速保持同步，股息增长率就是一个永续的固定增长率，并且低于成长阶段（第1个阶段）。

1. 数学表达式

假设公司的第1个阶段处于 $[0,T_a]$ 区间，该阶段的股息增长率用 g_a 表示并且是一个常数；第2个阶段处于 $(T_a,T_b]$ 区间，该阶段的股息增长率用 g_t 表示，并且 $t=T_a+1,T_a+2,\cdots,T_b$；第3个阶段处于 $(T_b,\infty]$ 区间，该阶段的股息增长率用 g_b 表示并且也是一个常数。此外，在第2个阶段中，假设股息增长率 g_t 是以线性的方式从 g_a 下降至 g_b。因此，就有如下的股息增长率表达式。

$$g_t = g_a - (g_a - g_b)\frac{t - T_a}{T_b - T_a} \quad (式3\text{-}16)$$

在（式3-16）中，$t=T_a+1,T_a+2,\cdots,T_b$。

基于以上3个不同阶段的股息增长率，可以得到关于未来股息的一系列等式，详见表3-2。

表3-2 基于三阶段增长模型的公司股息表达式

公司的发展阶段	时间点	股息的表达式
成长阶段 （第1个阶段）	第1年年末	$D_1 = D_0(1+g_a)$
	第2年年末	$D_2 = D_0(1+g_a)^2$
	⋮	⋮
	第 T_a 年年末	$D_{T_a} = D_0(1+g_a)^{T_a}$
过渡阶段 （第2个阶段）	第 T_a+1 年年末	$D_{T_a+1} = D_{T_a}(1+g_{T_a+1})$
	第 T_a+2 年年末	$D_{T_a+2} = D_{T_a}(1+g_{T_a+1})(1+g_{T_a+2})$
	⋮	⋮
	第 T_b 年年末	$D_{T_b} = D_{T_a}(1+g_{T_a+1})(1+g_{T_a+2})\cdots(1+g_{T_b})$
成熟阶段 （第3个阶段）	第 T_b+1 年年末	$D_{T_b+1} = D_{T_b}(1+g_b)$
	第 T_b+2 年年末	$D_{T_b+2} = D_{T_b}(1+g_b)^2$
	⋮	⋮
	第 T_b+N 年年末	$D_{T_b+N} = D_{T_b}(1+g_b)^N$
	⋮	

基于表3-2中的第1个阶段股息表达式，得到公司在第1个阶段每期股息现值之和 V_1 的公式，具体如下。

$$V_1 = D_0 \sum_{t=1}^{T_a} \frac{(1+g_a)^t}{(1+r)^t} \quad (式3\text{-}17)$$

基于表3-2中的第2个阶段股息表达式，得到第2个阶段每期股息现值之和 V_2 的公式，具体如下。

$$V_2 = \sum_{t=T_a+1}^{T_b} \frac{D_{t-1}(1+g_t)}{(1+r)^t} \quad \text{（式 3-18）}$$

基于表 3-2 中的第 3 个阶段股息表达式并且运用等比数列的求和公式，得到第 3 个阶段每期股息现值之和 V_3 的表达式如下。

$$V_3 = \frac{D_{T_b}(1+g_b)}{(1+r)^{T_b}(r-g_b)} \quad \text{（式 3-19）}$$

结合（式 3-17）至（式 3-19），就可以计算得出股票内在价值 V 的表达式如下。

$$V = V_1 + V_2 + V_3 = D_0 \sum_{t=1}^{T_a} \frac{(1+g_a)^t}{(1+r)^t} + \sum_{t=T_a+1}^{T_b} \frac{D_{t-1}(1+g_t)}{(1+r)^t} + \frac{D_{T_b}(1+g_b)}{(1+r)^{T_b}(r-g_b)} \quad \text{（式 3-20）}$$

在（式 3-20）中，第 2 个阶段股息增长率 g_t 是通过（式 3-16）计算得到的。

此外，与不变增长模型和二阶段增长模型相似的是，在三阶段增长模型中，贴现利率应当大于第 3 个阶段的股息增长率（即 $r > g_b$），否则计算的结果会出现差错。

2. Python 自定义函数

（式 3-20）确实有些复杂，为了便于运算，需要运用 Python 自定义一个通过三阶段增长模型计算股票内在价值的函数，具体的代码如下。

```
In [18]: def Value_3SGM(D,ga,gb,Ta,Tb,r):
    ...:     '''运用三阶段增长模型计算股票内在价值的函数
    ...:     D: 公司已支付的最近一期每股股息金额；
    ...:     ga: 第 1 个阶段的股息增长率；
    ...:     gb: 第 3 个阶段的股息增长率，并且数值要小于贴现利率；
    ...:     Ta: 第 1 个阶段的期限（年）；
    ...:     Tb: 第 1 个阶段与第 2 个阶段的期限之和（年）；
    ...:     r: 与公司风险相匹配的贴现利率，并且每年复利 1 次'''
    ...:     #为了更好理解代码的撰写逻辑，以下代码分为 4 个步骤
    ...:     #第 1 步：计算第 1 个阶段股息贴现之和
    ...:     if r>gb:                                    #贴现利率大于第 3 个阶段股息增长率
    ...:         Ta_list=np.arange(1,Ta+1)               #创建从 1 到 Ta 的整数数组
    ...:         D_stage1=D*pow((1+ga),Ta_list)          #计算第 1 个阶段每期股息金额的数组
    ...:         V1=sum(D_stage1/pow(1+r,Ta_list))       #计算第 1 个阶段股息贴现之和
    ...:     #第 2 步：计算第 2 个阶段股息贴现之和
    ...:         Tb_list=np.arange(Ta+1,Tb+1)            #创建从 Ta+1 到 Tb 的整数数组
    ...:         D_t=D_stage1[-1]                        #第 1 个阶段最后一期股息
    ...:         D_stage2=[]                             #创建存放第 2 个阶段每期股息的空列表
    ...:         for i in range(len(Tb_list)):
    ...:             gt=ga-(ga-gb)*(Tb_list[i]-Ta)/(Tb-Ta)  #依次计算第 2 个阶段每期股息增长率
    ...:             D_t=D_t*(1+gt)                      #依次计算第 2 个阶段的每期股息金额
    ...:             D_stage2.append(D_t)                #计算得到的每期股息添加至列表尾部
    ...:         D_stage2=np.array(D_stage2)             #将列表转换为数组
    ...:         V2=sum(D_stage2/pow(1+r,Tb_list))       #计算第 2 个阶段股息贴现之和
    ...:     #第 3 步：计算第 3 个阶段股息贴现之和
    ...:         D_Tb=D_stage2[-1]                       #第 2 个阶段最后一期股息
    ...:         V3=D_Tb*(1+gb)/(pow(1+r,Tb)*(r-gb))     #计算第 3 个阶段股息贴现之和
    ...:     #第 4 步：最终计算股票的内在价值以及其他情形
    ...:         value=V1+V2+V3                          #计算股票的内在价值
```

```
   ...:         else:                            #贴现利率小于或等于第3个阶段股息增长率
   ...:             value='输入的贴现利率小于或等于第3个阶段股息增长率而导致结果不存在'
   ...:         return value
```

在以上自定义函数 Value_3SGM 中，只需要输入每股股息金额、第 1 个阶段和第 3 个阶段的股息增长率、第 1 个阶段的期限以及第 1 个阶段与第 2 个阶段的期限之和等参数，就可以快速计算出股票内在价值。

3. 一个示例

【例 3-4】沿用【例 3-1】的信息，A 金融机构的证券分析师希望采用三阶段增长模型，从而提高招商银行 A 股股票内在价值计算结果的精确性。结合招商银行过去已支付的股息情况，设定了如下一组变量。

（1）第 1 个阶段的股息增长率设定为 7%，同时第 1 个阶段的期限是 4 年。

（2）第 2 个阶段股息增长率以线性递减的方式从 7%下降至 2%，并且第 2 个阶段的期限为 6 年。

（3）第 3 个阶段的股息增长率设定为 2%。

其他变量的取值与【例 3-1】保持一致。

下面直接运用自定义函数 Value_3SGM 计算招商银行 A 股股票的内在价值，具体的代码如下。

```
In [19]: g_stage1=0.07                          #第1个阶段股息增长率
   ...: g_stage3=0.02                           #第3个阶段股息增长率
   ...: T_stage1=4                              #第1个阶段的期限（年）
   ...: T_stage2=6                              #第2个阶段的期限（年）

In [20]: value4=Value_3SGM(D=Div,ga=g_stage1,gb=g_stage3,Ta=T_stage1, Tb=T_stage1+T_stage2,
r=rate)  #计算股票内在价值
   ...: print('基于三阶段增长模型的招商银行A股股票内在价值（元）',round(value4,4))
基于三阶段增长模型的招商银行A股股票内在价值（元） 41.7355
```

根据以上的计算，运用三阶段增长模型计算得到招商银行 A 股股票内在价值是 41.7355 元，显然该结果比较接近股票在 2022 年 12 月 30 日收盘价每股 37.26 元。

同时，借助 Python 并运用敏感性分析考察最近一期已支付的股息金额、贴现利率、第 1 个阶段股息增长率和第 3 个阶段股息增长率这 4 个重要变量对股票内在价值的影响，并且进行可视化。在分析过程中，相关变量的取值设定如下。

（1）最近一期已支付股息金额的取值是区间[1.2,1.8]的等差数列。

（2）贴现利率的取值是区间[6%,10%]的等差数列。

（3）第 1 个阶段股息增长率的取值是区间[5%,9%]的等差数列。

（4）第 3 个阶段股息增长率的取值是区间[1%,4%]的等差数列。

整个分析的 Python 编程分为以下两个步骤。

第 1 步：计算对应于每个变量不同取值的股票内在价值。具体的代码如下。

```
In [21]: D_list=np.linspace(1.2,1.8,100)        #最近一期已支付股息金额的数组
   ...: r_list=np.linspace(0.06,0.1,100)        #贴现利率的数组
   ...: ga_list=np.linspace(0.05,0.09,100)      #第1个阶段股息增长率的数组
   ...: gb_list=np.linspace(0.01,0.04,100)      #第3个阶段股息增长率的数组
```

```python
In [22]: V_list1=np.zeros_like(D_list)    #创建初始数组用于存放不同股息金额的股票内在价值

In [23]: for i in range(len(D_list)):     #运用for语句
   ...:     V_list1[i]=Value_3SGM(D=D_list[i],ga=g_stage1,gb=g_stage3,Ta=T_stage1,
   ...:                           Tb=T_stage1+T_stage2,r=rate)    #计算股票内在价值

In [24]: V_list2=np.zeros_like(r_list)    #创建初始数组用于存放不同贴现利率的股票内在价值

In [25]: for i in range(len(r_list)):
   ...:     V_list2[i]=Value_3SGM(D=Div,ga=g_stage1,gb=g_stage3,Ta=T_stage1,
   ...:                           Tb=T_stage1+T_stage2,r=r_list[i])

In [26]: V_list3=np.zeros_like(ga_list)    #创建初始数组用于存放第1个阶段不同股息增长率的股票内在价值

In [27]: for i in range(len(ga_list)):
   ...:     V_list3[i]=Value_3SGM(D=Div,ga=ga_list[i],gb=g_stage3,Ta=T_stage1,
   ...:                           Tb=T_stage1+T_stage2,r=rate)

In [28]: V_list4=np.zeros_like(gb_list)    #创建初始数组用于存放第3个阶段不同股息增长率的股票内在价值

In [29]: for i in range(len(gb_list)):
   ...:     V_list4[i]=Value_3SGM(D=Div,ga=g_stage1,gb=gb_list[i],Ta=T_stage1,
   ...:                           Tb=T_stage1+T_stage2,r=rate)
```

第2步：将以上的结果可视化并且以 2×2 的子图形式进行展示，关系见图 3-3。具体的代码如下。

```python
In [30]: plt.figure(figsize=(11,10))
   ...: plt.subplot(2,2,1)                                    #第1行第1列子图（第1个子图）
   ...: plt.plot(D_list,V_list1,'r-',lw=2)
   ...: plt.xticks(fontsize=12)
   ...: plt.xlabel('最近一期已支付的股息金额',fontsize=12)
   ...: plt.yticks(fontsize=12)
   ...: plt.ylabel('股票内在价值（元）',fontsize=12)
   ...: plt.grid()
   ...: plt.subplot(2,2,2,sharey=plt.subplot(2,2,1))           #第1行第2列子图(与第1个子图共用纵轴刻度)
   ...: plt.plot(r_list,V_list2,'b-',lw=2)
   ...: plt.xticks(fontsize=12)
   ...: plt.xlabel('贴现利率',fontsize=12)
   ...: plt.yticks(fontsize=12)
   ...: plt.grid()
   ...: plt.subplot(2,2,3,sharey=plt.subplot(2,2,1))           #第2行第1列子图(与第1个子图共用纵轴刻度)
   ...: plt.plot(ga_list,V_list3,'m-',lw=2)
   ...: plt.xticks(fontsize=12)
   ...: plt.xlabel('第1个阶段股息增长率',fontsize=12)
   ...: plt.yticks(fontsize=12)
   ...: plt.ylabel('股票内在价值（元）',fontsize=12)
   ...: plt.grid()
   ...: plt.subplot(2,2,4,sharey=plt.subplot(2,2,1))           #第2行第2列子图(与第1个子图共用纵轴刻度)
   ...: plt.plot(gb_list,V_list4,'c-',lw=2)
   ...: plt.xticks(fontsize=12)
   ...: plt.xlabel('第3个阶段股息增长率',fontsize=12)
```

```
...: plt.yticks(fontsize=12)
...: plt.grid()
...: plt.show()
```

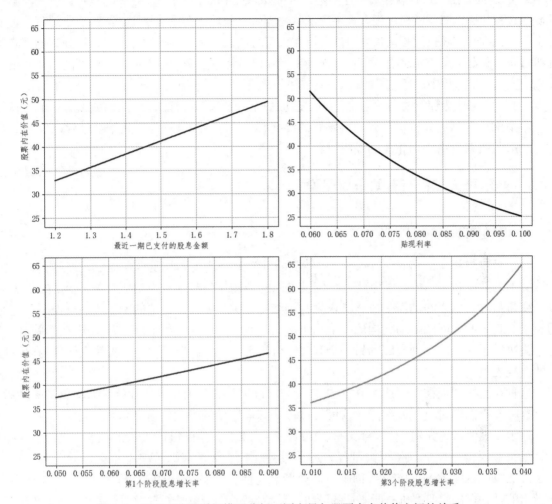

图 3-3　基于三阶段增长模型分析不同变量与股票内在价值之间的关系

观察图 3-3，可以得出三阶段增长模型的以下两个重要结论。

一是线性关系。最近一期已支付的股息金额、第 1 个阶段股息增长率这两个变量与股票内在价值之间均呈现正相关的线性关系。

二是非线性关系。贴现利率与股票内在价值之间保持负相关的非线性关系，而第 3 个阶段股息增长率与股票内在价值之间则是正相关的非线性关系。

3.3　股票价格服从的随机过程

第 3.2 节讨论的股票内在价值，通常其变化频次较低，往往当公司的基本面发生变化时才会出现波动。然而，观察证券交易所发布的股票价格（简称"股价"）行情走势就会发现，在交易时段内，股票价格几乎每时每刻都在发生变化。股票价格到底遵循着怎样的一种变化规律，这是无数投资者心中的疑问，也是现代金融领域最富争议的话题之一。本节就尝试从随机过程的视角刻画股票价格的动态变化。

当一个变量的值以某种不确定的形式随时间而变化时，该变量就服从某种**随机过程**（stochastic process）。因此，随机过程就是对一连串随机事件动态关系的定量描述。随机过程可以分为**离散时间随机过程**和**连续时间随机过程**。一个离散时间随机过程是指变量值只能在某些确定的时点上变化。一个连续时间随机过程是指变量值可以在任何时点上变化。随机过程也可以划分为**连续变量随机过程**和**离散变量随机过程**两种：在连续变量随机过程中，变量可以取某一范围内的任意值；在离散变量随机过程中，变量只能取某些离散值。对于股票价格而言，根据量化建模的不同需要，可以将股票价格归为连续时间、连续变量的随机过程，或者归入离散时间、离散变量的随机过程。

本节就从马尔可夫过程与有效市场假说讲起，再介绍维纳过程与广义维纳过程以及几何布朗运动等与股票价格密切相关的随机过程。

3.3.1 马尔可夫过程与有效市场假说

1. 马尔可夫过程

马尔可夫过程（Markov process）由俄罗斯数学家安德雷·马尔可夫提出，该过程是一个特殊类型的随机过程，核心思想就是对变量未来的预测仅仅与变量当前值有关，变量的历史值以及变量从过去到现在的演变方式与未来的预测均无关。举一个简单的例子，一只丧失了记忆的兔子在若干洞穴间的蹿动就构成一个马尔可夫过程，由于这只兔子已没有了记忆，瞬间产生的念头决定了它从一个洞穴蹿到另一个洞穴；当其所在位置确定时，下一步蹿往何处与以往经过的路径无关。

这种在已知"现在"的条件下，"未来"与"过去"彼此独立的特性就称为**马尔可夫性质**，具有这种性质的随机过程就称为马尔可夫过程，其最原始的模型就是**马尔可夫链**。

这里以股票市场为例。假定今天是 2022 年 8 月 22 日，招商银行 A 股的收盘价是每股 33.62 元，如果股票价格服从马尔可夫过程，那么过去任何一天的股票价格都不会影响明天（2022 年 8 月 23 日）股票价格的走势，而唯一需要考虑的信息就是今天的收盘价 33.62 元。在这里需要指出的是，在确定股票价格所服从的随机过程特性时，其历史数据的统计特性（例如波动率）也许有用，而在这里仅仅说明股票的未来价格与过去价格无关。

由于对将来的预测存在不确定性，因此预测必须以概率分布的形式表达。马尔可夫性质就意味着股票价格在将来的概率分布不依赖于股价在过去所遵循的特定路径。

2. 有效市场假说

有效市场假说（efficient market hypothesis，EMH），又称**有效市场理论**（efficient market theory）。该假说源于一位名叫路易斯·巴舍利耶（Louis Bachelier）的法国数学家，他在 1900 年发表的博士论文《投机理论》（"Théorie de la spéculation"）中，首次尝试将概率论应用于股票价格的分析，并发现股票价格的变动是随机的，具有不可预知性。

该假说的正式提出者是美国经济学家尤金·法马（Eugene Fama）。在总结了前人的理论和实证的基础上，法马于 1970 年系统性地提出了有效市场假说，该假说包含以下几个要点。

第一，理性经济人。市场上的每个投资者都是理性经济人，每只股票所代表的公司都处于这些理性经济人的严格监视之下，他们每天都在进行基本面的分析，用公司未来的盈利能力去评估公司的股票价格,把未来价值折算成今天的现值,并谨慎地在风险与收益之间进行权衡与取舍。

第二,供求平衡。股票价格反映了这些理性经济人的供求平衡,想买入的人数正好等于想卖出的人数,也就是认为股票价格被高估的人数与认为股票价格被低估的人数正好相等,假如有人发现这两者不等(即存在套利的可能性),投资者立即会用买入或卖出股票的办法使股票价格迅速变动到能够使供求相等为止。

第三,信息有效。股票价格能充分反映该资产的所有可获得的信息(即"信息有效"),当信息变动时,股票价格就会随之变动。一个利好消息或利空消息刚刚传出时,股票价格便开始异动,当它已经路人皆知时,股票价格已经上涨或下跌至合理的位置。

有效市场假说实际上意味着"天下没有免费的午餐",在一个正常的有效率市场中,花时间去分析股票价格是毫无意义的,因为股票价格已经充分反映了所有相关的信息,资本市场相对于这个信息集是有效的,任何人根据这个信息集进行交易都无法获得超额的收益。

在金融理论中,根据信息集的大小,有效市场假说可以进一步分为3种。

一是弱式有效市场假说。该假说认为在弱式有效的情况下,当前股票价格已充分反映了所有过去的交易信息,包括股票的成交价、成交量、卖空金额、融资金额等。得到的推论是,如果弱式有效市场假说成立,股票的技术分析将失去用武之地,但基本面分析还可能帮助投资者获得超额收益。

二是半强式有效市场假说。该假说认为股票价格已充分反映出所有已公开的有关公司营运前景的信息。这些信息除了过去的交易信息,还包括财务信息、盈利预测、公司管理状况及其他公开披露的信息等。假如投资者能迅速获得这些信息,股票价格应迅速做出反应。得到的推论是,如果半强式有效市场假说成立,技术分析和基本面分析就都失去作用,只有掌握内幕消息才有可能获得超额收益。

三是强式有效市场假说。该假说认为股票价格已充分反映了公司的一切信息,包括已公开的信息和内部尚未公开的信息。得到的推论是,在强式有效市场中,根本不存在能帮助投资者获得超额收益的方法,即使拥有内幕消息也是徒劳的。

表3-3归纳了以上3类有效市场假说的要点。

表3-3 有效市场假说的相关要点

市场有效性程度	技术分析	基本面分析	组合管理
无效	有效	有效	积极进取
弱式有效	无效	有效	积极进取
半强式有效	无效	无效	积极进取
强式有效	无效	无效	消极保守

此外,需要注意的是,股票价格的马尔可夫性质与弱式有效市场假说是一致的。

3.3.2 维纳过程与广义维纳过程

前面描述关于随机过程的内容比较偏重概念,下面结合数学知识探讨随机过程的表达式。同时,维纳过程与广义维纳过程是最基本的随机过程,也是讨论股票价格所服从随机过程的基础。

1. 维纳过程

维纳过程（Wiener process）由美国数学家、控制论创始人诺伯特·维纳（Norbert Wiener）提出，维纳过程是期望值为 0、方差为 1 的特殊马尔可夫过程。维纳过程曾在物理学中用来描述一个粒子受到大量小分子碰撞后所产生的运动，该现象最早是由苏格兰植物学家罗伯特·布朗（Robert Brown）在观察花粉以及其他悬浮微小颗粒在水中不停地做不规则的曲线运动时发现的，这种运动也被命名为**布朗运动**（Brownian motion）。下面采用规范的数学表达式进行描述。

当同时具备以下两个性质时，随机变量 x 被认为服从维纳过程。

性质 1：正态性。变量 x 在瞬时（极短时间）Δt 的变化量 Δx 满足如下等式。

$$\Delta x = \varepsilon \sqrt{\Delta t} \qquad (式 3\text{-}21)$$

其中，ε 服从标准正态分布，即期望值为 0、标准差为 1 的正态分布，Δt 可以视为一个常数并且称为**单位时间**（per unit time），因此 Δx 服从期望值为 0、标准差为 $\sqrt{\Delta t}$ 的正态分布。

性质 2：独立性。在任意两个不相互重叠的 Δt 内，变化量 Δx 之间是相互独立的。这个性质就说明变量 x 服从马尔可夫过程。

接着考虑在较长时间区间 T 内变量 x 的变化量，将变化量表述为 $x_T - x_0$。该变化量可以看成 N 个区间长度为 Δt 的 x 变化量之和，具体如下。

$$x_T - x_0 = \sum_{i=1}^{N} \varepsilon_i \sqrt{\Delta t} \qquad (式 3\text{-}22)$$

其中，$N = T/\Delta t$，ε_i 依然服从标准正态分布。

通过维纳过程的性质 2 可以得出不同 ε_i 之间是相互独立的，进而得到 $x_T - x_0$ 的期望值为 0、标准差为 $\sqrt{N\Delta t} = \sqrt{T}$ 以及方差是 T。因此，$x_T - x_0$ 是一个服从均值为 0、标准差为 $\sqrt{T}$ 的正态分布。

在随机过程中，在单位时间 Δt 内，变化量 Δx 的期望值称为随机变量 x 的**漂移率**（drift rate），Δx 的方差称为随机变量 x 的**方差率**（variance rate）。因此，维纳过程的漂移率就是 0，方差率就是 1。漂移率为 0 意味着在将来任意时点变量 x 的期望值等于其当前值；方差率等于 1 意味着在任意长度为 T 的时间区间，x 变化的方差等于 T。

2. 广义维纳过程

当随机变量 y 服从**广义维纳过程**（generalized Wiener process），y 可以通过维纳过程 dx 定义，具体如下。

$$dy = adt + bdx \qquad (式 3\text{-}23)$$

注意，在（式 3-23）中的 a 和 b 均是常数。

首先，讨论（式 3-23）等号右边的第 1 项 adt，即漂移项。这一项表明变量 y 的漂移率为 a，如果忽略后面的 bdx，（式 3-23）就简化为 $dy = adt$，即 $dy/dt = a$，对 t 进行积分，就可以得出如下等式。

$$y = y_0 + at \qquad (式 3\text{-}24)$$

其中，y_0 是 y 在 $t = 0$ 时点的值（即变量 y 的初始值），at 说明经过了时间 t 以后变量 y 的增量就是 at。

其次，讨论（式 3-23）等号右边的第 2 项 bdx，即扩散项。这一项可以被视为附加在变量 y 路径上的**噪声**（noise），幅度为维纳过程的 b 倍。由于维纳过程的标准差为 1，因此 b 倍维纳过程在单位时间内的方差率就等于 b^2。因此，广义维纳过程的漂移率为 a、方差率为 b^2。

运用离散化的表达方式并且结合（式 3-23）和（式 3-21），在单位时间 Δt 内，可以得到变化量 Δy 的数学表达式如下。

$$\Delta y = a\Delta t + b\varepsilon\sqrt{\Delta t} \qquad \text{（式 3-25）}$$

其中，ε 依然服从标准正态分布。因此，可以得到 Δy 的均值是 $a\Delta t$、标准差是 $b\sqrt{\Delta t}$、方差是 $b^2\Delta t$，并且 Δy 服从均值为 $a\Delta t$、标准差为 $b\sqrt{\Delta t}$ 的正态分布。

此外，根据前面讨论的维纳过程性质 2，可以得到在任意时间区间 T，变化量 Δy 服从正态分布，并且 Δy 的期望值是 aT、标准差是 $b\sqrt{T}$ 以及方差是 b^2T。

3.3.3 几何布朗运动

有了前面的随机过程知识作为铺垫，现在就引出股票价格服从怎样的随机过程这个核心问题。

维纳过程不适合，毕竟股票价格变化的期望值不可能等于 0。

广义维纳过程也不适合，可以用反证法证明。假定股票价格服从广义维纳过程，这就意味着股票价格具有不变的漂移率和不变的方差率。然而，股票价格却不可能具有不变的漂移率，通过一个例子加以说明。假定投资者针对招商银行股票的预期年化收益率为 12%，无论股票价格是 100 元还是 10 元，预期收益率均不会改变。因此，当股票价格为 100 元时，股票价格漂移率等于 12%×100 = 12；当股票价格为 10 元时，股票价格漂移率则变成了 12%×10 = 1.2，显然与具有不变的漂移率产生矛盾。

相比之下，假定股票收益率的期望值是一个常数就显得较为合理，运用到随机过程中就可以表示为：

$$\text{股票收益率的期望值} = \text{股票价格的漂移率} \div \text{股票价格} = \text{常数} \qquad \text{（式 3-26）}$$

将股票价格设定为 S，股票收益率的期望值记作 μ 并且是一个常数，根据（式 3-26），股票价格的漂移率可以写为 μS。根据广义维纳过程的相关结论，"股票收益率的期望值是常数"的假设就可以推导出在单位时间 Δt 内，股票价格 S 的期望增量为 $\mu S\Delta t$。

同时，由于股票价格存在不确定性，引入另一个合理的假设条件：无论股票价格大小如何，在任一单位时间 Δt 内股票收益率的标准差均是相同的，这里的股票收益率的标准差也称为**股票收益波动率**或者**股票波动率**，代表着不确定性和风险。比如，无论招商银行股价是 100 元还是 10 元，投资者对该股票收益波动率均持有相同的预期，通过一个例子加以说明。假定招商银行股票的年化收益波动率是 20%，当股票价格处在 100 元的时候，股票价格的标准差就是 20%×100 = 20；当股票价格处于 10 元的时候，股票价格的标准差就下降至 20%×10 = 2。将股票收益波动率记作 σ，就可以得到股票价格的标准差等于 σS。

根据以上两个假设条件，并且结合（式 3-23），就可以得出股票价格服从的随机过程模型，具体如下。

$$dS = \mu S dt + \sigma S dx \qquad \text{（式 3-27）}$$

等式两边同时除以 S，可以得到如下等式。

$$\frac{\mathrm{d}S}{S} = \mu \mathrm{d}t + \sigma \mathrm{d}x \qquad （式3-28）$$

（式3-28）中的 $\mathrm{d}x$ 是一个维纳过程，该式子就是用于描述股票价格最常用的一种随机模型，该模型称为**几何布朗运动**（geometric Brownian motion，GBM）。

1. 离散表达式

通常，在金融实战中，由于变量是离散而非连续的，因此需要将（式3-28）用离散时间形式进行重新表述，具体如下。

$$\frac{\Delta S}{S} = \mu \Delta t + \sigma \Delta x \qquad （式3-29）$$

将（式3-21）代入（式3-29），可以得到如下式子。

$$\frac{\Delta S}{S} = \mu \Delta t + \sigma \varepsilon \sqrt{\Delta t} \qquad （式3-30）$$

或者也可以写成如下式子。

$$\Delta S = \mu S \Delta t + \sigma S \varepsilon \sqrt{\Delta t} \qquad （式3-31）$$

其中，ΔS 表示在单位时间 Δt 内的股票价格变化。

针对（式3-30），$\Delta S/S$ 表示在单位时间 Δt 内的股票收益率，$\mu \Delta t$ 是股票收益率的期望值，也是股票收益率的非随机部分，$\sigma \varepsilon \sqrt{\Delta t}$ 是股票收益率的随机部分。由于非随机部分的方差是零，因此股票收益率中随机部分的方差 $\sigma^2 \Delta t$ 就是股票收益率的整体方差，因此 $\sigma \sqrt{\Delta t}$ 是单位时间内的股票收益率标准差（即股票收益波动率）。

最终，股票收益率 $\Delta S/S$ 就服从期望值为 $\mu \Delta t$、标准差为 $\sigma \sqrt{\Delta t}$ 的正态分布。

2. 一些处理的技巧

第一，欧拉离散方法。由于几何布朗运动的离散形式无法直接运用于 Python 编程，所以需要运用欧拉离散方法变换为如下的差分方程[①]。

$$S_t = S_{t-\Delta t} \mathrm{e}^{\left(\mu - \frac{1}{2}\sigma^2\right)\Delta t + \sigma \varepsilon_t \sqrt{\Delta t}} \qquad （式3-32）$$

其中，S_t 代表在 t 时点的股票价格，$S_{t-\Delta t}$ 表示在 $t-\Delta t$ 时点的股票价格。

第二，收益率的计算。计算 t 时点的股票收益率 R_t，需要运用如下的公式。

$$R_t = \ln \frac{S_t}{S_{t-\Delta t}} \qquad （式3-33）$$

（式3-33）运用了自然对数，从而将收益率变为连续复利的收益率。

第三，收益率的变频。在金融实战中，通常是先计算日收益率，同时金融市场通常将1年的交易日天数设定为252天，从而通过以下等式将日收益率转换为年化收益率。

$$年化收益率 = 252 \times 日收益率 \qquad （式3-34）$$

第四，波动率的变频。波动率的变频遵循平方根法则，并且按照交易日的天数计算，可以得到如下的波动率变频规则。

[①] 关于该差分方程，可以参见伊夫·希尔皮斯科（Yves Hilpsch）撰写的《Python 金融大数据分析》。

$$\text{周波动率} = \sqrt{5} \times \text{日波动率} \qquad (式3\text{-}35)$$

$$\text{月波动率} = \sqrt{22} \times \text{日波动率} \qquad (式3\text{-}36)$$

$$\text{年化波动率} = \sqrt{252} \times \text{日波动率} \qquad (式3\text{-}37)$$

下面就以 A 股市场单只股票的价格作为示例具体演示如何模拟出服从几何布朗运动的股票价格。

3. 一个示例

【例 3-5】B 金融机构的证券分析师尝试运用招商银行 A 股 2020 年至 2022 年的日收盘价数据，模拟未来三年（2023 年至 2025 年）该股票的每日价格走势，模拟路径共 500 条，同时在模拟过程中，将 S_0 设定为 2023 年 1 月 3 日（2023 年首个交易日）的收盘价每股 37.08 元。下面就运用 Python 对股价进行模拟，具体编程分为 4 个步骤。

第 1 步：导入数据并且计算招商银行 A 股的平均年化收益率和年化波动率。具体的代码如下。

```
In [31]: S=pd.read_excel(io='C:/Desktop/招商银行A股收盘价数据.xlsx',sheet_name='Sheet1',header=0,
index_col=0)   #导入外部数据

In [32]: R=np.log(S/S.shift(1))              #计算招商银行A股日收益率
    ...: R=R.dropna()                        #删除缺失值

In [33]: mu=R.mean()*252                     #股票的平均年化收益率
    ...: mu=float(mu)                        #转换为浮点数
    ...: print('招商银行A股平均年化收益率',round(mu,6))
招商银行A股平均年化收益率 -0.014732

In [34]: sigma=R.std()*np.sqrt(252)          #股票的年化波动率
    ...: sigma=float(sigma)
    ...: print('招商银行A股年化波动率',round(sigma,6))
招商银行A股年化波动率 0.334145
```

通过以上的输出结果可以发现，招商银行 A 股的年化平均收益率为-1.4732%，年化波动率高达 33.4145%。

第 2 步：输入模拟需要的相关参数，并且运用到 pandas 模块的 date_range 函数，通过该函数创建从 2023 年 1 月 3 日至 2025 年 12 月 31 日的工作日的时间索引。具体代码如下。

```
In [35]: date=pd.date_range(start='2023-01-03',end='2025-12-31',freq='B')  #创建2023至2025年的工作日

In [36]: N=len(date)                         #计算date的元素个数
    ...: I=500                               #设定模拟的路径数量（随机抽样次数）
    ...: dt=1.0/252                          #单位时间的长度（1天）

In [37]: S_GBM=np.zeros((N,I))               #创建初始数组用于存放模拟的未来股价
    ...: S_GBM[0]=37.08                      #模拟的起点设为2023年1月3日收盘价
```

第 3 步：模拟 2023 年至 2025 年的股价时间序列，共计有 500 个序列从而对应 500 条模拟路径；此外，为了能够重现模拟的结果，需要运用 NumPy 子模块 random 中的 seed 函数设定随机抽样的随机数种子。具体的代码如下。

```
In [38]: import numpy.random as npr            #导入NumPy的子模块random

In [39]: npr.seed(18)                          #设定随机数种子并且参数值等于18

In [40]: for t in range(1,N):                  #运用for语句
    ...:     epsilon=npr.standard_normal(I)    #基于标准正态分布的随机抽样
    ...:     S_GBM[t]=S_GBM[t-1]*np.exp((mu-0.5*sigma**2)*dt+sigma*epsilon*np.sqrt(dt))
#计算未来每个工作日的股价

In [41]: S_GBM=pd.DataFrame(data=S_GBM,index=date)   #转换为带有时间索引的数据框

In [42]: S_GBM.head()                          #显示数据框的开头5行
Out[42]:
                     0          1          2    ...        497        498        499
2023-01-03   37.080000  37.080000  37.080000    ...  37.080000  37.080000  37.080000
2023-01-04   37.131648  38.818605  36.964514    ...  36.940067  38.425481  37.243283
2023-01-05   37.162385  39.077881  36.865339    ...  37.701658  38.573292  37.054991
2023-01-06   36.894850  38.698434  35.317364    ...  37.516013  38.582377  38.321019
2023-01-09   36.971358  38.254696  35.081327    ...  38.103092  38.703119  36.758339

[5 rows x 500 columns]

In [43]: S_GBM.tail()                          #显示数据框的末尾5行
Out[43]:
                     0          1          2    ...        497        498        499
2025-12-25   22.269521   9.973642  15.978305    ...  28.600103  15.066010  78.123859
2025-12-26   22.534058  10.390215  15.791785    ...  28.302329  15.503459  78.228316
2025-12-29   22.833855  10.717824  15.323904    ...  26.741432  15.641491  79.535573
2025-12-30   22.909699  10.795463  15.513075    ...  27.337180  15.282687  79.590575
2025-12-31   22.833716  10.720652  15.554811    ...  27.410012  15.466406  79.207589

[5 rows x 500 columns]

In [44]: S_GBM.describe()                      #显示数据框的描述性统计指标
Out[44]:
                 0           1           2    ...         497         498         499
count   782.000000  782.000000  782.000000    ...  782.000000  782.000000  782.000000
mean     28.455304   22.873484   30.603954    ...   30.831819   26.217412   46.199982
std       6.503491    7.036149    7.276182    ...    6.144044    8.270307    9.964887
min      18.919698    9.555962   15.194895    ...   21.701122   14.880907   31.094869
25%      23.044907   17.464737   25.462858    ...   25.930372   19.771797   38.817925
50%      25.249324   23.643834   29.839590    ...   28.157404   21.840580   42.741576
75%      35.018599   28.207013   36.150927    ...   36.614549   33.417044   53.209980
max      42.023842   39.077881   47.529770    ...   45.385107   46.298379   79.590575

[8 rows x 500 columns]
```

第4步：将招商银行A股模拟股票价格的结果进行可视化，结果如图3-4所示。具体代码如下。

```
In [45]: plt.figure(figsize=(9,6))
    ...: plt.plot(S_GBM)
    ...: plt.xlabel('日期',fontsize=12)
    ...: plt.xticks(fontsize=12)
    ...: plt.ylabel('招商银行A股股价（元）',fontsize=12)
    ...: plt.yticks(fontsize=12)
    ...: plt.title('2023—2025年服从几何布朗运动的股价模拟路径',fontsize=12)
    ...: plt.grid()
    ...: plt.show()
```

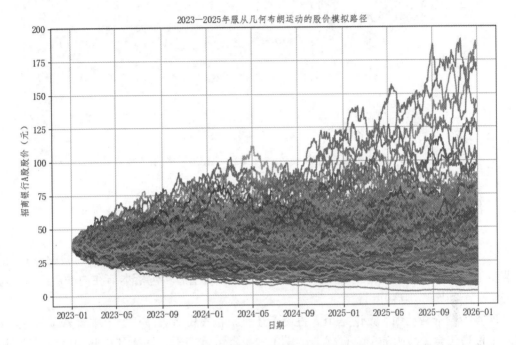

图 3-4　模拟招商银行 A 股 2023—2025 年股票价格的全部路径（共 500 条）

图 3-4 是将全部 500 条模拟路径进行可视化的结果，从图中不难发现未来 3 年的股票价格绝大多数处于 10 元到 75 元之间。为了能够更加清晰地展示模拟路径，下面将本次模拟的前 20 条路径进行可视化（见图 3-5），具体代码如下。

```
In [46]: plt.figure(figsize=(9,6))
    ...: plt.plot(S_GBM.iloc[:,:20])          #将前20条模拟路径可视化
    ...: plt.xlabel('日期',fontsize=12)
    ...: plt.xticks(fontsize=12)
    ...: plt.ylabel('招商银行A股股价（元）',fontsize=12)
    ...: plt.yticks(fontsize=12)
    ...: plt.title('2023—2025年服从几何布朗运动的股价前20条模拟路径',fontsize=12)
    ...: plt.grid()
    ...: plt.show()
```

观察图 3-5 可以发现，在模拟的前 20 条路径中，在第 3 年年末（即 2025 年年末）的股票价格最低跌破 10 元，最高则突破 50 元。

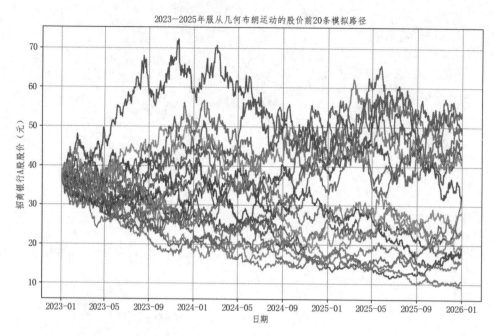

图 3-5　模拟招商银行 A 股 2023—2025 年股票价格的前 20 条路径

3.4　投资组合理论

在第 3.3.3 小节讨论股票价格服从几何布朗运动时,就提到过一个重要的假设:股票收益率的期望值是一个常数。那么如何去估计股票收益率的期望值?包括本节在内的后续 3 节内容,就将围绕这个问题逐步展开讨论。

在现实的投资活动中,无论是个人投资者还是机构投资者,往往通过配置若干只证券从而构建一个**投资组合**(portfolio)。现代金融学中,投资组合理论占据极其重要的地位,该理论于 20 世纪 50 年代由哈里·马科维茨(Harry Markowitz)率先提出。时至今日,在涉及投资组合的研究与实践中依然广泛运用该理论。本节就结合投资组合理论,探讨如何运用 Python 构建最优的股票投资组合,这也为如何估计单只股票的股票收益率期望值奠定了理论基础。

3.4.1　投资组合的相关变量

假设存在由 N 只股票构成的一个投资组合,在描述投资组合时需要运用投资组合预期收益率以及投资组合收益率的波动率这两个重要变量。

1. 投资组合预期收益率

针对投资组合的预期收益率 $E(R_p)$,给出一般化的表达式,具体如下。

$$E(R_p) = E\left(\sum_{i=1}^{N} w_i R_i\right) = \sum_{i=1}^{N} w_i E(R_i) \qquad (式 3\text{-}38)$$

其中,w_i 是投资组合中第 i 只股票的权重,通常等于股票的市值占投资组合总市值的比例,并且满足 $\sum_{i=1}^{N} w_i = 1$;$E(R_i)$ 是第 i 只股票的预期收益率,通常由该股票在过去某个期间内的收益率均值代替。

在计算股票收益率的时候，针对第 i 只股票在第 t 个交易日的收益率用（式 3-39）进行计算，从而将收益率变为连续复利的收益率。

$$R_{it} = \ln \frac{P_{it}}{P_{i(t-1)}} \qquad （式 3-39）$$

其中，P_{it} 表示第 i 只股票在 t 时点的价格，$P_{i(t-1)}$ 表示第 i 只股票在 $t-1$ 时点的价格。

此外，在 Python 中，可以很方便地创建投资组合中每只股票的随机权重并确保权重之和等于 1，具体的代码如下。

```
In [47]: npr.seed(8)                #设定随机数种子并且参数值等于8（便于代码结果的重现）

In [48]: x=npr.rand(5)              #从均匀分布中随机抽取5个随机数
    ...: weight=x/np.sum(x)         #创建权重数组
    ...: weight                     #输出结果
Out[48]: array([0.25136477, 0.2787369 , 0.25014602, 0.15277528, 0.06697703])

In [49]: round(sum(weight),2)       #验证权重随机数之和是否等于1
Out[49]: 1.0
```

2. 投资组合收益率的波动率

为了便于理解，首先考虑由两只股票构建的投资组合。投资组合收益率的波动率（简称"投资组合波动率"）具有如下的表达式。

$$\begin{aligned}\sigma_p^2 &= w_1^2\sigma_1^2 + w_2^2\sigma_2^2 + 2w_1w_2\mathrm{Cov}(R_1,R_2)\\ &= w_1^2\sigma_1^2 + w_2^2\sigma_2^2 + 2w_1w_2\rho_{12}\sigma_1\sigma_2\end{aligned} \qquad （式 3-40）$$

（式 3-40）两边开根号就得到如下等式。

$$\begin{aligned}\sigma_p &= \sqrt{w_1^2\sigma_1^2 + w_2^2\sigma_2^2 + 2w_1w_2\mathrm{Cov}(R_1,R_2)}\\ &= \sqrt{w_1^2\sigma_1^2 + w_2^2\sigma_2^2 + 2w_1w_2\rho_{12}\sigma_1\sigma_2}\end{aligned} \qquad （式 3-41）$$

其中：σ_p 表示投资组合波动率，用于衡量投资组合的风险；

σ_1 和 σ_2 分别表示第 1 只股票、第 2 只股票的波动率；

$\mathrm{Cov}(R_1,R_2)$ 表示两只股票收益率之间的协方差。

ρ_{12} 表示两只股票收益率之间的相关系数，ρ_{12} 与 $\mathrm{Cov}(R_1,R_2)$ 之间满足如下等式关系。

$$\rho_{12} = \frac{\mathrm{Cov}(R_1,R_2)}{\sigma_1\sigma_2} \qquad （式 3-42）$$

通过（式 3-41）不难发现，投资组合波动率会受到相关系数的影响。当 $\rho_{12}=1$ 时（即完全线性正相关），$\sigma_p = w_1\sigma_1 + w_2\sigma_2$，此时的投资组合波动率就是两只股票波动率的加权平均值；当 $\rho_{12}=-1$ 时（即完全线性负相关），$\sigma_p = |w_1\sigma_1 - w_2\sigma_2|$，此时的投资组合波动率就是两只股票加权波动率之差并取绝对值。

然后，将以上的结论推广至由 N 只股票构建的投资组合，得到如下表达式。

$$\sigma_p^2 = \sum_{i=1}^{N}\sum_{j=1}^{N} w_i w_j \mathrm{Cov}(R_i,R_j) = \sum_{i=1}^{N}\sum_{j=1}^{N} w_i w_j \rho_{ij}\sigma_i\sigma_j \qquad （式 3-43）$$

两边开根号就可以得到如下等式。

$$\sigma_p = \sqrt{\sum_{i=1}^{N}\sum_{j=1}^{N} w_i w_j \mathrm{Cov}(R_i,R_j)} = \sqrt{\sum_{i=1}^{N}\sum_{j=1}^{N} w_i w_j \rho_{ij}\sigma_i\sigma_j} \qquad (式3\text{-}44)$$

其中：σ_i 表示第 i 只股票的波动率，σ_j 表示第 j 只股票的波动率；

$\mathrm{Cov}(R_i,R_j)$ 表示第 i 只股票收益率与第 j 只股票收益率之间的协方差；

ρ_{ij} 表示第 i 只股票收益率与第 j 只股票收益率之间的相关系数，并且有如下的等式关系。

$$\rho_{ij} = \frac{\mathrm{Cov}(R_i,R_j)}{\sigma_i\sigma_j} \qquad (式3\text{-}45)$$

当 $i=j$ 时，$\mathrm{Cov}(R_i,R_j)=\sigma_i^2=\sigma_j^2$，$\rho_{ij}=1$；

当 $i\neq j$ 时，$\mathrm{Cov}(R_i,R_j)=\mathrm{Cov}(R_j,R_i)$，$\rho_{ij}=\rho_{ji}$。

3. 通过矩阵表示

由于涉及大量的计算，为了提升计算效率，通常运用矩阵计算。设定如下的向量和矩阵。

$$\boldsymbol{w} = [w_1\ w_2\ \cdots\ w_N] \qquad (式3\text{-}46)$$

$$\boldsymbol{R} = [E(R_1)\ E(R_2)\ \cdots\ E(R_N)] \qquad (式3\text{-}47)$$

$$\boldsymbol{\Sigma} = \begin{pmatrix} \sigma_1^2 & \sigma_{12} & \cdots & \sigma_{1N} \\ \sigma_{21} & \sigma_2^2 & \cdots & \sigma_{2N} \\ \vdots & \vdots & & \vdots \\ \sigma_{N1} & \sigma_{N2} & \cdots & \sigma_N^2 \end{pmatrix} \qquad (式3\text{-}48)$$

在（式3-48）中，$\sigma_{ij}=\mathrm{Cov}(R_i,R_j)$。

因此，投资组合预期收益率的表达式（式3-38）就可以简化为如下形式。

$$E(R_p) = \boldsymbol{w}\boldsymbol{R}^{\mathrm{T}} \qquad (式3\text{-}49)$$

同样，投资组合波动率的表达式（式3-44）就有如下简化形式。

$$\sigma_p = \sqrt{\boldsymbol{w}\boldsymbol{\Sigma}\boldsymbol{w}^{\mathrm{T}}} \qquad (式3\text{-}50)$$

需要注意，在（式3-49）和（式3-50）中，上标 T 均代表转置。

此外，针对（式3-50），当计算年化波动率时，要求协方差矩阵 $\boldsymbol{\Sigma}$ 中的每个元素是年化协方差，如果运用日收益率则计算得到的协方差仅仅是日协方差，因此需要通过如下的等式将日协方差转换为年化协方差。

$$年化协方差 = 252 \times 日协方差 \qquad (式3\text{-}51)$$

下面通过基于 A 股市场股票的示例并结合 Python 演示如何计算一个投资组合的预期收益率和波动率。

4. 一个示例

【例3-6】假定 C 金融机构管理的股票投资组合配置了 5 只 A 股股票，具体是中国平安、上汽集团、长江电力、贵州茅台以及中国中免，选取的股价数据是 2020 年至 2022 年的每个交易日收盘价。同时，假定在投资组合中，每只股票配置的权重均为 20%。下面就通过 Python

计算投资组合年化的预期收益率以及波动率,具体分为 4 个步骤。

第 1 步:导入股票的收盘价数据并且进行可视化(见图 3-6),在可视化时将 2020 年首个交易日股票价格进行归一处理,从而方便地比较不同股票的价格走势。具体的代码如下。

```
In [50]: P_stocks=pd.read_excel(io='C:/Desktop/5 只 A 股股票的收盘价数据.xlsx', sheet_name='Sheet1',
header=0,index_col=0)    #导入数据

In [51]: (P_stocks/P_stocks.iloc[0]).plot(figsize=(9,6),grid=True,xlabel='日期',
    ...:                                   ylabel='股票价格(按首个交易日归一处理)',
    ...:                                   title='5 只股票价格的走势图')    #可视化
Out[51]:
```

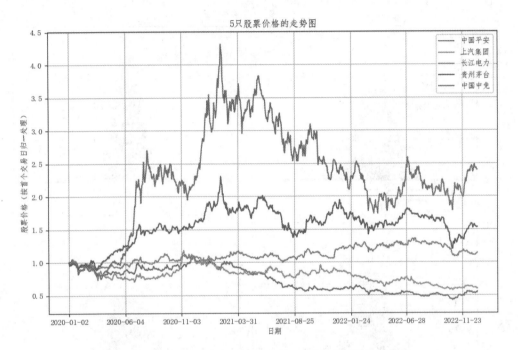

图 3-6　2020—2022 年投资组合的 5 只股票价格的走势图
(按首个交易日价格归一处理)

从图 3-6 中可以发现,投资组合配置的全部股票中,在 2020 年至 2022 年中国中免、贵州茅台以及长江电力 3 只股票收获了一定的涨幅,中国平安和上汽集团这 2 只股票下跌接近 50%。

第 2 步:按照(式 3-39)计算得出每只股票日收益率的时间序列,同时运用直方图将日收益率进行可视化(见图 3-7)。相关代码如下。

```
In [52]: R=np.log(P_stocks/P_stocks.shift(1))    #计算股票的日收益率(对数收益)
    ...: R=R.dropna()                             #删除缺失值

In [53]: R.describe()                             #输出描述性统计指标
Out[53]:
            中国平安        上汽集团        长江电力        贵州茅台        中国中免
count   727.000000  727.000000  727.000000  727.000000  727.000000
mean     -0.000833   -0.000711    0.000177    0.000583    0.001204
std       0.017643    0.021466    0.013291    0.020419    0.033024
```

```
min      -0.071743    -0.097967    -0.061875    -0.082345    -0.108146
25%      -0.011477    -0.011702    -0.007475    -0.010149    -0.019933
50%      -0.001637    -0.001944     0.000000     0.000000     0.000427
75%       0.007873     0.009577     0.007031     0.013050     0.021131
max       0.078239     0.095486     0.065882     0.090792     0.095352

In [54]: R.hist(bins=30,figsize=(9,11),sharey=True)       #绘制直方图（共用 y 轴刻度）
   ...: plt.subplot(3,2,3)                                #针对第 3 个子图
   ...: plt.ylabel('频次',fontsize=12)                    #绘制 y 轴标签
   ...: plt.subplot(3,2,5)                                #针对第 5 个子图
   ...: plt.xlabel('收益率',loc='right',fontsize=12)      #绘制 x 轴标签（放置在右侧）
Out[54]:
```

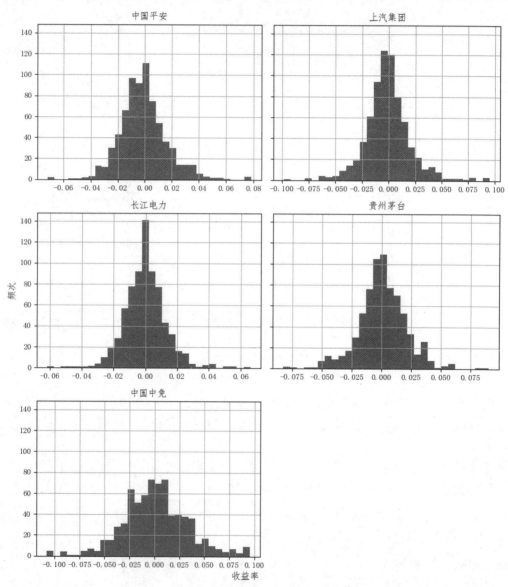

图 3-7　投资组合 5 只股票日收益率的直方图

观察图 3-7 可以发现，5 只股票的日收益率都不太满足正态分布，同时这些股票在日收益率分布的两端都拥有一定数量的样本，这表明存在一定的尾部风险。

第3步：计算每只股票的年化平均收益率、波动率以及协方差，由于运用的基础数据是日频数据，因此计算结果需要进行年化处理。相关的代码如下。

```
In [55]: R_mean=R.mean()*252           #计算股票的年化平均收益率
    ...: print(R_mean)
中国平安   -0.209917
上汽集团   -0.179273
长江电力    0.044499
贵州茅台    0.147029
中国中免    0.303319
dtype: float64

In [56]: R_vol=R.std()*np.sqrt(252)    #计算股票的年化波动率
    ...: print(R_vol)
中国平安    0.280078
上汽集团    0.340760
长江电力    0.210983
贵州茅台    0.324141
中国中免    0.524232
dtype: float64

In [57]: R_cov=R.cov()*252             #计算股票收益率之间的年化协方差矩阵
    ...: print(R_cov)
          中国平安      上汽集团      长江电力      贵州茅台      中国中免
中国平安    0.078444   0.036652   0.018967   0.038971   0.046434
上汽集团    0.036652   0.116117   0.011397   0.029158   0.043418
长江电力    0.018967   0.011397   0.044514   0.017181   0.013320
贵州茅台    0.038971   0.029158   0.017181   0.105067   0.091716
中国中免    0.046434   0.043418   0.013320   0.091716   0.274819

In [58]: R_corr=R.corr()               #计算股票的相关系数矩阵
    ...: print(R_corr)
          中国平安      上汽集团      长江电力      贵州茅台      中国中免
中国平安    1.000000   0.384029   0.320981   0.429266   0.316249
上汽集团    0.384029   1.000000   0.158520   0.263987   0.243049
长江电力    0.320981   0.158520   1.000000   0.251225   0.120432
贵州茅台    0.429266   0.263987   0.251225   1.000000   0.539741
中国中免    0.316249   0.243049   0.120432   0.539741   1.000000
```

通过以上的相关系数矩阵可以看到，这5只股票之间的相关性均不强，因此整个组合的分散化效果较好。

第4步：根据每只股票配置权重20%计算投资组合年化的预期收益率和波动率，其中，计算波动率会涉及矩阵乘法运算，会运用NumPy模块的dot函数。相关代码如下。

```
In [59]: n=5                           #投资组合的股票数量

In [60]: w=np.ones(n)/n                #投资组合每只股票的权重数组（相等权重）
    ...: w                             #查看输出结果
Out[60]: array([0.2, 0.2, 0.2, 0.2, 0.2])

In [61]: R_port=np.sum(w*R_mean)       #投资组合年化的预期收益率
```

```
   ...: print('投资组合年化的预期收益率',round(R_port,6))
投资组合年化的预期收益率 0.021131

In [62]: vol_port=np.sqrt(np.dot(w,np.dot(R_cov,w.T)))   #投资组合年化的波动率
   ...: print('投资组合年化的波动率',round(vol_port,6))
投资组合年化的波动率 0.229206
```

根据以上的输出结果可以得到,在每只股票权重相同的情况下,该投资组合年化的预期收益率是 2.1131%,波动率达到 22.9206%。

3.4.2 可行集与有效前沿

根据第 3.4.1 小节的分析不难发现,通过投资组合的权重变量可以实现投资组合的预期收益率与波动率之间的映射关系。在投资组合理论中,由所有可能的投资组合构成的集合就称为**可行集**(feasible set)。**有效前沿**(efficient frontier)是可行集的一条包络线,它表示在不同波动率(不同风险)条件下能够给投资者带来的最高预期收益率,或者在不同预期收益率条件下能够给投资者带来的最低波动率(最低风险)。

1. 运用 Python 绘制可行集

由于 Python 能够便捷地生成投资组合的权重随机数,因此根据权重数计算相对应的投资组合预期收益率、波动率以及进行可视化比较容易。下面通过一个示例演示如何通过 Python 创建并绘制投资组合的可行集。

【例 3-7】沿用【例 3-6】的信息,针对投资组合配置的 5 只股票,运用 Python 随机生成 5000 组不同的权重数组,计算出不同权重数组所对应的投资组合预期收益率和波动率,最后绘制投资组合的可行集(见图 3-8),具体的代码如下。

```
In [63]: I=5000                          #生成权重数组的数量
   ...: Rp_list=np.ones(I)               #创建初始数组用于存放投资组合年化的预期收益率
   ...: Vp_list=np.ones(I)               #创建初始数组用于存放投资组合年化波动率

In [64]: for i in np.arange(I):          #运用 for 语句
   ...:     npr.seed(i)                  #随机数种子并且参数值等于 i(便于代码结果的重现)
   ...:     x=np.random.rand(n)          #从均匀分布中随机抽取从 0 到 1 的 5 个随机数
   ...:     weights=x/sum(x)             #创建投资组合的随机权重数组
   ...:     Rp_list[i]=sum(weights*R_mean)    #计算投资组合年化的预期收益率
   ...:     Vp_list[i]=np.sqrt(np.dot(weights,np.dot(R_cov,weights.T)))  #计算投资组合年化的波动率

In [65]: plt.figure(figsize=(9,6))
   ...: plt.scatter(x=Vp_list,y=Rp_list)          #绘制可行集
   ...: plt.xlabel('波动率',fontsize=12)
   ...: plt.xticks(fontsize=12)
   ...: plt.xlim(xmin=0.15,xmax=0.45)
   ...: plt.ylabel('预期收益率',fontsize=12)
   ...: plt.yticks(fontsize=12)
   ...: plt.title('投资组合预期收益率与波动率的关系',fontsize=12)
   ...: plt.grid()
   ...: plt.show()
```

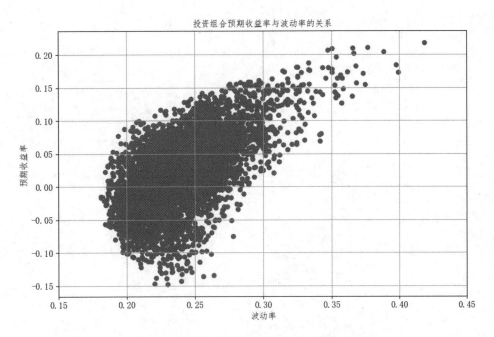

图 3-8 投资组合预期收益率与波动率的关系

图 3-8 中的散点就构成投资组合的可行集。在可行集内部，在确定了波动率的情况下，理性投资者会选择可行集最上方的点所对应的投资组合，从而实现预期收益率的最大化；同样，在确定了预期收益率的情况下，理性投资者会选择可行集内部最左侧的点所对应的投资组合，因此能够实现波动率的最小化，也就是风险最小化。

综上分析，理性投资者会选择可行集的包络线所对应的投资组合进行投资，这条包络线即接下来讨论的有效前沿。

2. 运用 Python 绘制有效前沿

如果运用数学语言进行描述，有效前沿的实质就是求解以下最优解。

$$\min_{w_i} \sigma_p = \min_{w_i} \sqrt{\sum_{i=1}^{N}\sum_{j=1}^{N} w_i w_j \text{Cov}(R_i, R_j)} \quad \text{（式 3-52）}$$

约束条件分别如下。

$$\sum_{i=1}^{N} w_i = 1 \quad \text{（式 3-53）}$$

$$w_i > 0 \quad \text{（式 3-54）}$$

$$E(R_p) = E\left(\sum_{i=1}^{N} w_i R_i\right) = \text{给定常数} \quad \text{（式 3-55）}$$

注意，选择 $w_i > 0$ 作为约束条件就意味着股票不允许卖空，即投资者不允许融券。

在构建有效前沿的过程中，需要运用 SciPy 子模块 optimize 中的 minimize 函数。下面就通过 3 个示例循序渐进地完成有效前沿的构建过程。

【例 3-8】 沿用【例 3-6】的信息，同时设定投资组合年化的预期收益率等于 5%，运用 Python 计算使投资组合波动率最小化的股票配置权重，具体的代码如下。

```
In [66]: import scipy.optimize as sco    #导入SciPy子模块optimize（在【例3-15】也会用到）
```

```
In [67]: def f(w):                                         #定义求解最优解的函数
    ...:     w=np.array(w)                                 #股票权重存放于数组
    ...:     Rp_opt=sum(w*R_mean)                          #计算投资组合的预期收益率
    ...:     Vp_opt=np.sqrt(np.dot(w,np.dot(R_cov,w.T)))   #计算投资组合的波动率
    ...:     return np.array([Rp_opt,Vp_opt])              #以数组结构输出

In [68]: def f_vmin(w):                                    #定义计算最小波动率所对应权重的函数
    ...:     return f(w)[1]                                #输出结果是投资组合的波动率

In [69]: cons=({'type':'eq','fun':lambda x:np.sum(x)-1},
    ...:       {'type':'eq','fun':lambda x:f(x)[0]-0.05}) #约束条件,存放于字典

In [70]: bnds=((0,1),(0,1),(0,1),(0,1),(0,1))             #权重的边界条件,存放于元组

In [71]: w0=np.array([0.2,0.2,0.2,0.2,0.2])               #创建相等权重的数组作为迭代运算的初始值

In [72]: result=sco.minimize(fun=f_vmin,x0=w0,method='SLSQP',bounds=bnds,constraints=cons)
#得到计算结果

In [73]: print('投资组合预期收益率5%对应投资组合的波动率',round(result['fun'],6))
    ...: print('投资组合预期收益率5%对应中国平安的权重',round(result['x'][0],6))
    ...: print('投资组合预期收益率5%对应上汽集团的权重',round(result['x'][1],6))
    ...: print('投资组合预期收益率5%对应长江电力的权重',round(result['x'][2],6))
    ...: print('投资组合预期收益率5%对应贵州茅台的权重',round(result['x'][3],6))
    ...: print('投资组合预期收益率5%对应中国中免的权重',round(result['x'][-1],6))
投资组合预期收益率5%对应投资组合的波动率   0.186261
投资组合预期收益率5%对应中国平安的权重     0.006119
投资组合预期收益率5%对应上汽集团的权重     0.104782
投资组合预期收益率5%对应长江电力的权重     0.662198
投资组合预期收益率5%对应贵州茅台的权重     0.180569
投资组合预期收益率5%对应中国中免的权重     0.046332
```

通过以上的代码输出结果,可以得到当投资组合的预期收益率等于5%时,对应投资组合的最小波动率是18.6261%。同时,在投资组合中,长江电力配置的权重最高并达到66.2198%,相比之下中国平安的权重最低,仅为0.6119%。

【例3-8】计算得到的投资组合仅仅是有效前沿上的某一个点。接下来讨论有效前沿的起点,该点是在可行集边界上的投资组合波动率全局最小值以及与之对应的投资组合预期收益率。

【例3-9】沿用【例3-6】的信息,计算该投资组合波动率的全局最小值(也就是可行集内部的波动率最小值)、该波动率对应的预期收益率以及股票权重,具体的代码如下。

```
In [74]: cons_vmin=({'type':'eq','fun':lambda x:np.sum(x)-1}) #波动率是全局最小值的约束条件

In [75]: result_vmin=sco.minimize(fun=f_vmin,x0=w0,method='SLSQP',bounds=bnds,
    ...:                          constraints=cons_vmin)      #计算相关结果

In [76]: Vp_vmin=result_vmin['fun']                           #计算全局最小值的波动率
    ...: print('全局最小值的波动率',round(Vp_vmin,6))
全局最小值的波动率 0.180654

In [77]: Rp_vmin=np.sum(R_mean*result_vmin['x'])              #计算预期收益率
    ...: print('全局最小值的波动率所对应的预期收益率',round(Rp_vmin,6))
```

全局最小值的波动率所对应的预期收益率 -0.012606

```
In [78]: print('全局最小值的波动率所对应的中国平安权重',round(result_vmin['x'][0],6))
   ...: print('全局最小值的波动率所对应的上汽集团权重',round(result_vmin['x'][1],6))
   ...: print('全局最小值的波动率所对应的长江电力权重',round(result_vmin['x'][2],6))
   ...: print('全局最小值的波动率所对应的贵州茅台权重',round(result_vmin['x'][3],6))
   ...: print('全局最小值的波动率所对应的中国中免权重',round(result_vmin['x'][-1],6))
全局最小值的波动率所对应的中国平安权重 0.145159
全局最小值的波动率所对应的上汽集团权重 0.147463
全局最小值的波动率所对应的长江电力权重 0.588175
全局最小值的波动率所对应的贵州茅台权重 0.115351
全局最小值的波动率所对应的中国中免权重 0.003852
```

从以上的输出结果可以得到，投资组合波动率的全局最小值等于 18.0654%，对应的预期收益率是-1.2606%，投资组合中 5 只股票均获得了配置。但是，相比【例 3-8】，不同的股票在配置权重方面有升有降，其中，中国平安和上汽集团的权重均上升，而其余 3 只股票的权重则有所下降。

最后，当投资组合的预期收益率是一个数组时，就能得到在投资组合波动率最小的情况下，每只股票的配置权重以及对应的投资组合波动率，这些预期收益率与波动率的组合就构成了有效前沿。

【例 3-10】沿用【例 3-6】的信息，创建目标预期收益率的数组，该数组是以波动率全局最小值所对应的投资组合预期收益率作为区间下限、以 30%作为区间上限的一个等差数列；根据目标预期收益率计算相对应的波动率，从而完成对有效前沿的创建并可视化（见图 3-9），具体的代码如下。

```
In [79]: Rp_target=np.linspace(Rp_vmin,0.3,200)        #创建投资组合的目标预期收益率数组

In [80]: Vp_target=[]                                  #创建空列表用于后续存放波动率

In [81]: for r in Rp_target:
   ...:     cons_new=({'type':'eq','fun':lambda x:np.sum(x)-1},
   ...:               {'type':'eq','fun':lambda x:f(x)[0]-r})  #预期收益率等于目标收益率的约束条件
   ...:     result_new=sco.minimize(fun=f_vmin,x0=w0,method='SLSQP',bounds=bnds,
   ...:                             constraints=cons_new)  #计算结果
   ...:     Vp_target.append(result_new['fun'])        #存放每次计算得到的波动率

In [82]: plt.figure(figsize=(9,6))
   ...: plt.scatter(x=Vp_list,y=Rp_list)               #绘制可行集
   ...: plt.plot(Vp_target,Rp_target,'m-',label='有效前沿',lw=2)   #绘制有效前沿
   ...: plt.plot(Vp_vmin,Rp_vmin,'r*',label='全局最小波动率',markersize=12)
   ...: plt.xlabel('波动率',fontsize=12)
   ...: plt.xticks(fontsize=12)
   ...: plt.xlim(xmin=0.15,xmax=0.45)
   ...: plt.ylabel('预期收益率',fontsize=12)
   ...: plt.yticks(fontsize=12)
   ...: plt.title('投资组合的有效前沿',fontsize=12)
   ...: plt.legend(loc=2,fontsize=12)                  #图例放置在左上
   ...: plt.grid()
   ...: plt.show()
```

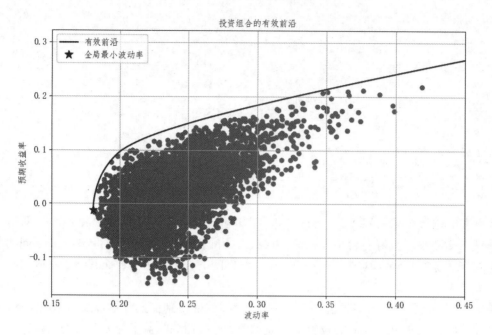

图 3-9 用 Python 绘制的投资组合的有效前沿

从图 3-9 可以明显看到，投资组合的有效前沿就是可行集的一条包络线，并且起点就是位于可行集内部最左侧的点，即波动率全局最小值与相对应的投资组合预期收益率所形成的点。

3.4.3 资本市场线

本节到目前为止，讨论构建投资组合所运用到的资产均是风险资产（股票），现在将无风险资产引入投资组合，也就意味着投资者可以按照无风险利率借入或借出任何数量的资金，其中借入的资金将用于股票投资，这便引出了一条重要的曲线——资本市场线。

资本市场线（capital market line，CML）是一条从无风险利率引出并且与有效前沿相切的切线，该切线有且仅有一条，切点对应的投资组合称为**市场组合**（market portfolio），也称**切点组合**（tangency portfolio）。资本市场线的数学表达式如下。

$$E(R_p) = R_f + \left[\frac{E(R_m) - R_f}{\sigma_m}\right]\sigma_p \quad （式 3-56）$$

其中，$E(R_p)$ 和 σ_p 依然表示投资组合的预期收益率和波动率，R_f 表示无风险利率，$E(R_m)$ 和 σ_m 分别代表市场组合的预期收益率和波动率。$\frac{E(R_m) - R_f}{\sigma_m}$ 就是资本市场线的斜率，并且在第 4.5.1 小节会讲到该斜率就是夏普比率。

由于无风险利率是已知的，因此计算资本市场线的斜率就是求解如下的最优值。

$$\max_{w_i} \frac{E(R_p) - R_f}{\sigma_p} \quad （式 3-57）$$

约束条件如下。

$$\sum_{i=1}^{N} w_i = 1 \quad （式 3-58）$$

$$w_i > 0 \quad\quad\quad (式3\text{-}59)$$

【例3-11】沿用【例3-6】的信息,同时无风险利率选择1年期国债到期收益率并且在2022年12月末是2.0969%。通过Python测算资本市场线并且可视化,具体分为两个步骤。

第1步:依次计算资本市场线的斜率、市场组合的预期收益率和波动率。具体的代码如下。

```
In [83]: Rf=0.020969                                    #1年期国债到期收益率

In [84]: def F(w):                                      #定义求解最优解的函数
   ...:     w=np.array(w)                               #股票权重存放于数组
   ...:     Rp_opt=sum(w*R_mean)                        #计算投资组合的预期收益率
   ...:     Vp_opt=np.sqrt(np.dot(w,np.dot(R_cov,w.T)))  #计算投资组合的波动率
   ...:     slope=(Rp_opt-Rf)/Vp_opt                    #计算资本市场线的斜率
   ...:     return np.array([Rp_opt,Vp_opt,slope])      #结果输出为数组

In [85]: def F_slope(w):                                #定义使负的资本市场线斜率最小化的函数
   ...:     return -F(w)[-1]                            #输出结果是负的资本市场线斜率

In [86]: cons_slope=({'type':'eq','fun':lambda x:np.sum(x)-1})  #设置权重的约束条件

In [87]: result_slope=sco.minimize(fun=F_slope,x0=w0,method='SLSQP',bounds=bnds,
   ...:                 constraints=cons_slope)        #计算结果

In [88]: Slope=-result_slope['fun']                     #计算资本市场线的斜率
   ...: print('资本市场线的斜率',round(Slope,4))
资本市场线的斜率 0.5515

In [89]: w_market=result_slope['x']                     #市场组合的股票配置权重
   ...: print('市场组合配置中国平安的权重',round(w_market[0],6))
   ...: print('市场组合配置上汽集团的权重',round(w_market[1],6))
   ...: print('市场组合配置长江电力的权重',round(w_market[2],6))
   ...: print('市场组合配置贵州茅台的权重',round(w_market[3],6))
   ...: print('市场组合配置中国中免的权重',round(w_market[-1],6))
市场组合配置中国平安的权重 0.0
市场组合配置上汽集团的权重 0.0
市场组合配置长江电力的权重 0.076004
市场组合配置贵州茅台的权重 0.291669
市场组合配置中国中免的权重 0.632328

In [90]: Rm=np.sum(R_mean*w_market)                     #市场组合的预期收益率
   ...: Vm=(Rm-Rf)/Slope                                #利用(式3-56)反推出市场组合的波动率
   ...: print('市场组合的预期收益率',round(Rm,6))
   ...: print('市场组合的波动率',round(Vm,6))
市场组合的预期收益率 0.238063
市场组合的波动率        0.393638
```

以上的运算结果表明,市场组合仅配置长江电力、贵州茅台和中国中免这3只股票,并且中国中免的权重最高;此外,市场组合的预期收益率达到23.8063%,波动率也随之提高至39.3638%。

第2步:测算资本市场线并且进行可视化(见图3-10)。具体的代码如下。

```
In [91]: Rp_CML=np.linspace(Rf,0.3,200)    #刻画资本市场线的投资组合预期收益率数组
   ...: Vp_CML=(Rp_CML-Rf)/Slope           #刻画资本市场线的投资组合波动率数组

In [92]: plt.figure(figsize=(9,6))
```

```
...: plt.scatter(x=Vp_list,y=Rp_list)                                        #绘制可行集
...: plt.plot(Vp_target,Rp_target,'m-',label='有效前沿',lw=2)                #绘制有效前沿
...: plt.plot(Vp_CML,Rp_CML,'c--',label='资本市场线',lw=2)                   #绘制资本市场线
...: plt.plot(Vm,Rm,'y*',label='市场组合',markersize=12)
...: plt.plot(Vp_vmin,Rp_vmin,'r*',label='全局最小波动率',markersize=12)
...: plt.xlabel('波动率',fontsize=12)
...: plt.xticks(fontsize=12)
...: plt.xlim(xmin=0,xmax=0.5)
...: plt.ylabel('预期收益率',fontsize=12)
...: plt.yticks(fontsize=12)
...: plt.title('投资组合理论的可视化',fontsize=12)
...: plt.legend(loc=2,fontsize=12)
...: plt.grid()
...: plt.show()
```

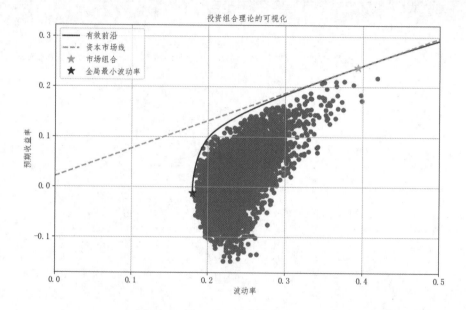

图 3-10 用 Python 绘制的资本市场线

从图 3-10 中不难看到，资本市场线上的任意一点都可以由无风险资产与市场组合构建的一个投资组合进行表示。此外，投资组合位于资本市场线上的不同位置有不同的含义，具体分为以下两种情形加以说明。

情形 1：市场组合左侧的资本市场线。此时的投资组合表示投资者将自有资金按照一定比例配置了无风险资产，剩余比例配置了市场组合；越靠近市场组合，就表示市场组合的配置权重越高，反之则配置权重越低。

情形 2：市场组合右侧的资本市场线。这时的投资组合表示除了投资者的自有资金以外，还按照无风险利率对外借款并全部投资于市场组合，即运用了杠杆投资；越远离市场组合，就表示运用的杠杆越高，反之则运用的杠杆越低。

3.5 资本资产定价模型

资本资产定价模型（capital asset pricing model，CAPM）是由美国经济学家威廉·夏普

（William Sharpe）于20世纪60年代在马科维茨投资组合理论的基础上提出的，是研究股票等证券资产预期收益与风险之间关系的理论，后来经过约翰·林特纳（John Lintner）、杰克·特雷诺（Jack Treynor）以及简·莫辛（Jan Mossin）等人的发展而不断完善。该模型是现代金融理论的重要支柱，广泛应用于投资决策和公司财务等领域。本节的内容就围绕资本资产定价模型展开。

3.5.1 系统性风险与非系统性风险

在理论上，股票面临的风险可以简单地划分为系统性风险和非系统性风险两个部分，这也是资本资产定价模型的逻辑起点，下面依次介绍这两类风险。

1. 系统性风险

系统性风险（systematic risk），也称**不可分散的风险**（undiversifiable risk），是所有股票共同承担的风险，也是整个股票市场所面临的风险，通常是指由于上市公司外部不为公司所预计和控制的因素而导致的风险。这些风险因素通常表现为全球性或区域性的恐慌、大国之间的贸易争端、国民经济严重衰退或不景气、政府出台紧缩的宏观经济调控政策等。

这些因素单个或综合发生，导致整个股票市场的价格都发生波动，该风险与股票市场的整体回报有关，并且该风险断裂层大、涉及面广，投资者往往无法通过分散投资的方式进行消除。

2. 非系统性风险

非系统性风险（nonsystematic risk），也称**特有风险**（idiosyncratic risk）或者**可分散风险**（diversifiable risk），是指上市公司内部发生的特定事件所导致的风险，纯粹由公司自身的因素而引发，与整个市场不存在系统性的、全面的联系。

非系统性风险包括公司的财务风险、经营风险、信用风险、偶然事件风险等。《证券法》（2019年修订）第八十条规定的对上市公司股票交易价格可能产生较大影响的重大事件，在一定程度上列举了非系统性风险的各种情形[①]。非系统性风险是股票的特定性风险，这一部分风险可以通过选取一个由不同股票构成的、充分分散化的投资组合进行消除。

下面通过沪深300指数样本股的一个示例演示投资组合的系统性风险与非系统性风险。

3. 一个示例

【例3-12】D金融机构希望运用沪深300指数的样本股模拟投资组合，考察投资组合配置

---

① 重大事件包括：a. 公司的经营方针和经营范围的重大变化；b. 公司的重大投资行为，公司在一年内购买、出售重大资产超过公司资产总额百分之三十，或者公司营业用主要资产的抵押、质押、出售或者报废一次超过该资产的百分之三十；c. 公司订立重要合同、提供重大担保或者从事关联交易，可能对公司的资产、负债、权益和经营成果产生重要影响；d. 公司发生重大债务和未能清偿到期重大债务的违约情况；e. 公司发生重大亏损或者重大损失；f. 公司生产经营的外部条件发生的重大变化；g. 公司的董事、三分之一以上监事或者经理发生变动，董事长或者经理无法履行职责；h. 持有公司百分之五以上股份的股东或者实际控制人持有股份或者控制公司的情况发生较大变化，公司的实际控制人及其控制的其他企业从事与公司相同或者相似业务的情况发生较大变化；i. 公司分配股利、增资的计划，公司股权结构的重要变化，公司减资、合并、分立、解散及申请破产的决定，或者依法进入破产程序、被责令关闭；j. 涉及公司的重大诉讼、仲裁，股东大会、董事会决议被依法撤销或者宣告无效；k. 公司涉嫌犯罪被依法立案调查，公司的控股股东、实际控制人、董事、监事、高级管理人员涉嫌犯罪被依法采取强制措施；l. 国务院证券监督管理机构规定的其他事项。

不同股票数量与整个投资组合波动率（风险）之间的关系。假定选择 2020 年至 2022 年作为观测期间，观测频率是每交易日，鉴于样本股中的少数上市公司在观测期内才上市，因此将观测期内（即 2020 年至 2022 年）上市的公司股票剔除，最终保留 273 只股票。

在投资组合中逐次增加样本股股票数量（N），并且确保投资组合中的不同股票权重（$1/N$）相等。比如，第 1 次仅配置 1 只股票，权重为 100%；第 2 次配置 2 只股票，每只股票权重降至 50%；第 3 次配置 3 只股票，每只股票权重降至 1/3；依此类推，一直到最后第 273 次配置全部 273 只股票，每只股票权重为 1/273。整个模拟的过程运用 Python 完成，并且编程分为 3 个步骤。

第 1 步：导入沪深 300 指数样本股在 2020 年至 2022 年的日收盘价数据。具体的代码如下。

```
In [93]: P_list=pd.read_excel(io='C:/Desktop/沪深 300 指数样本股的日收盘价数据.xlsx', sheet_name=
'Sheet1',header=0,index_col=0)           #导入数据

In [94]: P_list.columns                  #查看数据框的列名
Out[94]:
Index(['振华科技', '药明康德', '中信特钢', '中国交建', '大族激光', '卫星化学', '合盛硅业', '中航沈飞',
'中国中车', '沃森生物',
       ...
       '广汽集团', '贵州茅台', '晨光股份', '长电科技', '海螺水泥', '福莱特', '平安银行', '华域汽车',
'红塔证券', '中海油服'],
      dtype='object', length=273)

In [95]: P_list.index                    #查看数据框的索引
Out[95]:
Index(['2020-01-02', '2020-01-03', '2020-01-06', '2020-01-07', '2020-01-08',
       '2020-01-09', '2020-01-10', '2020-01-13', '2020-01-14', '2020-01-15',
       ...
       '2022-12-19', '2022-12-20', '2022-12-21', '2022-12-22', '2022-12-23',
       '2022-12-26', '2022-12-27', '2022-12-28', '2022-12-29', '2022-12-30'],
      dtype='object', name='日期', length=728)
```

通过以上代码输出的结果，可以看到一共有 273 只股票以及 728 个交易日的收盘价数据。

第 2 步：计算每只股票的日收益率数据，并且运用 for 语句快速计算不同股票数量对应的投资组合波动率。具体的代码如下。

```
In [96]: R_list=np.log(P_list/P_list.shift(1))      #计算股票的日收益率
    ...: R_list=R_list.dropna()                     #删除缺失值

In [97]: N=len(R_list.columns)                      #样本股票的数量
    ...: Vp_list=np.zeros(N)                        #创建初始数组用于后续存放投资组合波动率

In [98]: for i in range(1,N+1):                     #依次取从 1 至 N 的整数
    ...:     w=np.ones(i)/i                         #逐次计算股票的等权重数组
    ...:     cov=252*(R_list.iloc[:,:i]).cov()      #逐次计算年化协方差
    ...:     Vp_list[i-1]=np.sqrt(np.dot(w,np.dot(cov,w.T)))   #逐次计算投资组合年化波动率
```

第 3 步：运用在第 2 步计算得到的投资组合波动率，将股票数量与投资组合波动率之间的关系可视化（见图 3-11）。具体的代码如下。

```
In [99]: N_list=np.arange(N)+1                      #创建从 1 到 273 的整数数组
```

```
In [100]: plt.figure(figsize=(9,6))
     ...: plt.plot(N_list,Vp_list,'r-',lw=2)
     ...: plt.xlabel('投资组合中的股票数量',fontsize=12)
     ...: plt.xticks(fontsize=12)
     ...: plt.ylabel('投资组合波动率',fontsize=12)
     ...: plt.yticks(fontsize=12)
     ...: plt.title('投资组合中的股票数量与投资组合波动率之间的关系',fontsize=12)
     ...: plt.grid()
     ...: plt.show()
```

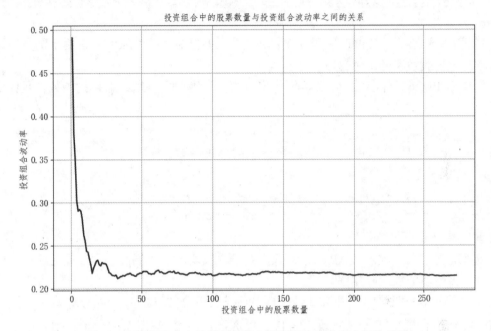

图 3-11 投资组合中的股票数量与投资组合波动率之间的关系

从图 3-11 不难发现，随着投资组合配置的股票数量不断增加，投资组合波动率在刚开始的时候是迅速下降的，但是当整个投资组合配置的股票超过 40 只的时候，整体的投资组合波动率开始趋于稳定，并且基本保持在 22%的水平。因此，从以上的模拟中可以得出以下两个重要结论。

一是当投资组合配置的股票数量超过 40 只时，投资组合的风险比较接近系统性风险。

二是波动率 22%可以视为系统性风险，单只股票的波动率超过 22%的部分就属于非系统性风险。

因此，从理论上讲，理性投资者不应承担任何非系统性风险，只有承担了系统性风险才应该得到经济补偿。基于这样的逻辑前提，就引出了资本资产定价模型的核心表达式。

3.5.2 模型的数学表达

1. 模型表达式与 Python 自定义函数

资本资产定价模型的数学表达式可以写成如下形式。

$$E(R_i) = R_f + \beta_i [E(R_m) - R_f]$$ （式 3-60）

调整 R_f 的位置也可以将（式 3-60）写成如下形式。

$$E(R_i) - R_f = \beta_i \left[E(R_m) - R_f \right] \qquad （式 3\text{-}61）$$

其中，$E(R_i)$ 是第 i 只股票的预期收益率，R_f 是无风险利率，$E(R_m)$ 是第 3.4.3 小节提到的市场组合的预期收益率，也称**市场收益率**（return on the market），代表系统性风险的价格，在 A 股市场通常会以沪深 300 指数等代表性股票指数的收益率作为近似值。

$E(R_m) - R_f$ 作为市场收益率与无风险利率之间的差额，称为**市场溢价**（market premium）；$E(R_i) - R_f$ 作为第 i 只股票的预期收益率与无风险利率之间的差额，称为**风险溢价**（risk premium）。

β_i 是第 i 只股票的贝塔值，用于度量第 i 只股票承担的系统性风险，也用于衡量股票的预期收益率对市场收益率的敏感程度。

下面通过 Python 自定义运用资本资产定价模型计算股票预期收益率的函数，具体的代码如下。

```
In [101]: def R_CAPM(beta,Rm,Rf):
     ...:     '''运用资本资产定价模型计算股票预期收益率的函数
     ...:     beta: 股票的贝塔值;
     ...:     Rm: 市场收益率;
     ...:     Rf: 无风险利率'''
     ...:     R=Rf+beta*(Rm-Rf)    #资本资产定价模型的表达式
     ...:     return R
```

在以上的自定义函数 R_CAPM 中，只需要输入贝塔值、市场收益率以及无风险利率，就可以计算得出股票的预期收益率。

此外，通过单一股票的贝塔值可以计算得到投资组合的贝塔值。假定 β_p 表示投资组合的贝塔值，投资组合配置了 N 只股票，w_i 代表投资组合中第 i 只股票的权重，则有如下的等式关系。

$$\beta_p = \sum_{i=1}^{N} w_i \beta_i \qquad （式 3\text{-}62）$$

（式 3-62）就表明，投资组合的贝塔值就是每只股票贝塔值的加权平均值。

2. 测算贝塔值和预期收益率

在资本资产定价模型中，需要求解的核心变量是贝塔值，通常利用历史数据进行估算，并且会运用如下的线性回归方程式。

$$R_{it} = \alpha_i + \beta_i R_{mt} \qquad （式 3\text{-}63）$$

其中，R_{it} 代表第 i 只股票在过去 t 时点的收益率，R_{mt} 代表市场组合（股票指数）t 时点的收益率，截距项 α_i 和斜率 β_i 均可以运用统计学的最小二乘法拟合得到。下面以招商银行 A 股作为分析对象具体演示如何计算贝塔值，并最终计算得到该股票的预期收益率。

【例 3-13】E 金融机构的证券分析师希望测算招商银行 A 股的贝塔值，以沪深 300 指数作为市场组合，并且运用 2019 年至 2022 年的日收盘价数据进行计算。此外，无风险利率选择运用 1 年期的 LPR，并且中国人民银行在 2022 年 12 月 20 日公布的该利率报价为 3.65%，关于 LPR 的介绍详见第 1.1.2 小节。下面直接运用 Python 进行相应的计算，具体编程分为 3 个步骤。

第1步：导入招商银行A股和沪深300指数在2019年至2022年的日收盘价数据，并且计算日收益率的时间序列。具体的代码如下。

```
In [102]: P_CMB_HS300=pd.read_excel(io='C:/Desktop/招商银行A股与沪深300指数的日收盘价数据.xlsx',
sheet_name='Sheet1',header=0,index_col=0)  #导入外部数据

In [103]: R_CMB_HS300=np.log(P_CMB_HS300/P_CMB_HS300.shift(1))       #计算日收益率
     ...: R_CMB_HS300=R_CMB_HS300.dropna()                           #删除缺失值

In [104]: R_CMB_HS300.describe()                                     #查看描述性统计指标
Out[104]:
           招商银行       沪深300
count   972.000000  972.000000
mean      0.000428    0.000273
std       0.019812    0.012921
min      -0.090311   -0.082088
25%      -0.010275   -0.006616
50%      -0.000792    0.000242
75%       0.011079    0.007549
max       0.095211    0.057775
```

从以上运算结果可以看到，观测期间内一共有972个交易日，无论是招商银行A股还是沪深300指数，平均日收益率均为正，并且招商银行A股的收益率高于沪深300指数。

第2步：计算招商银行A股的贝塔值，并且需要运用statsmodels的子模块api。具体的代码如下。

```
In [105]: import statsmodels.api as sm                    #导入statsmodels的子模块api

In [106]: R_CMB=R_CMB_HS300['招商银行']                    #取招商银行A股的日收益率（因变量）
     ...: R_HS300=R_CMB_HS300['沪深300']                   #取沪深300指数的日收益率（自变量）

In [107]: con=np.ones(len(R_HS300))                       #创建元素为1且元素个数等于自变量样本数的数组
     ...: con=pd.Series(data=con,index=R_HS300.index)     #转换为序列

In [108]: R_HS300_addcon=pd.concat([con,R_HS300],axis=1)  #合并两个序列
     ...: R_HS300_addcon=R_HS300_addcon.rename(columns={0:'截距项'})  #修改列名

In [109]: model=sm.OLS(endog=R_CMB,exog=R_HS300_addcon)   #构建普通最小二乘法的线性回归模型

In [110]: result=model.fit()                              #拟合线性回归模型

In [111]: result.summary()                                #输出线性回归模型的完整结果
Out[111]:
"""
                            OLS Regression Results
==============================================================================
Dep. Variable:                   招商银行   R-squared:                       0.431
Model:                            OLS   Adj. R-squared:                  0.430
Method:                 Least Squares   F-statistic:                     734.3
Date:                Sat, 28 Jan 2023   Prob (F-statistic):           7.60e-121
Time:                        14:50:35   Log-Likelihood:                 2706.9
No. Observations:                 972   AIC:                            -5410.
```

```
Df Residuals:                      970      BIC:                         -5400.
Df Model:                            1
Covariance Type:              nonrobust
==============================================================================
                 coef    std err          t      P>|t|      [0.025      0.975]
------------------------------------------------------------------------------
截距项          0.0002      0.000      0.320      0.749     -0.001       0.001
沪深300         1.0064      0.037     27.097      0.000      0.934       1.079

Omnibus:                       33.837   Durbin-Watson:                   2.012
Prob(Omnibus):                  0.000   Jarque-Bera (JB):               73.266
Skew:                           0.174   Prob(JB):                     1.23e-16
Kurtosis:                       4.299   Cond. No.                         77.4
==============================================================================
"""

In [112]: result.params                      #输出线性回归模型的截距项和斜率
Out[112]:
截距项      0.000154
沪深300    1.006436
dtype: float64
```

通过以上的代码输出结果可以看到，招商银行 A 股的贝塔值是 1.006436，阿尔法值是 0.000154。

第 3 步：利用自定义函数 R_CAPM，计算招商银行 A 股的预期收益率。具体的代码如下。

```
In [113]: LPR=0.0365                         #1年期LPR（无风险利率）

In [114]: R_market=252*R_HS300.mean()        #计算沪深300指数的年化收益率

In [115]: ER_CMB=R_CAPM(beta=result.params[-1],Rm=R_market,Rf=LPR) #计算预期收益率（年化）
     ...: print('招商银行A股的年化预期收益率',round(ER_CMB,6))
招商银行A股的年化预期收益率 0.068982
```

根据以上的分析，可以得到招商银行 A 股的年化预期收益率为 6.8982%。该收益率的近似值 6.90%就是在第 3.2 节通过股息贴现模型计算招商银行股票内在价值时所运用的贴现利率。

3.5.3 证券市场线

如果仔细观察第 3.5.2 小节的（式 3-60），可以发现股票预期收益率与贝塔值之间存在着一种线性关系，对这种线性关系进行可视化就可引出**证券市场线**（securities market line，SML）。需要强调的是，在绘制证券市场线的过程中，贝塔值作为自变量，即对应于横轴（x 轴），股票预期收益率作为因变量，即对应于纵轴（y 轴）。下面依然以招商银行 A 股作为示例演示证券市场线的绘制过程。

【例 3-14】 沿用【例 3-13】的信息与计算结果，同时设定招商银行 A 股的贝塔值取值为区间[0,2.0]的等差数列，计算对应于不同贝塔值的股票预期收益率，最后进行可视化处理（见图 3-12）。具体的代码如下。

```
In [116]: beta_list=np.linspace(0,2.0,100)                              #创建贝塔值的数组
     ...: R_CMB_list=R_CAPM(beta=beta_list,Rm=R_market,Rf=LPR)          #计算招商银行A股预期收益率

In [117]: plt.figure(figsize=(9,6))
     ...: plt.plot(beta_list,R_CMB_list,'r-',label='证券市场线',lw=2)    #绘制证券市场线
     ...: plt.plot(result.params[-1],ER_CMB,'bo',markersize=8)           #用蓝色圆点表示
     ...: plt.axis('tight')
     ...: plt.xticks(fontsize=12)
     ...: plt.xlabel('贝塔值',fontsize=12)
     ...: plt.yticks(fontsize=12)
     ...: plt.ylabel('预期收益率',fontsize=12)
     ...: plt.title('资本资产定价模型(以招商银行A股为例)',fontsize=12)
     ...: plt.annotate(text='贝塔值1.006436对应的预期收益率',fontsize=12,xy=(1.01,0.068),
     ...:              xytext=(0.7,0.055),arrowprops=dict(facecolor='b',shrink=0.05)) #绘制箭头
     ...: plt.legend(fontsize=12)
     ...: plt.grid()
     ...: plt.show()
```

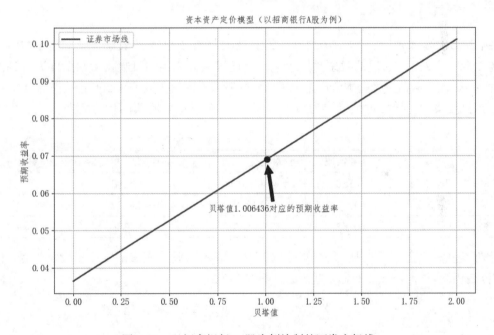

图 3-12　以招商银行 A 股为例绘制的证券市场线

在图 3-12 中，证券市场线的截距对应于无风险利率，斜率则是在第 4.5.3 小节将要详细讲解的特雷诺比率。此外，需要注意的是，不要混淆证券市场线与资本市场线（参见第 3.4.3 小节）。

3.6　套利定价理论

套利定价理论（arbitrage pricing theory，APT）是资本资产定价模型的拓展与延伸。该理论的关键性假设就是股票收益率与若干个**因子**（factor）相关，但是因子的数量以及因子的名称则是未知的。本节就从最基本的单因子模型讲起，然后过渡至多因子模型。

3.6.1 单因子模型

单因子模型（one-factor model）将影响股票收益率的因子抽象为有且仅有一个，这是套利定价理论中最容易理解的模型。

1. 数学表达式

单因子模型的数学表达式具体如下。

$$E(R_i) = a + bF + \varepsilon \qquad (式3\text{-}64)$$

其中，$E(R_i)$ 依然代表第 i 只股票的预期收益率；F 代表因子的取值，比如股票指数的收益率、GDP 增长率等；b 表示该股票预期收益率对因子的敏感程度，也称为**因子载荷**（factor loading）；a 代表常数项，也称**零因子**（zero factor）；ε 表示随机误差项。下面通过一个示例讲解套利定价理论的基本逻辑以及 Python 编程。

2. 一个示例

【例 3-15】 假定 F 投资者在 2022 年 12 月 31 日持有 3 只 A 股股票，分别是中国中免、复星医药以及中国人寿，这里的股票预期收益率是通过最近 3 年的日收盘价数据计算得到的年化平均收益率，因子载荷选择资本资产定价模型中的股票贝塔值（以沪深 300 指数作为市场组合），此外，每只股票的初始权重均设定为 1/3。表 3-4 整理了这些股票的相关数据。

表 3-4 3 只 A 股股票的相关数据

序号	证券简称	证券代码	预期收益率（%）	因子载荷（贝塔值）	初始权重
股票 1	中国中免	601888	30.3319	1.5190	1/3
股票 2	复星医药	600196	9.1810	0.8832	1/3
股票 3	中国人寿	601628	2.0880	1.1327	1/3

针对该投资组合，第 i 只股票的初始权重用 w_i 表示，股票权重的变动量设定为 Δw_i，因子载荷用 b_i 表示，并且 $i = 1, 2, 3$。需要满足以下两个等式。

$$\sum_{i=1}^{3} \Delta w_i = \Delta w_1 + \Delta w_2 + \Delta w_3 = 0 \qquad (式3\text{-}65)$$

$$\sum_{i=1}^{3} \Delta w_i \times b_i = \Delta w_1 \times b_1 + \Delta w_2 \times b_2 + \Delta w_3 \times b_3 = 0 \qquad (式3\text{-}66)$$

其中，（式 3-65）确保了投资组合中全部股票的权重之和始终等于 1；（式 3-66）表明无论每只股票的权重如何变化，整个投资组合对因子的新增风险暴露始终等于 0，也就是不会扩大因子的风险暴露规模。

此外，与第 3.4 节讨论的投资组合理论相似的是，套利定价理论也要求每只股票都不允许做空，因此股票权重的变动量 Δw_i 满足以下的不等式。

$$-w_i \leqslant \Delta w_i \qquad (式3\text{-}67)$$

（式 3-67）就确保了每只股票的权重始终不允许变成负数。

同时，需要注意的是，只要投资组合存在着套利机会，就会存在以下的不等关系。

$$\sum_{i=1}^{3} \Delta w_i E(R_i) = \Delta w_1 E(R_1) + \Delta w_2 E(R_2) + \Delta w_3 E(R_3) > 0 \qquad (式3\text{-}68)$$

只有当（式 3-68）的结果等于零时，套利机会才消失。

3. Python 编程

下面通过 Python 编程详细展示【例 3-15】中投资组合的套利过程，一共分为 3 个步骤。

第 1 步：设定套利的收益率等于 1%，计算每只股票权重的变动量以及整个投资组合新的预期收益率。相关的代码如下。

```
In [118]: w1=w2=w3=1/3                              #3 只股票的初始权重

In [119]: r1=0.303319                               #股票 1（中国中免）的预期收益率
     ...: r2=0.091810                               #股票 2（复星医药）的预期收益率
     ...: r3=0.020880                               #股票 3（中国人寿）的预期收益率

In [120]: b1=1.5190                                 #股票 1 的因子载荷
     ...: b2=0.8832                                 #股票 2 的因子载荷
     ...: b3=1.1327                                 #股票 3 的因子载荷

In [121]: def f1(w_chg):                            #定义一个函数用于求解权重变动量
     ...:     w1_chg,w2_chg,w3_chg=w_chg            #设定每只股票的权重变动量
     ...:     eq1=w1_chg+w2_chg+w3_chg-0            #第 1 个方程式（式 3-65）
     ...:     eq2=b1*w1_chg+b2*w2_chg+b3*w3_chg-0   #第 2 个方程式（式 3-66）
     ...:     eq3=r1*w1_chg+r2*w2_chg+r3*w3_chg-0.01 #第 3 个方程式，参考（式 3-68）
     ...:     return [eq1,eq2,eq3]
```

为了求出股票权重的变动量，在以上的编程中需要运用（式 3-65）、（式 3-66）以及将（式 3-68）中的 ">0" 修改为 "=1%"（套利的收益率）。对于求解方程组，可以运用 SciPy 的 optimize 子模块的 fsolve 函数。

```
In [122]: w0=[0.1,0.1,0.1]                          #用于迭代计算的初始权重变动数组

In [123]: result=sco.fsolve(func=f1,x0=w0)          #计算每只股票权重的变动量
     ...: print('股票 1（中国中免）的权重变动量',round(result[0],6))
     ...: print('股票 2（复星医药）的权重变动量',round(result[1],6))
     ...: print('股票 3（中国人寿）的权重变动量',round(result[-1],6))
股票 1（中国中免）的权重变动量 0.025493
股票 2（复星医药）的权重变动量 0.039471
股票 3（中国人寿）的权重变动量 -0.064965

In [124]: w1_new=w1+result[0]                       #股票 1 的新权重
     ...: w2_new=w2+result[1]                       #股票 2 的新权重
     ...: w3_new=w3+result[-1]                      #股票 3 的新权重
     ...: print('股票 1（中国中免）的新权重',round(w1_new,6))
     ...: print('股票 2（复星医药）的新权重',round(w2_new,6))
     ...: print('股票 3（中国人寿）的新权重',round(w3_new,6))
股票 1（中国中免）的新权重 0.358827
股票 2（复星医药）的新权重 0.372805
股票 3（中国人寿）的新权重 0.268369

In [125]: R=w1*r1+w2*r2+w3*r3                       #股票初始权重对应的投资组合预期收益率
     ...: R_new=w1_new*r1+w2_new*r2+w3_new*r3       #股票新权重对应的投资组合预期收益率
     ...: print('股票初始权重对应的投资组合预期收益率',round(R,6))
     ...: print('股票新权重对应的投资组合预期收益率',round(R_new,6))
股票初始权重对应的投资组合预期收益率 0.13867
股票新权重对应的投资组合预期收益率    0.14867
```

以上的代码输出结果表明，为了获取 1%的套利收益率，需要对中国中免和复星医药这两只股票加仓，同时对中国人寿进行减仓。经过调仓以后，中国中免在投资组合中的权重上升至 35.8827%，复星医药的权重上升至 37.2805%，中国人寿的权重则下降至 26.8369%。此外，投资组合中不同股票的权重可以不断调整，直到实现套利收益率的最大化。

第 2 步：在套利收益率最大化的情形下，测算投资组合中每只股票的最优权重，会用到 SciPy 子模块 optimize 中的 minimize 函数。具体的代码如下。

```
In [126]: r_list=np.array([r1,r2,r3])                   #创建股票预期收益率数组
     ...: b_list=np.array([b1,b2,b3])                   #创建股票因子载荷数组

In [127]: def f2(w_chg):                                #定义一个用于求最优解的函数
     ...:     w_chg=np.array(w_chg)                     #将变量转为数组
     ...:     Rp=np.sum(r_list*w_chg)                   #计算投资组合的预期收益率
     ...:     return -Rp                                #通过加负号转换为计算最大值

In [128]: cons=({'type':'eq','fun':lambda w_chg:np.sum(w_chg)},
     ...:       {'type':'eq','fun':lambda w_chg:np.sum(w_chg*b_list)}) #约束条件（式 3-65）
与（式 3-66）

In [129]: bnds=((-w1,1),(-w2,1),(-w3,1))                #设置权重变动量的边界条件

In [130]: result_optimum=sco.minimize(fun=f2,x0=w0,method='SLSQP',bounds=bnds, constraints=cons) #计算最优解

In [131]: result_optimum['x'].round(6)                  #输出每只股票的权重变动量
Out[131]: array([ 0.130806,  0.202527, -0.333333])

In [132]: abtri_max=-f2(result_optimum['x'])            #计算最大化的套利收益率
     ...: print('最大化的套利收益率',round(abtri_max,6))
最大化的套利收益率 0.05131

In [133]: R_max=R+abtri_max                             #计算投资组合的最高预期收益率
     ...: print('投资组合的最高预期收益率',round(R_max,6))
投资组合的最高预期收益率 0.18998

In [134]: w1_optimum=w1+(result_optimum['x'])[0]        #股票 1 的最优权重
     ...: w2_optimum=w2+(result_optimum['x'])[1]        #股票 2 的最优权重
     ...: w3_optimum=w3+(result_optimum['x'])[-1]       #股票 3 的最优权重
     ...: print('股票 1（中国中免）的最优权重',round(w1_optimum,6))
     ...: print('股票 2（复星医药）的最优权重',round(w2_optimum,6))
     ...: print('股票 3（中国人寿）的最优权重',round(w3_optimum,6))
股票 1（中国中免）的最优权重 0.46414
股票 2（复星医药）的最优权重 0.53586
股票 3（中国人寿）的最优权重 0.0
```

通过以上的代码输出结果可以清楚地看到，投资组合的最大套利收益率是 5.1310%，最高预期收益率是 18.9980%，对应的股票最优权重依次是中国中免为 46.4140%、复星医药为 53.5860%，而中国人寿被彻底清仓。

第 3 步：测算股票的权重与投资组合预期收益率之间的对应关系，并且将对应关系可视化（见图 3-13）。具体的代码如下。

```
In [135]: abtri_list=np.linspace(0,abtri_max,200)       #设置套利收益率的等差数列
```

```
In [136]: w1_list=[w1]                                    #创建存放股票1权重的列表并且第1个元素是初始权重
     ...: w2_list=[w2]                                    #创建存放股票2权重的列表并且第1个元素是初始权重
     ...: w3_list=[w3]                                    #创建存放股票3权重的列表并且第1个元素是初始权重

In [137]: for i in abtri_list[1:]:                        #从访问列表的第2个元素开始
     ...:     def h(w_chg):
     ...:         w1_chg,w2_chg,w3_chg=w_chg
     ...:         eq1=w1_chg+w2_chg+w3_chg-0              #第1个方程（式3-65）
     ...:         eq2=b1*w1_chg+b2*w2_chg+b3*w3_chg-0     #第2个方程（式3-66）
     ...:         eq3=r1*w1_chg+r2*w2_chg+r3*w3_chg-i     #第3个方程，参考（式3-68）
     ...:         return [eq1,eq2,eq3]
     ...:     w_chg_list=sco.fsolve(func=h,x0=w0)         #测算权重变动量
     ...:     w1_list.append(w1+w_chg_list[0])            #在列表末尾增加股票1的新权重
     ...:     w2_list.append(w1+w_chg_list[1])            #在列表末尾增加股票2的新权重
     ...:     w3_list.append(w1+w_chg_list[-1])           #在列表末尾增加股票3的新权重

In [138]: R_list=R+abtri_list                             #投资组合预期收益率的列表

In [139]: plt.figure(figsize=(9,6))
     ...: plt.plot(w1_list,R_list,'r',label='股票1（中国中免）',lw=2)
     ...: plt.plot(w2_list,R_list,'c',label='股票2（复星医药）',lw=2)
     ...: plt.plot(w3_list,R_list,'m',label='股票3（中国人寿）',lw=2)
     ...: plt.xlabel('权重',fontsize=12)
     ...: plt.xticks(fontsize=12)
     ...: plt.ylabel('投资组合预期收益率',fontsize=12)
     ...: plt.yticks(fontsize=12)
     ...: plt.title('每只股票权重与投资组合预期收益率之间的关系', fontsize=12)
     ...: plt.legend(loc=9,fontsize=12)                   #图例放置在中上方
     ...: plt.grid()
     ...: plt.show()
```

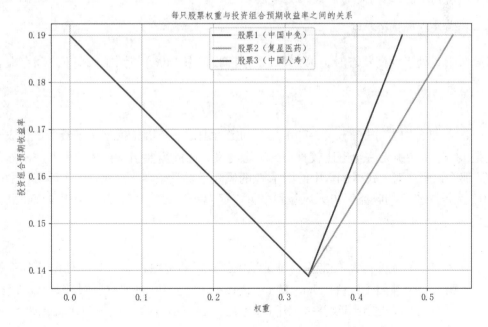

图 3-13　每只股票权重与投资组合预期收益率之间的关系

观察图 3-13 可以发现，中国中免、复星医药的权重与投资组合预期收益率之间呈线性正

相关关系，中国人寿的权重与投资组合预期收益率之间呈线性负相关关系。

3.6.2 定价效应

在一个投资组合中，当套利发生使得第 i 只股票的权重上升（比如【例 3-15】的中国中免和复星医药），并导致第 j 只股票的权重下降（比如【例 3-15】的中国人寿）时，这种套利行为将迅速被其他投资者所效仿，最终，所有投资者都买入第 i 只股票，造成该股票预期收益率下降，同时所有投资者都卖出第 j 只股票，导致第 j 只股票预期收益率提高，这就是套利活动给股票带来的**定价效应**（pricing effect）。

1. 数学表达式

定价效应可以通过一个简单的数学表达式加以说明。假定 $E(R)$ 代表某只股票的预期收益率，P 代表股票的当前价格，$E(P)$ 代表股票期末的预期价格（比如 1 年后的预期价格），则有如下的等式关系。

$$E(R) = \ln \frac{E(P)}{P} \tag{式 3-69}$$

针对（式 3-69），分以下两种情形展开讨论。

情形 1：套利活动使投资者买入该股票，显然就会推高股票的当前价格 P，但是股票的期末预期价格 $E(P)$ 不会受到套利活动的影响因而保持不变，最终导致预期收益率 $E(R)$ 下降。

情形 2：套利活动使投资者卖出该股票，就会压低股票的当前价格 P，同样股票的期末预期价格依然保持不变，最终造成预期收益率 $E(R)$ 上升。

随着套利活动的发生，股票预期收益率迅速变动，最终市场不存在套利的机会，整个证券市场处于均衡和出清的状态。

2. 均衡状态的定价公式

当股票市场处于均衡状态时，第 i 只股票预期收益率 $E(R_i)$ 与因子载荷 b 之间存在着一种线性关系，具体如下。

$$E(R_i) = \lambda_0 + \lambda_1 b \tag{式 3-70}$$

其中，λ_0 和 λ_1 均为常数。（式 3-70）是套利定价理论在单因子模型下的资产定价表达式。

但是，（式 3-70）无法给出比较直观的金融含义，为此需要引入无风险资产。既然是无风险资产，那么该资产对（式 3-64）中的因子 F 的风险暴露就是零，也就是无风险资产的因子载荷 $b=0$，无风险资产的收益率（无风险利率）设定为 R_f，结合（式 3-70）就可以得到如下的等式关系。

$$R_f = \lambda_0 \tag{式 3-71}$$

将（式 3-71）写成 $\lambda_0 = R_f$ 便能更清晰地反映该式子的金融含义，即 λ_0 是无风险利率。

接着，引入一个**纯因子组合**（pure factor portfolio），该组合的特征就是因子载荷恒等于 1（即 $b=1$），同时该组合的预期收益率记作 δ，结合（式 3-70）和（式 3-71）就有如下的等式。

$$\delta = R_f + \lambda_1 \tag{式 3-72}$$

将（式 3-72）简单变换就可以得到如下等式。

$$\lambda_1 = \delta - R_f \qquad \text{(式 3-73)}$$

将 λ_0 和 λ_1 的表达式代入（式 3-70），就可以得到第 i 只股票预期收益率 $E(R_i)$ 的如下关系式。

$$E(R_i) = R_f + (\delta - R_f)b \qquad \text{(式 3-74)}$$

在（式 3-74）中，$\delta - R_f$ 的实质就是**因子风险溢价**（factor risk premium），这意味着 λ_1 就是因子风险溢价。（式 3-74）是在单因子模型条件下套利定价理论第 2 个版本的定价公式，而（式 3-70）是定价公式的第 1 个版本。

此外，将（式 3-74）与第 3.5.2 小节资本资产定价模型的（式 3-60）进行对比，就可以发现资本资产定价模型实际上是套利定价理论的一个特例，也就是将市场组合设定为一个纯因子组合。

下面通过一个金融示例并借助 Python 编程演示单因子模型条件下套利定价理论的定价公式。

3. 一个示例

【例 3-16】沿用【例 3-15】的信息，同时将无风险利率设定为 1 年期 LPR，并且 2022 年 12 月 20 日的报价为 3.65%，运用套利定价理论的定价表达式依次测算中国中免、复星医药以及中国人寿这 3 只股票的预期收益率。具体编程分为 3 个步骤。

第 1 步：计算股票最优权重情形下投资组合的加权因子载荷（贝塔值）。具体的代码如下。

```
In [140]: w_optimum=np.array([w1_optimum,w2_optimum,w3_optimum])   #创建最优权重的数组

In [141]: b_port=np.sum(b_list*w_optimum)                #计算投资组合的加权平均因子载荷
     ...: print('最优权重情形下投资组合的加权平均因子载荷',round(b_port,4))
最优权重情形下投资组合的加权平均因子载荷 1.1783
```

通过计算可以得到，当股票的权重达到最优时（即不存在套利机会），投资组合的加权平均因子载荷等于 1.1783。

第 2 步：测算因子风险溢价的金额。由于前面已经计算得到股票最优权重对应的投资组合预期收益率，并且给出了无风险利率，这时可以将（式 3-74）中的 $E(R_i)$ 和 b 分别替换为 $E(R_p)$ 和 b_p，并结合（式 3-73）就能得出如下等式。

$$\lambda_1 = \delta - R_f = \frac{E(R_p) - R_f}{b_p} \qquad \text{(式 3-75)}$$

其中，$E(R_p)$ 代表股票最优权重对应的投资组合预期收益率，b_p 代表基于股票最优权重计算得到的投资组合加权平均因子载荷，根据（式 3-75）就可以测算出因子风险溢价，具体的代码如下。

```
In [142]: Rf=0.0365                           #无风险利率（1 年期 LPR）

In [143]: lambda1=(R_max-Rf)/b_port           #计算因子风险溢价
     ...: print('计算得到的因子风险溢价',round(lambda1,6))
计算得到的因子风险溢价 0.130255
```

通过以上的输出结果就可以得到因子风险溢价 $\lambda_1 = \delta - R_f = 13.0255\%$。

第 3 步：根据每只股票的因子载荷以及第 2 步计算得到的因子风险溢价，测算基于套利定价理论的每只股票预期收益率。具体的代码如下。

```
In [144]: r1_new=Rf+lambda1*b1       #计算股票1（中国中免）的预期收益率
     ...: r2_new=Rf+lambda1*b2       #计算股票2（复星医药）的预期收益率
     ...: r3_new=Rf+lambda1*b3       #计算股票3（中国人寿）的预期收益率
     ...: print('基于套利定价理论得到股票1（中国中免）的预期收益率',round(r1_new,6))
     ...: print('基于套利定价理论得到股票2（复星医药）的预期收益率',round(r2_new,6))
     ...: print('基于套利定价理论得到股票3（中国人寿）的预期收益率',round(r3_new,6))
基于套利定价理论得到股票1（中国中免）的预期收益率 0.234358
基于套利定价理论得到股票2（复星医药）的预期收益率 0.151541
基于套利定价理论得到股票3（中国人寿）的预期收益率 0.18404
```

为了更好地进行对比，表 3-5 整理了通过历史日收盘价数据得出的预期收益率和通过套利定价理论得出的预期收益率。

表 3-5　通过不同方法得到的股票预期收益率　　　　　　　　　　　　　　　　（单位：%）

证券简称	通过历史数据得出的预期收益率	通过套利定价理论得出的预期收益率
中国中免	30.3319	23.4358
复星医药	9.1810	15.1541
中国人寿	2.0880	18.4040

从表 3-5 可以比较清楚地看到，根据套利定价理论得到的中国中免的预期收益率低于通过历史数据得到的预期收益率，通过套利定价理论得到的复星医药、中国人寿的预期收益率则高于通过历史数据得到的结果。

3.6.3　多因子模型

虽然单因子模型的表达式十分简洁，并且比较容易理解，但是所暴露出来的问题比较明显，由于在现实市场中影响股票收益率的因素众多，因此单因子模型就显得过于抽象、理想化，在实战中很难被广泛运用。因此本小节就将单因子模型拓展至**多因子模型**（multiple-factor model）。

1. 数学表达式

假定 $E(R_i)$ 代表第 i 只股票的预期收益率，a 代表常数项（零因子），ε 表示随机误差项，F_j 代表第 j 个因子的取值，b_j 表示股票收益率对第 j 个因子的敏感程度，也就是第 j 个因子的因子载荷，并且 $j=1,2,\cdots,N$。有如下的表达式。

$$E(R_i) = a + \sum_{j=1}^{N} b_j F_j + \varepsilon \quad (式 3\text{-}76)$$

因此，借用单因子模型的思路，在多因子条件下，套利定价理论的定价公式就可以写成如下式子。

$$E(R_i) = R_f + \sum_{j=1}^{N} \lambda_j b_j \quad (式 3\text{-}77)$$

$$E(R_i) = R_f + \sum_{j=1}^{N} (\delta_j - R_f) b_j \quad (式 3\text{-}78)$$

其中，$\lambda_j = \delta_j - R_f$，代表第 j 个因子的风险溢价。下面通过一个示例演示多因子模型。

2. 一个示例

【例 3-17】假定 G 投资者在 2022 年 12 月 31 日持有 4 只 A 股股票，分别是中国中免、复星医药、中国人寿以及海尔智家，并且每只股票的初始权重均为 25%，这里的股票预期收益率通过最近 3 年日收盘价数据计算得出；并且选择两个因子，第 1 个因子是沪深 300 指数，因子载荷是贝塔值，第 2 个因子是衡量资金面松紧程度的 7 天银行间回购定盘利率 FR007。这 4 只股票的相关数据见表 3-6。

表 3-6 4 只 A 股股票的相关数据

序号	证券简称	证券代码	预期收益率（%）	第 1 个因子的因子载荷（贝塔值）	第 2 个因子的因子载荷	初始权重（%）
股票 1	中国中免	601888	30.3319	1.5190	−0.0004	25
股票 2	复星医药	600196	9.1810	0.8832	−0.0139	25
股票 3	中国人寿	601628	2.0880	1.1327	0.0129	25
股票 4	海尔智家	600690	7.1865	1.1375	−0.0106	25

无风险收益率依然设定为 1 年期 LPR 并且等于 3.65%，需要通过套利定价理论测算出 4 只股票的预期收益率。具体分为以下 4 个步骤。

第 1 步：计算每只股票的因子载荷。需要导入存放 4 只股票收盘价、沪深 300 指数收盘价以及 FR007 报价的 Excel 文件，通过构建二元一次回归方程计算每只股票两个因子的因子载荷。具体的代码如下。

```
In [145]: data=pd.read_excel(io='C:/Desktop/多因子模型的数据.xlsx',sheet_name='Sheet1', header=0, 
index_col=0)    #导入数据

In [146]: R_list=np.log(data/data.shift(1))    #计算对数收益率
     ...: R_list=R_list.dropna()                #删除缺失值所在的行

In [147]: R_list.describe()                    #描述性统计
Out[147]: 
            中国中免       复星医药       中国人寿       海尔智家       沪深 300       FR007
count   727.000000  727.000000  727.000000  727.000000  727.000000  727.000000
mean      0.001204    0.000364    0.000083    0.000285   -0.000096    0.000251
std       0.033024    0.033931    0.024622    0.023793    0.013065    0.084998
min      -0.108146   -0.105333   -0.123581   -0.099244   -0.082088   -0.356675
25%      -0.019933   -0.019716   -0.013259   -0.013970   -0.007050   -0.028237
50%       0.000427    0.000000   -0.001581   -0.000429    0.000187    0.000000
75%       0.021131    0.015326    0.011219    0.014442    0.007642    0.024028
max       0.095352    0.095421    0.095416    0.095532    0.055131    0.888773

In [148]: X_list=R_list.iloc[:,-2:]            #设定自变量（解释变量）的样本值
     ...: con=np.ones(len(X_list))             #创建元素为 1 且元素个数等于自变量样本数的数组
     ...: con=pd.Series(data=con,index=X_list.index)    #转换为序列

In [149]: X_addcon_list=pd.concat([con,X_list],axis=1)    #合并两个序列
     ...: X_addcon_list=X_addcon_list.rename(columns={0:'截距项'})    #修改列名
```

```
In [150]: b1_list=np.zeros(4)              #创建4个元素的零元素数组用于存放不同股票的第1个因子载荷
     ...: b2_list=np.zeros(4)              #创建4个元素的零元素数组用于存放不同股票的第2个因子载荷

In [151]: for i in range(4):               #用for语句计算每只股票的因子载荷
     ...:     Y=R_list.iloc[:,i]           #取被解释变量
     ...:     model=sm.OLS(endog=Y,exog=X_addcon_list)   #构建多元线性回归模型
     ...:     result=model.fit()           #生成线性回归的结果对象
     ...:     b1_list[i]=result.params[1]  #存放第1个因子载荷
     ...:     b2_list[i]=result.params[-1] #存放第2个因子载荷

In [152]: b1_list.round(4)                 #查看第1个因子载荷（保留至小数点后4位）
Out[152]: array([1.5190 , 0.8832, 1.1327, 1.1375])

In [153]: b2_list.round(4)                 #查看第2个因子载荷（保留至小数点后4位）
Out[153]: array([-0.0004, -0.0139,  0.0129, -0.0106])
```

以上的代码输出结果得到的每只股票的因子载荷金额与表3-6中的数据一致。

第2步：计算每只股票的最优权重。需要注意的是，计算每只股票的最优权重依然是投资组合套利收益率最大化条件下的股票权重值，并且约束条件有以下3个。

$$\sum_{i=1}^{4}\Delta w_i = \Delta w_1 + \Delta w_2 + \Delta w_3 + \Delta w_4 = 0 \qquad (\text{式3-79})$$

$$\sum_{i=1}^{4}\Delta w_i \times b_{1i} = \Delta w_1 \times b_{11} + \Delta w_2 \times b_{12} + \Delta w_3 \times b_{13} + \Delta w_4 \times b_{14} = 0 \qquad (\text{式3-80})$$

$$\sum_{i=1}^{4}\Delta w_i \times b_{2i} = \Delta w_1 \times b_{21} + \Delta w_2 \times b_{22} + \Delta w_3 \times b_{23} + \Delta w_4 \times b_{24} = 0 \qquad (\text{式3-81})$$

其中，（式3-80）中的 b_{1i} 表示第 i 只股票的第1个因子载荷，（式3-81）中的 b_{2i} 表示第 i 只股票的第2个因子载荷。（式3-79）确保投资组合全部股票的权重之和始终等于1；（式3-80）和（式3-81）表明无论每只股票的权重如何变化，整个投资组合对两个因子的新增风险暴露始终等于0。此外，前面已经提到过，套利定价理论要求每只股票不允许做空，因此股票权重变动量 Δw_i 依然满足 $-w_i \leqslant \Delta w_i$ 这个不等式，具体的代码如下。

```
In [154]: w_list=np.array([0.25,0.25,0.25,0.25])          #股票初始权重的数组

In [155]: r_list=np.array([0.303319,0.091810,0.020880,0.071865])  #股票预期收益率数组

In [156]: def g(w_chg):                                   #定义求最优解的函数
     ...:     w_chg=np.array(w_chg)                       #将变量转为数组
     ...:     return -np.sum(r_list*w_chg)                #需要加负号从而求最大值

In [157]: cons=({'type':'eq','fun':lambda w_chg:np.sum(w_chg)},
     ...:       {'type':'eq','fun':lambda w_chg:np.sum(w_chg*b1_list)},
     ...:       {'type':'eq','fun':lambda w_chg:np.sum(w_chg*b2_list)})  #约束条件

In [158]: bnds=((-w_list[0],1),(-w_list[1],1),(-w_list[2],1),(-w_list[-1],1))   #边界条件

In [159]: w0=[0.1,0.1,0.1,0.1]                            #用于迭代计算的初始数值

In [160]: result=sco.minimize(fun=g,x0=w0,method='SLSQP',bounds=bnds,constraints=cons) #计算最优解

In [161]: w_optimum=w_list+result['x']                    #投资组合股票的最优权重
     ...: print('股票1（中国中免）的最优权重',round(w_optimum[0],6))
```

```
  ...: print('股票2（复星医药）的最优权重',round(w_optimum[1],6))
  ...: print('股票3（中国人寿）的最优权重',round(w_optimum[2],6))
  ...: print('股票4（海尔智家）的最优权重',round(w_optimum[-1],6))
股票1（中国中免）的最优权重 0.359638
股票2（复星医药）的最优权重 0.414913
股票3（中国人寿）的最优权重 0.225449
股票4（海尔智家）的最优权重 0.0

In [162]: R_optimum=np.sum(r_list*w_optimum)           #投资组合的最高预期收益率
  ...: print('计算投资组合的最高预期收益率',round(R_optimum,6))
计算投资组合的最高预期收益率 0.151885
```

从以上输出的结果可以看到，针对中国中免、复星医药需要在初始权重25%的基础上加仓，中国人寿要少量减仓，而海尔智家需要清仓。同时，整个投资组合的最高预期收益率为15.1885%。

第3步：计算第2个因子的风险溢价。需要根据投资组合的最优权重，先测算该投资组合加权平均的第1个因子载荷与第2个因子载荷；然后，结合第2步得到的投资组合最高预期收益率以及【例3-16】测算出的第1个因子的风险溢价，并参考（式3-75）的思路以及（式3-77）、（式3-78）得到计算第2个因子风险溢价的表达式如下。

$$\lambda_2 = \delta_2 - R_\mathrm{f} = \frac{E(R_\mathrm{p}) - R_\mathrm{f} - (\delta_1 - R_\mathrm{f})b_{1\mathrm{p}}}{b_{2\mathrm{p}}} = \frac{E(R_\mathrm{p}) - R_\mathrm{f} - \lambda_1 b_{1\mathrm{p}}}{b_{2\mathrm{p}}} \quad （式3-82）$$

其中，$E(R_\mathrm{p})$ 代表股票最优权重对应的投资组合预期收益率，$b_{1\mathrm{p}}$ 和 $b_{2\mathrm{p}}$ 分别代表投资组合第1个加权平均因子载荷和第2个加权平均因子载荷，相关的代码如下。

```
In [163]: b1_port=np.sum(b1_list*w_optimum)            #投资组合第1个加权平均因子载荷
  ...: print('投资组合的第1个加权平均因子载荷',round(b1_port,4))
投资组合的第1个加权平均因子载荷 1.1681

In [164]: b2_port=np.sum(b2_list*w_optimum)            #投资组合第2个加权平均因子载荷
  ...: print('投资组合的第2个加权平均因子载荷',round(b2_port,4))
投资组合的第2个加权平均因子载荷 -0.003

In [165]: lambda2=(R_optimum-Rf-lambda1*b1_port)/b2_port    #计算第2个因子的风险溢价
  ...: print('测算得到第2个因子的风险溢价',round(lambda2,4))
测算得到第2个因子的风险溢价 12.2241
```

通过以上的计算得到在两因子模型中，第2个因子的风险溢价 $\lambda_2 = 12.2241$。

第4步：有了前面3步的测算结果，就可以基于两因子模型的套利定价理论测算出股票预期收益率。相关的代码如下。

```
In [166]: R_APT=Rf+lambda1*b1_list+lambda2*b2_list      #股票预期收益率

In [167]: print('基于两因子模型的套利定价理论测算出股票1（中国中免）的预期收益率', round(R_APT[0],6))
  ...: print('基于两因子模型的套利定价理论测算出股票2（复星医药）的预期收益率', round(R_APT[1],6))
  ...: print('基于两因子模型的套利定价理论测算出股票3（中国人寿）的预期收益率', round(R_APT[2],6))
  ...: print('基于两因子模型的套利定价理论测算出股票4（海尔智家）的预期收益率', round(R_APT[-1],6))
基于两因子模型的套利定价理论测算出股票1（中国中免）的预期收益率 0.22947
基于两因子模型的套利定价理论测算出股票2（复星医药）的预期收益率 -0.018443
基于两因子模型的套利定价理论测算出股票3（中国人寿）的预期收益率 0.341593
基于两因子模型的套利定价理论测算出股票4（海尔智家）的预期收益率 0.054922
```

为了更好地进行对比,将通过历史收盘价数据得出的预期收益率与通过套利定价理论得出的预期收益率整理至表 3-7。

表 3-7　通过不同方法得到的股票预期收益率　　　　　　　　　　（单位:%）

证券简称	通过历史数据得出的预期收益率	通过套利定价理论得出的预期收益率
中国中免	30.3319	22.9470
复星医药	9.1810	−1.8443
中国人寿	2.0880	34.1593
海尔智家	7.1865	5.4922

从表 3-7 可以很清楚地看到,根据套利定价理论得到中国中免、复星医药以及海尔智家的股票预期收益率均低于通过历史数据测算的预期收益率,中国人寿则恰好相反。

三因子模型以及更多因子模型的套利定价理论与两因子模型的逻辑一样,即先从单因子模型入手,测算得出该因子的风险溢价,然后扩展至两因子模型,测算出第 2 个因子的风险溢价,再拓展至三因子模型,测算出第 3 个因子的风险溢价,最终拓展至 N 个因子模型,测算出第 N 个因子的风险溢价。由于篇幅所限,针对 3 个及更多个因子的模型就不再讨论。

3.7　本章小结

具有中国特色的股票市场经历了从无到有、从小到大的发展过程,现已成为中国金融市场极为重要的组成部分。本章结合 A 股市场 17 个示例,集中讨论了关于股票定价的相关知识点。

(1) **股票内在价值**。股息贴现模型是测算股票内在价值的通用方法,根据股息增长率的假设不同,股息贴现模型划分为零增长模型、不变增长模型、二阶段增长模型以及三阶段增长模型。

(2) **股票价格服从的随机过程**。在金融理论上,股票价格变动被认为是一种随机过程,并且通常假设服从几何布朗运动,当运用 Python 编程时就需要借助欧拉离散方法将几何布朗运动表示为差分方程的形式。

(3) **投资组合理论**。马科维茨的投资组合理论是用于测算股票预期收益率的基石,该理论涉及可行集、有效前沿、市场组合以及资本市场线等概念与相关计算。

(4) **资本资产定价模型**。测算单一股票的预期收益率,最经典的模型就是资本资产定价模型,该模型不仅表达式简洁,而且金融含义深刻,在构建模型时涉及无风险利率、市场组合收益率以及贝塔值等。

(5) **套利定价理论**。套利定价理论是资本资产定价模型的扩展,根据因子数量的不同,可以分为单因子模型与多因子模型;同时,不同分析师对模型构建所运用的因子数量和因子类型有不同的偏好,因此套利定价理论是一个开放的理论体系。

3.8　拓展阅读

本章的内容参考了以下资料,建议感兴趣的读者拓展学习。

(1) 哈里·马科维茨在名为"Portfolio Selection"的论文中,开创性地提出了投资组合理论,这是作者荣获 1990 年诺贝尔经济学奖的主要依据。作者在撰写该论文时,仅是芝加哥大学的一位在校大学生。

（2）威廉·F.夏普在名为"Capital Asset Prices-A Theory of Market Equilibrium under Conditions of Risk"的论文中，基于他的老师马科维茨提出的投资组合理论，大胆设想并构建了资本资产定价模型。具有讽刺意味的是，该论文最初竟被杂志社退稿，一个伟大的理论险些胎死腹中。该论文也是作者获得1990年诺贝尔经济学奖的重要依据之一。

（3）尤金·法马在名为"Efficient Capital Markets: A Review of Theory and Empirical Work"的论文中，富有远见并系统性地提出了对整个金融市场影响深远的有效市场假说，以此获得了2013年诺贝尔经济学奖。

（4）《投资学（第六版）》（作者威廉·F.夏普等），这本书是证券投资领域的扛鼎之作，内容几乎涵盖了整个证券投资领域。其中，股票内在价值测算、投资组合理论、资本资产定价模型以及套利定价理论等经典内容在书中都有全面与详尽的论述。

第 4 章

运用 Python 分析股票投资策略与绩效

本章导读

虽然股票的价格飘忽不定、让人难以捉摸，但是经过长期的股票投资实战，人们还是总结出了各种不同的投资策略，有些策略偏重于长期（比如定投策略），有些策略则聚焦于短期（比如事件驱动策略）。与此同时，如何评估股票投资组合的业绩表现，单纯"以收益率论英雄"难免有所偏颇。此外，股票投资组合所实现的超额收益，是选对了股票还是控好了仓位抑或其他的因素，这就涉及业绩归因的问题。本章结合股票市场的示例，讲解如何运用 Python 分析常见的股票投资策略以及股票投资组合的业绩归因等。

本章的内容将涵盖以下几个主题。
- ✓ 探讨股票的定投策略，包括策略的简介和运用等。
- ✓ 分析股票的事件驱动策略，包括策略的分类、基于货币政策的事件驱动策略以及并购套利策略等。
- ✓ 剖析股票的多空头策略，包括策略的逻辑与数学表达式、策略的具体运用以及策略的微调等。
- ✓ 论述股票的跨市场套利策略，包括比价策略逻辑以及策略的运用等。
- ✓ 讨论股票投资组合的绩效评估，包括夏普比率、索提诺比率、特雷诺比率、卡玛比率和信息比率等常用绩效评估指标的含义与数学公式。
- ✓ 进行股票投资组合的业绩归因，包括 Brinson 模型的配置收益、选择收益、交互收益以及多期 Brinson 模型等。

4.1 股票的定投策略

股票定投策略就是在固定的时间或者以固定的时间间隔，买入固定数量的一只或若干只股票的一种投资策略，按照定投的不同时间频次，可以划分为按日定投、按周定投以及按月定投。需要注意的是，按周定投要求在每周的特定交易日进行定投，通常的做法是选择每周第一个交易日或者最后一个交易日实施定投；同样，按月定投也要求在每月的固定交易日完成定投，选择每月的第一个交易日或者最后一个交易日开展定投的做法比较普遍。本节将详细讨论股票定投策略。

4.1.1 策略的简介

1. 策略的数学表达式

下面讲解股票定投策略的抽象数学表达式，数学表达式能清晰地反映策略的内在逻辑。假定在定投期间，投资者每次买入某只股票的数量是一个固定常数并且记为 N，在第 i 个交易日买入股票的价格表示为 P_i，其中，$i=1,2,\cdots,T$。因此，在第 i 个交易日，购入股票的投资成本 $c_i = NP_i$。这里为了简化分析，假设在定投期间投资者未发生股票卖出的行为，股票也没有出现股息分配以及股票分拆、缩股等影响股票数量的情形。

从定投开始日至第 t 个交易日，定投股票的累积投资成本设为 C_t，并且有如下的表达式。

$$C_t = \sum_{i=1}^{t} c_i = N \sum_{i=1}^{t} P_i \qquad (\text{式 4-1})$$

在第 t 个交易日，股票的收盘价用 $\tilde{P}_t$ 表示，定投股票的浮动收益金额设为 R_t，结合（式4-1）就可以得到以下的等式。

$$R_t = tN\tilde{P}_t - C_t = tN\tilde{P}_t - N\sum_{i=1}^{t} P_i \qquad (\text{式 4-2})$$

其中，（式4-2）中的 tN 表示截至第 t 个交易日投资者累积持有的股票数量，而 $tN\tilde{P}_t$ 表示累积持有的股票在第 t 个交易日收盘后的市值。

此外，在第 t 个交易日，投资者累积持有股票的浮动收益率设为 r_t，结合（式4-1）和（式4-2）可以推导出如下的关系式。

$$r_t = \frac{R_t}{C_t} = \frac{t\tilde{P}_t}{\sum_{i=1}^{t} P_i} - 1 \qquad (\text{式 4-3})$$

2. 定投策略的特性

通过以上的数学表达式，可以归纳出关于股票定投策略的3个显著特性。

一是资金的分散性。在定投期间，投资者每次投资仅需要相对少量的资金，与一次性的满仓投资相比，定投策略可以有效缓解资金压力，同时更有利于投资者开展财富规划。

二是时间的连续性。定投策略的核心是坚持，这就要求投资具有持续性与连贯性，通过积少成多，充分发挥投资的累积效应；同时，定投策略与股票价值投资的理念也是不谋而合的。

三是股价的平滑性。由于股价的波动往往比较大，定投策略可以有效平滑股价的区间波动，真正做到跨越熊市与牛市。

下面结合一个示例并运用 Python 编程进一步探讨股票定投策略。

4.1.2 策略的运用

【例4-1】假定有两位投资者，分别是 A 投资者和 B 投资者，他们均投资宁德时代股票（证券代码300750），其中 A 投资者采用的是每日定投策略，B 投资者则运用每周定投策略。这两位投资者的相关交易信息如下。

（1）A 投资者从 2021 年 1 月 4 日（2021 年首个交易日）开始按照每个交易日的收盘价定投宁德时代 100 股（即 1 手），直至 2022 年 7 月 29 日（7 月最后一个交易日）结束，其间没有发生股票卖出的行为。

（2）B 投资者从 2021 年 1 月 8 日（2021 年首个交易周的最后一个交易日）开始按照每周最后一个交易日收盘价定投宁德时代股票 500 股（即 5 手），同样是到 2022 年 7 月 29 日结束，其间也没有发生股票卖出的行为。

需要计算以上两位投资者在定投期间的收益情况，为了简化分析暂不考虑股票交易费用以及分红。整个编程分为以下 4 个步骤。

第 1 步：测算 A 投资者在定投期间每个交易日定投策略的浮动收益金额并且可视化。股票收盘价走势见图 4-1，每日定投的收益金额走势见图 4-2。相关的代码如下。

```
In [1]: import numpy as np                               #导入NumPy模块并且缩写为np
   ...: import pandas as pd                              #导入pandas模块并且缩写为pd
   ...: import matplotlib.pyplot as plt                  #导入Matplotlib的子模块pyplot并且缩写为plt
   ...: from pylab import mpl                            #从pylab导入子模块mpl
   ...: mpl.rcParams['font.sans-serif']=['FangSong']     #以仿宋字体显示中文
   ...: mpl.rcParams['axes.unicode_minus']=False         #解决保存图像时负号显示为方块的问题
   ...: from pandas.plotting import register_matplotlib_converters   #导入注册日期时间转换函数
   ...: register_matplotlib_converters()                 #注册日期时间转换函数

In [2]: P_list1=pd.read_excel(io='C:/Desktop/宁德时代的每日收盘价.xlsx', sheet_name='Sheet1',
 header=0,index_col=0)       #导入日收盘价数据

In [3]: P_list1.plot(figsize=(9,6),grid=True,title='宁德时代的股票收盘价走势', xlabel='日期',
   ...:              ylabel='股价（元）')    #可视化
Out[3]:
```

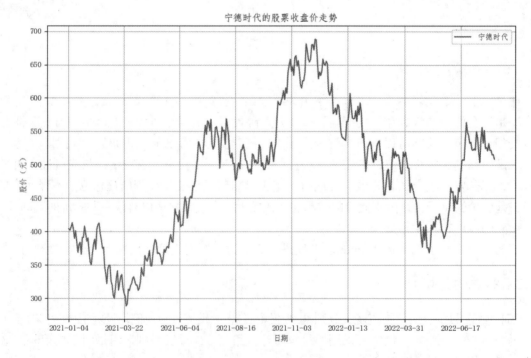

图 4-1　宁德时代的股票收盘价走势（2021 年 1 月至 2022 年 7 月）

从图 4-1 中可以看到，宁德时代股价在 2021 年 11 月触及高位以后便出现了一定的回落，

但是与 2021 年年初的股价相比，2022 年 7 月末的股价依然保持着一定的涨幅。

```
In [4]: N1=100                                          #A 投资者每个交易日定投的股票数量

In [5]: c_list1=N1*P_list1                              #计算 A 投资者每个交易日定投的成本

In [6]: C_list1=c_list1.cumsum(axis=0)                  #计算 A 投资者每个交易日定投的累积成本

In [7]: N1_cum=(N1*np.ones_like(C_list1)).cumsum(axis=0) #每个交易日累积持股数量的数组

In [8]: MV_list1=N1_cum*np.array(P_list1)               #每个交易日累积持股的市值数组

In [9]: R_list1=MV_list1-np.array(C_list1)              #每个交易日的收益金额数组

In [10]: R_list1=pd.DataFrame(data=R_list1,index=P_list1.index,columns=P_list1.columns)  #数组
转为数据框

In [11]: R_list1.plot(figsize=(9,6),grid=True,title='按日定投策略在每个交易日的收益',
    ...:             xlabel='日期',ylabel='收益金额（元）')    #可视化
Out[11]:
```

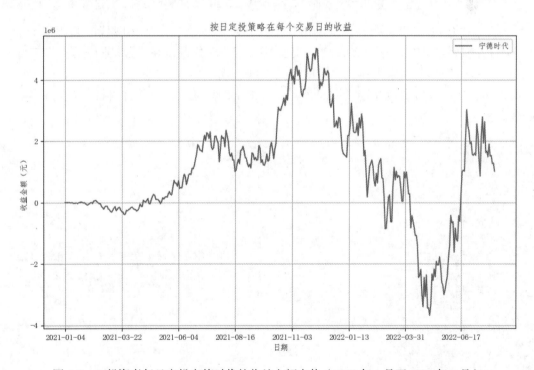

图 4-2　A 投资者每日定投宁德时代的收益金额走势（2021 年 1 月至 2022 年 7 月）

将图 4-1 与图 4-2 结合在一起观察就可以发现，由于宁德时代的股价上涨而使得 A 投资者每日定投的收益金额在 2021 年 11 月突破了 400 万元；随后由于股价深度调整，在 2022 年 4 月出现了近 400 万元的浮亏；此后，随着股价的快速反弹，投资收益由负转正，最终在 2022 年 7 月末定投策略依然拥有一定的盈利。

第 2 步：测算 A 投资者在定投结束日（即 2022 年 7 月 29 日）的定投策略收益率水平。相关的代码如下。

```
In [12]: R1_end=R_list1.iloc[-1]              #按日定投策略在2022年7月末的收益金额
    ...: R1_end                                #输出结果
Out[12]:
宁德时代    1020604.0
Name: 2022-07-29, dtype: float64

In [13]: C1_end=C_list1.iloc[-1]              #按日定投策略在2022年7月末的累积投资成本
    ...: C1_end                                #输出结果
Out[13]:
宁德时代    18357056.0
Name: 2022-07-29, dtype: float64

In [14]: r1_end=R1_end/C1_end                 #计算2022年7月末的定投策略收益率
    ...: r1_end=float(r1_end)                  #转换为浮点数
    ...: print('A投资者按日定投宁德时代在2022年7月末的收益率',round(r1_end,6))
A投资者按日定投宁德时代在2022年7月末的收益率 0.055597

In [15]: r_stock=P_list1.iloc[-1]/P_list1.iloc[0]-1   #宁德时代股价在定投期间的涨跌幅
    ...: r_stock=float(r_stock)                       #转换为浮点数
    ...: print('宁德时代股价在定投期间（2021年1月至2022年7月）的涨跌幅',round(r_stock,6))
宁德时代股价在定投期间（2021年1月至2022年7月）的涨跌幅 0.258599
```

通过以上的运算可以得到，在整个定投期间，A投资者投资宁德时代的累积成本达到约1835.71万元，最终的收益率是5.5597%，相比之下，宁德时代股价在定投期间上涨了25.8599%，因此股票定投策略的收益率可能比不上股价的期间涨幅。

第3步：测算B投资者在定投期间每周定投策略的浮动收益金额并可视化（见图4-3）。相关的代码如下。

```
In [16]: P_list2=pd.read_excel(io='C:/Desktop/宁德时代每周最后一个交易日收盘价.xlsx', sheet_name='Sheet1',header=0,index_col=0)   #导入周收盘价数据

In [17]: N2=500                               #B投资者按周定投的股数

In [18]: c_list2=N2*P_list2                   #计算B投资者按周定投的成本

In [19]: C_list2=c_list2.cumsum(axis=0)       #计算B投资者按周定投的累积成本

In [20]: N2_cum=(N2*np.ones_like(C_list2)).cumsum(axis=0)   #每周累积持有股票数量的数组

In [21]: MV_list2=N2_cum*np.array(P_list2)    #每周累积持股的市值数组

In [22]: R_list2=MV_list2-np.array(C_list2)   #每周的收益金额数组

In [23]: R_list2=pd.DataFrame(data=R_list2,index=P_list2.index,columns=P_list2.columns)   #数组转为数据框

In [24]: R_list2.plot(figsize=(9,6),grid=True,title='按周定投策略在每个交易周的收益',
    ...:              xlabel='日期',ylabel='收益金额（元）')    #可视化
Out[24]:
```

对比图4-3与图4-2就能发现，无论是按周定投还是按日定投，在策略收益的走势上存在着较大的趋同性。

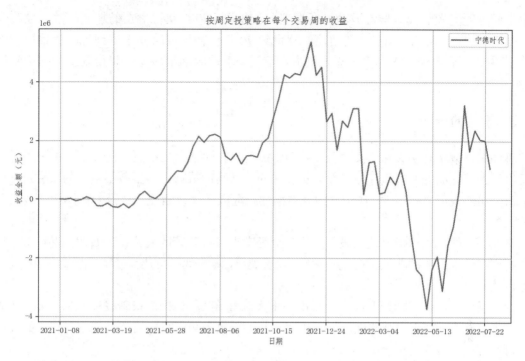

图 4-3　B 投资者每周定投宁德时代的收益金额走势（2021 年 1 月至 2022 年 7 月）

第 4 步：测算 B 投资者在定投结束日（2022 年 7 月 29 日）定投策略的收益率水平。相关的代码如下。

```
In [25]: R2_end=R_list2.iloc[-1]        #按周定投策略在2022年7月末的收益金额
    ...: R2_end                          #输出结果
Out[25]:
宁德时代      1049065.0
Name: 2022-07-29, dtype: float64

In [26]: C2_end=C_list2.iloc[-1]        #按周定投策略在2022年7月末的累积投资成本
    ...: C2_end                          #输出结果
Out[26]:
宁德时代      19803535.0
Name: 2022-07-29, dtype: float64

In [27]: r2_end=R2_end/C2_end           #计算2022年7月末的按周定投策略收益率
    ...: r2_end=float(r2_end)            #转换为浮点数
    ...: print('B投资者按周定投宁德时代在2022年7月末的收益率',round(r2_end,6))
B投资者按周定投宁德时代在2022年7月末的收益率 0.052974
```

对比第 2 步的结果与第 4 步的结果就不难发现，按周定投策略的最终收益金额以及累积投资成本均要略高于按日定投策略。但是，就最终的投资收益率而言，按周定投策略则略低于按日定投策略。

4.2　股票的事件驱动策略

事件驱动策略（event-driven strategy）是一类广泛流行的股票投资策略，主要关注特定事件发生而可能引发的股票异常波动,通过把握交易机会最终获得潜在的超额收益。该策略最早诞生于20世纪40年代的美国,直到20世纪70年代初该策略尚未得到足够的重视,随着70年代中期以后出现越来越多的企业间并购交易,事件驱动策略才逐步得到证券投资领域的关注。

4.2.1 策略的分类

事件驱动策略有狭义和广义之分。其中,狭义的事件驱动策略往往是基于上市公司微观层面发生重大事件而触发的事件驱动策略;广义的事件驱动策略则包括范围更广的事件,不仅涵盖上市公司微观层面的事件,还包含中观层面的行业或产业政策变化以及宏观层面的政策调整等重大事件。

宏观层面的事件包括财政政策、货币政策等宏观经济政策的变化,GPD 增长率、CPI 指标等重要宏观经济数据的非预期变化,等等。以宏观层面事件驱动的投资策略,通常适用于长期、趋势性的资金。

中观层面的事件包括行业或产业政策的重大调整、某一地区的最新发展规划、某一产业的重大技术突破等。利用中观层面的事件进行交易不仅具备可行性,而且具备相对较长的投资周期,可以容纳大规模的资金参与。

微观层面的事件驱动策略包括并购套利策略、困境证券投资策略以及特殊境况策略等。并购套利策略主要用于公开收购、恶意收购、杠杆收购、合并、重组、换股等并购事件。**困境证券**(distressed securities)是指处于财务困难、违约或者濒临破产等公司的证券,困境证券投资策略往往以低价购买困境证券,等待公司未来重组完成以后获利。除此之外,公司层面的其他特殊事件包括资产出售或者部分公司或子公司的出售、资产剥离、大规模股票回购、定向增发等,从其他特殊事件捕捉投资机会并获利的策略被称为特殊境况策略。

为了能够更好地理解事件驱动策略,下面通过两个示例并结合 Python 编程展开详细讨论。

4.2.2 基于货币政策的事件驱动策略

中国人民银行的货币政策工具箱包括公开市场业务、调整存款准备金率、再贷款、再贴现、常备借贷便利、中期借贷便利、抵押补充贷款等。从理论上讲,实施扩张性的货币政策可以促使股票市场的整体繁荣、提高股票市场整体价格水平,而紧缩性的货币政策会导致股票价格的下跌。

中国人民银行在 2021 年 12 月 6 日下午 5 点(A 股市场收盘后)对外发布公告,决定于 2021 年 12 月 15 日下调金融机构存款准备金率 0.5 个百分点,下调后金融机构加权平均存款准备金率为 8.4%,共计释放长期资金约 1.2 万亿元。下调存款准备金率一方面能够疏通金融服务实体的资金链;另一方面可以有效促使融资成本稳中有降,从而提升投资者对国内经济基本面的预期。因此,央行下调存款准备金率(简称"降准")对 A 股市场是一个重大利好。

【例 4-2】选取上证指数、深证成指、创业板指以及科创 50 等 4 只 A 股市场具有代表性的指数,选取 2021 年 10 月 25 日至 2022 年 1 月 18 日共计 61 个交易日的收盘价作为观测样本。同时,以中国人民银行降准公告的发布日(2021 年 12 月 6 日)作为分析的基准日(T 日),考察该基准日前后 N 个交易日期间股票指数的涨跌幅,也就是 $T-N$ 日至 T 日期间的涨跌幅与 T 日至 $T+N$ 日期间的涨跌幅。Python 编程一共分为 3 个步骤。

第1步：导入2021年10月25日至2022年1月18日股票指数收盘价数据，将2021年12月6日的收盘价做归一处理并且绘制价格走势图（见图4-4）。相关的代码如下。

```
In [28]: P_index=pd.read_excel(io='C:/Desktop/A股指数收盘价数据.xlsx', sheet_name="Sheet1",
header=0,index_col=0)   #导入数据

In [29]: P_index.head()                    #显示开头5行
Out[29]:
             上证指数      深证成指      创业板指      科创50
日期
2021-10-25  3609.8626  14596.7242  3338.6240  1380.3088
2021-10-26  3597.6377  14552.8194  3327.5373  1376.1258
2021-10-27  3562.3052  14393.5079  3308.9619  1361.8172
2021-10-28  3518.4166  14244.8198  3278.3587  1356.3747
2021-10-29  3547.3361  14451.3820  3350.6650  1396.1952

In [30]: P_index.tail()                    #显示末尾5行
Out[30]:
             上证指数      深证成指      创业板指      科创50
日期
2022-01-12  3597.4321  14421.1981  3136.6852  1316.3531
2022-01-13  3555.2585  14138.3361  3083.1414  1294.6527
2022-01-14  3521.2559  14150.5689  3119.4077  1312.2923
2022-01-17  3541.6660  14363.5672  3170.4078  1338.3172
2022-01-18  3569.9144  14391.3891  3144.3336  1342.3560

In [31]: P_new=P_index/P_index.loc['2021-12-06']  #将2021年12月6日收盘价归一处理

In [32]: plt.figure(figsize=(9,6))
    ...: plt.plot(P_new['上证指数'],label='上证指数',lw=2)
    ...: plt.plot(P_new['深证成指'],label='深证成指',lw=2)
    ...: plt.plot(P_new['创业板指'],label='创业板指',lw=2)
    ...: plt.plot(P_new['科创50'],label='科创50',lw=2)
    ...: plt.xlabel('日期',fontsize=12)
    ...: plt.xticks(fontsize=10,rotation=90)      #将横轴刻度逆时针旋转90°
    ...: plt.xlim(xmin='2021-10-25',xmax='2022-01-18')
    ...: plt.ylabel('价格（2021年12月6日收盘价归一处理）',fontsize=12)
    ...: plt.yticks(fontsize=10)
    ...: plt.title('2021年10月25日至2022年1月18日A股代表性指数走势',fontsize=12)
    ...: plt.annotate(text='2021年12月6日',xy=('2021-12-06',0.994),xytext=('2021-12-06',0.96),
    ...:              arrowprops=dict(shrink=0.03),fontsize=12)   #绘制箭头
    ...: plt.legend(fontsize=12)
    ...: plt.grid()
    ...: plt.show()
```

观察图4-4，可以得出以下两个重要的结论。

一是在中国人民银行宣布降准以后的若干交易日内，A股的代表性股指均出现了一定上涨，这表明降准对A股市场确实是一个重大的利好消息。

二是在中国人民银行在宣布降准之前的若干个交易日内，A股股指却出现了小幅下跌，这表明A股市场未能对这次降准有预判，这也意味着本轮的降准是市场意料之外的。

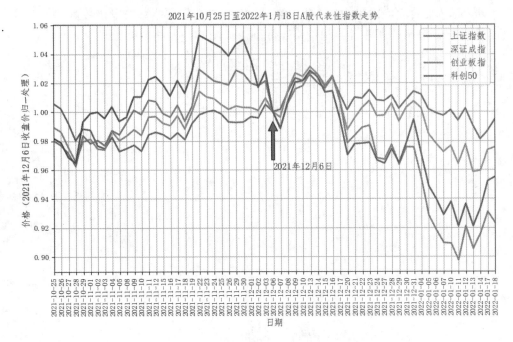

图4-4 2021年10月25日至2022年1月18日A股代表性指数走势
（2021年12月6日收盘价归一处理）

第2步：依次测算 $T-1$ 日至 T 日、T 日至 $T+1$ 日、$T-3$ 日至 T 日、T 日至 $T+3$ 日、$T-5$ 日至 T 日以及 T 日至 $T+5$ 日这6个期间的股票指数涨跌幅数据。具体的代码如下。

```
In [33]: P1_index=P_index.loc['2021-10-25':'2021-12-06']  #取2021年10月25日至12月6日（T日）的数据
    ...: P2_index=P_index.loc['2021-12-06':'2022-01-18']  #取2021年12月6日（T日）至2022年1月18日的数据

In [34]: R1_index=P1_index.iloc[-1]/P1_index.iloc[-2]-1    #T-1日至T日期间的涨跌幅
    ...: print('T-1日至T日期间的涨跌幅\n',round(R1_index,6))
T-1日至T日期间的涨跌幅
上证指数    -0.005025
深证成指    -0.009340
创业板指    -0.020908
科创50     -0.027036
dtype: float64

In [35]: R2_index=P2_index.iloc[1]/P2_index.iloc[0]-1      #T日至T+1日期间的涨跌幅
    ...: print('T日至T+1日期间的涨跌幅\n',round(R2_index,6))
T日至T+1日期间的涨跌幅
上证指数     0.001611
深证成指    -0.003782
创业板指    -0.010907
科创50     -0.011619
dtype: float64

In [36]: R3_index=P1_index.iloc[-1]/P1_index.iloc[-4]-1    #T-3日至T日期间的涨跌幅
    ...: print('T-3日至T日期间的涨跌幅\n',round(R3_index,6))
T-3日至T日期间的涨跌幅
上证指数     0.003473
```

```
深证成指    -0.002791
创业板指    -0.019414
科创50     -0.034818
dtype: float64

In [37]: R4_index=P2_index.iloc[3]/P2_index.iloc[0]-1    #T日至T+3日期间的涨跌幅
    ...: print('T日至T+3日期间的涨跌幅\n',round(R4_index,6))
T日至T+3日期间的涨跌幅
上证指数     0.023329
深证成指     0.026769
创业板指     0.015674
科创50      0.020452
dtype: float64

In [38]: R5_index=P1_index.iloc[-1]/P1_index.iloc[-6]-1    #T-5日至T日期间的涨跌幅
    ...: print('T-5日至T日期间的涨跌幅\n',round(R5_index,6))
T-5日至T日期间的涨跌幅
上证指数     0.007469
深证成指    -0.003865
创业板指    -0.027823
科创50     -0.044492
dtype: float64

In [39]: R6_index=P2_index.iloc[5]/P2_index.iloc[0]-1    #T日至T+5日期间的涨跌幅
    ...: print('T日至T+5日期间的涨跌幅\n',round(R6_index,6))
T日至T+5日期间的涨跌幅
上证指数     0.025569
深证成指     0.031148
创业板指     0.026726
科创50      0.028409
dtype: float64
```

从以上的分析不难发现，在央行降准消息的发布日（2021年12月6日）后的首个交易日，多数A股指数并没有出现预期的上涨，但是在此后的3个交易日内和5个交易日内，A股指数都出现了上涨，说明这次降准消息对A股市场的影响存在一定的滞后效应；相比之下，降准消息公布之前的1个交易日、3个交易日内和5个交易日内，多数A股指数则出现了一定程度的下跌。

第3步：依次测算 $T{-}10$ 日至 T 日、T 日至 $T{+}10$ 日、$T{-}20$ 日至 T 日、T 日至 $T{+}20$ 日、$T{-}30$ 日（即2021年10月25日）至 T 日、T 日至 $T{+}30$ 日（2022年1月18日）这6个期间的股票指数涨跌幅数据。具体的代码如下。

```
In [40]: R7_index=P1_index.iloc[-1]/P1_index.iloc[-11]-1    #T-10日至T日期间的涨跌幅
    ...: print('T-10日至T日期间的涨跌幅\n',round(R7_index,6))
T-10日至T日期间的涨跌幅
上证指数     0.002017
深证成指    -0.013883
创业板指    -0.028465
科创50     -0.050147
dtype: float64

In [41]: R8_index=P2_index.iloc[10]/P2_index.iloc[0]-1    #T日至T+10日期间的涨跌幅
```

```
    ...: print('T 日至 T+10 日期间的涨跌幅\n',round(R8_index,6))
T 日至 T+10 日期间的涨跌幅
上证指数     0.001197
深证成指    -0.012457
创业板指    -0.021530
科创 50     -0.029745
dtype: float64

In [42]: R9_index=P1_index.iloc[-1]/P1_index.iloc[-21]-1    #T-20 至 T 日期间的涨跌幅
    ...: print('T-20 日至 T 日期间的涨跌幅\n',round(R9_index,6))
T-20 日至 T 日期间的涨跌幅
上证指数     0.025917
深证成指     0.016824
创业板指     0.007586
科创 50     0.003552
dtype: float64

In [43]: R10_index=P2_index.iloc[20]/P2_index.iloc[0]-1    #T 日至 T+20 日期间的涨跌幅
    ...: print('T 日至 T+20 日期间的涨跌幅\n',round(R10_index,6))
T 日至 T+20 日期间的涨跌幅
上证指数     0.011986
深证成指     0.002600
创业板指    -0.045737
科创 50    -0.029010
dtype: float64

In [44]: R11_index=P1_index.iloc[-1]/P1_index.iloc[0]-1    #T-30 日至 T 日期间的涨跌幅
    ...: print('T-30 日至 T 日期间的涨跌幅\n',round(R11_index,6))
T-30 日至 T 日期间的涨跌幅
上证指数    -0.005695
深证成指     0.010703
创业板指     0.020161
科创 50     0.018447
dtype: float64

In [45]: R12_index=P2_index.iloc[-1]/P2_index.iloc[0]-1    #T 日至 T+30 日期间的涨跌幅
    ...: print('T 日至 T+30 日期间的涨跌幅\n',round(R12_index,6))
T 日至 T+30 日期间的涨跌幅
上证指数    -0.005403
深证成指    -0.024508
创业板指    -0.076807
科创 50    -0.045110
dtype: float64
```

为了便于对比分析,将第 2 步和第 3 步的输出结果整理在表 4-1 中。

表 4-1 中国人民银行宣布降低存款准备金率前后若干个交易日期间的 A 股指数涨跌幅 (单位:%)

期间的划分标准	主要的观测期间	上证指数	深证成指	创业板指	科创 50
中国人民银行宣布降准之前	T-30 至 T 日	−0.5695	1.0703	2.0161	1.8447
	T-20 日至 T 日	2.5917	1.6824	0.7586	0.3552
	T-10 日至 T 日	0.2017	−1.3883	−2.8465	−5.0147

续表

期间的划分标准	主要的观测期间	上证指数	深证成指	创业板指	科创 50
中国人民银行宣布降准之前	T-5 日至 T 日	0.7469	−0.3865	−2.7823	−4.4492
	T-3 日至 T 日	0.3473	−0.2791	−1.9414	−3.4818
	T-1 日至 T 日	−0.5025	−0.9340	−2.0908	−2.7036
中国人民银行宣布降准之后	T 日至 T+1 日	0.1611	−0.3782	−1.0907	−1.1619
	T 日至 T+3 日	2.3329	2.6769	1.5674	2.0452
	T 日至 T+5 日	2.5569	3.1148	2.6726	2.8409
	T 日至 T+10 日	0.1197	−1.2457	−2.1530	−2.9745
	T 日至 T+20 日	1.1986	0.2600	−4.5737	−2.9010
	T 日至 T+30 日	−0.5403	−2.4508	−7.6807	−4.5110

从表 4-1 可以很清楚地看到，在央行公布降准消息之后，该利好消息对股市的拉动效应随着时间的推移而逐步消退，说明针对央行降准的事件策略对投资者而言，获利的周期是比较短的；此外，也可以发现创业板指和科创 50 的波动，在多数情况下是大于上证指数和深证成指的。

4.2.3 并购套利策略

在正式讨论并购套利策略之前，先介绍一个真实的并购事件，此事件是发生在 2020 年半导体行业的重大并购事件——超威半导体公司（AMD）收购赛灵思公司（Xilinx）。

1. 并购事件的概况

在 2020 年 10 月 26 日美国纳斯达克交易所收盘以后，超威半导体公司与赛灵思公司均对外发布公告，超威半导体公司将采用换股方式实施对赛灵思公司的收购，在收购协议中明确约定 1 股赛灵思公司普通股换取 1.7234 股超威半导体公司普通股，这意味着赛灵思公司股票估值为每股约 141.71 美元，较该公司股票 10 月 26 日收盘价 114.55 美元溢价约 24%，整个收购的价值高达约 350 亿美元。

超威半导体公司成立于 1969 年 5 月，是一家为计算机、通信和消费电子行业设计和制造各种微处理器（如 CPU、GPU、主板芯片组、电视卡芯片等）以及提供闪存和低功率处理器解决方案的全球性半导体公司，公司股票在纳斯达克交易所上市，证券代码 AMD。

赛灵思公司于 1984 年 2 月成立，是现场可编程门阵列（FPGA）芯片的发明者，也拥有 FPGA 芯片的最大市场份额。在 FPGA 领域赛灵思公司最大的竞争对手是英特尔（Intel），公司的股票于 1990 年 6 月 15 日在纳斯达克交易所上市，证券代码 XLNX。

针对该收购事件，从理论而言可以开展并购套利策略（merger arbitrage strategy，MAS）。下面依次介绍构建该策略的逻辑、涉及的数学表达式以及 Python 编程。

2. 策略的逻辑

在并购事件中，通常涉及两家公司，一家是**收购公司**，也称为**收购方**，另一家是**被收购公**

司，也称为**被收购方**或**目标公司**。在前面提到的并购事件中，收购公司是超威半导体公司，赛灵思公司则是被收购公司。

在收购公司与被收购公司均为上市公司的情况下，通常而言收购公司的股票市值要高于被收购公司。比如在前述的事件中，2020 年 10 月 26 日收盘后，超威半导体公司的股票市值为 988.99 亿美元（按照收盘价每股 82.23 美元与总股本 12.0271 亿股计算），而当天赛灵思公司的股票市值为 283.08 亿美元（按照收盘价每股 114.55 美元与总股本 2.4712 亿股计算）。

当并购消息对外发布之后，从理论上讲，收购公司与被收购公司的股价通常会出现以下 3 种趋势性行情。

情形 1：收购公司股价处于下降通道，而被收购公司的股价处于上升通道。
情形 2：两家公司的股价均处于下降通道，但是收购公司股价的跌幅高于被收购公司。
情形 3：两家公司的股价均处于上升通道，但是收购公司股价的涨幅低于被收购公司。

因此，当收购事件对外公布以后，市场就可能存在套利机会。套利者可以买入被收购公司的股票，也就是建立**多头头寸**（long position），同时做空收购公司的股票，也就是建立**空头头寸**（short position）。这里需要对做空股票做些解释。在股票市场中，投资者做空股票的方法是向证券经纪商借入一定数量的股票同时立刻卖出，在未来约定的时间重新买入该股票并且向证券经纪商归还股票。在 A 股市场，投资者可以通过证券公司提供的融券业务实现对特定股票的做空交易。

3. 策略的数学表达式

假定在实施并购套利策略的初始日，收购公司的股票价格用 P_0^A 表示，被收购公司的股票价格用 P_0^B 表示，注意，上标 A 和 B 分别代表收购公司和被收购公司；在套利期间的第 t 个交易日，收购公司与被收购公司的股票价格分别用 P_t^A 和 P_t^B 表示。此外，在策略实施过程中，做空收购公司的股票数量为 N_A，买入（做多）被收购公司的股票数量为 N_B。需要注意的是，在确定股票数量时应当充分考虑并购交易中的换股条款，以前面提及的并购事件为例，由于约定了 1 股赛灵思公司股票换取 1.7234 股超威半导体公司股票，因此在策略实施过程中需要保持 $N_A = 1.7234 N_B$ 的等式关系，从而确保股票的风险暴露为零。

在第 t 个交易日，策略的收益金额 R_t 有如下的表达式。

$$R_t = -N_A \left(P_t^A - P_0^A \right) + N_B \left(P_t^B - P_0^B \right) \quad （式 4-4）$$

为了简化分析，假定策略实施的成本仅考虑购买被收购公司股票的资金投入而不考虑做空的成本（保证金和融券利息），则策略的初始投入成本 $C = N_B P_0^B$。

在第 t 个交易日，策略收益率 r_t 的表达式如下。

$$r_t = \frac{R_t}{C} = \frac{-N_A \left(P_t^A - P_0^A \right) + N_B \left(P_t^B - P_0^B \right)}{N_B P_0^B} \quad （式 4-5）$$

下面通过 Python 编程具体演示并购套利策略的运作过程。

4. 策略实施与 Python 编程

【例 4-3】 在超威半导体公司与赛灵思公司对外发布了并购公告的下一个交易日（2020 年

10月27日），C对冲基金实施了基于该事件的并购套利策略。

假定C对冲基金按照2020年10月27日收盘价买入被收购公司赛灵思公司的股票10万股（多头头寸），并且按照当天收盘价做空收购公司超威半导体公司的股票10万股×1.7234=17.234万股（空头头寸）。此外，在2022年2月14日收盘后赛灵思公司股票被摘牌，至此超威半导体公司最终顺利实现对赛灵思公司的收购，因此整个策略的存续期间是从2020年10月27日至2022年2月14日。相关的编程共分为以下3个步骤。

第1步：导入策略存续期间超威半导体公司与赛灵思公司的股票收盘价数据，并且对这两家公司股票价格走势进行可视化（见图4-5）。相关的代码如下。

```
In [46]: P_2stock=pd.read_excel(io='C:/Desktop/超威半导体公司与赛灵思公司的股价数据.xlsx',sheet_name=
'Sheet1',header=0,index_col=0)    #导入股票收盘价数据

In [47]: (P_2stock/P_2stock.iloc[0]).plot(figsize=(9,6),grid=True,title='套利期间的股价走势',
   ...:                                  xlabel='日期',ylabel='股价（首个交易日收盘价归一处理）')
#可视化
Out[47]:
```

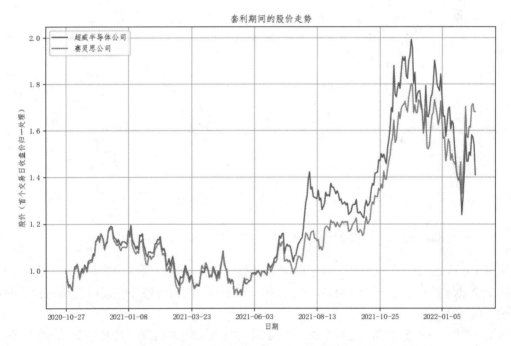

图4-5 2020年10月27日至2022年2月14日两家公司的股价走势
（将2020年10月27日收盘价归一处理）

观察图4-5可以发现，超威半导体公司与赛灵思公司的股价走势存在比较强的同步性。

第2步：测算在策略存续期间的策略收益金额并且进行可视化（见图4-6）。相关的代码如下。

```
In [48]: N_AMD=1.7234e5              #做空超威半导体公司的股票数量（空头头寸）
    ...: N_XLNX=1e5                  #买入赛灵思公司的股票数量（多头头寸）

In [49]: P_AMD=P_2stock['超威半导体公司']   #取超威半导体公司的股票收盘价数据
```

```
         ...: P_XLNX=P_2stock['赛灵思公司']          #取赛灵思公司的股票收盘价数据

In [50]: profit_AMD=-N_AMD*(P_AMD-P_AMD.iloc[0])    #空头头寸的收益金额
    ...: profit_XLNX=N_XLNX*(P_XLNX-P_XLNX.iloc[0]) #多头头寸的收益金额

In [51]: profit_MAS=profit_AMD+profit_XLNX          #测算并购套利策略的收益金额

In [52]: profit_MAS.plot(figsize=(9,6),grid=True,title='并购套利策略的收益金额走势',
    ...:                 xlabel='日期',ylabel='收益金额（美元）')
Out[52]:
```

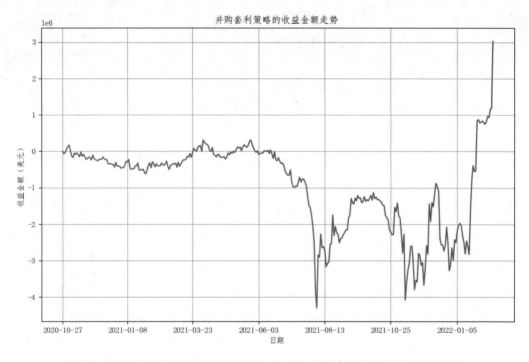

图4-6 2020年10月27日至2022年2月14日并购套利策略的收益金额走势

从图4-6可以明显看到，策略存续期间的收益变化可以划分为3个阶段。

第1个阶段是从2020年10月27日至2021年5月，在该阶段中收益时而略有浮亏时而略有浮盈，但是金额均不大。

第2个阶段是从2021年6月至2022年1月，在该期间内出现了比较明显的亏损，最大浮亏突破了400万美元。

第3个阶段是2022年2月，也就是整个并购进入了最后的收官阶段，在这一阶段由亏转盈，1年多的坚守终于换来了胜利的成果。

第3步：测算在套利策略存续期间的每日收益率情况，在测算时假定策略的投资成本仅考虑购买赛灵思公司股票的资金支出。相关的代码如下。

```
In [53]: C_MAS=N_XLNX*P_XLNX.iloc[0]               #仅考虑多头头寸的投资成本

In [54]: r_MAS=profit_MAS/C_MAS                    #测算并购套利策略的每日收益率
```

```
In [55]: r_MAS.describe()                    #描述性统计指标
Out[55]:
count    328.000000
mean      -0.071245
std        0.088543
min       -0.332390
25%       -0.135532
50%       -0.032094
75%       -0.007982
max        0.233759
dtype: float64
```

从以上的输出结果可以明显发现，在全部的 328 个交易日内，并购套利策略的每日收益率波动比较明显，最低触及-33.2390%，最高达到 23.3759%，并且超过 75%的交易日的策略收益率为负。通过这个示例可以清楚地看到，并购套利策略的盈利绝非如理论描述的这般轻松与容易，在实战中会面临着极高的风险，毕竟能否最终完成并购存在着极大的不确定性。

5. 策略运用的调整

读到这里，有读者或许会提出一个有趣的问题：基于超威半导体公司收购赛灵思公司事件的并购套利策略，是否可以运用逆向投资思维，即买入收购公司超威半导体公司的股票，同时做空被收购公司赛灵思公司的股票呢？这确实是一个很棒的问题，至于问题的答案就来看下面的这个示例。

【例 4-4】 同样是在超威半导体公司与赛灵思公司对外发布并购公告的下一个交易日（2020年 10 月 27 日），D 对冲基金也实施了基于该收购事件的并购套利策略，但是该对冲基金通过大量的基本面分析之后得出这样的结论：该并购事件对超威半导体公司股价的正面影响将显著大于对赛灵思公司股价的正面影响，因此预计超威半导体公司的未来股价涨幅会高于赛灵思公司。

基于上述判断，该对冲基金实施的并购套利策略以 2020 年 10 月 27 日这两家公司股票的收盘价为基础，一方面做空赛灵思公司的股票 2 万股（空头头寸），另一方面买入超威半导体公司的股票 2 万股×1.7234=3.4468 万股（多头头寸）。依然运用 2020 年 10 月 27 日至 2022 年 2 月 14 日的股价数据测算该策略的期间收益情况，相关的代码如下，收益金额走势见图 4-7。

```
In [56]: N_AMD_new=34468                     #买入超威半导体公司的股票数量（多头头寸）
    ...: N_XLNX_new=20000                    #做空赛灵思公司的股票数量（空头头寸）

In [57]: profit_AMD_new=N_AMD_new*(P_AMD-P_AMD.iloc[0])      #多头头寸的收益金额
    ...: profit_XLNX_new=-N_XLNX_new*(P_XLNX-P_XLNX.iloc[0]) #空头头寸的收益金额

In [58]: profit_MAS_new=profit_AMD_new+profit_XLNX_new       #测算新策略的收益金额

In [59]: profit_MAS_new.plot(figsize=(9,6),grid=True,title='新的并购套利策略的收益金额走势',
    ...:                     xlabel='日期',ylabel='收益金额（美元）')  #新策略收益的可视化
Out[59]:
```

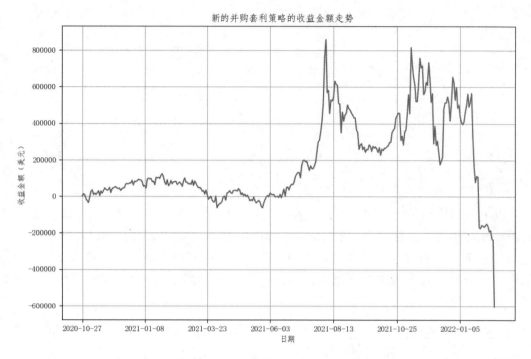

图 4-7　新的并购套利策略的收益金额走势

```
In [60]: C_MAS_new=N_AMD_new*P_AMD.iloc[0]        #新策略的投资成本（仅考虑多头头寸）

In [61]: r_MAS_new=profit_MAS_new/C_MAS_new       #测算并购套利策略的每日收益率

In [62]: r_MAS_new.describe()                     #描述性统计指标
Out[62]:
count    328.000000
mean       0.065183
std        0.081010
min       -0.213870
25%        0.007303
50%        0.029363
75%        0.124001
max        0.304109
dtype: float64
```

从以上的代码输出结果可以看到，采用新的并购套利策略以后，在大多数交易日的策略收益为正，最高收益率为 30.4109%，最低收益率为-21.3870%。只要 D 对冲基金能够在 2022 年 1 月中旬之前平仓，就能够获得一定的正收益。

然而在实战中，采用以上调整后的并购套利策略绝不是一件轻松的事情。考虑到与传统的理论、常规的做法背道而驰，以上调整后的并购套利策略只有决策者具备很大的勇气并且敢于承担巨大的风险才有可能被实施。此外，决策者在策略实施过程中，也将承受策略可能带来亏损的极大心理负担。

4.3　股票的多空头策略

股票的**多空头策略**（long-short strategy，LSS）是指通过买入一家上市公司股票的同时做空另一家上市公司股票,从而最终实现投资收益,通常这两家上市公司处于同一个行业。该策略旨在消除第 3.5 节提及的系统性风险,获得与股票市场相关性较弱的绝对收益。

4.3.1 策略的逻辑与数学表达式

为了更好地理解多空头策略,首先来分析涉及两家证券公司 A 股股票的一个示例。

1. 一个示例

【例 4-5】选取中信证券与海通证券的 A 股股票,考察 2020 年 8 月 3 日(8 月首个交易日)至 2022 年 3 月 28 日这两家证券公司 A 股股价的比值情况。为此,需要导入在该期间这两家证券公司 A 股收盘价数据,计算股价比值并且进行可视化(见图 4-8),相关的代码如下。

```
In [63]: P_list1=pd.read_excel(io='C:/Desktop/中信证券与海通证券的日收盘价数据.xlsx', sheet_name=
'Sheet1',header=0,index_col=0)                              #导入数据即 Sheet1 工作表

In [64]: ratio=P_list1['中信证券']/P_list1['海通证券']         #计算股价比值

In [65]: ratio.plot(figsize=(9,6),grid=True,title='中信证券与海通证券的股价比值变化',
    ...:            xlabel='日期',ylabel='股价比值')   #可视化
Out[65]:
```

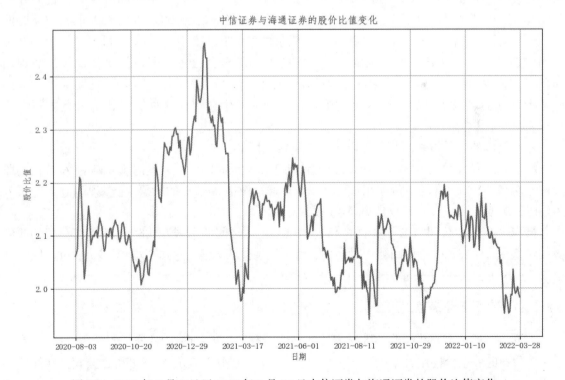

图 4-8 2020 年 8 月 3 日至 2022 年 3 月 28 日中信证券与海通证券的股价比值变化

仔细观察图 4-8 可以发现,从 2020 年 8 月 3 日至 2022 年 3 月 28 日,中信证券与海通证券的股价比值主要围绕着 2.0 至 2.2 的区间震荡,当比值触及下限 2.0 时往往会出现反弹,当股价比值达到上限 2.2 时则会掉头向下,这一现象被称为**比值的均值复归**。需要注意的是,在 2020 年

年底与 2021 年年初的较短时间内，股价比值曾突破上限 2.2 并且最高超过 2.4，当然这种情形可以认为是例外。

该股价比值的走势图提供了股票多空头策略的投资思路，具体就是当比值触及上限 2.2 时，就意味着中信证券 A 股股价被相对高估，海通证券 A 股股价则被相对低估，此时套利者就可以通过做空中信证券 A 股同时买入海通证券 A 股的方式，等待比值进入下行通道后实现正收益；相反，当比值低于下限 2.0 之际，表明中信证券的 A 股股价被相对低估，海通证券的 A 股股价则被相对高估，此时投资者可以通过买入中信证券 A 股同时做空海通证券 A 股的方式，等待比值步入上行轨道后实现正收益。

2. 策略的基本逻辑

通过以上示例可以看到，针对属于同一个行业的两家上市公司，股票价格的比值虽然存在变化，但是这种变化通常会遵循一定的统计学规律，也就是比值往往会存在运行的区间上限与下限，当触及上限时往往预示着比值即将出现反转而下跌，当触及下限以后就会出现反转式的上升。

有读者可能会有疑问：为什么同属一个行业的两家上市公司股价比值能够遵循一定的统计学规律呢？下面就尝试从理论的角度回答这个问题。假定存在 A 公司和 B 公司两家属于同一个行业的上市公司，由于两家公司在诸如公司战略、管理团队、核心技术等微观层面存在差异，从而导致 A 公司和 B 公司的股价存在差异。但是，由于同属于一个行业并且又同属于一个股票市场（比如 A 股市场），因此，影响公司股价的宏观层面因素和中观层面（行业）因素会比较类似，同时这些因素对股价的影响程度也比较相似。最终，A 公司和 B 公司的股价比值虽然存在着一定的波动，有时波动甚至会比较剧烈，但是从比较长的观测周期来看，这种波动通常会保持在合理的区间内，不会过度偏离，因为一旦发生过度偏离的情形，就会带来明显的多空头套利机会，套利的发生会促使这种股价比值关系重新恢复至正常的区间内。

针对具体的交易策略而言，可以分为以下两种情形。

情形 1：当 A 公司与 B 公司的股价比值高于正常区间的上限。这时就意味着 A 公司的股价被相对高估，B 公司的股价被相对低估，可以通过做空 A 公司的股票（空头头寸）同时买入 B 公司的股票（多头头寸）最终实现盈利。

情形 2：当 A 公司与 B 公司的股价比值低于正常区间的下限。此时就表明 A 公司的股价被相对低估，B 公司的股价则被相对高估，就可以通过买入 A 公司的股票（多头头寸）同时做空 B 公司的股票（空头头寸）最终实现正收益。

3. 策略的数学表达式

下面讲解股票多空头策略的数学表达式。假定在构建策略时，A 公司的股票价格用 P_0^A 表示，B 公司的股票价格用 P_0^B 表示，其中，上标的 A 和 B 分别表示 A 公司和 B 公司。在此后的第 t 个交易日，A 公司和 B 公司的股票价格分别用 P_t^A 和 P_t^B 表示，其中，$t=1,2,\cdots,T$。在构建策略时，涉及 A 公司股票的数量用 N_A 表示，B 公司股票的数量用 N_B 表示。在第 t 个交易日，针对策略的收益金额 R_t 和收益率 r_t，需要分两种情形进行讨论。

情形 1：买入 A 公司股票同时做空 B 公司股票，R_t 的表达式如下。

$$R_t = N_A\left(P_t^A - P_0^A\right) - N_B\left(P_t^B - P_0^B\right) \qquad \text{(式 4-6)}$$

为了简化分析，构建套利策略时的成本仅考虑买入 A 公司股票的支出，而暂不考虑做空 B 公司股票的保证金以及利息支出等，因此情形 1 的策略成本 $C = N_A P_0^A$，r_t 的表达式可以写成如下式子。

$$r_t = \frac{R_t}{C} = \frac{N_A\left(P_t^A - P_0^A\right) - N_B\left(P_t^B - P_0^B\right)}{N_A P_0^A} \qquad \text{(式 4-7)}$$

情形 2：做空 A 公司股票同时买入 B 公司股票，R_t 的表达式如下。

$$R_t = -N_A\left(P_t^A - P_0^A\right) + N_B\left(P_t^B - P_0^B\right) \qquad \text{(式 4-8)}$$

同样为了简化分析，套利策略的成本仅考虑买入 B 公司股票的支出，则情形 2 的策略成本 $C = N_B P_0^B$，r_t 有如下的表达式。

$$r_t = \frac{R_t}{C} = \frac{-N_A\left(P_t^A - P_0^A\right) + N_B\left(P_t^B - P_0^B\right)}{N_B P_0^B} \qquad \text{(式 4-9)}$$

下面通过示例具体演示股票多空头策略的构建以及期间策略收益的度量。

4.3.2 策略的具体运用

【**例 4-6**】沿用【例 4-5】的信息，考虑到在 2022 年 3 月 28 日，中信证券与海通证券的 A 股价格比值低于正常区间下限 2.0，因此，E 金融机构计划在 3 月 29 日采用买入中信证券 A 股 100 万股，同时做空海通证券 A 股 100 万股，从而构建多空头策略的一个投资组合。为了能够全面考察策略的有效性，分两个阶段对策略进行剖析。

一是回测阶段。将 2020 年 8 月 3 日至 2022 年 3 月 28 日设定为回测期间，运用该期间这两家公司收盘价对股票多空头策略进行回溯，考察该策略在历史数据中的收益表现。

二是实战阶段。策略实战的存续期间设定为 2022 年 3 月 29 日至 8 月 31 日，并且按照 3 月 29 日的收盘价买入股票与做空股票，从而考察策略的真实收益状况。

为了能够与上面的两个阶段保持对应，Python 编程也分为 2 个步骤。

第 1 步：策略的回测阶段分析。需要注意的是，在回测阶段假定以 2022 年 3 月 28 日作为策略构建日，并且回测阶段的股价数据已经在【例 4-5】中完成了导入。相应的代码如下，策略收益趋势见图 4-9。

```
In [66]: N_citics=1e6                                    #策略运用的中信证券A股数量
    ...: N_htsec=1e6                                     #策略运用的海通证券A股数量

In [67]: profit_citics=N_citics*(P_list1['中信证券']-P_list1['中信证券'].iloc[-1])  #回测阶段的中信证券A股收益金额

In [68]: profit_htsec=-N_htsec*(P_list1['海通证券']-P_list1['海通证券'].iloc[-1])  #回测阶段的海通证券A股收益金额

In [69]: profit1_LSS=profit_citics+profit_htsec          #回测阶段的策略收益金额

In [70]: profit1_LSS.plot(figsize=(9,6),grid=True,title='回测阶段的策略收益趋势',xlabel='日期',
```

```
   ...:                    ylabel='收益金额（元）')      #可视化
Out[70]:
```

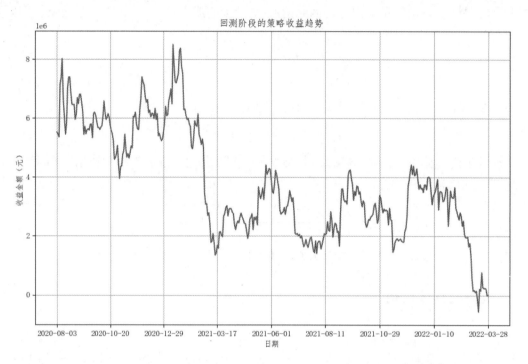

图4-9 2020年8月3日至2022年3月28日回测阶段的策略收益趋势

针对图4-9需要做个说明，由于运用历史数据进行回测，并且回测阶段的策略构建日是2022年3月28日，因此需要按照日期轴（x轴）由右往左进行观察。通过观察可以发现，在整个回测期间策略基本是正收益，仅仅在策略初期有短暂的亏损，由于股票价格的比值存在波动，因此策略的收益也存在较大的波动，最大收益超过了800万元。回测阶段的良好收益表现为策略的最终实战运用提供了数据支持。

第2步：策略的实战阶段分析。需要导入2022年3月29日至8月31日实战阶段的股票收盘价数据，测算该阶段的日收益金额以及日收益率，为了便于分析，策略的成本仅考虑买入中信证券A股的成本。相关的代码如下，策略收益趋势见图4-10。

```
In [71]: P_list2=pd.read_excel(io='C:/Desktop/中信证券与海通证券的日收盘价数据.xlsx',sheet_name=
'Sheet2',header=0,index_col=0)    #导入数据即Sheet2工作表

In [72]: P0_citics=P_list2['中信证券'].iloc[0]  #策略构建日（2022年3月29日）中信证券A股收盘价
   ...: P0_htsec=P_list2['海通证券'].iloc[0]   #策略构建日（2022年3月29日）海通证券A股收盘价

In [73]: profit2_LSS=N_citics*(P_list2['中信证券']-P0_citics)-N_htsec*(P_list2['海通证
券']-P0_htsec)                                #计算实战阶段的策略日收益金额

In [74]: profit2_LSS.plot(figsize=(9,6),grid=True,title='实战阶段的策略收益趋势',xlabel='日期',
   ...:                   ylabel='收益金额（元）')      #可视化
Out[74]:
```

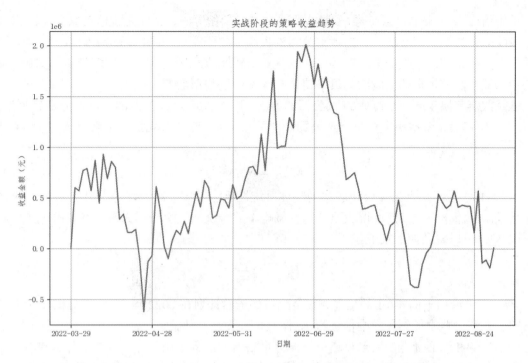

图 4-10 2022 年 3 月 29 日至 8 月 31 日实战阶段的策略收益趋势

观察图 4-10 可以发现，策略实施仅半个月后（即 2022 年 4 月中旬）策略实战的收益金额已经接近 100 万元，策略实施了 3 个月后（即 2022 年 6 月下旬）策略实战的收益金额达到 200 万元，这说明该策略能够产生一定的赚钱效应，当然也要看到策略的收益存在很大的波动，特别是在 4 月下旬、8 月上旬及下旬，策略都出现了一定的亏损。

```
In [75]: cost=N_citics*P0_citics          #购买中信证券A股的成本

In [76]: r_LSS=profit2_LSS/cost           #计算策略实战阶段的日收益率

In [77]: r_LSS.describe()                 #策略实战阶段的日收益率统计指标
Out[77]:
count    106.000000
mean       0.027235
std        0.027146
min       -0.030617
25%        0.009012
50%        0.022469
75%        0.038765
max        0.099259
dtype: float64
```

通过以上的分析可以看到，在策略实战阶段的 106 个交易日内，策略收益率最高接近 10%，最差情况是亏损超过 3%，即使考虑年化 8% 左右的融券券息利率，该策略依然有较大概率实现一定的正收益。

4.3.3 策略的微调

细心的读者可能已经发现【例 4-6】构建的股票多空头策略中，存在着一个隐含的前提条件，即中信证券 A 股和海通证券 A 股的股票贝塔值是相等的，也就是说这两家公司面临的系统性风险完全相同。但事实上，这两家公司的贝塔值并不完全相同，因此【例 4-6】构建的策略并没有实现系统性风险的全部对冲，从而留下了额外的系统性风险。为了能够将系统性风险彻底消除掉，需要根据两只股票的贝塔值调整策略中的股票数量。

依然假定有属于同一个行业的 A 公司和 B 公司，A 公司和 B 公司的贝塔值分别表示为 β_A 与 β_B。在构建股票多空头策略时，A 公司股票的数量 N_A 与 B 公司股票的数量 N_B 应当满足以下的等式关系。

$$N_A \beta_A = N_B \beta_B \qquad (式 4\text{-}10)$$

（式 4-10）表明，持有 A 公司股票的整体系统性风险暴露金额恰好等于 B 公司股票的整体系统性风险暴露金额，从而使得股票多空头策略中的系统性风险暴露为零。将（式 4-10）两边同时除以 β_B 可以得到如下式子。

$$N_B = N_A \frac{\beta_A}{\beta_B} \qquad (式 4\text{-}11)$$

【例 4-7】沿用【例 4-6】的信息，E 金融机构依然计划在 2022 年 3 月 29 日构建一个多空头策略，在该策略中依然买入中信证券 A 股 100 万股，但是做空海通证券 A 股的数量则需要考虑中信证券和海通证券的股票贝塔值，测算贝塔值的过程中用沪深 300 指数作为市场组合。策略实战的存续期间还是设定为 2022 年 3 月 29 日至 8 月 31 日，并且按照 3 月 29 日的收盘价买入股票与做空股票，从而考察策略的真实收益状况。Python 编程分为以下 2 个步骤。

第 1 步：计算贝塔值。导入 2020 年 8 月 3 日至 2022 年 3 月 28 日的沪深 300 指数日收盘价数据，通过线性回归模型依次计算中信证券 A 股和海通证券 A 股的贝塔值，需要运用 statsmodels 的子模块 api。相关的代码如下。

```
In [78]: import statsmodels.api as sm                           #导入statsmodels的子模块api

In [79]: HS300_list=pd.read_excel(io='C:/Desktop/沪深300指数日收盘价（2020年8月3日至2022年
3月28日）.xlsx',sheet_name='Sheet1',header=0,index_col=0)         #导入数据

In [80]: R_HS300=np.log(HS300_list/HS300_list.shift(1))          #计算沪深300指数的日收益率
   ...: R_HS300=R_HS300.dropna()                                 #删除缺失值

In [81]: R_2stock=np.log(P_list1/P_list1.shift(1))               #计算两家证券公司股票的日收益率
   ...: R_2stock=R_2stock.dropna()

In [82]: R_citics=R_2stock['中信证券']                            #取中信证券A股的日收益率
   ...: R_htsec=R_2stock['海通证券']                              #取海通证券A股的日收益率

In [83]: con=np.ones(len(R_HS300))                               #创建元素为1且元素个数等于沪深300样本数的数组
   ...: con=pd.Series(data=con,index=R_HS300.index)              #转换为序列

In [84]: R_HS300_addcon=pd.concat([con,R_HS300],axis=1)          #合并两个序列
   ...: R_HS300_addcon=R_HS300_addcon.rename(columns={0:'截距项'}) #修改列名

In [85]: model_citics=sm.OLS(endog=R_citics,exog=R_HS300_addcon) #构建针对中信证券A股的线性回归模型

In [86]: result_citics=model_citics.fit()                        #拟合线性回归模型

In [87]: beta_citics=result_citics.params[-1]                    #取线性回归模型的斜率（贝塔值）
   ...: print('中信证券A股的贝塔值',round(beta_citics,4))
```

中信证券A股的贝塔值 0.9786

```
In [88]: model_htsec=sm.OLS(endog=R_htsec,exog=R_HS300_addcon)  #构建针对海通证券A股的线性回归模型

In [89]: result_htsec=model_htsec.fit()

In [90]: beta_htsec=result_htsec.params[-1]
   ...: print('海通证券A股的贝塔值',round(beta_htsec,4))
海通证券A股的贝塔值 0.7048
```

从以上的输出结果可以看到，中信证券A股的贝塔值高于海通证券A股的贝塔值，这就意味着在构建股票多空头策略时，做空海通证券A股的数量多于买入中信证券A股的数量，这一结论也可以通过（式4-11）得到。

第2步：计算实战收益。根据（式4-11）计算做空海通证券的A股数量，然后测算实战阶段的日收益金额以及日收益率，为了便于分析，策略的成本仅考虑买入中信证券A股的成本。相关的代码如下，调整后策略收益趋势见图4-11。

```
In [91]: N_htsec_new=N_citics*beta_citics/beta_htsec    #调整后策略运用的海通证券A股数量
   ...: N_htsec_new=int(N_htsec_new)                    #向下取整
   ...: print('做空海通证券A股的数量',N_htsec_new)
做空海通证券A股的数量 1388458
```

以上的输出结果表明，做空海通证券A股的数量需要从【例4-6】的100万股调整为138.8458万股，当然这里不考虑A股市场每次交易必须是100股整数倍的规则。

```
In [92]: profit3_LSS=N_citics*(P_list2['中信证券']-P0_citics)-N_htsec_new*(P_list2['海通证券']-P0_htsec)   #调整后策略在实战阶段的日收益金额

In [93]: profit3_LSS.plot(figsize=(9,6),grid=True,title='实战阶段的调整后策略收益趋势',
   ...:              xlabel='日期',ylabel='收益金额（元）')              #可视化
Out[93]:
```

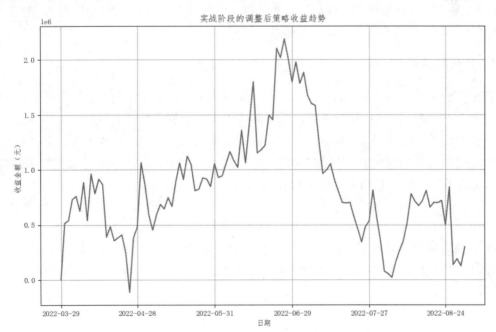

图4-11　2022年3月29日至8月31日实战阶段的调整后策略收益趋势

仔细比较图 4-11 与图 4-10 可以发现，在实战阶段调整后的策略收益得到了一定的改善，最高的收益超过了 200 万元，策略出现亏损的交易日也明显减少。

```
In [94]: r_LSS_new=profit3_LSS/cost            #计算调整后策略在实战阶段的日收益率

In [95]: r_LSS_new.describe()                  #日收益率的统计指标
Out[95]:
count    106.000000
mean       0.041479
std        0.024508
min       -0.005679
25%        0.025492
50%        0.038619
75%        0.052146
max        0.108083
dtype: float64
```

通过以上的输出结果可以看到，调整后的策略日最高收益率接近 11%，最大的日亏损也收窄至不足 1%，均优于【例 4-6】的策略日收益率水平。

4.4 股票的跨市场套利策略

第 4.3 节讨论的股票多空头策略是针对两家不同上市公司的股票开展套利，而本节将要探讨的**跨市场套利策略**（intermarket arbitrage strategy，IAS）则是针对一家上市公司在不同股票市场挂牌交易的股票（比如 A 股和 H 股），利用不同股票市场之间的比价关系而实施的套利。

4.4.1 比价与策略逻辑

在股票跨市场套利策略中，核心的变量是同一家公司在不同市场的股票比价，理解比价的含义及其数学表达式是掌握这一策略的起点。

1. 比价的数学表达式

假定一家上市公司分别在 A 市场（比如 A 股市场）和 B 市场（比如港股市场）发行股票。用 P_t^A 代表第 t 个交易日该上市公司在 A 市场的股票价格，股票价格的计价货币用 A 市场所在国家或地区的法定货币（简称"A 货币"），比如 A 市场是 A 股市场，则 A 货币就是人民币；P_t^B 代表第 t 个交易日该公司在 B 市场的股票价格，计价货币用 B 市场所在国家或地区的法定货币（简称"B 货币"），比如 B 市场是港股市场，则 B 货币就是港币。

由于不同市场的股票计价货币存在差异，因此需要引入汇率这一变量，用 E 表示汇率，并且汇率的标价方法是 1 个单位 B 货币可以兑换多少个单位 A 货币，比如 A 货币是人民币、B 货币是港币，则汇率标价就是 1 港币兑换多少元人民币。关于汇率标价方法可以参见第 1.5.1 小节。

在第 t 个交易日，该公司在 A 市场的股价与 B 市场的股价之间的比价记为 PR_t，就有如下的表达式。

$$PR_t = \frac{P_A}{P_B E} = \frac{P_A}{\frac{P_B}{E}} \qquad (\text{式 4-12})$$

下面通过一个示例测算比价并且通过该示例引出跨市场套利策略的逻辑。

2. 一个示例

【**例 4-8**】比亚迪股份有限公司（简称"比亚迪"）作为一家上市公司，在深圳证券交易所发行 A 股股票，A 股的证券简称是比亚迪，证券代码是 002594；同时公司在香港交易所发行 H 股股票，H 股的证券简称是比亚迪股份，证券代码是 1211。

导入 2019 年 1 月 2 日（1 月首个交易日）至 2022 年 3 月 8 日比亚迪 A 股、H 股的收盘价以及港币兑人民币的汇率数据，计算该期间 A 股与 H 股的比价并且将比价数据可视化（见图 4-12），这里的汇率运用中国人民银行公布的汇率中间价，相关的代码如下。

```
In [96]: BYD_FX=pd.read_excel(io='C:/Desktop/比亚迪股票价格与汇率.xlsx',sheet_name='Sheet1',
header=0,index_col=0)         #导入数据即Sheet1工作表
   ...: BYD_FX=BYD_FX.dropna()                #删除缺失值

In [97]: P_A=BYD_FX['比亚迪']                 #取比亚迪A股收盘价
   ...: P_H=BYD_FX['比亚迪股份']               #取比亚迪H股收盘价
   ...: FX=BYD_FX['港币兑人民币']              #取港币兑人民币的汇率

In [98]: PR=P_A/(P_H*FX)                      #计算比亚迪A股与H股的比价

In [99]: PR.plot(figsize=(9,6),grid=True,title='比亚迪A股与H股的比价走势',xlabel='日期',
   ...:          ylabel='A股与H股的比价')      #可视化
Out[99]:
```

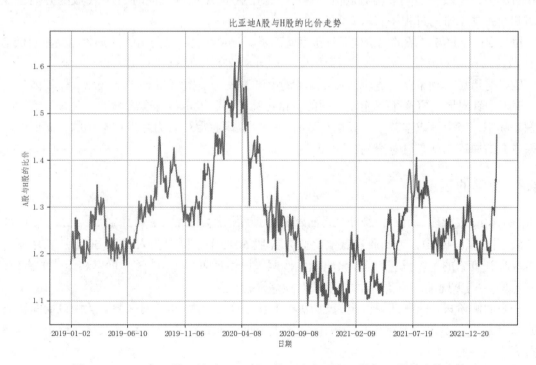

图 4-12　2019 年 1 月 2 日至 2022 年 3 月 8 日比亚迪 A 股与 H 股的比价走势

仔细观察图 4-12 可以发现，在 2019 年 1 月 2 日至 2022 年 3 月 8 日，比亚迪 A 股与 H 股的比价在多数交易日保持在 1.2 至 1.4 范围呈现箱体震荡的走势，当超过区间上限 1.4 时，比价

就存在下行的压力，相反当比价跌破 1.2 的区间下限时，比价就存在向上的动力。当然，也存在少数例外的情形，比如在 2020 年 3 月至 4 月上旬，比价在 1.4 的上方位置短暂运行，在 2020 年 9 月至 2021 年 4 月比价则低于 1.2，但即使出现了这些例外情况，比价最终依旧在 1.2 至 1.4 之间震荡。

```
In [100]: PR.describe()                    #比价的描述性统计指标
Out[100]:
count     750.000000
mean        1.271355
std         0.103174
min         1.077071
25%         1.205929
50%         1.257840
75%         1.322978
max         1.646809
dtype: float64
```

从以上统计指标可以清楚地看到，在 2019 年 1 月 2 日至 2022 年 3 月 8 日，比价的平均值是 1.2714，最低下探至 1.0771，最高则触及 1.6468。

3. 策略的方案与逻辑

从【例 4-8】中可以归纳出股票跨市场套利策略的具体实施方案，并且分为两种情形。

情形 1：A 股与 H 股的比价向上突破区间上限。在这种情形下，可以认为该公司 A 股价格被相对高估，H 股价格则被相对低估，就可以采用做空 A 股并且同时买入 H 股的方案，在比价回归至正常水平的过程中获取套利收益。

情形 2：A 股与 H 股的比价向下跌破区间下限。此时就表明该公司的 A 股价格被相对低估，而 H 股价格被相对高估，就可以运用买入 A 股同时做空 H 股的方案实现套利收益。

股票跨市场套利策略的逻辑基础就是金融资产的**一价定律**（law of one price），具体是指在同一时间、针对同一资产不可能以不同的价格进行交易，该定律是金融学的一条核心准则。在金融市场中，当交易成本较小、竞争充分时，一价定律通常被认为是近似准确的，而促成一价定律成立的原动力就是套利交易的存在。

4.4.2　策略的运用

【例 4-9】根据图 4-12，F 对冲基金敏锐地发现在 2022 年 3 月 8 日比亚迪 A 股与 H 股的比价突破了区间上限 1.4，为此通过做空比亚迪 A 股 50 万股、同时买入 H 股 50 万股，从而构建跨市场套利策略的一个投资组合，策略收益按照人民币计价。为了能够全面考察策略的有效性，借鉴【例 4-6】的思路，依然分两个阶段对策略进行剖析。

一是回测阶段。回测期间设定为 2019 年 1 月 2 日至 2022 年 3 月 8 日，运用该期间比亚迪 A 股和 H 股的收盘价以及港币兑人民币汇率对策略进行回溯，从而考察该策略在历史数据中的收益表现。

二是实战阶段。策略实战的存续期间设定为 2022 年 3 月 9 日至 8 月 31 日，并且按照 3 月 9 日的收盘价买入 H 股和做空 A 股，从而考察策略的真实收益状况。

同时，为了便于分析，策略成本仅考虑购买 50 万股 H 股的成本，不考虑做空 A 股（融券）

的保证金和融券券息。为了能够与上面的两个阶段保持对应,Python 编程也划分为 2 个步骤。

第 1 步:策略的回测阶段分析。在回测阶段假定以 2022 年 3 月 8 日作为策略构建日,计算策略在回测阶段的收益率并且进行可视化(见图 4-13),相关的股价与汇率数据已经在【例 4-8】完成了导入。相关的代码如下。

```
In [101]: N_BYD=5e5                              #比亚迪A股与H股的股数

In [102]: P0_A=P_A.iloc[-1]                      #2022年3月8日比亚迪A股的收盘价
     ...: P0_H=P_H.iloc[-1]                      #2022年3月8日比亚迪H股的收盘价
     ...: FX0=FX.iloc[-1]                        #2022年3月8日港币兑人民币汇率

In [103]: C1_IAS=N_BYD*P0_H*FX0                  #回测阶段的策略初始投资成本(仅考虑H股投资成本)

In [104]: profit1_IAS=-N_BYD*(P_A-P0_A)+FX*N_BYD*(P_H-P0_H)   #回测阶段的策略收益金额

In [105]: r1_IAS=profit1_IAS/C1_IAS              #回测阶段的策略收益率

In [106]: r1_IAS.plot(figsize=(9,6),grid=True,title='回测阶段的股票跨市场套利策略收益率',
     ...:             xlabel='日期',ylabel='策略收益率')
Out[106]:
```

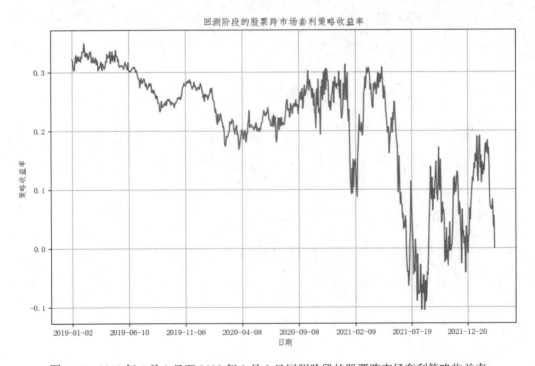

图 4-13 2019 年 1 月 2 日至 2022 年 3 月 8 日回测阶段的股票跨市场套利策略收益率

需要强调的是,由于回测阶段的策略构建日是 2022 年 3 月 8 日,因此观察图 4-13 就需要按照时间轴从右往左进行观测。通过观测不难发现,在运用历史数据并且不考虑交易费用以及 A 股融券(做空)资金成本的前提下,做空比亚迪 A 股并买入 H 股的套利方案在 3 个月的较短期限内就可以获得最高约 20%的收益,期限拉长至 1 年则可以取得最高 30%的收益,即使扣除年化 8%的融券券息利率,依然有机会获取可观的投资回报,这表明该套利策略具备运用于实战的可行性。

第2步：策略的实战阶段分析。需要导入2022年3月9日至8月31日股票收盘价以及汇率的数据，计算实战阶段的策略收益率并且可视化（见图4-14）。相关的代码如下。

```
In [107]: BYD_FX_new=pd.read_excel(io='C:/Desktop/比亚迪股票价格与汇率.xlsx', sheet_name='Sheet2',
header=0,index_col=0)  #导入数据即Sheet2工作表
     ...: BYD_FX_new=BYD_FX_new.dropna()                    #删除缺失值

In [108]: P0_A_new=BYD_FX_new['比亚迪'].iloc[0]          #2022年3月9日比亚迪A股收盘价
     ...: P0_H_new=BYD_FX_new['比亚迪股份'].iloc[0]      #2022年3月9日比亚迪H股收盘价
     ...: FX0_new=BYD_FX_new['港币兑人民币'].iloc[0]    #2022年3月9日港币兑人民币汇率

In [109]: C2_IAS=N_BYD*P0_H_new*FX0_new                  #实战阶段的策略投资成本

In [110]: profit_A=-N_BYD*(BYD_FX_new['比亚迪']-P0_A_new)    #做空A股的收益金额
     ...: profit_H=N_BYD*(BYD_FX_new['比亚迪股份']-P0_H_new)*BYD_FX_new['港币兑人民币']   #持有H股的收益金额

In [111]: profit2_IAS=profit_A+profit_H                  #实战阶段的策略收益金额

In [112]: r2_IAS=profit2_IAS/C2_IAS                      #实战阶段的策略收益率

In [113]: r2_IAS.plot(figsize=(9,6),grid=True,title='实战阶段的股票跨市场套利策略收益率',
     ...:            xlabel='日期',ylabel='策略收益率')
Out[113]:
```

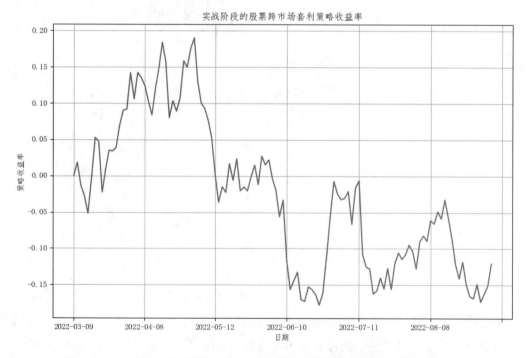

图4-14　2022年3月9日至8月31日实战阶段的股票跨市场套利策略收益率

```
In [114]: r2_IAS.loc['2022-04-25':'2022-04-29']   #输出2022年4月25日至29日期间的收益率
Out[114]:
```

```
日期
2022-04-25    0.158355
2022-04-26    0.149601
2022-04-27    0.175664
2022-04-28    0.190071
2022-04-29    0.130187
dtype: float64
```

结合图 4-14 以及其他的代码输出结果可以发现，在实战阶段中，运用比亚迪 A 股与 H 股的跨市场套利策略不到 2 个月就达到了 19% 的最高收益率。即使考虑做空的成本，假定融券的年化券息利率为 8%，折合成 2 个月券息成本约为 1.33%，在扣除融券成本以后，短期内的策略净收益率依然可以超过 17%，这证明套利策略在短期内能带来比较可观的回报。

从图 4-14 也能看到，一旦将期限拉长至 2 个月以上，该策略就会出现较大概率的亏损，最大的亏损率超过 15%，这表明股票跨市场套利策略具有很大的风险性，对投资者而言选择何时结束策略显得尤为重要。

4.5 股票投资组合的绩效评估

本章前面 4 节都是分析股票的投资策略，也就是讨论"如何投"的问题，从本节开始就要将注意力转移至投资业绩，也就是探讨"好与差"的问题。针对机构投资者而言，股票投资通常以构建投资组合的方式进行，因此针对业绩的讨论也基于股票投资组合的业绩展开。

衡量投资组合的管理是否成熟和规范的核心标准，就是考察投资组合实际承担的风险与获取的收益之间是否匹配，这就是绩效评估的核心问题。首先，来看一个关于 A 股市场 4 只开放式股票型基金的例子。

【例 4-10】G 投资机构配置了 4 只投资 A 股市场的开放式股票型基金，分别是诺安新经济股票基金、华宝品质生活股票基金、国寿安保智慧生活股票基金以及工银创新动力股票基金。表 4-2 列出这 4 只股票型基金在 2020 年至 2022 年的收益率等信息。

表 4-2 2020 年至 2022 年 4 只开放式股票型基金的收益情况

基金名称	基金代码	基金成立日	期间累计收益率（%）	收益排名
诺安新经济股票基金	000971	2015-01-26	61.2774	第 1 位
华宝品质生活股票基金	000867	2015-01-21	58.9865	第 2 位
国寿安保智慧生活股票基金	001672	2015-09-01	48.6880	第 3 位
工银创新动力股票基金	000893	2014-12-11	46.1897	第 4 位

数据来源：同花顺。

从表 4-2 可以明显看到，如果单纯是按照收益率进行排名，在这 4 只基金中，诺安新经济股票基金是当之无愧的收益冠军，相比之下，工银创新动力股票基金则垫底。但是仅仅关注收益率则会忽视基金投资的风险，如果将收益与风险综合进行考量，诺安新经济股票基金还是最好的基金吗？工银创新动力股票基金依旧是最差的基金吗？

要回答上述问题，就需要通过评估绩效指标对基金进行量化分析并进行重新排名。目前比较常用的评估绩效指标包括夏普比率、索提诺比率、特雷诺比率、卡玛比率和信息比率等 5 个指标，本节结合【例 4-10】并借助 Python 编程依次对这些指标展开讨论。

4.5.1 夏普比率

夏普比率（Sharpe ratio，SR），也称**夏普指数**，是由美国经济学家威廉·夏普提出的，是当前评估公募基金、私募基金和资管产品等投资组合绩效的核心指标之一。在第 3.4.3 小节讨论资本市场线的内容时就曾提到夏普比率实际就是资本市场线的斜率。

夏普比率具体是指在某个期间内，投资组合取得超出无风险利率的这部分收益与投资组合波动率之间的比值，反映了投资组合承担每一单位风险所获取的超额收益，这里的超额收益以无风险利率作为比较基准。

1. 数学表达式与 Python 自定义函数

假定夏普比率记作 SR，R_p 表示投资组合在观测期间内的年化收益率，R_f 表示无风险利率，σ_p 表示投资组合收益率的年化波动率，后文将收益率的年化波动率统一简称为"波动率"。夏普比率的表达式可以写成如下式子。

$$SR = \frac{R_p - R_f}{\sigma_p} \qquad (式 4\text{-}13)$$

为了能够高效地计算夏普比率，通过 Python 自定义一个用于计算夏普比率的函数，具体的代码如下。

```
In [115]: def SR(Rp,Rf,Vp):
     ...:     '''计算夏普比率的函数
     ...:     Rp: 投资组合的年化收益率;
     ...:     Rf: 无风险利率;
     ...:     Vp: 投资组合收益率的波动率'''
     ...:     ratio=(Rp-Rf)/Vp          #计算夏普比率
     ...:     return ratio
```

在以上自定义函数 SR 中，只需要输入投资组合的年化收益率、无风险利率以及投资组合收益率的波动率，就可以计算得到投资组合的夏普比率。

2. 一个示例

【例 4-11】沿用【例 4-10】的信息，同时无风险利率选择中国人民银行发布的金融机构 1 年期人民币存款基准利率即 1.5%，计算诺安新经济股票基金、华宝品质生活股票基金、国寿安保智慧生活股票基金以及工银创新动力股票基金这 4 只基金的夏普比率，具体的编程分 3 个步骤完成。

第 1 步：导入 2020 年至 2022 年 4 只基金的日净值数据，并且绘制基金净值的走势图（见图 4-15）。具体的代码如下。

```
In [116]: P_fund=pd.read_excel(io='C:/Users/shufe/Desktop/4 只股票型基金的净值数据.xlsx', sheet_name='Sheet1',header=0,index_col=0)  #导入数据

In [117]: P_fund.plot(figsize=(9,6),grid=True,title='4 只股票型基金的净值走势',xlabel='日期',
     ...:             ylabel='基金净值（元）')   #净值数据可视化
Out[117]:
```

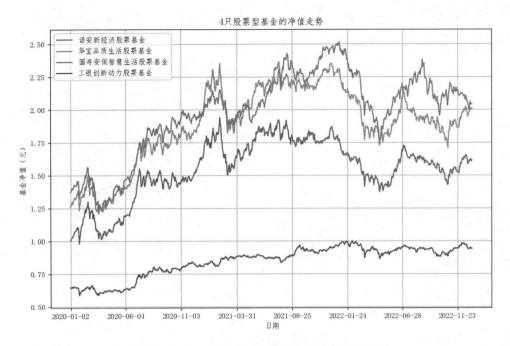

图 4-15　2020—2022 年 4 只股票型基金的净值走势

观察图 4-15 可以发现，工银创新动力股票基金的净值走势比较稳健，其他 3 只基金的净值波动比较大并且在走势上存在趋同性。

第 2 步：计算 2020 年至 2022 年每只基金的年化收益率和波动率，然后运用自定义函数 SR 测算每只基金的夏普比率。具体的代码如下。

```
In [118]: R_fund=np.log(P_fund/P_fund.shift(1))     #计算基金日收益率
     ...: R_fund=R_fund.dropna()                    #删除缺失值

In [119]: R_mean=R_fund.mean()*252                  #年化收益率
     ...: Sigma=R_fund.std()*np.sqrt(252)           #波动率
     ...: R_f=0.015                                 #无风险利率

In [120]: SR_fund=SR(Rp=R_mean,Rf=R_f,Vp=Sigma)
     ...: print('2020至2022年的夏普比率\n',round(SR_fund,4))
2020至2022年的夏普比率
诺安新经济股票基金         0.5888
华宝品质生活股票基金        0.5756
国寿安保智慧生活股票基金     0.5430
工银创新动力股票基金        0.7522
dtype: float64
```

针对以上的代码输出结果，按照夏普比率进行排名，工银创新动力股票基金排名第 1，诺安新经济股票基金则在第 2，华宝品质生活股票基金位列第 3，国寿安保智慧生活股票基金则排在末尾，该排名显然有别于仅按照收益率排名的结果。因此，无论是投资者还是基金管理人，单纯追求收益率是非常片面的，应当综合考量收益与风险，保持收益与风险之间的平衡。

第 3 步：计算 2020 年至 2022 年各只基金每年的夏普比率。具体的代码如下。

```
In [121]: R_2020=R_fund.loc['2020-01-01':'2020-12-31']    #获取2020年的日收益率
     ...: R_2021=R_fund.loc['2021-01-01':'2021-12-31']    #获取2021年的日收益率
```

```
        ...: R_2022=R_fund.loc['2022-01-01':'2022-12-31']        #获取2022年的日收益率

In [122]: R_mean_2020=R_2020.mean()*252                          #计算2020年的年化收益率
     ...: R_mean_2021=R_2021.mean()*252                          #计算2021年的年化收益率
     ...: R_mean_2022=R_2022.mean()*252                          #计算2022年的年化收益率

In [123]: Sigma_2020=R_2020.std()*np.sqrt(252)                   #计算2020年的波动率
     ...: Sigma_2021=R_2021.std()*np.sqrt(252)                   #计算2021年的波动率
     ...: Sigma_2022=R_2022.std()*np.sqrt(252)                   #计算2022年的波动率

In [124]: SR_2020=SR(Rp=R_mean_2020,Rf=R_f,Vp=Sigma_2020)        #计算2020年的夏普比率
     ...: print('2020年的夏普比率\n',round(SR_2020,4))
2020年的夏普比率
诺安新经济股票基金            1.8501
华宝品质生活股票基金           1.7023
国寿安保智慧生活股票基金       1.4854
工银创新动力股票基金           1.2976
dtype: float64

In [125]: SR_2021=SR(Rp=R_mean_2021,Rf=R_f,Vp=Sigma_2021)        #计算2021年的夏普比率
     ...: print('2021年的夏普比率\n',round(SR_2021,4))
2021年的夏普比率
诺安新经济股票基金            0.0747
华宝品质生活股票基金           0.4619
国寿安保智慧生活股票基金       1.1899
工银创新动力股票基金           1.3727
dtype: float64

In [126]: SR_2022=SR(Rp=R_mean_2022,Rf=R_f,Vp=Sigma_2022)        #计算2022年的夏普比率
     ...: print('2022年的夏普比率\n',round(SR_2022,4))
2022年的夏普比率
诺安新经济股票基金           -0.5368
华宝品质生活股票基金          -0.7054
国寿安保智慧生活股票基金      -1.0138
工银创新动力股票基金          -0.2782
dtype: float64
```

根据第 3 步的输出结果可以看到,在不同年份中,不同基金的夏普比率数值变化较大,并且按照夏普比率进行的业绩排名也会出现较大变动。

在 2020 年,诺安新经济股票基金的夏普比率排名第 1,工银创新动力股票基金则排名最后;在 2021 年,工银创新动力股票基金的排名上升至第 1 位,诺安新经济股票基金变成了倒数第 1;在 2022 年,由于 4 只基金的夏普比率均为负数,因此绝对值越小的排名越靠前,排名第 1 的依然是工银创新动力股票基金,排名最后的则为国寿安保智慧生活股票基金。因此,按照夏普比率进行业绩排名,每年得到的排名结果可能会存在不同。

3. 需要关注的问题

在运用夏普比率的过程中,需要特别关注以下 3 个问题。

一是基准值的问题。由于夏普比率不存在基准值,因此比率的数值大小本身没有什么意义,只有与其他投资组合比较才有现实价值。

二是预测性的问题。夏普比率与后面讨论的其他指标一样，衡量的是投资组合的历史表现，但是过往的业绩并不能代表未来业绩。

三是稳定性的问题。在测算夏普比率的过程中，比率的数值结果通常会受到观测期间的跨度、收益计算频次（比如日频、月频）等因素影响。【例 4-11】中第 3 步的计算结果恰好在一定程度上说明了这个问题。

4.5.2 索提诺比率

投资者对收益的波动可谓既爱又恨：当波动带来正收益时，人人都爱它；相反，当波动带来的是负收益时，人人都恨它。因此，投资者也通常会将引起亏损的波动视为风险。基于这样的逻辑，弗兰克·索提诺提出了用于评价投资组合业绩的一个新指标——**索提诺比率**（Sortino ratio，SOR）。

1. 数学表达式和 Python 自定义函数

索提诺比率的分子与夏普比率相同，都是投资组合的收益率减去无风险利率，差异则在于分母，索提诺比率的分母运用**下行标准差**（downside deviation）而不是总标准差，下行标准差只考虑亏损而不考虑盈利，隐含条件就是投资组合的上涨（正回报率）符合投资者的需求而不应计入风险调整。该比率反映了投资组合承担每一单位**下行风险**（downside risk）所得到的超额收益（以无风险利率作为比较基准）。

将索提诺比率记作 SOR，有如下的计算公式。

$$SOR = \frac{R_p - R_f}{\sigma_d} \qquad \text{（式 4-14）}$$

其中，σ_d 代表投资组合收益率的下行标准差，相应的计算公式如下。

$$\sigma_d = \sqrt{\frac{1}{N_d} \sum_{i=1}^{N} \left[\min(R_{pi}, 0) \right]^2} \qquad \text{（式 4-15）}$$

（式 4-15）中的 N 代表全部样本数量，N_d 表示发生亏损的样本数量；$\min(R_{pi}, 0)$ 代表取 R_{pi} 与 0 的最小值，当 $R_{pi} \geq 0$ 就有 $\min(R_{pi}, 0) = 0$，当 $R_{pi} < 0$ 则有 $\min(R_{pi}, 0) = R_{pi}$。

下面通过 Python 自定义一个用于计算索提诺比率的函数，具体代码如下。

```
In [127]: def SOR(Rp,Rf,Vd):
     ...:     '''计算索提诺比率的函数
     ...:     Rp: 投资组合的年化收益率；
     ...:     Rf: 无风险利率；
     ...:     Vd: 投资组合收益率的年化下行标准差'''
     ...:     ratio=(Rp-Rf)/Vd          #计算索提诺比率
     ...:     return ratio
```

在以上自定义函数 SOR 中，只需要输入投资组合的年化收益率、无风险利率以及投资组合收益率的年化下行标准差，就可以计算出投资组合的索提诺比率。

2. 一个示例

【例 4-12】沿用【例 4-10】的信息，无风险利率依然选择中国人民银行发布的金融机构 1 年期人民币存款基准利率，计算诺安新经济股票基金、华宝品质生活股票基金、国寿安保智慧生活股票基金以及工银创新动力股票基金这 4 只基金的索提诺比率，具体的编程分 2 个步骤完成。

第 1 步：计算每只基金收益率的年化下行标准差。具体代码如下。

```
In [128]: Sigma_D=np.zeros_like(R_mean)        #创建存放基金收益率下行标准差的初始数组

In [129]: for i in range(len(Sigma_D)):
     ...:     R_neg=R_fund.iloc[:,i][R_fund.iloc[:,i]<0]   #生成基金收益率为负的序列
     ...:     N_D=len(R_neg)                    #计算亏损的交易日天数
     ...:     Sigma_D[i]=np.sqrt(252)*np.sqrt(np.sum(R_neg**2)/N_D)  #计算年化下行标准差
     ...:     print(R_fund.columns[i],'年化下行标准差',round(Sigma_D[i],6))
诺安新经济股票基金 年化下行标准差 0.269243
华宝品质生活股票基金 年化下行标准差 0.27028
国寿安保智慧生活股票基金 年化下行标准差 0.241508
工银创新动力股票基金 年化下行标准差 0.164911
```

从以上的输出结果不难看到，华宝品质生活股票基金面临的下行风险是最高的，相比之下，工银创新动力股票基金的下行风险最低。

第 2 步：运用自定义函数 SOR 测算每只基金在 2020 年至 2022 年的索提诺比率。具体代码如下。

```
In [130]: SOR_fund=SOR(Rp=R_mean,Rf=R_f,Vd=Sigma_D)     #计算索提诺比率
     ...: print('2020 至 2022 年的索提诺比率\n',round(SOR_fund,4))
2020 年至 2022 年的索提诺比率
诺安新经济股票基金         0.5596
华宝品质生活股票基金        0.5391
国寿安保智慧生活股票基金     0.5072
工银创新动力股票基金        0.7072
dtype: float64
```

从以上的分析中不难发现，这 4 只基金在 2020 年至 2022 年的索提诺比率在排名方面，与夏普比率是一致的，其中，工银创新动力股票基金的业绩表现最好，国寿安保智慧生活股票基金的业绩表现最差。读者也可以自行运用 Python 计算 2020 年至 2022 年每个年份不同基金的索提诺比率。

通常而言，如果收益率的分布左偏，也就是亏损的样本数量多于盈利的样本数量，相对于夏普比率，索提诺比率更加适合绩效评估。但是，索提诺比率在日常运用过程中，除了需要关注与夏普比率相类似的问题以外，还需要特别注意的是，在某个观测期内，如果投资组合收益率为负数的样本数量很少甚至没有，则会影响索提诺比率的评价效果。

4.5.3 特雷诺比率

无论是夏普比率还是索提诺比率，分母都运用了统计学中的标准差，但是标准差难以有效衡量投资组合面临的系统性风险。为了解决这个问题，美国经济学家杰克·特雷诺就将投资组合面临的系统性风险纳入业绩评价中，相关的评价指标就称为**特雷诺比率**（Treynor ratio，TR）。

1. 数学表达式与 Python 自定义函数

特雷诺比率与夏普比率、索提诺比率相比，比率的分子均相同，只是将分母调整为投资组合的贝塔值。该比率表示当投资组合每承受一单位系统性风险时，会产生多少的风险溢价（以无风险利率作为比较基准）。

将特雷诺比率记作 TR，β_p 代表投资组合的贝塔值，就有如下的计算公式。

$$TR = \frac{R_p - R_f}{\beta_p} \qquad \text{（式 4-16）}$$

当投资组合的非系统性风险已被有效分散，仅需考虑系统性风险，特雷诺比率就会更加合适。此外，需要强调的是，特雷诺比率其实是证券市场线的斜率（参见第 3.5.3 小节）。

下面通过 Python 自定义一个用于计算特雷诺比率的函数，具体的代码如下。

```python
In [131]: def TR(Rp,Rf,beta):
     ...:     '''计算特雷诺比率的函数
     ...:     Rp: 投资组合的年化收益率;
     ...:     Rf: 无风险利率;
     ...:     beta: 投资组合的贝塔值'''
     ...:     ratio=(Rp-Rf)/beta        #计算特雷诺比率
     ...:     return ratio
```

在以上自定义函数 TR 中，只需要输入投资组合的年化收益率、无风险利率以及投资组合的贝塔值，就可以计算出投资组合的特雷诺比率。

2. 一个示例

【例 4-13】沿用【例 4-10】的信息，无风险利率依然选择中国人民银行发布的金融机构 1 年期人民币存款基准利率，同时将沪深 300 指数作为市场组合，计算诺安新经济股票基金、华宝品质生活股票基金、国寿安保智慧生活股票基金以及工银创新动力股票基金这 4 只基金的特雷诺比率，具体的编程分 3 个步骤完成。

第 1 步：导入沪深 300 指数的日收盘价数据，运用资本资产定价模型测算每只基金的贝塔值。具体的代码如下。

```python
In [132]: P_HS300=pd.read_excel(io='C:/Desktop/沪深300指数日收盘价（2020年至2022年）.xlsx',
     ...: sheet_name='Sheet1',header=0,index_col=0)   #导入沪深300指数的数据

In [133]: R_HS300=np.log(P_HS300/P_HS300.shift(1))              #计算沪深300指数的日收益率
     ...: R_HS300=R_HS300.dropna()                              #删除缺失值

In [134]: constant=np.ones(len(R_HS300))     #创建元素为1且元素个数等于沪深300样本数的数组
     ...: constant=pd.Series(data=constant,index=R_HS300.index)     #转换为序列

In [135]: X_addcons=pd.concat([constant,R_HS300],axis=1)        #合并两个序列
     ...: X_addcons=X_addcons.rename(columns={0:'截距项'})       #修改列名

In [136]: betas=np.zeros_like(R_mean)      #创建存放基金贝塔值的初始数组
     ...: cons=np.zeros_like(R_mean)       #创建存放线性回归方程常数项的初始数组

In [137]: for i in range(len(R_mean)):
     ...:     Y=R_fund.iloc[:,i]                          #设定被解释变量（因变量）的样本值
     ...:     model=sm.OLS(endog=Y,exog=X_addcons)    #构建普通最小二乘法的线性回归模型
     ...:     result=model.fit()                          #拟合线性回归模型
     ...:     cons[i]=result.params[0]                    #逐一存放线性回归方程常数项
     ...:     betas[i]=result.params[1]                   #逐一存放基金的贝塔值
     ...:     print(R_fund.columns[i],'贝塔值',round(betas[i],4))
诺安新经济股票基金 贝塔值     1.0569
华宝品质生活股票基金 贝塔值    1.0361
```

国寿安保智慧生活股票基金　贝塔值	0.8144
工银创新动力股票基金　贝塔值	0.6132

从以上的输出结果可以看到，诺安新经济股票基金的贝塔值最大，代表该基金的系统性风险最大；工银创新动力股票基金的贝塔值最小，表明该基金的系统性风险最小。

第 2 步：将线性回归的结果进行可视化，也就是绘制散点图与拟合的直线，见图 4-16。具体的代码如下。

```
In [138]: x_min=float(R_HS300.min())                    #取沪深300指数的最小值并且转换为浮点数
     ...: x_max=float(R_HS300.max())                    #取沪深300指数的最大值并且转换为浮点数

In [139]: x_list=np.linspace(x_min,x_max,200)           #创建对应横轴的数组

In [140]: plt.figure(figsize=(11,9))
     ...: for i in range(len(R_mean)):                  #逐一绘制每只基金的散点图和拟合的直线
     ...:     plt.subplot(2,2,i+1)                      #运用子图模式
     ...:     plt.scatter(R_HS300,R_fund.iloc[:,i])     #散点图
     ...:     plt.plot(x_list,cons[i]+ betas[i]*x_list,'r-',lw=2)    #拟合的直线
     ...:     plt.xlabel('沪深300指数',fontsize=12)
     ...:     plt.xticks(fontsize=12)
     ...:     plt.ylabel(R_fund.columns[i],fontsize=12)
     ...:     plt.yticks(fontsize=12)
     ...:     plt.grid()
     ...: plt.show()
```

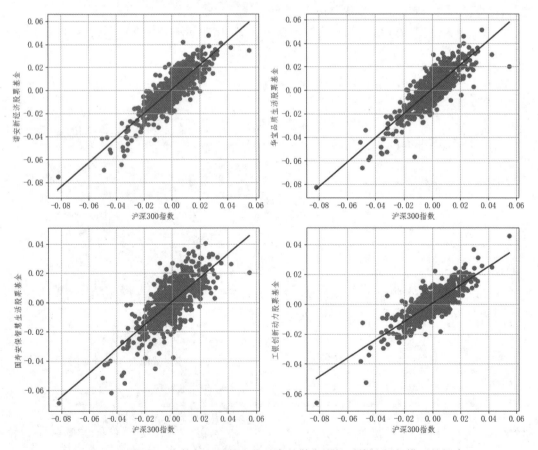

图 4-16　沪深 300 指数与 4 只基金收益率的散点图及对线性回归模型的拟合

从图 4-16 可以得出，针对每只基金的收益率而言，将沪深 300 指数作为市场组合所得到的线性回归拟合程度是比较高的。

第 3 步：根据自定义函数 TR，计算得出每只基金 2020 年至 2022 年的特雷诺比率。具体的代码如下。

```
In [141]: TR_fund=TR(Rp=R_mean,Rf=R_f,beta=betas)    #计算特雷诺比率
     ...: print('2020 至 2022 年的特雷诺比率\n',round(TR_fund,4))
2020 至 2022 年的特雷诺比率
诺安新经济股票基金            0.1426
华宝品质生活股票基金           0.1406
国寿安保智慧生活股票基金        0.1504
工银创新动力股票基金           0.1902
dtype: float64
```

根据以上的输出结果，按照特雷诺比率进行评价，工银创新动力股票基金的业绩最高，相比之下，华宝品质生活股票基金的业绩最差。排名结果与前面通过夏普比率、索提诺比率得到的排名有所不同。

4.5.4 卡玛比率

在描述投资组合的风险时，也会运用到最大回撤率。**最大回撤率**（maximum drawdown，MDD）是指在选定的交易期间内，任一交易时点往后推算，投资组合市值或者基金净值触及最低点时的收益率回撤幅度的最大值。最大回撤率通常用于描述投资组合可能出现的最糟糕境况。

基于最大回撤率，特里·杨（Terry W.Young）提出了评价投资组合业绩的指标——卡玛比率。**卡玛比率**（Calmar ratio，CR）描述的是收益和最大回撤之间的关系，计算结果就是年化收益率与历史最大回撤率之间的比值。

1. 数学表达式

卡玛比率记为 CR，MDD 代表投资组合的最大回撤率，就有如下的计算公式。

$$CR = \frac{R_p}{MDD} \tag{式 4-17}$$

卡玛比率的含义是承担每一个单位的回撤风险，可以获得多少绝对收益的补偿。计算卡玛比率的难点就是如何测算出最大回撤率，下面就以基金为例展开讨论。

假定观测的交易期间内共有 N 个交易日，其中，第 i 个交易日的基金净值用 P_i 表示，$i=1,2,3,\cdots,N-1$；第 j 个交易日是第 i 个交易日之后的某个交易日，在该交易日的基金净值用 P_j 表示，$j=i+1,i+2,\cdots,N$。比如，当 $i=1$ 时，j 的取值是 $2,3,\cdots,N$；当 $i=3$ 时，j 的取值是 $4,5,\cdots,N$。此外，从第 i 个交易日至第 j 个交易日，基金的期间回撤率用 $DD_{i,j}$ 表示，表达式如下。

$$DD_{i,j} = \frac{P_i - P_j}{P_i} \tag{式 4-18}$$

结合（式 4-18），在整个观测的交易期间，基金的最大回撤率就有如下的数学表达式。

$$MDD = \max(DD_{i,j}) = \max\left(\frac{P_i - P_j}{P_i}\right) \quad （式4-19）$$

（式4-19）表示基金的最大回撤率就是全部的期间回撤率数据中的最大值。

为了能够更清晰地展示计算基金净值的最大回撤率，并且为了提升后面运用 Python 编程的效率，可以运用矩阵的方式计算最大回撤率。具体的做法就是，将基金净值的每个期间回撤率放置在一个 $N-1$ 行、$N-1$ 列的矩阵，即 $(N-1)\times(N-1)$ 的方阵，该矩阵记为 **DD** 并且有如下的表达式。

$$DD = \begin{bmatrix} DD_{1,2} & DD_{1,3} & \cdots & DD_{1,N-1} & DD_{1,N} \\ 0 & DD_{2,3} & \cdots & DD_{2,N-1} & DD_{2,N} \\ \vdots & \vdots & \vdots & \vdots \\ 0 & 0 & \cdots & 0 & DD_{N-1,N} \end{bmatrix} \quad （式4-20）$$

在（式4-20）中，矩阵的第 1 行元素代表在观测期间内以第 1 个交易日作为基准日，依次计算出到第 2 个交易日的期间回撤率 $DD_{1,2}$、到第 3 个交易日的期间回撤率 $DD_{1,3}$，依此类推，到第 $N-1$ 个交易日的期间回撤率 $DD_{1,N-1}$ 以及到第 N 个交易日的期间回撤率 $DD_{1,N}$。

矩阵的第 2 行从第 2 个元素开始，代表在观测期间内以第 2 个交易日作为基准日，依次计算出到第 3 个交易日的期间回撤率 $DD_{2,3}$、到第 4 个交易日的期间回撤率 $DD_{2,4}$，依此类推，到第 $N-1$ 个交易日的期间回撤率 $DD_{2,N-1}$ 以及到第 N 个交易日的期间回撤率 $DD_{2,N}$。

矩阵的第 3 行直至第 $N-1$ 行的相关元素也按照以上的规则进行计算。

在整个观测的交易期间，基金净值的最大回撤率 MDD 就是矩阵 **DD** 中数值最大的一个元素。

2. Python 自定义函数

下面通过 Python 自定义一个用于计算卡玛比率的函数，具体的代码如下。

```
In [142]: def CR(Rp,MDD):
     ...:     '''计算卡玛比率的函数
     ...:     Rp: 投资组合的年化收益率；
     ...:     MDD: 投资组合的最大回撤率'''
     ...:     ratio=Rp/MDD              #计算卡玛比率
     ...:     return ratio
```

在以上自定义函数 CR 中，输入投资组合的年化收益率以及最大回撤率这两个参数，就可以计算出投资组合的卡玛比率。

接着通过 Python 自定义一个用于计算投资组合最大回撤率的函数，在代码中需要运用前面提到的（式4-20）以及两个嵌套的 for 语句，具体的代码如下。

```
In [143]: def Max_DD(data):
     ...:     '''计算投资组合最大回撤率的函数，并且以基金为例
     ...:     data: 基金的净值数据，以序列或者数据框等数据结构输入'''
     ...:     N=len(data)                          #计算期间的交易日天数
     ...:     DD=np.zeros((N-1,N-1))               #创建元素为零的 N-1 行、N-1 列数组用于存放回撤率数据
     ...:     for i in range(N-1):                 #变量 i 依次取从 0 至 N-2 的整数
     ...:         Pi=data.iloc[i]                  #取第 i+1 个交易日的基金净值
     ...:         for j in range(i+1,N):           #变量 j 依次取从 i+1 至 N-1 的整数
```

```
   ...:          Pj=data.iloc[j]              #取第j+1个交易日的基金净值
   ...:          DD[i,j-1]=(Pi-Pj)/Pi         #依次计算并存放期间的每个回撤率数据
   ...: Max=np.max(DD)                        #计算最大回撤率
   ...: return Max
```

在以上自定义函数 Max_DD 中，仅需要输入单只基金的净值时间序列，就可以快速计算得出最大回撤率。此外，在阅读自定义函数 Max_DD 的代码过程中，需要注意的是，无论是数组、序列还是数据框，索引值均从 0 开始，也就是索引值 0 对应于第 1 个元素、第 1 行或者第 1 列。

3. 一个示例

【例 4-14】沿用【例 4-10】的信息，依次计算诺安新经济股票基金、华宝品质生活股票基金、国寿安保智慧生活股票基金以及工银创新动力股票基金这 4 只基金，在 2020 年至 2022 年的最大回撤率以及卡玛比率，具体分为两个步骤。

第 1 步：根据自定义函数 Max_DD，依次计算 4 只基金的最大回撤率。具体的代码如下。

```
In [144]: P_Lion=P_fund['诺安新经济股票基金']          #选取诺安新经济股票基金净值数据
     ...: P_Hwabao=P_fund['华宝品质生活股票基金']     #选取华宝品质生活股票基金净值数据
     ...: P_GS=P_fund['国寿安保智慧生活股票基金']     #选取国寿安保智慧生活股票基金净值数据
     ...: P_ICBC=P_fund['工银创新动力股票基金']       #选取工银创新动力股票基金净值数据

In [145]: MDD_Lion=Max_DD(data=P_Lion)              #计算诺安新经济股票基金最大回撤率
     ...: MDD_Hwabao=Max_DD(data=P_Hwabao)          #计算华宝品质生活股票基金最大回撤率
     ...: MDD_GS=Max_DD(data=P_GS)                  #计算国寿安保智慧生活股票基金最大回撤率
     ...: MDD_ICBC=Max_DD(data=P_ICBC)              #计算工银创新动力股票基金最大回撤率
     ...: print('2020年至2022年诺安新经济股票基金的最大回撤率',round(MDD_Lion,4))
     ...: print('2020年至2022年华宝品质生活股票基金的最大回撤率', round(MDD_Hwabao,4))
     ...: print('2020年至2022年国寿安保智慧生活股票基金的最大回撤率', round(MDD_GS,4))
     ...: print('2020年至2022年工银创新动力股票基金的最大回撤率', round(MDD_ICBC,4))
2020年至2022年诺安新经济股票基金的最大回撤率 0.291
2020年至2022年华宝品质生活股票基金的最大回撤率 0.2774
2020年至2022年国寿安保智慧生活股票基金的最大回撤率 0.3133
2020年至2022年工银创新动力股票基金的最大回撤率 0.1344
```

从以上的输出结果可以看到，工银创新动力股票基金的最大回撤率最小，表明该基金的回撤风险最小；相比之下，国寿安保智慧生活股票基金的最大回撤率最大，意味着这只基金的回撤风险最大。

第 2 步：根据自定义函数 CR，依次计算 4 只基金的卡玛比率。具体的代码如下。

```
In [146]: CR_Lion=CR(Rp=R_mean['诺安新经济股票基金'],MDD=MDD_Lion)    #计算卡玛比率
     ...: CR_Hwabao=CR(Rp=R_mean['华宝品质生活股票基金'],MDD=MDD_Hwabao)
     ...: CR_GS=CR(Rp=R_mean['国寿安保智慧生活股票基金'],MDD=MDD_GS)
     ...: CR_ICBC=CR(Rp=R_mean['工银创新动力股票基金'],MDD=MDD_ICBC)
     ...: print('2020年至2022年诺安新经济股票基金的卡玛比率',round(CR_Lion,4))
     ...: print('2020年至2022年华宝品质生活股票基金的卡玛比率',round(CR_Hwabao,4))
     ...: print('2020年至2022年国寿安保智慧生活股票基金的卡玛比率',round(CR_GS,4))
     ...: print('2020年至2022年工银创新动力股票基金的卡玛比率',round(CR_ICBC,4))
2020年至2022年诺安新经济股票基金的卡玛比率        0.5693
2020年至2022年华宝品质生活股票基金的卡玛比率     0.5794
2020年至2022年国寿安保智慧生活股票基金的卡玛比率   0.4389
2020年至2022年工银创新动力股票基金的卡玛比率      0.9793
```

通过以上的计算可以得到,按照卡玛比率进行评价,工银创新动力股票基金的业绩最好,国寿安保智慧生活股票基金的业绩最差。这一排名结果也与前面3个指标得到的排名均不相同。

由于卡玛比率用最大回撤率度量风险,相比其他更加抽象的风险指标,该指标更便于投资者理解。当然,用最大回撤率评估风险也存在一定的局限性,比如忽略了投资组合的总体波动性。

4.5.5 信息比率

在评估投资组合的绩效时,为了能够使评估更加公允,需要引入一个用于对比的参照系——**基准组合**(benchmark portfolio)。针对股票投资组合(比如股票型基金),通常以证券市场广泛使用的股票指数作为基准组合,在A股市场会以上证50指数、沪深300指数等常用指数作为基准组合。当引入了基准组合以后,评估投资组合的绩效就需要采用**信息比率**(information ratio,IR)。

1. 跟踪偏离度与跟踪误差

在正式讨论信息比率之前,需要先给出两个新的概念——跟踪偏离度以及跟踪误差。

跟踪偏离度(tracking difference,TD)是指投资组合收益率与基准组合收益率之间的差异。具体的数学表达式如下。

$$TD = R_p - R_b \quad (式4\text{-}21)$$

其中,TD 表示跟踪偏离度,R_b 表示基准组合的收益率。跟踪偏离度可以理解为投资组合获取高于基准组合的超额收益。

跟踪误差(tracking error,TE)是指投资组合收益率与基准组合收益率之间差异的标准差,其实质就是跟踪偏离度的标准差,用于衡量投资组合的主动管理风险。跟踪误差的数学表达式如下。

$$TE = \sqrt{\frac{1}{N-1}\sum_{t=1}^{N}\left(TD_t - \overline{TD}\right)^2} \quad (式4\text{-}22)$$

其中,TE 表示跟踪误差,N 代表样本数量,TD_t 表示第 t 时点的跟踪偏离度,即 $TD_t = R_{pt} - R_{bt}$,R_{pt} 和 R_{bt} 分别是投资组合、基准组合在第 t 时点的收益率,$\overline{TD}$ 表示跟踪偏离度在观测期间内的平均值。需要注意的是,在(式4-22)中的分母用 $N-1$ 而不是 N,是为了满足统计学中的无偏性(unbiasedness)。

2. 信息比率的数学表达式及 Python 自定义函数

信息比率是跟踪偏离度与跟踪误差的比率,将信息比率记作 IR,有如下的数学表达式。

$$IR = \frac{TD}{TE} = \frac{R_p - R_b}{TE} \quad (式4\text{-}23)$$

在(式4-23)中,TD 和 TE 依次是年化的跟踪偏离度和年化的跟踪误差。

信息比率从主动管理的角度描述投资组合经风险调整后的收益,这也是该比率与前面4个绩效评估指标之间最根本的差别。信息比率用于衡量投资组合承担主动管理风险所带来的超额收益(相对于基准组合),即承担每一单位主动管理风险所获取的超额收益,因此信息比率较高的基金业绩表现要优于信息比率较低的基金。

下面通过 Python 自定义一个用于计算信息比率的函数,具体的代码如下。

```
In [147]: def IR(Rp,Rb,TE):
     ...:     '''计算信息比率的函数
     ...:     Rp: 投资组合的年化收益率;
     ...:     Rb: 基准组合的年化收益率;
     ...:     TE: 年化的跟踪误差'''
     ...:     ratio=(Rp-Rb)/TE          #计算信息比率
     ...:     return ratio
```

在以上自定义函数 IR 中，输入投资组合的年化收益率、基准组合的年化收益率以及年化的跟踪误差，可以计算出投资组合的信息比率。

3. 一个示例

【例 4-15】 沿用【例 4-10】的信息，同时以沪深 300 指数作为基准组合，依次计算诺安新经济股票基金、华宝品质生活股票基金、国寿安保智慧生活股票基金以及工银创新动力股票基金这 4 只基金，在 2020 年至 2022 年的年化跟踪误差以及信息比率，具体编程分为 2 个步骤。

第 1 步：计算每只基金的年化跟踪误差。相关的代码如下。

```
In [148]: TE_fund=np.zeros_like(R_mean)                    #创建存放基金跟踪误差的初始数组

In [149]: for i in range(len(R_mean)):
     ...:     TD=R_fund.iloc[:,i]-R_HS300['沪深300']        #计算每只基金的跟踪偏离度
     ...:     TD=np.array(TD)                              #转换为数组
     ...:     TE_fund[i]=TD.std()*np.sqrt(252)             #计算并存放每只基金的年化跟踪误差
     ...:     print(R_fund.columns[i],'跟踪误差',round(TE_fund[i],4))
诺安新经济股票基金 跟踪误差 0.1325
华宝品质生活股票基金 跟踪误差 0.1339
国寿安保智慧生活股票基金 跟踪误差 0.1543
工银创新动力股票基金 跟踪误差 0.1195
```

通过以上输出的结果可以看到，工银创新动力股票基金的跟踪误差最小，表明该基金的主动管理风险最小；相比之下，国寿安保智慧生活股票基金的跟踪误差最大，说明这只基金的主动管理风险最大。

第 2 步：利用自定义函数 IR 测算每只基金的信息比率。相关的代码如下。

```
In [150]: R_mean_HS300=R_HS300.mean()*252                  #计算沪深300指数的年化收益率
     ...: R_mean_HS300=float(R_mean_HS300)                 #转换为浮点型

In [151]: IR_fund=IR(Rp=R_mean,Rb=R_mean_HS300,TE=TE_fund)
     ...: print('2020至2022年的信息比率\n',round(IR_fund,4))
2020至2022年的信息比率
诺安新经济股票基金          1.4336
华宝品质生活股票基金         1.3809
国寿安保智慧生活股票基金     1.0482
工银创新动力股票基金         1.3046
dtype: float64
```

基于以上的计算结果，诺安新经济股票基金的信息比率最大，国寿安保智慧生活股票基金的则最小，按照信息比率进行排名的结果，与前面 4 个指标排名的结果存在不同，并且与表 4-2 按照期间收益率的排名也不完全一致。

为了能够清晰地展示并且比较每只基金每个绩效评估指标的数据，表 4-3 整理了【例 4-11】

至【例 4-15】计算得到的 4 只基金 5 个指标的数值结果与排名情况。

表 4-3 2020 年至 2022 年 4 只股票型基金绩效评估指标的数值与排名

指标类型		诺安新经济股票基金	华宝品质生活股票基金	国寿安保智慧生活股票基金	工银创新动力股票基金
夏普比率	数值	0.5888	0.5756	0.5430	0.7522
	排名	2	3	4	1
索提诺比率	数值	0.5596	0.5391	0.5072	0.7072
	排名	2	3	4	1
特雷诺比率	数值	0.1426	0.1406	0.1504	0.1902
	排名	3	4	2	1
卡玛比率	数值	0.5693	0.5794	0.4389	0.9793
	排名	3	2	4	1
信息比率	数值	1.4336	1.3809	1.0482	1.3046
	排名	1	2	4	3

4.6 股票投资组合的业绩归因

在第 4.5 节用不同的指标完成了对股票投资组合的绩效评估之后，读者可能还有这样的疑问：投资组合业绩背后的驱动因素是什么？是投资经理选对了股票或者控好了仓位还是其他的因素呢？要回答上述问题，就绕不开业绩归因。

业绩归因（performance attribution），也称**归因分析**（attribution analysis），是将某个投资组合超过基准组合的**超额收益**（excess return，ER）进行分解的一项量化分析技术。当然，业绩归因有许多不同的方法，本节主要介绍最常用的 Brinson 模型。

Brinson 模型将一个股票投资组合的超额收益分解为 3 个部分：第 1 部分是**配置收益**（allocation return，AR），第 2 部分是**选择收益**（selection return，SR），第 3 部分是**交互收益**（interaction return，IR）。为了便于对模型有更加直观的理解，下面就结合具体示例展开讲解。

4.6.1 Brinson 模型的配置收益

【例 4-16】假定 H 金融机构有两个股票投资组合，分别是 A 组合与 B 组合，其中，将 B 组合作为基准组合，需要对 A 组合的投资收益进行归因分析。这两个组合所配置的股票、配置权重以及股票收益率等信息如表 4-4 所示。

表 4-4 A 组合与 B 组合的股票配置情况

投资组合名称	证券简称	证券代码	配置权重（%）	股票收益率（%）
A 组合	招商银行	600036	10	−0.8515
	中信证券	600030	20	−21.3043
	上汽集团	600104	30	−39.5807
	贵州茅台	600519	40	45.9848

续表

投资组合名称	证券简称	证券代码	配置权重（%）	股票收益率（%）
B 组合 （基准组合）	招商银行	600036	25	−0.8515
	中信证券	600030	25	−21.3043
	上汽集团	600104	25	−39.5807
	贵州茅台	600519	25	45.9848

注：表中的股票收益率是 2020 年至 2022 年股票价格区间涨跌幅数据。
数据来源（不包括配置权重）：上海证券交易所。

仔细观察表 4-4 可以发现，两个投资组合配置的股票相同，仅仅在配置权重上存在差异。因此，这两个投资组合的收益率差异就是 Brinson 模型的配置收益。

下面通过 Python 测算这两个投资组合的收益率并且求出 A 组合的配置收益，相关的代码如下。

```
In [152]: W_A=np.array([0.10,0.20,0.30,0.40])        #A 组合的配置权重
     ...: W_B=np.array([0.25,0.25,0.25,0.25])        #B 组合的配置权重

In [153]: R_stock=np.array([-0.008515,-0.213043,-0.395807,0.459848])   #股票的收益率

In [154]: R_A=np.sum(R_stock*W_A)                    #测算 A 组合的收益率
     ...: print('A 组合的收益率',round(R_A,6))
A 组合的收益率 0.021737

In [155]: R_B=np.sum(R_stock*W_B)                    #测算 B 组合的收益率
     ...: print('B 组合的收益率',round(R_B,6))
B 组合的收益率 -0.039379

In [156]: R_allocation=R_A-R_B                       #测算配置收益
     ...: print('A 组合的配置收益',round(R_allocation,6))
A 组合的配置收益 0.061116
```

通过以上的运算结果可以看到，A 组合的配置收益达到了 6.1116%，并且配置收益主要是由于相比基准组合（B 组合），A 组合超配了贵州茅台这只高收益的股票。

结合【例 4-16】，归纳并抽象得出配置收益的数学表达式。假定针对实际投资组合（比如【例 4-16】的 A 组合）和基准组合（比如【例 4-16】的 B 组合），第 i 只股票的权重分别记为 w_i^p 和 w_i^b，其中，上标 p 对应实际投资组合，上标 b 对应基准组合，$i=1,2,\cdots,N$；此外，基准组合中第 i 只股票的收益率用 R_i^b 表示。实际组合的配置收益 AR 就有如下的表达式。

$$AR = \sum_{i=1}^{N}\left(w_i^p R_i^b - w_i^b R_i^b\right) = \sum_{i=1}^{N}\left(w_i^p - w_i^b\right)R_i^b \qquad (式 4\text{-}24)$$

配置收益表明，对投资组合而言，仅做资产配置（调整配置权重）而不做个股选择所带来的额外收益，因此该收益是资产配置行为所产生的超额收益。

下面将【例 4-16】稍做一些变化，从而引出选择收益。

4.6.2 Brinson 模型的选择收益

【例 4-17】沿用【例 4-16】的信息，同时 H 金融机构有了一个新的股票投资组合——C 组

合,并且在运作 C 组合的过程中,依然将 B 组合作为基准组合。现在需要对 C 组合的投资收益展开归因分析。这两个组合所配置的股票、配置权重以及股票收益率等信息如表 4-5 所示。

表 4-5 C 组合与 B 组合的股票配置情况

投资组合名称	证券简称	证券代码	配置权重(%)	股票收益率(%)	上市公司所属行业
C 组合	兴业银行	601166	25	−11.1616	银行业
	光大证券	601788	25	13.5115	证券行业
	广汽集团	601238	25	−5.6459	汽车行业
	五粮液	000858	25	35.8469	白酒行业
B 组合（基准组合）	招商银行	600036	25	−0.8515	银行业
	中信证券	600030	25	−21.3043	证券行业
	上汽集团	600104	25	−39.5807	汽车行业
	贵州茅台	600519	25	45.9848	白酒行业

注:表中的股票收益率依然是 2020 年至 2022 年股票价格区间涨跌幅数据。
数据来源(不包括配置权重):上海证券交易所、深圳证券交易所。

仔细对比 C 组合与基准组合(B 组合)可以发现,C 组合的配置权重与基准组合是完全相同的,虽然 C 组合配置的股票与基准组合存在差异,但是 C 组合配置的股票与基准组合的股票所属行业相同,比如 C 组合配置的兴业银行与基准组合配置的招商银行同属银行业。因此,这两个投资组合的收益率差异便是 Brinson 模型的选择收益。

下面通过 Python 测算 C 组合的收益率并且得到选择收益,相关的代码如下。

```
In [157]: R_stock_new=np.array([-0.111616,0.135115,-0.056459,0.358469])  #C组合股票的收益率

In [158]: W_C=W_B                                                          #C组合的配置权重

In [159]: R_C=np.sum(R_stock_new*W_C)                                      #测算C组合的收益率
     ...: print('C组合的收益率',round(R_C,6))
C组合的收益率 0.081377

In [160]: R_selection=R_C-R_B                                              #测算选择收益
     ...: print('C组合的选择收益',round(R_selection,6))
C组合的选择收益 0.120757
```

通过以上的运算结果可以看到,C 组合的选择收益高达 12.0757%,并且选择收益主要是由于相比基准组合(B 组合),C 组合配置了光大证券、五粮液这两只收益率较大的股票。

结合【例 4-17】,抽象出选择收益的数学表达式。假定实际投资组合中第 i 只股票的收益率用 R_i^p 表示,基准组合中第 i 只股票的收益率依然用 R_i^b 表示,并且 $i=1,2,\cdots,N$;此外,基准组合第 i 只股票的配置权重记为 w_i^b。实际投资组合的选择收益 SR 就有如下的表达式。

$$SR = \sum_{i=1}^{N}\left(w_i^b R_i^p - w_i^b R_i^b\right) = \sum_{i=1}^{N}\left(R_i^p - R_i^b\right)w_i^b \qquad (\text{式 4-25})$$

选择收益表明,对于投资组合而言,仅做个股选择而不做资产配置所带来的额外收益,因此该收益是择股行为所产生的超额收益。

下面对【例 4-15】做调整,从而引出交互收益。

4.6.3 Brinson 模型的交互收益

【例 4-18】沿用【例 4-16】和【例 4-17】的信息,同时 H 金融机构还拥有一个新的股票投资组合——D 组合,该组合沿用了 A 组合的配置权重并且配置了 C 组合的股票,同时依然将 B 组合作为基准组合,需要对 D 组合的投资收益展开归因分析。这两个组合所配置的股票、配置权重以及股票收益率等信息如表 4-6 所示。

表 4-6 D 组合与 B 组合的股票配置情况

投资组合名称	证券简称	证券代码	配置权重(%)	股票收益率(%)	上市公司所属行业
D 组合	兴业银行	601166	10	−11.1616	银行业
	光大证券	601788	20	13.5115	证券行业
	广汽集团	601238	30	−5.6459	汽车行业
	五粮液	000858	40	35.8469	白酒行业
B 组合(基准组合)	招商银行	600036	25	−0.8515	银行业
	中信证券	600030	25	−21.3043	证券行业
	上汽集团	600104	25	−39.5807	汽车行业
	贵州茅台	600519	25	45.9848	白酒行业

数据来源(不包括配置权重):上海证券交易所、深圳证券交易所。

针对 D 组合的超额收益进行归因分析时,由于【例 4-16】得到配置收益是 6.1116%,【例 4-17】得出选择收益是 12.0757%,超额收益中剩余部分的收益就是交互收益。

下面通过 Python 测算 D 组合的收益率并且求出交互收益,相关的代码如下。

```
In [161]: W_D=W_A                                    #D 组合的配置权重

In [162]: R_D=np.sum(R_stock_new*W_D)                #测算 D 组合的收益率
     ...: print('D 组合的收益率',round(R_D,6))
D 组合的收益率 0.142311

In [163]: ER=R_D-R_B                                 #测算 D 组合的超额收益(相对于基准组合)
     ...: print('D 组合的超额收益',round(ER,6))
D 组合的超额收益 0.181691

In [164]: R_interaction=ER-R_allocation-R_selection  #D 组合的交互收益
     ...: print('D 组合的交互收益',round(R_interaction,6))
D 组合的交互收益 -0.000182
```

通过以上的测算,就可以得到在 D 组合的超额收益中,扣除配置收益和选择收益的剩余部分,即交互收益为 −0.0182%。交互收益反映了资产配置与个股选择的协同效应。

表 4-7 整理了 A 组合、C 组合以及 D 组合超额收益的归因结果。

表 4-7 不同投资组合超额收益的归因结果(以 B 组合作为基准组合)　　　　(单位:%)

投资组合名称	配置收益	选择收益	交互收益	合计(超额收益)
A 组合	6.1116	0	0	6.1116
C 组合	0	12.0757	0	12.0757
D 组合	6.1116	12.0757	−0.0182	18.1691

从表 4-7 可以清楚地看到，在 D 组合的超额收益中，选择收益的贡献最高，这也就意味着个股的选择对超额收益的影响最大；其次是配置收益，交互收益的贡献最小。

1. 数学表达式与 Python 自定义函数

结合【例 4-18】，抽象出交互收益的数学表达式。假定实际投资组合中第 i 只股票的收益率用 R_i^p 表示，基准组合中第 i 只股票的收益率依然用 R_i^b 表示，并且 $i=1,2,\cdots,N$；同时，实际投资组合第 i 只股票的配置权重记为 w_i^p，基准组合第 i 只股票的配置权重记为 w_i^b。实际投资组合的超额收益 ER 就表示如下。

$$ER = \sum_{i=1}^{N} \left(w_i^p R_i^p - w_i^b R_i^b \right) \qquad (式4\text{-}26)$$

实际投资组合的配置收益和选择收益由（式 4-24）和（式 4-25）分别给出，交互收益 IR 可以写成如下的表达式。

$$\begin{aligned}IR &= ER - AR - SR = \sum_{i=1}^{N} \left(w_i^p R_i^p - w_i^b R_i^b \right) - \sum_{i=1}^{N} \left(w_i^p - w_i^b \right) R_i^b - \sum_{i=1}^{N} \left(R_i^p - R_i^b \right) w_i^b \\ &= \sum_{i=1}^{N} \left(w_i^p - w_i^b \right) \left(R_i^p - R_i^b \right)\end{aligned} \qquad (式4\text{-}27)$$

为了能够快速测算得出 Brinson 模型涉及的配置收益、选择收益以及交互收益，通过 Python 自定义一个函数。

```
In [165]: def Brinson_Model(Wp,Wb,Rp,Rb,types):
     ...:     '''测算Brinson模型中不同收益的函数
     ...:     Wp: 实际投资组合中股票配置的权重，以数组结构输入；
     ...:     Wb: 基准组合中股票配置的权重，数据结构与Wp相同；
     ...:     Rp: 实际投资组合中的股票收益率，数据结构与Wp相同；
     ...:     Rb: 基准组合中的股票收益率，数据结构与Wp相同；
     ...:     types: 收益类型，输入AR表示配置收益，输入SR表示选择收益，输入其他则表示交互收益'''
     ...:     if types=='AR':                     #针对配置收益
     ...:         R=np.sum((Wp-Wb)*Rb)            #测算配置收益
     ...:     elif types=='SR':                   #针对选择收益
     ...:         R=np.sum((Rp-Rb)*Wb)            #测算选择收益
     ...:     else:                               #针对交互收益
     ...:         R=np.sum((Wp-Wb)*(Rp-Rb))       #测算交互收益
     ...:     return R
```

通过以上的自定义函数 Brinson_Model，只需要输入实际投资组合中股票配置的权重、基准组合中股票配置的权重、实际投资组合中的股票收益率、基准组合中的股票收益率以及收益类型，就能测算出对应的收益。

2. 运用自定义函数的 Python 编程

下面运用自定义函数 Brinson_Model 测算【例 4-18】针对 D 组合的配置收益、选择收益以及交互收益，具体的代码如下。

```
In [166]: r_AR=Brinson_Model(Wp=W_D,Wb=W_B,Rp=R_stock_new,Rb=R_stock,types='AR')   #D组合的配置收益
     ...: print('测算D组合的配置收益',round(r_AR,6))
测算D组合的配置收益 0.061116
```

```
In [167]: r_SR=Brinson_Model(Wp=W_D,Wb=W_B,Rp=R_stock_new,Rb=R_stock,types='SR')  #D组合的选择收益
     ...: print('测算D组合的选择收益',round(r_SR,6))
测算D组合的选择收益 0.120757

In [168]: r_IR=Brinson_Model(Wp=W_D,Wb=W_B,Rp=R_stock_new,Rb=R_stock,types='IR')  #D组合的交互收益
     ...: print('测算D组合的交互收益',round(r_IR,6))
测算D组合的交互收益 -0.000182
```

通过以上的测算可以看到,运用自定义函数测算得到的收益与表4-7的数据完全吻合。

此外,需要注意的是,Brinson模型存在的一个隐含假设是单期,也就是在期间内实际投资组合的股票配置没有发生变化,这样的假设过于理想化,在金融实战中几乎不可能出现。在实际投资组合中股票配置发生变化的情形下,如何开展归因分析,这就涉及多期Brinson模型的运用。

4.6.4 多期Brinson模型

针对股票配置发生动态变化的投资组合,通常分为以下步骤完成整个期间内的业绩归因分析。

第1步:通常以实际投资组合配置股票的个股以及权重作为期限划分的依据将整个期间划分为若干个子期间(比如按天、按周、按月等),基准组合的股票配置往往保持不变。

第2步:针对每个子期间,运用Brinson模型测算出实际投资组合在该子期间的配置收益、选择收益以及交互收益。

第3步:将每个子期间的配置收益、选择收益以及交互收益,分别进行累加得到整个期间的配置收益、选择收益以及交互收益。

为了便于理解多期Brinson模型的运用,依然通过一个示例进行讲解。

【例4-19】沿用【例4-16】的信息,H金融机构又有一个新的股票投资组合——E组合,假定E组合在2022年每个季度末会出现调仓换股情况,并且依然以B组合作为基准组合,基准组合的股票配置始终保持不变。这两个组合所配置的股票、配置权重以及股票收益率等信息如表4-8所示。

表4-8 E组合与B组合在2022年每季度的股票配置情况

期间	投资组合名称	证券简称	证券代码	配置权重（%）	股票收益率（%）	上市公司所属行业
2022年第1季度	E组合	平安银行	000001	5	-6.6748	银行业
		华泰证券	601688	15	-16.2162	证券行业
		海马汽车	000572	35	-7.3504	汽车行业
		泸州老窖	000568	45	-26.7814	白酒行业
	B组合（基准组合）	招商银行	600036	25	-3.9212	银行业
		中信证券	600030	25	-20.8633	证券行业
		上汽集团	600104	25	-17.5957	汽车行业
		贵州茅台	600519	25	-16.1463	白酒行业

续表

期间	投资组合名称	证券简称	证券代码	配置权重（%）	股票收益率（%）	上市公司所属行业
2022年第2季度	E组合	北京银行	601169	20	-0.8734	银行业
		长江证券	000783	20	-4.8154	证券行业
		长城汽车	601633	30	35.1825	汽车行业
		洋河股份	002304	30	35.0365	白酒行业
	B组合（基准组合）	招商银行	600036	25	-9.8291	银行业
		中信证券	600030	25	3.6364	证券行业
		上汽集团	600104	25	4.7647	汽车行业
		贵州茅台	600519	25	18.9645	白酒行业
2022年第3季度	E组合	上海银行	601229	12	-10.6870	银行业
		广发证券	000776	22	-23.6898	证券行业
		长安汽车	000625	29	-27.4827	汽车行业
		古井贡酒	000596	37	8.9281	白酒行业
	B组合（基准组合）	招商银行	600036	25	-20.2607	银行业
		中信证券	600030	25	-19.5753	证券行业
		上汽集团	600104	25	-19.7080	汽车行业
		贵州茅台	600519	25	-8.4352	白酒行业
2022年第4季度	E组合	浦发银行	600000	18	3.4091	银行业
		招商证券	600999	21	7.7796	证券行业
		北汽蓝谷	600733	27	-6.4465	汽车行业
		山西汾酒	600809	34	-5.9097	白酒行业
	B组合（基准组合）	招商银行	600036	25	10.7281	银行业
		中信证券	600030	25	14.2939	证券行业
		上汽集团	600104	25	0.7692	汽车行业
		贵州茅台	600519	25	-7.7704	白酒行业

数据来源（不包括配置权重）：上海证券交易所、深圳证券交易所。

从表4-8可以清楚地看到，在每个季度E组合无论是配置的具体股票还是配置权重，均与基准组合（B组合）存在差异。运用Python以及自定义函数Brinson_Model对E组合在2022年的投资业绩进行归因分析，具体编程分为5个步骤。

第1步：对E组合在2022年第1季度的投资业绩开展归因分析。具体的代码如下。

```
In [169]: W_Q1=np.array([0.05,0.15,0.35,0.45])                    #第1季度E组合的配置权重
     ...: Rp_Q1=np.array([-0.066748,-0.162162,-0.073504,-0.267814])  #第1季度E组合的股票收益率
     ...: Rb_Q1=np.array([-0.039212,-0.208633,-0.175957,-0.161463])  #第1季度基准组合的股票收益率

In [170]: ER_Q1=np.sum(W_Q1*Rp_Q1-W_B*Rb_Q1)    #2022年第1季度E组合的超额收益
     ...: print('2022年第1季度E组合的超额收益',round(ER_Q1,6))
2022年第1季度E组合的超额收益 -0.027588

In [171]: AR_Q1=Brinson_Model(Wp=W_Q1,Wb=W_B,Rp=Rp_Q1,Rb=Rb_Q1,types='AR')  #第1季度E组合的配置收益
     ...: SR_Q1=Brinson_Model(Wp=W_Q1,Wb=W_B,Rp=Rp_Q1,Rb=Rb_Q1,types='SR')  #第1季度E组合的选择收益
     ...: IR_Q1=Brinson_Model(Wp=W_Q1,Wb=W_B,Rp=Rp_Q1,Rb=Rb_Q1,types='IR')  #第1季度E组合的交互收益
     ...: print('2022年第1季度E组合的配置收益',round(AR_Q1,6))
     ...: print('2022年第1季度E组合的选择收益',round(SR_Q1,6))
     ...: print('2022年第1季度E组合的交互收益',round(IR_Q1,6))
```

```
2022年第1季度E组合的配置收益  -0.021183
2022年第1季度E组合的选择收益   0.003759
2022年第1季度E组合的交互收益  -0.010165
```

通过以上的运算可以得到，在2022年第1季度E组合的超额收益为负，并且超额收益中贡献最大的是选择收益，贡献最小的则是配置收益。

第2步：对E组合在2022年第2季度的投资业绩开展归因分析。具体的代码如下。

```
In [172]: W_Q2=np.array([0.2,0.2,0.3,0.3])                              #第2季度E组合的配置权重
     ...: Rp_Q2=np.array([-0.008734,-0.048154,0.351825,0.350365])       #第2季度E组合的股票收益率
     ...: Rb_Q2=np.array([-0.098291,0.036364,0.047647,0.189645])        #第2季度基准组合的股票收益率

In [173]: ER_Q2=np.sum(W_Q2*Rp_Q2-W_B*Rb_Q2)    #2022年第2季度E组合的超额收益
     ...: print('2022年第2季度E组合的超额收益',round(ER_Q2,6))
2022年第2季度E组合的超额收益 0.155438

In [174]: AR_Q2=Brinson_Model(Wp=W_Q2,Wb=W_B,Rp=Rp_Q2,Rb=Rb_Q2,types='AR')   #第2季度E组合的配置收益
     ...: SR_Q2=Brinson_Model(Wp=W_Q2,Wb=W_B,Rp=Rp_Q2,Rb=Rb_Q2,types='SR')   #第2季度E组合的选择收益
     ...: IR_Q2=Brinson_Model(Wp=W_Q2,Wb=W_B,Rp=Rp_Q2,Rb=Rb_Q2,types='IR')   #第2季度E组合的交互收益
     ...: print('2022年第2季度E组合的配置收益',round(AR_Q2,6))
     ...: print('2022年第2季度E组合的选择收益',round(SR_Q2,6))
     ...: print('2022年第2季度E组合的交互收益',round(IR_Q2,6))
2022年第2季度E组合的配置收益 0.014961
2022年第2季度E组合的选择收益 0.117484
2022年第2季度E组合的交互收益 0.022993
```

通过以上的运算可以得到，在2022年第2季度E组合的超额收益由负转正，并且超额收益中贡献最大的依然是选择收益，贡献最小的还是配置收益。

第3步：对E组合在2022年第3季度的投资业绩开展归因分析。具体的代码如下。

```
In [175]: W_Q3=np.array([0.12,0.22,0.29,0.37])                          #第3季度E组合的配置权重
     ...: Rp_Q3=np.array([-0.106870,-0.236898,-0.274827,0.089281])      #第3季度E组合的股票收益率
     ...: Rb_Q3=np.array([-0.202607,-0.195753,-0.197080,-0.084352])     #第3季度基准组合的股票收益率

In [176]: ER_Q3=np.sum(W_Q3*Rp_Q3-W_B*Rb_Q3)    #2022年第3季度E组合的超额收益
     ...: print('2022年第3季度E组合的超额收益',round(ER_Q3,6))
2022年第3季度E组合的超额收益 0.05834

In [177]: AR_Q3=Brinson_Model(Wp=W_Q3,Wb=W_B,Rp=Rp_Q3,Rb=Rb_Q3,types='AR')   #第3季度E组合的配置收益
     ...: SR_Q3=Brinson_Model(Wp=W_Q3,Wb=W_B,Rp=Rp_Q3,Rb=Rb_Q3,types='SR')   #第3季度E组合的选择收益
     ...: IR_Q3=Brinson_Model(Wp=W_Q3,Wb=W_B,Rp=Rp_Q3,Rb=Rb_Q3,types='IR')   #第3季度E组合的交互收益
     ...: print('2022年第3季度E组合的配置收益',round(AR_Q3,6))
     ...: print('2022年第3季度E组合的选择收益',round(SR_Q3,6))
     ...: print('2022年第3季度E组合的交互收益',round(IR_Q3,6))
2022年第3季度E组合的配置收益 0.014206
2022年第3季度E组合的选择收益 0.03762
2022年第3季度E组合的交互收益 0.006515
```

通过以上的运算可以得到，在2022年第3季度E组合依然保持正的超额收益，超额收益中贡献最大的依旧是选择收益，贡献最小的则变成了交互收益。

第4步：对E组合在2022年第4季度的投资业绩开展归因分析。具体的代码如下。

```
In [178]: W_Q4=np.array([0.18,0.21,0.27,0.34])                          #第4季度E组合的配置权重
     ...: Rp_Q4=np.array([0.034091,0.077796,-0.064465,-0.059097])       #第4季度E组合的股票收益率
     ...: Rb_Q4=np.array([0.107281,0.142939,0.007692,-0.077704])        #第4季度基准组合的股票收益率
```

```
In [179]: ER_Q4=np.sum(W_Q4*Rp_Q4-W_B*Rb_Q4)     #2022年第4季度E组合的超额收益
     ...: print('2022年第4季度E组合的超额收益',round(ER_Q4,6))
2022年第4季度E组合的超额收益 -0.060077

In [180]: AR_Q4=Brinson_Model(Wp=W_Q4,Wb=W_B,Rp=Rp_Q4,Rb=Rb_Q4,types='AR')    #第4季度E组合的配置收益
     ...: SR_Q4=Brinson_Model(Wp=W_Q4,Wb=W_B,Rp=Rp_Q4,Rb=Rb_Q4,types='SR')    #第4季度E组合的选择收益
     ...: IR_Q4=Brinson_Model(Wp=W_Q4,Wb=W_B,Rp=Rp_Q4,Rb=Rb_Q4,types='IR')    #第4季度E组合的交互收益
     ...: print('2022年第4季度E组合的配置收益',round(AR_Q4,6))
     ...: print('2022年第4季度E组合的选择收益',round(SR_Q4,6))
     ...: print('2022年第4季度E组合的交互收益',round(IR_Q4,6))
2022年第4季度E组合的配置收益 -0.020067
2022年第4季度E组合的选择收益 -0.047971
2022年第4季度E组合的交互收益 0.007961
```

通过以上的运算可以得到，在 2022 年第 4 季度 E 组合的超额收益再度变为负数，交互收益对超额收益的贡献最大，选择收益的贡献最小。

第 5 步：计算 E 组合在 2022 年全年的超额收益以及业绩归因情况，一种比较便捷的方法是对每个季度的相关收益进行累加求和。具体的代码如下。

```
In [181]: ER_yearly=ER_Q1+ER_Q2+ER_Q3+ER_Q4     #2022年度E组合的超额收益
     ...: print('2022年度E组合的超额收益',round(ER_yearly,6))
2022年度E组合的超额收益 0.126113

In [182]: AR_yearly=AR_Q1+AR_Q2+AR_Q3+AR_Q4     #2022年度E组合的配置收益
     ...: print('2022年度E组合的配置收益',round(AR_yearly,6))
2022年度E组合的配置收益 -0.012082

In [183]: SR_yearly=SR_Q1+SR_Q2+SR_Q3+SR_Q4     #2022年度E组合的选择收益
     ...: print('2022年度E组合的选择收益',round(SR_yearly,6))
2022年度E组合的选择收益 0.110892

In [184]: IR_yearly=IR_Q1+IR_Q2+IR_Q3+IR_Q4     #2022年度E组合的交互收益
     ...: print('2022年度E组合的交互收益',round(IR_yearly,6))
2022年度E组合的交互收益 0.027303
```

通过以上的分析能够看到，针对 2022 年全年而言，E 组合的超额收益整体为正，说明业绩优于基准组合。就全年的业绩归因而言，选择收益的贡献最大，交互收益的贡献次之，配置收益的贡献最小，这说明个股的选择对超额收益的影响最显著，而权重调整所带来的影响最弱。

表 4-9 整理出了 E 组合在 2022 年每个季度以及全年的归因分析结果。

表 4-9　E 组合在 2022 年每季度以及全年的归因分析结果　　　　　　　　（单位：%）

期间	配置收益	选择收益	交互收益	超额收益（合计）
2022 年第 1 季度	−2.1183	0.3759	−1.0165	−2.7588
2022 年第 2 季度	1.4961	11.7484	2.2993	15.5438
2022 年第 3 季度	1.4206	3.7620	0.6515	5.8340
2022 年第 4 季度	−2.0067	−4.7971	0.7961	−6.0077
2022 年全年	−1.2082	11.0892	2.7303	12.6113

在金融实战中，比较常见的情形是每个交易日投资组合的股票配置都会发生变化，因此，在开展期间的归因分析过程中，往往以每个交易日作为子期间并运用 Brinson 模型进行归因

分析，然后通过累加的方式得到月度、季度、半年度以及年度的归因分析结果，运算的逻辑与【例4-19】相似。

到这里，第4章的内容就讨论完毕了，下一章将探讨如何运用Python分析互换。

4.7 本章小结

每个投资者都希望能够在股票市场上取得盈利，然而市场上并不存在"只赚不赔"的策略，每个策略都有适用的情景并且都蕴含着风险，因此在采用某种策略之前首先要弄清楚策略背后的逻辑。不能单纯用收益率来衡量投资的业绩，将收益与风险相结合，同时将业绩进行合理的归因分析是保持良好投资业绩的重要环节。本章结合股票市场的19个示例，讨论了股票投资策略与绩效的相关知识点。

（1）**定投策略**。按照投资的不同频次，定投可分为按日定投、按周定投以及按月定投，不同的投资频次会给策略收益带来一定的影响。定投策略可以实现分散资金与平滑股价的优点，同时能保持时间的连续性。

（2）**事件驱动策略**。该策略围绕特定的事件而展开，特定的事件既可以是上市公司微观层面的事件，也可以是宏观层面的货币政策、财政政策的调整等。基于企业间的兼并收购而引发的并购套利策略往往较为常见。

（3）**多空头策略**。多空头策略是指针对同属一个行业的两家上市公司股票，在做多一家上市公司股票的同时又做空另一家上市公司股票，从而消除系统性风险，并且获得与股票市场相关性较弱的绝对收益。

（4）**跨市场套利策略**。一些上市公司会选择在两个或更多个股票市场发行股票，按照一价定律，不同股票市场交易的同一家公司股票，其比价会保持在一定的区间内，一旦比价突破区间的上限或跌破下限就蕴藏着套利的机会。

（5）**绩效评估**。不同绩效评估指标的差异主要在于度量风险的方法有所不同，夏普比率运用标准差衡量风险，索提诺比率运用下行标准差、特雷诺比率采用贝塔值，卡玛比率注重最大回撤，信息比率则关注与基准组合的跟踪误差。

（6）**业绩归因**。最常用的业绩归因方法是Brinson模型，该模型将实际投资组合高于基准组合的超额收益划分为配置收益、选择收益以及交互收益这3个部分。如果要更加精确地开展业绩归因，需要运用多期Brinson模型并合理划分子期间。

4.8 拓展阅读

本章的内容参考了以下资料，建议感兴趣的读者拓展学习。

（1）《投资组合绩效测评实用方法（原书第2版）》（作者卡尔·R.培根），该书是关于投资组合业绩归因的一部权威著作，书中的第5章至第9章对业绩归因进行了比较全面的论述。

（2）《投资学（第六版）》（作者威廉·F.夏普等），本书在第3章的拓展阅读中已经提及该书，该书中第24章针对投资组合的绩效评估给出了翔实而易懂的介绍。

第 5 章

运用 Python 分析互换

本章导读

互换（swap）是指在两个交易主体之间针对将来交换现金流而达成的金融合约。在合约中，双方约定现金流的交换时点以及现金流金额的计算方法。通常对现金流的计算会涉及利率、汇率、违约概率、股票价格、股票指数等变量。互换合约的诞生可以追溯至 1981 年国际商业机器公司（IBM）与世界银行（World Bank）开展的货币互换合约。从此以后，互换市场迅猛发展，并且在全球金融市场中发挥了举足轻重的作用。依据国际清算银行的统计，截至 2022 年年末，基础资产涉及利率、货币、信用违约以及股票的互换合计规模高达 450.54 万亿美元，已经成为衍生产品市场的中坚力量。本章结合互换市场的案例，讲解如何运用 Python 对互换展开分析。

本章的内容将涵盖以下几个主题。
- ✓ 介绍利率互换、货币互换、信用违约互换以及权益互换等不同互换合约的市场概况，并且针对市场的交易分布结构或规模趋势变化进行可视化。
- ✓ 讨论利率互换的运作机理、利率互换的期间现金流、互换利率的测算以及利率互换的定价等。
- ✓ 剖析货币互换的运作机理、期间现金流以及定价等。
- ✓ 分析信用违约互换的运作机理、期间现金流以及价差，同时讨论累积违约概率、边际违约概率与存活率等影响合约价差的因素。
- ✓ 探讨权益互换的运作机理、期间现金流、等价性与利率测算以及定价等。

5.1 互换市场的概况

互换本质上是一种风险管理工具，根据合约对应的基础资产不同，交易主体双方通过互换可以改变利率风险、汇率风险、信用风险、股价风险、商品价格风险等不同类型的风险敞口。同时，互换的历史虽然不长，但是凭借其强大的金融创新能力，互换合约品种不断丰富，除了 20 世纪 80 年代诞生的利率互换、货币互换，在 20 世纪 90 年代创造出信用违约互换，此后又创设了股票互换、远期互换等互换合约，并且互换合约与第 1 章讨论的远期利率协议、外汇远期合约一样，均属于场外衍生品[1]。本节介绍利率互换、货币互换、信用违约互换以及权益互换等市场的概况。

5.1.1 利率互换市场

利率互换（interest rate swap，IRS）是指合约的双方基于同一种货币进行利息现金流的交换，一方支付固定利率的利息，另一方支付固定利率或浮动利率的利息，而用于计算利息的本金则不用交换，在利率互换中用于计算利息的本金也称为**名义本金**（notional amount）或者**合约面值**。1982 年，德意志银行（Deutsche Bank）开展了第一笔利率互换交易，从而开启了全球的利率互换市场。根据国际清算银行统计，截至 2022 年年末，全球利率互换合约名义本金达到 405.54 万亿美元，在互换市场上可谓独领风骚。

2006 年 1 月 24 日，中国人民银行对外发布了《关于开展人民币利率互换交易试点有关事宜的通知》，标志着利率互换市场扬帆起航。同年 2 月，国家开发银行与中国光大银行完成了首笔人民币利率互换交易，合约的名义本金为 50 亿元、期限 10 年，其中，光大银行支付固定利率，国家开发银行支付浮动利率。推出利率互换合约，对于提升金融市场的效率和金融机构利率风险管理水平，进而提高整个金融体系的利率风险承受能力和金融稳定都具有重要的现实意义。

目前，金融机构之间的利率互换交易均是通过全国银行间同业拆借中心完成的，人民币利率互换的相关合约要素见表 5-1。

表 5-1 全国银行间同业拆借中心开展的人民币利率互换的合约要素

要素	具体内容
名称	人民币利率互换
定义	交易双方约定在未来的一定期限内，根据约定的人民币本金和利率计算利息并进行利息交换的金融合约
交易方	买方是指在合约中收取浮动利率的利息并支付固定利率的利息的一方； 卖方是指在合约中收取固定利率的利息并支付浮动利率的利息的一方
交易方式	询价交易、请求报价和点击成交 可以通过全国银行间同业拆借中心的交易系统达成合约；未通过交易系统达成的，交易双方应在合约达成后的第 2 个工作日中午 12:00 前将交易情况上报交易中心备案
参考利率	中国人民银行公布的基准利率或者经中国人民银行授权全国银行间同业拆借中心发布的银行间市场具有基准性质的市场利率
交易时间	询价、请求报价的交易时间：上午 9:00—12:00，下午 1:30—5:00 X-Swap（基于双边授信的撮合交易平台）的交易时间：上午 9:00—12:00，下午 1:30—5:30 法定假日不开市

资料来源：中国货币网。

---

[1] 按照交易场所进行划分，衍生品可以分为场内衍生品和场外衍生品两类。**场内衍生品**，也称**交易所衍生品**，是指经过交易所标准化之后并且在交易所挂牌交易的衍生品合约，这里的标准化通常是指对应的基础资产数量、质量、合约期限、合约面值等要素的标准化规定和表述。**场外衍生品**是指在交易所之外的场外交易市场进行交易的衍生品，**场外市场**（Over-The-Counter Market，OTC Market）是一个分散的、无形的市场，没有固定的交易场所，往往以协商议价的形式完成相关交易。

此外，按照 2022 年人民币利率互换的月度成交金额排名，11 月的成交金额最高并且达到 31690.70 亿元。表 5-2 为按照参考利率的类型，梳理得出 2022 年 11 月涉及利率互换的名义本金成交规模。

表 5-2　2022 年 11 月按照参考利率类型划分的利率互换的名义本金成交规模

参考利率类型	名义本金（亿元）
7 天银行间回购定盘利率（FR007）	28738.35
3 个月上海银行间同业拆放利率（Shibor3M）	2588.8
其他参考利率	363.55
合计	31690.70

注：其他参考利率包括 1 年期贷款市场报价利率（LPR1Y）、隔夜上海银行间同业拆放利率（ShiborO/N）、1 天存款类金融机构间的回购定盘利率（FDR001）和 7 天存款类金融机构间的回购定盘利率（FDR007）等。

数据来源：中国货币网。

下面将表 5-2 中的参考利率类型以及对应成交的名义本金规模运用 Python 绘制成饼图（见图 5-1），以便于可视化展示，具体的代码如下。

```
In [1]: import numpy as np                                      #导入 NumPy 模块并且缩写为 np
   ...: import pandas as pd                                     #导入 pandas 模块并且缩写为 pd
   ...: import matplotlib.pyplot as plt                         #导入 Matplotlib 的子模块 pyplot 并且缩写为 plt
   ...: from pylab import mpl                                   #从 pylab 导入子模块 mpl
   ...: mpl.rcParams['font.sans-serif']=['FangSong']            #以仿宋字体显示中文
   ...: mpl.rcParams['axes.unicode_minus']=False                #解决保存图像时负号显示为方块的问题
   ...: from pandas.plotting import register_matplotlib_converters    #导入注册日期时间转换函数
   ...: register_matplotlib_converters()                        #注册日期时间转换函数

In [2]: data_IRS=pd.read_excel(io='C:/Desktop/利率互换成交规模.xlsx',sheet_name='Sheet1',header=0,index_col=0)    #从外部导入数据

In [3]: name=data_IRS.index                                     #获取数据框关于参考利率类型的利率名称
   ...: volume=(np.array(data_IRS)).ravel()                     #将数据框涉及名义本金的数值转为一维数组

In [4]: plt.figure(figsize=(9,7))
   ...: plt.pie(x=volume,labels=name,autopct='%1.2f%%',textprops={'fontsize':12})
   ...: plt.axis('equal')
   ...: plt.legend(loc=1,fontsize=12)                           #图例放在右上方
   ...: plt.title('2022 年 11 月利率互换成交规模涉及不同参考利率的分布',fontsize=12)
   ...: plt.show()
```

无论是表 5-2 还是图 5-1，都可以看到在全国银行间同业拆借中心开展的利率互换交易中，参考利率以 7 天银行间回购定盘利率（FR007）和 3 个月上海银行间同业拆放利率（Shibor3M）为主导。

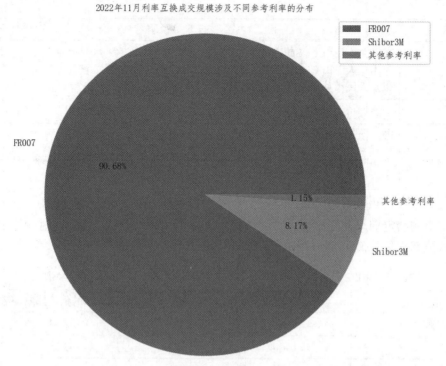

图 5-1 2022 年 11 月利率互换成交规模涉及不同参考利率的分布

5.1.2 货币互换市场

货币互换（cross currency swap，CCS），也称**货币掉期**，是指两笔价值相同、期限相同、计价货币不同的债务本金之间的交换，同时进行不同货币利息金额的交换。1981 年 IBM 与世界银行开展的货币互换合约，是全球金融市场上的首只货币互换合约。根据国际清算银行的统计，截至 2022 年年末，全球货币互换合约的规模达到 31.80 万亿美元。

2007 年 8 月，中国人民银行发布了《关于在银行间外汇市场开办人民币外汇货币掉期业务有关问题的通知》，允许开展人民币外汇货币掉期交易。从此，中国人民银行依托银行间外汇市场逐步建立了货币互换市场。表 5-3 梳理了货币掉期的合约要素信息。

表 5-3 银行间外汇市场开展货币掉期的合约要素

要素	具体说明
合约名称	人民币外汇货币掉期
合约定义	在约定期限内交换约定数量的两种货币本金，同时定期交换两种货币利息的金融合约。本金交换的形式可以选择以下一种： 1. 在协议生效日双方按约定汇率交换两种货币的本金，在协议终止日双方再以相同的汇率、相同金额进行一次本金的反向交换； 2. 在协议生效日或终止日仅进行一次两种货币的本金交换； 3. 在协议生效日和终止日均不实际交换两种货币的本金； 4. 主管部门规定的其他形式。 利息交换是指交易双方定期向对方支付以换入货币计算的利息金额，双方可以协商选择按照固定利率或浮动利率计息

续表

要素	具体说明
汇率类型（交换货币）	美元兑人民币（USD/CNY）、欧元兑人民币（EUR/CNY）、日元兑人民币（JPY/CNY）、港币兑人民币（HKD/CNY）、英镑兑人民币（GBP/CNY）、澳元兑人民币（AUD/CNY）以及人民币兑印尼卢比（CNY/IDR）7种人民币汇率
交易模式	双边询价
清算方式	双边清算
交易时间	北京时间 9:30—次日 3:00，针对人民币兑印尼卢比的货币互换交易时间为 9:30—16:30，周六、周日及法定节假日不开市

资料来源：中国货币网。

中国货币网会定期对外公布每个月的人民币外汇货币掉期交易金额，同时会给出美元兑人民币的货币掉期交易金额。表 5-4 列出了 2022 年每月的交易金额情况。

表 5-4 2022 年每月银行间外汇市场人民币外汇货币掉期的交易金额情况

日期	全部货币掉期（亿元）	美元兑人民币的货币掉期（亿元）
2022 年 1 月	107.06	102.59
2022 年 2 月	44.1	43.2
2022 年 3 月	90.46	81.28
2022 年 4 月	100.75	100.75
2022 年 5 月	65.8	65.8
2022 年 6 月	36.06	36.06
2022 年 7 月	96.66	96.66
2022 年 8 月	379.3	379.3
2022 年 9 月	104.53	104.53
2022 年 10 月	152.13	152.13
2022 年 11 月	166.67	155.29
2022 年 12 月	127.43	120.63

数据来源：中国货币网。

下面将表 5-4 的数据运用 Python 绘制成柱形图（见图 5-2），具体的代码如下。

```
In [5]: data_CCS=pd.read_excel(io='C:/Desktop/2022年每月的货币掉期交易金额.xlsx', sheet_name='Sheet1',header=0,index_col=0)    #从外部导入数据

In [6]: data_CCS.index=(data_CCS.index).strftime('%Y-%m')    #日期转换为字符串类型并显示为"年-月"形式

In [7]: data_CCS.plot(kind='bar',figsize=(9,6),title='2022年每月货币掉期的交易金额',
   ...:            xlabel='日期',ylabel='金额（亿元）',grid=True)    #可视化（柱形图）
Out[7]:
```

无论是表 5-4 还是图 5-2，都可以看到每个月货币掉期的交易金额都存在一定的波动，同时，美元兑人民币的货币掉期占据市场交易的绝大部分，甚至在有些月份只有美元兑人民币的货币掉期成交。

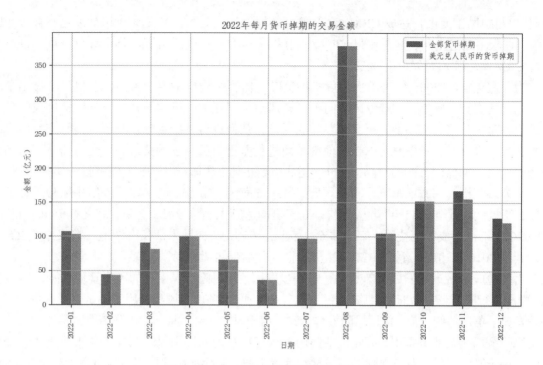

图 5-2　2022 年每月货币掉期的交易金额

5.1.3　信用违约互换市场

信用违约互换（credit default swap，CDS）是指交易双方达成的，约定在未来一定期限内，信用保护买方按照约定的标准和方式向信用保护卖方支付信用保护费用，由信用保护卖方就约定的一个或多个参考实体向信用保护买方提供信用风险保护的金融合约。合约中的**参考实体**（reference entity）可以包括公司、主权国家或国际多边机构（比如世界银行）等。同时，参考实体的信用风险取决于**信用事件**（credit event）是否发生，信用事件可以包括参考实体支付违约、破产、债务加速到期、债务潜在加速到期以及债务重组等事件。信用违约互换的实质就是对参考实体信用风险提供的一种保险。

1995 年，摩根大通银行（JP Morgan Chase）率先推出了信用违约互换。随后，国际掉期及衍生工具协会（ISDA）陆续发布《ISDA 信用衍生产品定义》《ISDA 主协议》及《ISDA 信用衍生品定义（2003 版）》等一系列标准交易文本，使得包括信用违约互换在内的信用衍生品交易规则逐步完善，市场出现了爆发式增长。根据国际清算银行统计，2000 年信用违约互换的合约规模还不足 0.9 万亿美元，但是到了美国次贷危机爆发前的 2007 年年末，合约规模已经大幅攀升至 61.24 万亿美元，随后出现回落，截至 2022 年年末已下降至 9.73 万亿美元。

为更好地发挥债券市场融资功能、化解债券市场的信用风险，2010 年 10 月中国银行间市场交易商协会发布了《银行间市场信用风险缓释工具试点业务指引》，引入**信用风险缓释**（credit risk mitigation，CRM）**工具**，当时的信用风险缓释工具实质上是单一参考实体的信用违约互换。此外，信用风险缓释工具又分为**信用风险缓释合约**（CRMA）和**信用风险缓释凭证**（CRMW），这两类工具最大的区别在于，CRMA 是由参考实体自己创设的，CRMW 则是由参考实体以外的第三方机构创设的。2010 年 11 月，中债信用增进投资股份有限公司（简称"中债信用增进公司")与中国工商银行达成CRMA,以银行贷款为基础资产,名义本金共5亿元,合计7笔贷款,期限不超过1年,这是首只CRMA;在同一个月,中债信用增进公司等金融机构创设了首批CRMW,名义本金共4.8亿元。

为了避免重蹈2008年美国次贷危机的覆辙,监管机构也是煞费苦心,在机制上做出了较多的限制性安排。例如,为避免风险向不具备风险承担能力的机构转移,在开展信用风险缓释工具业务时区分核心交易商、交易商、非交易商,从而进行分层管理。其中,核心交易商可以与所有参与者交易,交易商可以与其他交易商进行基于自身需求的交易,非交易商只能与核心交易商开展套期保值目的的交易。此外,还从市场主体、客体、规模等方面设置分层控制指标。这一系列限制措施一方面降低了交易风险,另一方面则打击了市场主体开展信用风险缓释工具业务的积极性。截至2015年年底,仅有16家机构达成47笔CRMA交易,名义本金40.4亿元,其中2014年仅达成1笔交易,名义本金1亿元;CRMW交易累计仅有7笔,名义本金2.5亿元,其中2010年达成6笔,2011年达成1笔,此后便再无交易。

为了适应金融市场发展的新趋势,进一步发挥信用风险缓释工具的风险管理功能,2016年9月中国银行间市场交易商协会修改并发布了《银行间市场信用风险缓释工具试点业务规则》[①],并且发布了信用违约互换、信用风险缓释合约、信用风险缓释凭证、信用联结票据等4份具体的信用风险缓释工具业务指引,从此包括信用违约互换在内的信用风险缓释工具市场进入了一个新的发展阶段。在新的业务规则下,首批包括信用违约互换在内的信用风险缓释工具于2016年10月31日达成交易,工商银行、农业银行、中国银行、建设银行、交通银行等10家金融机构开展了15笔信用互换合约交易,名义本金总计3亿元,交易期限1年至2年不等。

此外,2019年1月,上海证券交易所、深圳证券交易所与中国证券登记结算有限责任公司共同发布了《信用保护工具业务管理试点办法》,沪深证券交易所推出了包括信用保护合约和信用保护凭证在内的**信用保护工具**,这在实质上也是单一参考实体的信用违约互换。2022年7月,在前期信用保护合约试点基础上,沪深证券交易所又推出了组合型信用保护合约(CDX合约)业务试点,CDX合约类似于多个参考实体的信用违约互换。

截至2022年年末,未到期的信用风险缓释工具以及信用保护工具的合约面值共计366.71亿元。表5-5整理了按照不同创设机构类型进行划分的合约规模。

表5-5 2022年末按创设机构类型划分的未到期信用风险缓释工具及信用保护工具合约规模

创设机构类型	合约面值(亿元)
商业银行	233.70
证券公司	80.51
中债信用增进投资股份有限公司(简称"中债信用增进公司")	52.50
合计	366.71

数据来源:同花顺。

下面将表5-5中的数据运用Python绘制成一张饼图(见图5-3),便于可视化展示,具体的代码如下。

```
In [8]: data_CDS=pd.read_excel('C:/Desktop/未到期信用风险缓释工具以及信用保护工具合约面值.xlsx',
sheet_name="Sheet1",header=0,index_col=0)    #从外部导入数据
```

[①] 2024年2月,中国银行间市场交易商协会发布了《银行间市场信用风险缓释工具业务规则》,原"试点业务规则"同步废止。

```
In [9]: type_CDS=data_CDS.index              #获取数据框中关于合约创设机构类型
   ...: par_CDS=(np.array(data_CDS)).ravel() #将数据框涉及合约面值的数值转为一维数组

In [10]: plt.figure(figsize=(9,7))
   ...: plt.pie(x=par_CDS,labels=type_CDS,autopct='%1.2f%%',textprops={'fontsize':12})
   ...: plt.axis('equal')                    #使饼图呈圆形
   ...: plt.legend(loc=1,fontsize=12)        #图例放在右上方
   ...: plt.title('2022年年末不同创设机构类型的分布情况',fontsize=12)
   ...: plt.show()
```

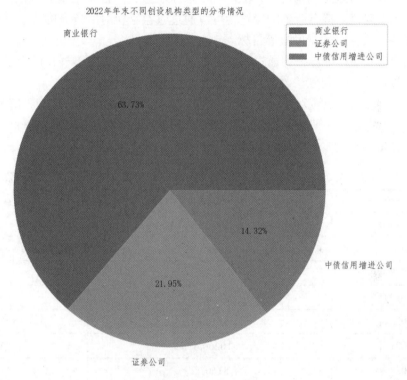

图 5-3　2022 年年末不同创设机构类型的分布情况

无论是从表 5-5 还是图 5-3，都可以看到商业银行作为创设机构发行的合约规模最大。

5.1.4　权益互换市场

权益互换（equity swap，ES），也称为股票互换、股票收益互换或收益互换，是指将权益资产在一段时间内的收益与固定利率或浮动利率计算的利息进行交换，这里的权益资产包括特定股票、某股票指数等。需要注意的是，在我国的金融监管文件以及日常金融实务中，权益互换通常被称为**收益互换**。根据国际清算银行的统计，截至 2022 年年末，全球权益互换的合约规模达到 3.47 万亿美元。

中国证券业协会于 2012 年 12 月和 2013 年 3 月分别发布了《证券公司柜台交易业务规范》《证券公司金融衍生品柜台交易业务规范》等自律规则，标志着收益互换业务正式启动试点。

此后的一段时间内收益互换业务发展迅速。然而在发展的初期，收益互换实际演变为杠杆融资买卖股票的配资行为，产品的风险管理功能被大大弱化，导致一定的违法违规隐患和潜在的系统性风险。为此，2015年11月中国证监会紧急叫停融资类收益互换业务，即不得新增融资类收益互换，存量业务可按合同继续履行，但不得延期。

为了进一步规范收益互换业务，中国证券业协会于2021年12月发布了《证券公司收益互换业务管理办法》，该办法的第十七条明确，收益互换业务挂钩标的应当具备公允的市场定价、良好的流动性，包括但不限于股票、股票指数、大宗商品等。

证券公司通过收益互换业务可以帮助投资者实现以下功能。

一是杠杆交易。通过收益互换，投资者缴纳一定的保证金并定期支付固定或浮动利息，就可以在不实际持有股票的情况下，获取标的股票收益，从而大幅增大股票投资的杠杆率。

二是市值管理。持有股票的投资者可以通过收益互换对所持有的股票进行市值管理，从而实现增强持股收益、规避风险等目标。

三是策略投资。证券公司通过收益互换可以向投资者提供多样化的交易策略，帮助投资者制定主题投资策略、阿尔法收益策略、指数增强型投资策略等。

中国证券业协会负责对外公布收益互换业务的开展情况以及合约交易情况，合约的挂钩标的主要包括A股个股、A股股票指数以及港股、美股等境外股票。表5-6梳理了2016年至2022年每年年末存量的合约本金规模与笔数。

表5-6　2016年至2022年每年年末收益互换合约存量本金与笔数

年份	收益互换合约本金（亿元）	收益互换合约笔数
2016年	1356.88	1897
2017年	1427.02	4657
2018年	703.89	5530
2019年	1583.62	9247
2020年	5210.83	22857
2021年	10260.67	39338
2022年	8160.72	73199

数据来源：中国证券业协会。

下面运用Python将表5-6中的合约本金和笔数进行可视化（见图5-4），具体的代码如下。

```
In [11]: ES_data=pd.read_excel('io=C:/Desktop/收益互换合约的数据.xlsx',sheet_name='Sheet1',
header=0,index_col=0)   #导入收益互换合约的数据

In [12]: ES_data.plot(kind='bar',subplots=True,layout=(1,2),figsize=(9,6),grid=True,
   ...:            xlabel='年份',ylabel='笔数',fontsize=12)   #可视化
   ...: plt.subplot(1,2,1)                                    #针对第1张子图
   ...: plt.ylabel('金额（亿元）',fontsize=11)    #将第1张子图的纵坐标标签修改为金额
Out[12]:
```

从表5-6和图5-4可以明显看到，2019年以后，收益互换合约的本金规模和笔数呈现出快速增长态势。当然，2022年年末的本金规模相比2021年有所下降。

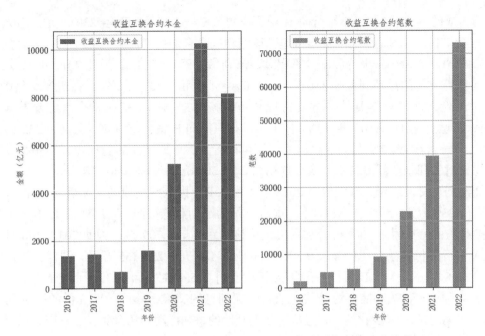

图 5-4 2016 年至 2022 年每年年末收益互换合约存量本金与笔数

5.2 利率互换

第 5.1 节简要描述了 4 类互换合约的市场，从本节开始将具体探讨每一类互换合约。本节聚焦利率互换，并且以常见的浮动利率（比如 Shibor）与固定利率进行交换的合约作为分析对象。需要强调的是，利率互换与第 1.4.2 小节讨论的远期利率协议在一定程度上具有相似性。

5.2.1 利率互换的运作机理

由于利率互换存在两个交易主体，为了便于分析与理解，将交易主体分别设定为 A 银行和 B 银行。假定 A 银行同意在合约约定的未来若干年内，向 B 银行支付以约定的名义本金和固定利率（fixed rate）为依据计算的现金流（即固定利息）；作为回报，A 银行则在相同时间内，从 B 银行收取以相同名义本金并按浮动利率（floating rate）计算的现金流（即浮动利息）。下面通过一个示例阐述利率互换的运作机理。

【例 5-1】考虑一份在 2017 年 6 月 1 日达成、期限为 5 年的利率互换合约，假定达成该互换合约的双方是 A 银行与 B 银行，合约本金是 1 亿元。

同时，在合约中约定，双方每 6 个月互相交换一次利息现金流，其中，A 银行向 B 银行支付年利率 4.6% 的利息（即每半年 230 万元）；同时，B 银行向 A 银行支付 6 个月 Shibor 的利息并且该利息是变化的。在该合约中，A 银行称为**固定利息支付方**或固定利率支付方（fixed-rate payer）或者多头，B 银行称为**浮动利息支付方**或浮动利率支付方（floating-rate payer）或者空头。该利率互换的期间现金流如图 5-5 所示。

下面根据以上利率互换合约的约定，依次考察合约存续期间内每期的利息交换情况。

第 1 期利息交换的现金流发生在 2017 年 12 月 1

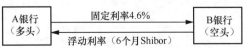

图 5-5 A 银行与 B 银行达成的利率互换的期间现金流

日（合约达成的 6 个月后），A 银行向 B 银行支付 0.5×4.6%×1 亿元=230 万元；当天，B 银行向 A 银行支付浮动利息，需要注意的是，该浮动利息金额由 2017 年 6 月 1 日（合约初始日）对外公布的 6 个月 Shibor 报价利率计算得到，该利率等于 4.4510%，因此 2017 年 12 月 1 日 B 银行向 A 银行支付的浮动利息等于 0.5×4.4510%×1 亿元 = 222.55 万元。在现实交易中，为了降低支付风险，通常只需要某一方支付现金流交换的净额，也就是符合**净额结算**（netting settlement）规则。据此，2017 年 12 月 1 日 A 银行只需向 B 银行支付 230 万元 − 222.55 万元 = 7.45 万元，B 银行则无须支付。通过以上计算可以看到，首期交换的利息在合约初始日就已确定，因为支付的利息金额由利率互换合约初始日的 Shibor 报价利率所决定。

第 2 期利息交换的现金流发生在 2018 年 6 月 1 日（即合约达成的 1 年后），A 银行依然向 B 银行支付 230 万元，同时 B 银行向 A 银行支付的浮动利息按照 2017 年 12 月 1 日（第 1 期利息交换日）的 6 个月 Shibor 报价利率决定，该利率等于 4.7093%，因此 2018 年 6 月 1 日 B 银行向 A 银行支付的浮动利息等于 0.5×4.7093%×1 亿元 = 235.465 万元。同样，依据净额结算规则，2018 年 6 月 1 日 B 银行只需向 A 银行支付 235.465 万元 − 230 万元 = 5.465 万元。

依此类推，该利率互换合约总共包括 10 期利息的交换，其中每期支付的固定利息均是 230 万元，但浮动利息是变化的，并且从第 2 期开始的每期浮动利息金额以上一期利息交换日的 6 个月 Shibor 市场报价利率为计算依据。

表 5-7 梳理了本例中的利率互换每期现金流情况。同时，需要注意的是，仅仅在计算利息时才会用到合约本金 1 亿元，并且本金始终没有进行交换，因为在合约到期日（2022 年 6 月 1 日）交换 1 亿元本金对 A 银行和 B 银行都不会产生额外的经济价值，这也是利率互换合约的本金被称为名义本金的根本原因。

表 5-7 利率互换存续期间的每期现金流情况　　　　　　　　（单位：元）

日期	6 个月 Shibor	交换利息的期次	A 银行收到浮动利息（B 银行支付浮动利息）	A 银行支付固定利息（B 银行收到固定利息）	A 银行现金流净额	B 银行现金流净额
2017-06-01	4.4510%	—	—	—	—	—
2017-12-01	4.7093%	第 1 期	2225500	2300000	−74500	74500
2018-06-01	4.3040%	第 2 期	2354650	2300000	54650	−54650
2018-12-01	3.2790%	第 3 期	2152000	2300000	−148000	148000
2019-06-01	2.9630%	第 4 期	1639500	2300000	−660500	660500
2019-12-01	3.0500%	第 5 期	1481500	2300000	−818500	818500
2020-06-01	1.5660%	第 6 期	1525000	2300000	−775000	775000
2020-12-01	3.1700%	第 7 期	783000	2300000	−1517000	1517000
2021-06-01	2.6590%	第 8 期	1585000	2300000	−715000	715000
2021-12-01	2.5970%	第 9 期	1329500	2300000	−970500	970500
2022-06-01	—	第 10 期	1298500	2300000	−1001500	1001500
合计			16374150	23000000	−6625850	6625850

注：表中的 Shibor 数据来源于 Shibor 官方网站，如遇节假日则沿用最近一个交易日的 Shibor 报价利率。此外，现金流净额为正数表示现金流入（即利息收取大于支付），负数则表示现金流出（即利息支付大于收取）。

5.2.2 利率互换的期间现金流

1. 数学表达式

根据【例 5-1】,可以抽象得出在合约存续期内各交易方利息交换净额的表达式。

假定 L 代表利率互换的合约本金,T 代表合约的期限(年),m 代表在合约存续期内每年合约双方交换利息的频次并且 $m \geq 1$,t_0 表示合约达成的时点也就是合约初始日,t_i 表示在合约存续期内第 i 期利息交换发生的时点也就是利息交换日,并且 $i = 1, 2, \cdots, N$,其中 $N = mT$;R 代表固定利率,R_{i-1} 代表在 t_{i-1} 时点确定的浮动利率并且在 t_i 时点支付,在 t_i 时点发生的第 i 期利息交换净额用 f_i 表示。

针对利率互换的多头(支付固定利息并收取浮动利息),在 t_i 时点发生的利息交换净额有如下的数学表达式。

$$f_i = \frac{1}{m}(R_{i-1} - R)L \qquad (\text{式 5-1})$$

针对利率互换的空头(收取固定利息并支付浮动利息),在 t_i 时点发生的利息交换净额的数学表达式如下。

$$f_i = \frac{1}{m}(R - R_{i-1})L \qquad (\text{式 5-2})$$

2. Python 的自定义函数及运用

为了计算的便利性,通过 Python 自定义一个计算利率互换存续期间各交易方支付利息净额的函数,具体的代码如下。

```
In [13]: def IRS_Cashflow(R_flt,R_fix,L,m,position):
    ...:     '''计算利率互换存续期内每期支付利息净额的函数
    ...:     R_flt: 利率互换的每期浮动利率,存放于数组;
    ...:     R_fix: 利率互换的固定利率;
    ...:     L: 利率互换的合约本金;
    ...:     m: 利率互换存续期内每年交换利息的频次;
    ...:     position: 头寸方向,输入long代表多头,输入其他则表示空头'''
    ...:     if position=='long':                 #针对多头(支付固定利息、收取浮动利息)
    ...:         cashflow=(R_flt-R_fix)*L/m       #计算多头的每期净现金流
    ...:     else:                                #针对空头(支付浮动利息、收取固定利息)
    ...:         cashflow=(R_fix-R_flt)*L/m       #计算空头的每期净现金流
    ...:     return cashflow
```

在以上自定义函数 IRS_Cashflow 中,只需要输入每期浮动利率、固定利率、合约本金、每年交换利息的频次以及头寸方向,就可以快速计算出合约相关交易方的每期利息支付净额。

下面用该自定义函数,计算【例 5-1】在利率互换合约存续期间 A 银行和 B 银行每期利息支付净额,具体的代码如下。

```
In [14]: par=1e8                                  #利率互换的本金
    ...: freq=2                                   #利率互换每年利息交换的频次
    ...: R_fixed=0.046                            #利率互换约定的固定利率
    ...: R_float=np.array([0.044510,0.047093,0.043040,0.032790,0.029630,0.030500,
```

```
            ...:                     0.015660,0.031700,0.026590,0.025970])    #6个月Shibor
    In [15]: NetpayA=IRS_Cashflow(R_flt=R_float,R_fix=R_fixed,L=par,m=freq,position='long') #
A银行（多头）的每期支付净额
       ...: NetpayA                   #输出结果
Out[15]:
array([  -74500.,    54650.,  -148000.,  -660500.,  -818500.,  -775000.,
        -1517000.,  -715000.,  -970500., -1001500.])

    In [16]: NetpayB=IRS_Cashflow(R_flt=R_float,R_fix=R_fixed,L=par,m=freq,position='short')
#B银行（空头）的每期支付净额
       ...: NetpayB
Out[16]:
array([   74500.,   -54650.,   148000.,   660500.,   818500.,   775000.,
         1517000.,   715000.,   970500.,  1001500.])

    In [17]: NetpayA_sum=np.sum(NetpayA)     #计算A银行支付净额的合计数
       ...: NetpayB_sum=np.sum(NetpayB)     #计算B银行支付净额的合计数
       ...: print('利率互换存续期间A银行支付净额的合计数（元）',round(NetpayA_sum,2))
       ...: print('利率互换存续期间B银行支付净额的合计数（元）',round(NetpayB_sum,2))
利率互换存续期间A银行支付净额的合计数（元） -6625850.0
利率互换存续期间B银行支付净额的合计数（元） 6625850.0
```

以上的代码输出结果与表 5-7 关于 A 银行、B 银行的利息支付净额是一致的。

5.2.3 利率互换的等价性

为了更好地理解利率互换，同时便于对利率互换进行定价，针对【例 5-1】的合约现金流交换做出如下调整：在利率互换的合约到期日（2022 年 6 月 1 日），交易双方增加一次本金的交换。表 5-8 展示了增加本金交换以后的每期现金流状况。

表 5-8 在利率互换到期日增加本金交换以后的每期现金流 （单位：元）

日期	6个月Shibor	交换利息的期次	A银行收到浮动利息（B银行支付浮动利息）	A银行支付固定利息（B银行收到固定利息）	A银行现金流净额	B银行现金流净额
2017-06-01	4.4510%	—	—	—	—	—
2017-12-01	4.7093%	第1期	2225500	2300000	−74500	74500
2018-06-01	4.3040%	第2期	2354650	2300000	54650	−54650
2018-12-01	3.2790%	第3期	2152000	2300000	−148000	148000
2019-06-01	2.9630%	第4期	1639500	2300000	−660500	660500
2019-12-01	3.0500%	第5期	1481500	2300000	−818500	818500
2020-06-01	1.5660%	第6期	1525000	2300000	−775000	775000
2020-12-01	3.1700%	第7期	783000	2300000	−1517000	1517000
2021-06-01	2.6590%	第8期	1585000	2300000	−715000	715000
2021-12-01	2.5970%	第9期	1329500	2300000	−970500	970500
2022-06-01	—	第10期	101298500	102300000	−1001500	1001500
		合计	116374150	123000000	−6625850	6625850

从表 5-8 可以看到，即使在合约到期日增加本金交换，交易双方每期现金流净额也与表 5-7 一致，这说明利率互换不受合约本金是否交换的影响。

与此同时，仔细观察表 5-8 不难发现，表中第 4 列的现金流（A 银行收到浮动利息或 B 银行支付浮动利息），就等价于 A 银行持有浮动利率债券多头头寸的现金流或者 B 银行持有浮动利率债券空头头寸的现金流；表中第 5 列的现金流（A 银行支付固定利息或 B 银行收到固定利息），则等价于 A 银行持有固定利率债券空头头寸的现金流或者 B 银行持有固定利率债券多头头寸的现金流。这里的浮动利率债券是指债券票面利率是浮动利率，固定利率债券则是指债券票面利率是固定利率。

这说明利率互换在现金流方面等价于固定利率债券与浮动利率债券的组合。具体而言，在利率互换中，A 银行的头寸等价于浮动利率债券的多头头寸和固定利率债券的空头头寸所构建的一个投资组合；B 银行的头寸等价于浮动利率债券的空头头寸和固定利率债券的多头头寸所构建的一个投资组合[1]。表 5-9 梳理了利率互换不同的头寸方向与对应的等价债券投资组合。

表 5-9 利率互换与等价的债券投资组合

利率互换的头寸方向	利息的支付	等价的债券投资组合
多头 （A 银行）	支付固定利息 收取浮动利息	浮动利率债券多头头寸+固定利率债券空头头寸
空头 （B 银行）	收取固定利息 支付浮动利息	浮动利率债券空头头寸+固定利率债券多头头寸

根据以上的分析，可以得到利率互换的定价公式。假定 B_{fix} 代表利率互换对应的固定利率债券价值，B_{flt} 则代表利率互换对应的浮动利率债券价值，V_{IRS} 代表利率互换的合约价值。

对于利率互换的多头，利率互换的合约价值等于浮动利率债券价值减去固定利率债券价值，表达式如下。

$$V_{IRS} = B_{flt} - B_{fix} \quad （式 5-3）$$

对于利率互换的空头，利率互换的价值等于固定利率债券价值减去浮动利率债券价值，表达式如下。

$$V_{IRS} = B_{fix} - B_{flt} \quad （式 5-4）$$

此外，需要注意的是，利率互换在合约初始日的合约价值等于零，因此，在利率互换达成时就有如下的等式。

$$B_{fix} = B_{flt} \quad （式 5-5）$$

通过（式 5-5）可以看到，在利率互换达成时（合约初始日），利率互换对应的固定利率债券价值等于对应的浮动利率债券价值。因此，通过（式 5-5）就可以计算得到利率互换的固定利率，该利率也称为**互换利率**（swap rate）。

在【例 5-1】中，为了便于理解利率互换的运作机理，固定利率也就是互换利率是已知的。但是在金融实战中，开展利率互换的第 1 步就是通过计算确定互换利率，这也是合约的一个关键要素，下面具体讨论如何测算互换利率。

---

[1] A 银行的头寸也可以理解为发行了固定利率债券的同时购买了浮动利率债券，B 银行的头寸同样可以理解为发行了浮动利率债券的同时购买了固定利率债券。

5.2.4 互换利率的测算

1. 数学表达式

假定针对利率互换，t_i 表示合约初始日距离第 i 期利息交换日的期限并且 $i=1,2,\cdots,N$，其中 $N=mT$，R 代表固定利率也就是互换利率。同时，在合约初始日，对应于期限 t_i 且连续复利的零息利率用 y_i 表示，y_i 将作为贴现利率。此外，L、T 以及 m 的含义与第 5.2.2 小节保持一致。

基于以上设定的变量并参考第 2.2.4 小节的债券定价模型（式 2-11），在合约初始日，利率互换对应的固定利率债券价值表达式如下。

$$B_{\text{fix}} = \left(\frac{R}{m}\sum_{i=1}^{N}e^{-y_i t_i} + e^{-y_N T}\right)L \qquad (式 5\text{-}6)$$

为了简化（式 5-6），假定期限 t_i 的贴现因子记作 q_i 并且 $q_i = e^{-y_i t_i}$。因此，（式 5-6）可以简化如下。

$$B_{\text{fix}} = \left(\frac{R}{m}\sum_{i=1}^{N}q_i + q_N\right)L \qquad (式 5\text{-}7)$$

此外，浮动利率债券在初始日的定价相对简单。由于在债券初始日以及随后的每期利息支付日，浮动利率债券的价值均等于债券面值，因此，在初始日和每期利息支付日，利率互换对应的浮动利率债券价值表达式如下。

$$B_{\text{flt}} = L \qquad (式 5\text{-}8)$$

结合（式 5-5）、（式 5-7）和（式 5-8），能够得到互换利率 R 的表达式。

$$R = \frac{m(1-q_N)}{\sum_{i=1}^{N}q_i} \qquad (式 5\text{-}9)$$

2. Python 的自定义函数

根据（式 5-9），通过 Python 自定义一个计算互换利率的函数，具体的代码如下。

```
In [18]: def Swap_Rate(m,y,T):
    ...:     '''计算互换利率的函数
    ...:     m: 利率互换存续期内每年交换利息的频次；
    ...:     y: 对应于合约初始日至每期利息交换日的期限且连续复利的零息利率，以数组结构输入；
    ...:     T: 合约期限（年）'''
    ...:     from numpy import arange,exp        #从 NumPy 模块导入 arange 和 exp 函数
    ...:     n_list=arange(1,m*T+1)              #创建从 1 到 mT 的整数数组
    ...:     t=n_list/m                          #合约初始日距离每期利息交换日的期限数组
    ...:     q=exp(-y*t)                         #不同期限的贴现因子数组
    ...:     rate=m*(1-q[-1])/sum(q)             #根据（式 5-9）计算互换利率
    ...:     return rate
```

在以上自定义函数 Swap_Rate 中，输入每年交换利息的频次、对应于不同期限的零息利率以及合约期限等参数，就可以计算出互换利率的数值。下面通过一个示例演示如何测算互换利率。

3. 一个示例

【例5-2】假定C银行与交易对手D银行开展了一笔利率互换业务,合约期限是3年,合约初始日是2022年9月1日,到期日是2025年9月1日,利率互换的本金是1亿元。

同时,合约约定双方每6个月交换一次利息,其中,C银行按照固定利率支付固定利息并且根据6个月Shibor收取浮动利息,D银行则收取固定利息并支付浮动利息。为此,C银行和D银行都需要计算该利率互换的互换利率。表5-10整理了相关期限连续复利的零息利率(根据国债到期收益率得出)[①]。

表5-10 2022年9月1日相关期限的零息利率 (单位:%)

利率类型	1个月	2个月	3个月	6个月	9个月	1年	1.5年	2年	2.5年	3年
零息利率	1.1610	1.4605	1.4708	1.6629	1.6963	1.7243	1.8885	2.0879	2.2219	2.1900

注:1.5年期和2.5年期的零息利率根据表5-10中其他期限的零息利率并运用三次样条插值法计算得到。数据来源:中国债券信息网。

下面直接通过Python计算该利率互换的互换利率。这里需要注意的是,在输入对应于不同利息交换期限的零息利率时,仅仅用到表5-10中的6个月、1年、1.5年、2年、2.5年以及3年等6个期限的零息利率。具体的代码如下。

```
In [19]: freq=2                              #利率互换每年交换利息的频次
    ...: tenor=3                             #合约期限
    ...: r_list=np.array([0.016629,0.017243,0.018885,0.020879,0.022219,0.0219])   #输入对应不同期限的零息利率

In [20]: R_Sep1=Swap_Rate(m=freq,y=r_list,T=tenor)    #计算互换利率
    ...: print('2022年9月1日利率互换的互换利率(固定利率)',round(R_Sep1,4))
2022年9月1日利率互换的互换利率(固定利率) 0.022
```

通过以上的计算可以得出,该利率互换的互换利率等于2.20%。这里需要注意的是,根据目前全国银行间同业拆借中心的交易规则,互换利率的报价保留至小数点后2位。

5.2.5 利率互换的定价

在第5.2.3小节曾提到,利率互换在合约初始日的合约价值等于零,然而合约价值等于零是暂时的。在合约存续期内零息利率会发生变化,加之利息交换的发生,从而使得利率互换的合约价值出现变动。但是万变不离其宗,对于利率互换的多头,利率互换的合约价值始终等于浮动利率债券价值减去固定利率债券价值;对于利率互换的空头,利率互换的合约价值等于固定利率债券价值减去浮动利率债券价值。

1. 数学表达式

针对利率互换设定一个合约定价日,该定价日是合约存续期间的某一天但不是合约初始日也不是利息交换日,$\tilde{T}$代表合约的剩余期限并且以年为单位,$\tilde{t}_i$表示合约定价日距离剩余第i期利息交换日的期限,$i=1,2,\cdots,N$,以及$\tilde{t}_N=\tilde{T}$;R_{fix}代表固定利率(互换利率),R_{flt}代表浮动

[①] 由于市场缺少6个月Shibor(Shibor6M)利率互换曲线,因此,本例采用国债到期收益率曲线替代。

利率并且用于计算距合约定价日最近的下一期利息交换；$\tilde{y}_i$ 是对应期限 $\tilde{t}_i$ 且连续复利的零息利率（贴现利率）。此外，L 和 m 的含义与第 5.2.2 小节保持一致。

基于以上设定的变量并参考债券定价模型（式 2-11），在合约定价日，利率互换对应的固定利率债券价值可以写成如下式子。

$$B_{\text{fix}} = \left(\frac{R_{\text{fix}}}{m} \sum_{i=1}^{N} e^{-\tilde{y}_i \tilde{t}_i} + e^{-\tilde{y}_N \tilde{T}} \right) L \qquad (式 5\text{-}10)$$

此外，在计算利率互换对应的浮动利率债券价值时，需要注意债券在票息支付日（即利率互换每期的利息交换日）债券价格将回归至债券本金。因此，在合约定价日，利率互换对应的浮动利率债券价值可以写成如下式子。

$$B_{\text{flt}} = \left(\frac{R_{\text{flt}}}{m} + 1 \right) L e^{-\tilde{y}_1 \tilde{t}_1} \qquad (式 5\text{-}11)$$

最终，结合（式 5-3）、（式 5-4）、（式 5-10）和（式 5-11），就可以计算得到不同交易方在合约定价日的利率互换合约价值。

2. Python 自定义函数

为了便于计算利率互换的合约价值，通过 Python 自定义一个函数，具体的代码如下。

```
In [21]: def IRS_Value(R_fix,R_flt,t,y,m,L,position):
    ...:     '''计算存续期内利率互换合约价值的函数
    ...:     R_fix: 利率互换的固定利率（互换利率）；
    ...:     R_flt: 浮动利率并用于计算距离合约定价日最近的下一期利息交换；
    ...:     t: 定价日距离每期利息交换日的期限（年），以数组结构输入；
    ...:     y: 期限为 t 并且连续复利的零息利率，以数组结构输入；
    ...:     m: 利率互换每年交换利息的频次；
    ...:     L: 利率互换合约的本金；
    ...:     position: 头寸方向，输入 long 代表多头，输入其他则代表空头'''
    ...:     from numpy import exp                                #从 NumPy 模块导入 exp 函数
    ...:     B_fix=(R_fix*sum(exp(-y*t))/m+exp(-y[-1]*t[-1]))*L   #固定利率债券的价值
    ...:     B_flt=(R_flt/m+1)*L*exp(-y[0]*t[0])                  #浮动利率债券的价值
    ...:     if position=='long':                                 #针对多头
    ...:         value=B_flt-B_fix                                #互换利率多头的价值
    ...:     else:                                                #针对空头
    ...:         value=B_fix-B_flt                                #互换利率空头的价值
    ...:     return value
```

在以上自定义函数 IRS_Value 中，输入固定利率、浮动利率、期限、零息利率、每年交换利息的频次、合约的本金以及头寸方向等参数，就可以高效计算出利率互换的合约价值。下面通过一个示例具体演示如何计算利率互换的合约价值。

3. 一个示例

【例 5-3】 沿用【例 5-2】的合约信息，在该利率互换中，固定利率设定为 2.20%，2022 年 9 月 1 日的 6 个月 Shibor 等于 1.75%。表 5-11 列出在 2022 年 9 月 5 日和 9 月 15 日这两个交易日相关期限零息利率信息（依然参考国债到期收益率）。

表 5-11　2022 年 9 月 5 日与 9 月 15 日相关期限的零息利率　　　　　（单位：%）

日期	1个月	2个月	3个月	6个月	9个月	1年	2年	3年
2022-9-5	1.1604	1.4373	1.4436	1.6473	1.6593	1.7132	2.0469	2.1743
2022-9-15	1.2467	1.4729	1.4961	1.7049	1.7731	1.8058	2.0890	2.2241

数据来源：中国债券信息网。

针对 C 银行和 D 银行，需要依次计算在这两个交易日该利率互换的合约价值。下面直接通过 Python 运算并且分 3 个步骤完成。

第 1 步：通过表 5-11 中已有的零息利率，运用三次样条插值法计算 1.5 年和 2.5 年期限的零息利率，需要运用 SciPy 的 interpolate 子模块的 interp1d 函数。具体的代码如下。

```
In [22]: import scipy.interpolate as si                    #导入 SciPy 子模块 interpolate

In [23]: T=np.array([1/12,2/12,3/12,6/12,9/12,1.0,2.0,3.0])  #表 5-11 的相关期限数组
    ...: R_Sep5=np.array([0.011604,0.014373,0.014436,0.016473,0.016593,0.017132,
    ...:                  0.020469,0.021743])              #2022 年 9 月 5 日已有的零息利率
    ...: R_Sep15=np.array([0.012467,0.014729,0.014961,0.017049,0.017731,0.018058,
    ...:                   0.020890,0.022241])             #2022 年 9 月 15 日已有的零息利率

In [24]: func_Sep5=si.interp1d(x=T,y=R_Sep5,kind='cubic')   #用 2022 年 9 月 5 日零息利率和三次样
条插值法构建插值函数
    ...: func_Sep15=si.interp1d(x=T,y=R_Sep15,kind='cubic') #用 2022 年 9 月 15 日零息利率和三次
样条插值法构建插值函数

In [25]: T_new=np.array([1/12,2/12,3/12,6/12,9/12,1.0,1.5,2.0,2.5,3.0])  #含 1.5 年和 2.5 年的
新期限数组

In [26]: R_new_Sep5=func_Sep5(T_new)        #用插值法计算 2022 年 9 月 5 日的新零息利率
    ...: R_new_Sep5                         #查看输出结果
Out[26]:
array([0.011604 , 0.014373 , 0.014436 , 0.016473 , 0.016593 ,
       0.017132 , 0.01890614, 0.020469 , 0.02151611, 0.021743 ])

In [27]: R_new_Sep15=func_Sep15(T_new)      #用插值法计算 2022 年 9 月 15 日的新零息利率
    ...: R_new_Sep15                        #查看输出结果
Out[27]:
array([0.012467 , 0.014729 , 0.014961 , 0.017049 , 0.017731 ,
       0.018058 , 0.01934027, 0.02089 , 0.02206948, 0.022241 ])
```

通过以上的插值计算，可以得到在 2022 年 9 月 5 日，1.5 年和 2.5 年的零息利率分别是 1.8906% 和 2.1516%（保留至小数点后 4 位，下同）；在 2022 年 9 月 15 日，1.5 年和 2.5 年的零息利率则分别为 1.9340% 和 2.2069%。

第 2 步：计算合约定价日距离每期利息交换日的期限数组，需要运用 datetime 模块；同时，距离定价日最近的下一个利息交换日是 2023 年 3 月 1 日。具体的代码如下。

```
In [28]: import datetime as dt          #导入 datetime 模块

In [29]: T1=dt.datetime(2022,9,5)       #创建 2022 年 9 月 5 日的时间对象
    ...: T2=dt.datetime(2022,9,15)      #创建 2022 年 9 月 15 日的时间对象
    ...: T3=dt.datetime(2023,3,1)       #创建下一个利息交换日（2023 年 3 月 1 日）的时间对象
```

```
In [30]: tenor1=(T3-T1).days/365        #计算2022年9月5日至2023年3月1日的期限(年)
   ...: tenor2=(T3-T2).days/365         #计算2022年9月15日至2023年3月1日的期限(年)

In [31]: tenor=3                         #利率互换的总期限(年)
   ...: freq=2                           #每年交换利息的频次
   ...: N=tenor*freq                     #利率互换存续期内交换利息的次数

In [32]: T_list1=np.arange(N)/freq       #创建存放2022年9月5日至每期利息交换日期限的初始数组
   ...: T_list1=T_list1+tenor1           #计算相关期限的数组
   ...: T_list1                          #显示结果
Out[32]:
array([0.48493151, 0.98493151, 1.48493151, 1.98493151, 2.48493151,
       2.98493151])

In [33]: T_list2=np.arange(N)/freq       #创建存放2022年9月15日至每期利息交换日期限的初始数组
   ...: T_list2=T_list2+tenor2           #计算相关期限的数组
   ...: T_list2                          #显示结果
Out[33]:
array([0.45753425, 0.95753425, 1.45753425, 1.95753425, 2.45753425,
       2.95753425])
```

针对以上输出的两个期限数组,第1个元素代表合约定价日距离第1期利息交换日的期限(单位是年),第2个元素代表合约定价日距离第2期利息交换日的期限,依此类推。

第3步:运用自定义函数IRS_Value,计算两个不同交易日的合约价值。具体的代码如下。

```
In [34]: rate_fix=0.022                  #互换利率(固定利率)
   ...: rate_float=0.0175                #用于计算第1期利息交换的浮动利率
   ...: par=1e8                          #利率互换的名义本金

In [35]: y_Sep5=np.zeros_like(T_list1)   #创建初始数组用于存放2022年9月5日计算合约价值所需的相关期限零息利率
   ...: y_Sep5[0]=R_new_Sep5[3]          #存放2022年9月5日6个月零息利率
   ...: y_Sep5[1:]=R_new_Sep5[5:]        #存放2022年9月5日1年、1.5年、2年、2.5年和3年的零息利率

In [36]: V1_Sep5=IRS_Value(R_fix=rate_fix,R_flt=rate_float,t=T_list1,y=y_Sep5,m=freq,L=par,
   ...:                   position='long')    #2022年9月5日C银行的利率互换合约价值
   ...: V2_Sep5=IRS_Value(R_fix=rate_fix,R_flt=rate_float,t=T_list1,y=y_Sep5,m=freq,L=par,
   ...:                   position='short')   #2022年9月5日D银行的利率互换合约价值
   ...: print('2022年9月5日C银行(多头)的利率互换合约价值(元)', round(V1_Sep5,2))
   ...: print('2022年9月5日D银行(空头)的利率互换合约价值(元)', round(V2_Sep5,2))
2022年9月5日C银行(多头)的利率互换合约价值(元) -15798.05
2022年9月5日D银行(空头)的利率互换合约价值(元) 15798.05

In [37]: y_Sep15=np.zeros_like(T_list2)  #创建初始数组用于存放2022年9月15日计算合约价值所需的相关期限零息利率
   ...: y_Sep15[0]=R_new_Sep15[3]        #存放2022年9月15日6个月零息利率
   ...: y_Sep15[1:]=R_new_Sep15[5:]      #存放2022年9月15日1年、1.5年、2年、2.5年和3年的零息利率

In [38]: V1_Sep15=IRS_Value(R_fix=rate_fix,R_flt=rate_float,t=T_list2,y=y_Sep15,m=freq,L=par,
   ...:                    position='long')   #2022年9月15日C银行的利率互换合约价值
   ...: V2_Sep15=IRS_Value(R_fix=rate_fix,R_flt=rate_float,t=T_list2,y=y_Sep15,m=freq,L=par,
   ...:                    position='short')  #2022年9月15日D银行的利率互换合约价值
```

```
...: print('2022年9月15日C银行（多头）的利率互换合约价值（元）',round(V1_Sep15,2))
...: print('2022年9月15日D银行（空头）的利率互换合约价值（元）',round(V2_Sep15,2))
2022年9月15日C银行（多头）的利率互换合约价值（元）  87516.18
2022年9月15日D银行（空头）的利率互换合约价值（元） -87516.18
```

从以上的代码输出结果不难看到，在不同的交易日零息利率的变动以及定价日距离利息交换日期限的变化，使得合约价值发生变动。比如，在2022年9月5日，对于C银行（多头），利率互换带来约1.58万元的浮亏；仅过了10天，也就是在2022年9月15日，利率互换给C银行产生约8.75万元的浮盈。此外，合约空头价值恰好是多头价值的相反数，这表明利率互换的实质是**零和博弈**（zero-sum game）。

5.3 货币互换

第5.2节讨论的利率互换仅仅交换利息而不涉及交换本金，现在对利率互换做一些简单改变，具体是在合约初始日以及到期日交易双方都进行本金交换，并且用于交换的本金按照两种不同的币种计价（比如人民币和美元），改变后的合约就是货币互换。此外，根据交换利息的不同特征，货币互换可以细分为3类，具体类型见表5-12。

表5-12 货币互换的类型及特征

货币互换类型	特征
双固定利率货币互换（fixed-for-fixed currency swap）	将一种货币下的固定利息及本金与另一种货币下的固定利息及本金进行交换
固定对浮动货币互换（fixed-for-float currency swap）	将一种货币下的固定利息及本金与另一种货币下的浮动利息及本金进行交换
双浮动利率货币互换（float-for-float currency swap）	将一种货币下的浮动利息及本金与另一种货币下的浮动利息及本金进行交换

注：表中的固定对浮动货币互换也称为**交叉货币利率互换**（cross-currency interest swap），为了避免该术语与利率互换发生混淆，本书不采用交叉货币利率互换这一术语。

5.3.1 货币互换的运作机理

首先，结合一个具体的示例描述货币互换的运作机理，并且以相对易于理解的双固定利率货币互换为例。

【例5-4】 我国的E银行与美国的F银行之间达成了一份期限为5年的人民币兑美元的货币互换，合约初始日是2017年9月1日，到期日是2022年9月1日，并且针对货币互换合约做出如下约定。

（1）合约初始日的本金交换。在合约初始日，E银行与F银行之间交换本金并且本金涉及人民币与美元两种货币，其中，E银行向F银行支付6.6亿元人民币，F银行向E银行支付1亿美元。

（2）合约存续期间的利息交换。在合约存续期间，E银行与F银行之间每半年交换一次利息，其中，E银行向F银行支付年化利率1.80%的美元利息，F银行向E银行支付年化利率1.50%的人民币利息。因此，E银行每半年支付给F银行的利息是90万美元（$0.5 \times 1.8\% \times 1$亿美元），F银行每半年支付给E银行的利息是495万元人民币（$0.5 \times 1.5\% \times 6.6$亿元人民币）。

（3）合约到期日的本金交换。在合约到期日，E银行与F银行之间除了交换最后一期利息，还需要换回本金，其中E银行向F银行支付1亿美元，同时，F银行向E银行支付6.6亿元人民币。

图5-6展示了货币互换合约中E银行与F银行之间的本金和利息交换情况。

同时，表5-13列出了针对该货币互换，E银行和F银行的现金流情况。需要注意的是，由于货币互换在合约初始日就交换本金，因此在合约存续期内，共计开展11期现金流的交换；此外，E银行的现金流与F银行的现金流恰好相反。

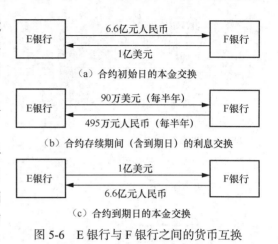

图5-6　E银行与F银行之间的货币互换

表5-13　货币互换合约的现金流

日期	交换现金流的期次	E银行		F银行	
		人民币现金流（万元）	美元现金流（万美元）	人民币现金流（万元）	美元现金流（万美元）
2017-09-01	第1期	−66000	10000	66000	−10000
2018-03-01	第2期	495	−90	−495	90
2018-09-01	第3期	495	−90	−495	90
2019-03-01	第4期	495	−90	−495	90
2019-09-01	第5期	495	−90	−495	90
2020-03-01	第6期	495	−90	−495	90
2020-09-01	第7期	495	−90	−495	90
2021-03-01	第8期	495	−90	−495	90
2021-09-01	第9期	495	−90	−495	90
2022-03-01	第10期	495	−90	−495	90
2022-09-01	第11期	66495	−10090	−66495	10090

注：表中的数字前面带负号（−）表示现金流出（即支付），不带负号表示现金流入（即收取），同时需要注意现金流的不同计价货币。

5.3.2　双固定利率货币互换的期间现金流

根据【例5-4】并且按照不同的货币互换类型，可以抽象得出货币互换在合约存续期内各交易方交换现金流（包含本金和利息）的表达式，首先考察双固定利率货币互换。

1. 数学表达式

假定合约双方分别是A交易方和B交易方，L_A代表在合约初始日A交易方支付的一种货币本金，也就是合约到期日A交易方收回的本金；L_B代表在合约初始日B交易方支付的另一种货币本金，也是合约到期日B交易方收回的本金；T代表合约的期限（年），m代表在合约存续期内每年交易双方交换利息的频次并且$m \geq 1$，t_i表示第i期现金流交换所发生的时点并且

$i=0,1,2,\cdots,N$,其中 $N=mT$;R_A 代表针对 L_A 本金的固定利率,R_B 代表针对 L_B 本金的固定利率;在 t_i 时点发生并基于 L_A 的现金流用 f_i^A 表示,在 t_i 时刻发生并基于 L_B 的现金流用 f_i^B 表示。

由于涉及的数学表达式比较多,表 5-14 整理了双固定利率货币互换在合约存续期内的现金流表达式。

表 5-14 双固定利率货币互换在合约存续期内的现金流表达式

交易方	基于的本金	现金流发生的时间	现金流的表达式
A 交易方	L_A	t_0(合约初始日)	$f_0^A = -L_A$
		t_j 其中,$j=1,2,\cdots,N-1$(下同)	$f_j^A = \dfrac{R_A}{m} L_A$
		t_N(合约到期日)	$f_N^A = \left(\dfrac{R_A}{m}+1\right)L_A$
	L_B	t_0	$f_0^B = L_B$
		t_j	$f_j^B = -\dfrac{R_B}{m} L_B$
		t_N	$f_N^B = -\left(\dfrac{R_B}{m}+1\right)L_B$
B 交易方	L_A	t_0	$f_0^A = L_A$
		t_j	$f_j^A = -\dfrac{R_A}{m} L_A$
		t_N	$f_N^A = -\left(\dfrac{R_A}{m}+1\right)L_A$
	L_B	t_0	$f_0^B = -L_B$
		t_j	$f_j^B = \dfrac{R_B}{m} L_B$
		t_N	$f_N^B = \left(\dfrac{R_B}{m}+1\right)L_B$

2. Python 自定义函数

基于表 5-14 的现金流表达式,通过 Python 自定义一个计算双固定利率货币互换在合约存续期内每期现金流的函数,具体的代码如下。

```
In [39]: def CCS_Fixed_Cashflow(La,Lb,Ra_fix,Rb_fix,m,T,trader,par):
    ...:     '''计算双固定利率货币互换每期现金流的函数
    ...:     合约的交易双方分别用 A 交易方和 B 交易方表示
    ...:     La: 合约初始日 A 交易方支付的货币本金(到期日收回的货币本金);
    ...:     Lb: 合约初始日 B 交易方支付的货币本金(到期日收回的货币本金);
    ...:     Ra_fix: 基于 La 本金的固定利率;
    ...:     Rb_fix: 基于 Lb 本金的固定利率;
    ...:     m: 每年交换利息的频次;
    ...:     T: 货币互换的合约期限(年);
    ...:     trader: 合约交易方,输入 A 表示计算 A 交易方的现金流,输入其他表示计算 B 交易方的现金流;
    ...:     par: 计算现金流所依据的本金,输入 La 表示基于本金 La 计算现金流,输入其他表示基于本金 Lb 计算现金流'''
```

```
   ...:         cashflow=np.zeros(m*T+1)              #创建存放每期现金流的初始数组
   ...:         if par=='La':                          #依据本金 La 计算现金流
   ...:             cashflow[0]=-La                    #计算A交易方第1期交换的现金流
   ...:             cashflow[1:-1]=Ra_fix*La/m         #计算A交易方第2期至倒数第2期的现金流
   ...:             cashflow[-1]=(Ra_fix/m+1)*La       #计算A交易方最后一期的现金流
   ...:             if trader=='A':                    #针对A交易方
   ...:                 return cashflow                #输出现金流
   ...:             else:                              #针对B交易方
   ...:                 return -cashflow               #输出现金流
   ...:         else:                                  #依据本金 Lb 计算现金流
   ...:             cashflow[0]=Lb                     #计算A交易方第1期交换的现金流
   ...:             cashflow[1:-1]=-Rb_fix*Lb/m        #计算A交易方第2期至倒数第2期的现金流
   ...:             cashflow[-1]=-(Rb_fix/m+1)*Lb      #计算A交易方最后一期的现金流
   ...:             if trader=='A':                    #针对A交易方
   ...:                 return cashflow                #输出现金流
   ...:             else:                              #针对B交易方
   ...:                 return -cashflow               #输出现金流
```

针对以上自定义的函数 CCS_Fixed_Cashflow，输入不同币种的本金、利率、每年交换利息的频次、合约期限、合约交易方以及计算现金流所依据的本金等参数，就可以计算出针对不同交易方并依据不同币种本金的期间现金流。

3. 结合示例的 Python 编程

下面通过 Python 自定义函数 CCS_Fixed_Cashflow 计算【例 5-4】各交易方的每期现金流，具体编程分为 3 个步骤。

第 1 步：输入关于双固定利率货币互换的合约参数。具体的代码如下。

```
In [40]: par_RMB=6.6e8         #人民币本金
   ...: par_USD=1e8             #美元本金
   ...: rate_RMB=0.015          #人民币的利率
   ...: rate_USD=0.018          #美元的利率
   ...: freq=2                  #每年交换利息的频次
   ...: tenor=5                 #合约期限（年）
```

第 2 步：计算在合约存续期间内，针对 E 银行的现金流。具体的代码如下。

```
In [41]: RMB_Ebank=CCS_Fixed_Cashflow(La=par_RMB,Lb=par_USD,Ra_fix=rate_RMB,
   ...:                    Rb_fix=rate_USD,m=freq,T=tenor,trader='A',
   ...:                    par='La')  #E银行基于人民币本金的现金流
   ...: print('E银行基于人民币本金的每期现金流（元）\n',RMB_Ebank)
E银行基于人民币本金的每期现金流（元）
 [-6.6000e+08  4.9500e+06  4.9500e+06  4.9500e+06  4.9500e+06  4.9500e+06
   4.9500e+06  4.9500e+06  4.9500e+06  4.9500e+06  6.6495e+08]

In [42]: USD_Ebank=CCS_Fixed_Cashflow(La=par_RMB,Lb=par_USD,Ra_fix=rate_RMB,
   ...:                    Rb_fix=rate_USD,m=freq,T=tenor,trader='A',
   ...:                    par='Lb')  #E银行基于美元本金的现金流
   ...: print('E银行基于美元本金的每期现金流（美元）\n',USD_Ebank)
E银行基于美元本金的每期现金流（美元）
 [ 1.000e+08 -9.000e+05 -9.000e+05 -9.000e+05 -9.000e+05 -9.000e+05
  -9.000e+05 -9.000e+05 -9.000e+05 -9.000e+05 -1.009e+08]
```

第 3 步：计算在合约存续期间内，针对 F 银行的现金流。具体的代码如下。

```
In [43]: RMB_Fbank=CCS_Fixed_Cashflow(La=par_RMB,Lb=par_USD,Ra_fix=rate_RMB,
    ...:                    Rb_fix=rate_USD,m=freq,T=tenor,trader='B',
    ...:                    par='La')   #F 银行基于人民币本金的现金流
    ...: print('F 银行基于人民币本金的每期现金流（元）\n',RMB_Fbank)
F 银行基于人民币本金的每期现金流（元）
 [ 6.6000e+08 -4.9500e+06 -4.9500e+06 -4.9500e+06 -4.9500e+06 -4.9500e+06
  -4.9500e+06 -4.9500e+06 -4.9500e+06 -4.9500e+06 -6.6495e+08]

In [44]: USD_Fbank=CCS_Fixed_Cashflow(La=par_RMB,Lb=par_USD,Ra_fix=rate_RMB,
    ...:                    Rb_fix=rate_USD,m=freq,T=tenor,trader='B',
    ...:                    par='Lb')   #F 银行基于美元本金的现金流
    ...: print('F 银行基于美元本金的每期现金流（美元）\n',USD_Fbank)
F 银行基于美元本金的每期现金流（美元）
 [-1.000e+08  9.000e+05  9.000e+05  9.000e+05  9.000e+05  9.000e+05
   9.000e+05  9.000e+05  9.000e+05  9.000e+05  1.009e+08]
```

以上代码输出的结果与表 5-13 是相同的。需要注意的是，通过 print 函数输出的现金流结果，是以列表的结构展示的。

5.3.3 固定对浮动货币互换的期间现金流

本小节考察固定对浮动货币互换合约的期间现金流。由于针对此类货币互换，合约中的一种本金将采用浮动利率计息，因此现金流的计算会比双固定利率货币互换复杂一些。

1. 数学表达式

依然假定合约双方是 A 交易方和 B 交易方，变量 L_A、L_B、T、m、t_i、f_i^A、f_i^B 的含义与讨论双固定利率货币互换的现金流计算保持一致；同时，合约约定针对本金 L_A 以固定利率 R_A 计息，针对本金 L_B 支付浮动利息，并且 R_{i-1}^B 代表在 t_{i-1} 时点确定并且在 t_i 时点计息的浮动利率，显然浮动利率的确定规则与利率互换是相同的。

由于涉及的公式较多，表 5-15 整理了固定对浮动货币互换在合约存续期的现金流表达式。

表 5-15 固定对浮动货币互换在合约存续期的现金流表达式

交易方	基于的本金	现金流发生的时间	现金流的表达式
A 交易方	L_A	t_0	$f_0^A = -L_A$
		t_j 其中，$j=1,2,\cdots,N-1$（下同）	$f_j^A = \dfrac{R_A}{m} L_A$
		t_N	$f_N^A = \left(\dfrac{R_A}{m} + 1\right) L_A$
	L_B	t_0	$f_0^B = L_B$
		t_j	$f_j^B = -\dfrac{R_{j-1}^B}{m} L_B$
		t_N	$f_N^B = -\left(\dfrac{R_{N-1}^B}{m} + 1\right) L_B$

续表

交易方	基于的本金	现金流发生的时间	现金流的表达式
B 交易方	L_A	t_0	$f_0^A = L_A$
		t_j	$f_j^A = -\dfrac{R_A}{m} L_A$
		t_N	$f_N^A = -\left(\dfrac{R_A}{m} + 1\right) L_A$
	L_B	t_0	$f_0^B = -L_B$
		t_j	$f_j^B = \dfrac{R_{j-1}^B}{m} L_B$
		t_N	$f_N^B = \left(\dfrac{R_{N-1}^B}{m} + 1\right) L_B$

注：表 5-15 基于本金 L_A 的现金流表达式与表 5-14 是相同的。

2. Python 自定义函数

基于表 5-15 的现金流表达式，通过 Python 自定义一个计算固定对浮动货币互换每期现金流的函数，具体的代码如下。

```
In [45]: def CCS_Fixflt_Cashflow(La,Lb,Ra_fix,Rb_flt,m,T,trader,par):
    ...:     '''计算固定对浮动货币互换每期现金流的函数
    ...:     合约的交易双方依然分别用 A 交易方和 B 交易方表示
    ...:     La: 合约初始日 A 交易方支付的货币本金(到期日收回的货币本金);
    ...:     Lb: 合约初始日 B 交易方支付的货币本金(到期日收回的货币本金);
    ...:     Ra_fix: 基于 La 本金的固定利率;
    ...:     Rb_flt: 基于 Lb 本金的浮动利率,以数组结构输入;
    ...:     m: 每年交换利息的频次;
    ...:     T: 货币互换的合约期限(年);
    ...:     trader: 合约交易方,输入 A 表示计算 A 交易方的现金流,输入其他表示计算 B 交易方的现金流;
    ...:     par: 计算现金流所依据的本金,输入 La 表示基于本金 La 计算现金流,输入其他表示基于本金 Lb 计算现金流'''
    ...:     cashflow=np.zeros(m*T+1)              #创建存放每期现金流的初始数组
    ...:     if par=='La':                         #依据本金 La 计算现金流
    ...:         cashflow[0]=-La                   #A 交易方第 1 期的现金流
    ...:         cashflow[1:-1]=Ra_fix*La/m        #A 交易方第 2 期至倒数第 2 期的现金流
    ...:         cashflow[-1]=(Ra_fix/m+1)*La      #A 交易方最后一期的现金流
    ...:         if trader=='A':                   #针对 A 交易方
    ...:             return cashflow               #输出现金流
    ...:         else:                             #针对 B 交易方
    ...:             return -cashflow              #输出现金流
    ...:     else:                                 #依据本金 Lb 计算现金流
    ...:         cashflow[0]=Lb                    #A 交易方第 1 期的现金流
    ...:         cashflow[1:-1]=-Rb_flt[:-1]*Lb/m  #A 交易方第 2 期至倒数第 2 期的现金流
    ...:         cashflow[-1]=-(Rb_flt[-1]/m+1)*Lb #A 交易方最后一期的现金流
    ...:         if trader=='A':                   #针对 A 交易方
    ...:             return cashflow               #输出现金流
    ...:         else:                             #针对 B 交易方
    ...:             return -cashflow              #输出现金流
```

在以上自定义的函数 CCS_Fixflt_Cashflow 中，只需要输入不同币种的本金、固定利率、浮动利率、每年交换利息的频次、合约期限、合约交易方以及计算现金流所依据的本金等参数，就能得出固定对浮动货币互换在合约存续期内的现金流。针对该类型货币互换期间现金流计算的示例，将与双浮动利率货币互换一起讲解。

5.3.4 双浮动利率货币互换的期间现金流

本小节考察双浮动利率货币互换合约的期间现金流。针对双浮动利率货币互换，由于两类不同货币本金均采用浮动利率计息，因此现金流的计算比较复杂。

1. 数学表达式

假定合约双方依然是 A 交易方和 B 交易方，变量 L_A、L_B、T、m、t_i、f_i^A、f_i^B 的含义与双固定利率货币互换的现金流计算一致；R_{i-1}^A 代表基于本金 L_A 的浮动利率，R_{i-1}^B 代表基于本金 L_B 的浮动利率，R_{i-1}^A 与 R_{i-1}^B 均在 t_{i-1} 时点确定并且在 t_i 时点用于计息。

同样，由于涉及的表达式比较多，表 5-16 整理了双浮动利率货币互换在合约存续期内的现金流表达式。

表 5-16 双浮动利率货币互换在合约存续期内的现金流表达式

交易方	基于的本金	现金流发生的时间	现金流的表达式
A 交易方	L_A	t_0	$f_0^A = -L_A$
		t_j 其中，$j=1,2,\cdots,N-1$（下同）	$f_j^A = \dfrac{R_{j-1}^A}{m} L_A$
		t_N	$f_N^A = \left(\dfrac{R_{N-1}^A}{m} + 1\right) L_A$
	L_B	t_0	$f_0^B = L_B$
		t_j	$f_j^B = -\dfrac{R_{j-1}^B}{m} L_B$
		t_N	$f_N^B = -\left(\dfrac{R_{N-1}^B}{m} + 1\right) L_B$
B 交易方	L_A	t_0	$f_0^A = L_A$
		t_j	$f_j^A = -\dfrac{R_{j-1}^A}{m} L_A$
		t_N	$f_N^A = -\left(\dfrac{R_{N-1}^A}{m} + 1\right) L_A$
	L_B	t_0	$f_0^B = -L_B$
		t_j	$f_j^B = \dfrac{R_{j-1}^B}{m} L_B$
		t_N	$f_N^B = \left(\dfrac{R_{N-1}^B}{m} + 1\right) L_B$

注：表 5-16 基于本金 L_B 的现金流表达式与表 5-15 是相同的。

2. Python 自定义函数

下面基于表 5-16 的现金流表达式,通过 Python 自定义一个计算双浮动利率货币互换在合约存续期内每期现金流的函数,具体的代码如下。

```
In [46]: def CCS_Float_Cashflow(La,Lb,Ra_flt,Rb_flt,m,T,trader,par):
    ...:     '''计算双浮动利率货币互换每期现金流的函数
    ...:        合约的交易双方分别用A交易方和B交易方表示
    ...:     La: 合约初始日A交易方支付的货币本金(到期日收到的货币本金);
    ...:     Lb: 合约初始日B交易方支付的货币本金(到期日收到的货币本金);
    ...:     Ra_flt: 基于La本金的浮动利率,以数组结构输入;
    ...:     Rb_flt: 基于Lb本金的浮动利率,以数组结构输入;
    ...:     m: 每年交换利息的频次;
    ...:     T: 货币互换的合约期限(年);
    ...:     trader: 合约交易方,输入A表示计算A交易方的现金流,输入其他表示计算B交易方的现金流;
    ...:     par: 计算现金流所依据的本金,输入La表示基于本金La计算现金流,输入其他表示基于本金Lb计算现金流'''
    ...:     cashflow=np.zeros(m*T+1)             #创建存放每期现金流的初始数组
    ...:     if par=='La':                        #依据本金La计算现金流
    ...:         cashflow[0]=-La                  #A交易方第1期的现金流
    ...:         cashflow[1:-1]=Ra_flt[:-1]*La/m  #A交易方第2期至倒数第2期的现金流
    ...:         cashflow[-1]=(Ra_flt[-1]/m+1)*La #A交易方最后一期的现金流
    ...:         if trader=='A':                  #针对A交易方
    ...:             return cashflow              #输出现金流
    ...:         else:                            #针对B交易方
    ...:             return -cashflow             #输出现金流
    ...:     else:                                #依据本金Lb计算现金流
    ...:         cashflow[0]=Lb
    ...:         cashflow[1:-1]=-Rb_flt[:-1]*Lb/m #A交易方第2期至倒数第2期的现金流
    ...:         cashflow[-1]=-(Rb_flt[-1]/m+1)*Lb #A交易方最后一期的现金流
    ...:         if trader=='A':                  #针对A交易方
    ...:             return cashflow              #输出现金流
    ...:         else:                            #针对B交易方
    ...:             return -cashflow             #输出现金流
```

在以上自定义的函数 CCS_Float_Cashflow 中,输入不同币种的本金、浮动利率、每年交换利息的频次、合约期限、合约交易方以及计算现金流所依据的本金等参数,就可以计算出双浮动利率货币互换不同合约交易方的期间现金流。

3. 一个示例

下面通过一个示例并结合 Python 编程具体演示如何测算固定对浮动货币互换、双浮动利率货币互换这两类合约的期间现金流。

【例 5-5】2019 年 3 月 1 日,G 银行分别与 H 银行、I 银行达成了两份货币互换合约,一份是固定对浮动货币互换,另一份是双浮动利率货币互换。货币互换合约的具体情况如下。

第 1 份货币互换合约是固定对浮动货币互换。合约交易方分别是 G 银行和 H 银行,合约期限是 3 年,到期日为 2022 年 3 月 1 日,本金涉及人民币与美元;在合约初始日,G 银行支付给 H 银行 6.7 亿元人民币,H 银行支付给 G 银行 1 亿美元;在合约到期日,G 银行收回 6.7 亿元人民币,H 银行收回 1 亿美元;在合约存续期内,G 银行与 H 银行之间每半年交换一次利息,其中,针对人民币本金采用年化 1.7% 的固定利率,针对美元本金采用 6 个月美元 Libor(浮动利率)。

第 2 份货币互换合约是双浮动利率货币互换。合约交易方分别是 G 银行和 I 银行，合约期限是 4 年，到期日为 2023 年 3 月 1 日，本金涉及人民币与港币；在合约初始日，G 银行支付给 I 银行 1.7 亿元人民币，I 银行支付给 G 银行 2 亿港元；在合约到期日，G 银行收回 1.7 亿元人民币，I 银行收回 2 亿港元；在合约存续期内，G 银行与 I 银行之间每半年交换一次利息，其中，针对人民币本金采用 6 个月 Shibor（浮动利率），针对港币本金采用 6 个月港币 Hibor（浮动利率）。

此外，表 5-17 列示了在合约存续期内，不同浮动利率的报价数据，这些数据将用于计算货币互换的现金流。

表 5-17　货币互换合约存续期内美元 Libor、Shibor 和港币 Hibor 的利率　　（单位：%）

日期	6 个月美元 Libor	6 个月 Shibor	6 个月港币 Hibor
2019-3-1	2.6821	2.8500	1.9200
2019-9-1	2.0365	2.7525	2.3604
2020-3-1	1.3973	2.5600	2.1395
2020-9-1	0.3033	2.8470	0.6768
2021-3-1	0.2005	2.8990	0.4570
2021-9-1	0.1519	2.4700	0.2475
2022-3-1	—	2.4450	0.6426
2022-9-1	—	1.7500	3.3577

注：第 1 份货币互换的期限是 3 年并且每半年交换一次利息，因此表中的 6 个月美元 Libor 一共有 6 个数据；第 2 份货币互换的期限是 4 年并且也是每半年交换一次利息，因此表中的 6 个月 Shibor、6 个月港币 Hibor 均有 8 个数据；此外，表中的日期如遇节假日则沿用前一个交易日的报价利率。

数据来源：同花顺。

下面直接运用前面的 Python 自定义函数计算这两份合约在存续期内的现金流，具体编程分为以下 3 个步骤。

第 1 步：在 Python 中输入这两份货币互换的相关合约参数。具体代码如下。

```
In [47]: par_RMB1=6.7e8                #第1份合约的人民币本金
    ...: par_USD=1e8                   #第1份合约的美元本金
    ...: par_RMB2=1.7e8                #第2份合约的人民币本金
    ...: par_HKD=2e8                   #第2份合约的港币本金

In [48]: freq=2                        #两份合约每年交换利息的次数
    ...: T1=3                          #第1份合约的期限（年）
    ...: T2=4                          #第2份合约的期限（年）
    ...: rate_fix=0.017                #第1份合约基于人民币本金的固定利率

In [49]: Libor=np.array([0.026821,0.020365,0.013973,0.003033,0.002005,0.001519])  #6个月美元Libor
    ...: Shibor=np.array([0.028500,0.027525,0.025600,0.028470,0.028990,0.024700,
    ...:                  0.024450,0.017500])   #6个月Shibor
    ...: Hibor=np.array([0.019200,0.023604,0.021395,0.006768,0.004570,0.002475,
    ...:                 0.006426,0.033577])    #6个月港币Hibor
```

第 2 步：通过自定义函数 CCS_Fixflt_Cashflow 以及第 1 步输入的参数，计算固定对浮动货币互换（第 1 份合约）不同交易方的现金流。具体的代码如下。

```
In [50]: RMB1_Gbank=CCS_Fixflt_Cashflow(La=par_RMB1,Lb=par_USD,Ra_fix=rate_fix,
    ...:                                Rb_flt=Libor,m=freq,T=T1,trader='A',par='La')
```

```
   ...: print('固定对浮动货币互换G银行的人民币现金流（元）\n',RMB1_Gbank)
固定对浮动货币互换G银行的人民币现金流（元）
 [-6.70000e+08  5.69500e+06  5.69500e+06  5.69500e+06  5.69500e+06
   5.69500e+06  6.75695e+08]

In [51]: USD_Gbank=CCS_Fixflt_Cashflow(La=par_RMB1,Lb=par_USD,Ra_fix=rate_fix,
   ...:                                Rb_flt=Libor,m=freq,T=T1,trader='A',par='Lb')
   ...: print('固定对浮动货币互换G银行的美元现金流（美元）\n',USD_Gbank)
固定对浮动货币互换G银行的美元现金流（美元）
 [ 1.0000000e+08 -1.3410500e+06 -1.0182500e+06 -6.9865000e+05
  -1.5165000e+05 -1.0025000e+05 -1.0007595e+08]

In [52]: RMB_Hbank=CCS_Fixflt_Cashflow(La=par_RMB1,Lb=par_USD,Ra_fix=rate_fix,
   ...:                                Rb_flt=Libor,m=freq,T=T1,trader='B',par='La')
   ...: print('固定对浮动货币互换H银行的人民币现金流（元）\n',RMB_Hbank)
固定对浮动货币互换H银行的人民币现金流（元）
 [ 6.70000e+08 -5.69500e+06 -5.69500e+06 -5.69500e+06 -5.69500e+06
  -5.69500e+06 -6.75695e+08]

In [53]: USD_Hbank=CCS_Fixflt_Cashflow(La=par_RMB1,Lb=par_USD,Ra_fix=rate_fix,
   ...:                                Rb_flt=Libor,m=freq,T=T1,trader='B',par='Lb')
   ...: print('固定对浮动货币互换H银行的美元现金流（美元）\n',USD_Hbank)
固定对浮动货币互换H银行的美元现金流（美元）
 [-1.0000000e+08  1.3410500e+06  1.0182500e+06  6.9865000e+05
   1.5165000e+05  1.0025000e+05  1.0007595e+08]
```

通过以上的代码输出结果，可得出固定对浮动货币互换在合约存续期内不同交易方基于不同币种的现金流情况。为了更清楚地展示现金流交换情况，将以上输出的结果整理在表5-18中。

表5-18 固定对浮动货币互换在合约存续期内的现金流

日期	G银行		H银行	
	人民币现金流（元）	美元现金流（美元）	人民币现金流（元）	美元现金流（美元）
2019-3-1	−670000000	100000000	670000000	−100000000
2019-9-1	5695000	−1341050	−5695000	1341050
2020-3-1	5695000	−1018250	−5695000	1018250
2020-9-1	5695000	−698650	−5695000	698650
2021-3-1	5695000	−151650	−5695000	151650
2021-9-1	5695000	−100250	−5695000	100250
2022-3-1	675695000	−100075950	−675695000	100075950

第3步：根据自定义函数CCS_Float_Cashflow以及第1步输入的参数，计算双浮动利率货币互换（第2份合约）不同交易方的现金流情况。具体的代码如下。

```
In [54]: RMB2_Gbank=CCS_Float_Cashflow(La=par_RMB2,Lb=par_HKD,Ra_flt=Shibor,Rb_flt=Hibor,
   ...:                                m=freq,T=T2,trader='A',par='La')
   ...: print('双浮动利率货币互换G银行的人民币现金流（元）\n',RMB2_Gbank)
双浮动利率货币互换G银行的人民币现金流（元）
 [-1.700000e+08  2.422500e+06  2.339625e+06  2.176000e+06  2.419950e+06
   2.464150e+06  2.099500e+06  2.078250e+06  1.714875e+08]

In [55]: HKD_Gbank=CCS_Float_Cashflow(La=par_RMB2,Lb=par_HKD,Ra_flt=Shibor,Rb_flt=Hibor,
```

```
        ...:                             m=freq,T=T2,trader='A',par='Lb')
        ...: print('双浮动利率货币互换G银行的港币现金流（港元）\n',HKD_Gbank)
双浮动利率货币互换G银行的港币现金流（港元）
 [ 2.000000e+08 -1.920000e+06 -2.360400e+06 -2.139500e+06 -6.768000e+05
  -4.570000e+05 -2.475000e+05 -6.426000e+05 -2.033577e+08]

In [56]: RMB_Ibank=CCS_Float_Cashflow(La=par_RMB2,Lb=par_HKD,Ra_flt=Shibor,Rb_flt=Hibor,
        ...:                            m=freq,T=T2,trader='B',par='La')
        ...: print('双浮动利率货币互换I银行的人民币现金流（元）\n',RMB_Ibank)
双浮动利率货币互换I银行的人民币现金流（元）
 [ 1.700000e+08 -2.422500e+06 -2.339625e+06 -2.176000e+06 -2.419950e+06
  -2.464150e+06 -2.099500e+06 -2.078250e+06 -1.714875e+08]

In [57]: HKD_Ibank=CCS_Float_Cashflow(La=par_RMB2,Lb=par_HKD,Ra_flt=Shibor,Rb_flt=Hibor,
        ...:                            m=freq,T=T2,trader='B',par='Lb')
        ...: print('双浮动利率货币互换I银行的港币现金流（港元）\n',HKD_Ibank)
双浮动利率货币互换I银行的港币现金流（港元）
 [-2.000000e+08  1.920000e+06  2.360400e+06  2.139500e+06  6.768000e+05
   4.570000e+05  2.475000e+05  6.426000e+05  2.033577e+08]
```

通过以上的代码输出结果，可得出双浮动利率货币互换不同交易方的现金流情况。为了更清楚地展示现金流交换情况，将以上输出的结果整理在表 5-19 中。

表 5-19 针对双浮动利率货币互换在合约存续期内的现金流

日期	G 银行		I 银行	
	人民币现金流（元）	港币现金流（港元）	人民币现金流（元）	港币现金流（港元）
2019-3-1	−170000000	200000000	170000000	−200000000
2019-9-1	2422500	−1920000	−2422500	1920000
2020-3-1	2339625	−2360400	−2339625	2360400
2020-9-1	2176000	−2139500	−2176000	2139500
2021-3-1	2419950	−676800	−2419950	676800
2021-9-1	2464150	−457000	−2464150	457000
2022-3-1	2099500	−247500	−2099500	247500
2022-9-1	2078250	−642600	−2078250	642600
2023-3-1	171487500	−203357700	−171487500	203357700

5.3.5 货币互换的等价性与定价

与利率互换相似，货币互换的现金流等价于包含了两只债券的投资组合，并且这两只债券的计价货币不同。下面详细讨论货币互换的等价性以及由此推导出的合约定价。

1. 货币互换等价性的数学表达式

假定货币互换合约双方依然是 A 交易方和 B 交易方，具体的约定如下。

针对 A 交易方，在合约初始日支付以 A 货币计价的本金，A 货币的现金流包括合约初始日支付的本金、在合约存续期内收到的利息以及到期日收回的本金，该现金流等价于以该货币计价的债券多头头寸，用 B_A 代表该债券的价值。

针对 B 交易方，在合约初始日支付以 B 货币计价的本金，B 货币的现金流等价于以该货币计价的债券多头头寸，用 B_B 代表这只债券的价值。

此外，A 货币兑换 B 货币的即期汇率用 E 表示，汇率的标价方法是用若干单位的 A 货币表示 1 单位 B 货币，比如 A 货币是人民币，B 货币是美元，E 代表 1 美元兑换的人民币数量，关于汇率标价方法详见第 1.5.1 小节。

根据以上分析，对于 A 交易方而言，货币互换等价于以 A 货币计价的债券多头头寸和以 B 货币计价的债券空头头寸所构造的投资组合。因此，针对 A 交易方，以 A 货币计价的货币互换合约价值 V_{CCS} 有如下的表达式。

$$V_{CCS} = B_A - B_B E \qquad (式 5\text{-}12)$$

同理，对于 B 交易方而言，货币互换就等价于以 B 货币计价的债券多头头寸和以 A 货币计价的债券空头头寸所构造的投资组合。因此，针对 B 交易方，以 B 货币计价的货币互换合约价值 V_{CCS} 有以下的等式。

$$V_{CCS} = B_B - \frac{B_A}{E} \qquad (式 5\text{-}13)$$

需要强调的是，在货币互换中，通常 A 交易方以 A 货币作为计价货币，货币互换的合约价值需要用 A 货币计价，同样，B 交易方往往以 B 货币对货币互换的合约价值计价，因此，以上的货币互换定价模型（式 5-12）、（式 5-13）均考虑了汇率变量。

此外，与利率互换类似，货币互换合约在合约初始日，合约价值通常等于零，这是因为合约达成时会参考当天的即期汇率，货币互换对应两种货币的债券在价值上是相等的。

下面结合第 2.2.4 小节的债券定价模型（式 2-11），依次给出不同类型货币互换合约的定价表达式。

2. 双固定利率货币互换的定价公式

合约双方分别是 A 交易方和 B 交易方，L_A 代表合约初始日支付的以 A 货币计价的本金，L_B 代表合约初始日支付的以 B 货币计价的本金；$\tilde{T}$ 代表合约的剩余期限并且以年为单位，m 代表合约存续期内每年交换利息的频次并且 $m \geq 1$，$\tilde{t}_i$ 表示合约定价日距离剩余第 i 期利息交换日的期限（以年为单位），并且 $i = 1, 2, \cdots, N$，同时 $\tilde{t}_N = \tilde{T}$；R_A 是针对 L_A 本金的固定利率，R_B 是针对 L_B 本金的固定利率；在合约定价日，针对 A 货币本金且期限为 $\tilde{t}_i$、连续复利的零息利率记作 $\tilde{y}_i^A$，针对 B 货币本金且期限为 $\tilde{t}_i$、连续复利的零息利率记作 $\tilde{y}_i^B$。

基于以上设定的变量，在合约定价日，货币互换对应的以 A 货币计价的固定利率债券价值表达式如下。

$$B_A = \left(\frac{R_A}{m} \sum_{i=1}^{N} e^{-\tilde{y}_i^A \tilde{t}_i} + e^{-\tilde{y}_N^A \tilde{T}} \right) L_A \qquad (式 5\text{-}14)$$

同理，对应的以 B 货币计价的固定利率债券价值表达式如下。

$$B_B = \left(\frac{R_B}{m} \sum_{i=1}^{N} e^{-\tilde{y}_i^B \tilde{t}_i} + e^{-\tilde{y}_N^B \tilde{T}} \right) L_B \qquad (式 5\text{-}15)$$

结合（式 5-12）、（式 5-14）和（式 5-15），对于 A 交易方以 A 货币计价的货币互换合约价值有以下的表达式。

$$V_{\text{CCS}} = B_{\text{A}} - B_{\text{B}}E = \left(\frac{R_{\text{A}}}{m}\sum_{i=1}^{N} e^{-\tilde{y}_i^{\text{A}}\tilde{t}_i} + e^{-\tilde{y}_N^{\text{A}}\tilde{T}}\right)L_{\text{A}} - \left(\frac{R_{\text{B}}}{m}\sum_{i=1}^{N} e^{-\tilde{y}_i^{\text{B}}\tilde{t}_i} + e^{-\tilde{y}_N^{\text{B}}\tilde{T}}\right)L_{\text{B}}E \quad \text{（式 5-16）}$$

结合（式 5-13）、（式 5-14）和（式 5-15），对于 B 交易方以 B 货币计价的货币互换合约价值表达式如下。

$$V_{\text{CCS}} = B_{\text{B}} - \frac{B_{\text{A}}}{E} = \left(\frac{R_{\text{B}}}{m}\sum_{i=1}^{N} e^{-\tilde{y}_i^{\text{B}}\tilde{t}_i} + e^{-\tilde{y}_N^{\text{B}}\tilde{T}}\right)L_{\text{B}} - \left(\frac{R_{\text{A}}}{m}\sum_{i=1}^{N} e^{-\tilde{y}_i^{\text{A}}\tilde{t}_i} + e^{-\tilde{y}_N^{\text{A}}\tilde{T}}\right)\frac{L_{\text{A}}}{E} \quad \text{（式 5-17）}$$

3. 固定对浮动货币互换的定价公式

合约双方依然是 A 交易方和 B 交易方，针对本金 L_{A} 支付固定利息，针对本金 L_{B} 支付浮动利息；变量 L_{A}、L_{B}、R_{A}、$\tilde{t}_i$、m、$\tilde{y}_i^{\text{A}}$、$\tilde{y}_i^{\text{B}}$、$\tilde{T}$ 和 E 的含义与前述关于双固定利率货币互换的定价保持一致；此外，R_{B} 表示靠近合约定价日的下一期（剩余第 1 期）利息交换日针对本金 L_{B} 计息的浮动利率。

基于以上的变量，在合约定价日，货币互换合约对应的以 A 货币计价的固定利率债券价值表达式依然是（式 5-14）。

参考第 5.2.5 小节关于浮动利率债券定价模型（式 5-11），以 B 货币计价的浮动利率债券价值表达式如下。

$$B_{\text{B}} = \left(\frac{R_{\text{B}}}{m} + 1\right)e^{-\tilde{y}_1^{\text{B}}\tilde{t}_1}L_{\text{B}} \quad \text{（式 5-18）}$$

其中，（式 5-18）中的 $\tilde{t}_1$ 表示合约定价日距离剩余第 1 期利息交换的期限，$\tilde{y}_1^{\text{B}}$ 表示针对 B 货币期限为 $\tilde{t}_1$ 并且连续复利的零息利率。

结合（式 5-12）、（式 5-14）和（式 5-18），对于 A 交易方以 A 货币计价的货币互换合约价值如下。

$$V_{\text{CCS}} = B_{\text{A}} - B_{\text{B}}E = \left(\frac{R_{\text{A}}}{m}\sum_{i=1}^{N} e^{-\tilde{y}_i^{\text{A}}\tilde{t}_i} + e^{-\tilde{y}_N^{\text{A}}\tilde{T}}\right)L_{\text{A}} - \left(\frac{R_{\text{B}}}{m} + 1\right)e^{-\tilde{y}_1^{\text{B}}\tilde{t}_1}L_{\text{B}}E \quad \text{（式 5-19）}$$

结合（式 5-13）、（式 5-14）和（式 5-18），对于 B 交易方以 B 货币计价的货币互换合约价值如下。

$$V_{\text{CCS}} = B_{\text{B}} - \frac{B_{\text{A}}}{E} = \left(\frac{R_{\text{B}}}{m} + 1\right)e^{-\tilde{y}_1^{\text{B}}\tilde{t}_1}L_{\text{B}} - \left(\frac{R_{\text{A}}}{m}\sum_{i=1}^{N} e^{-\tilde{y}_i^{\text{A}}\tilde{t}_i} + e^{-\tilde{y}_N^{\text{A}}\tilde{T}}\right)\frac{L_{\text{A}}}{E} \quad \text{（式 5-20）}$$

4. 双浮动利率货币互换的定价公式

合约双方依然是 A 交易方和 B 交易方，变量 L_{A}、L_{B}、$\tilde{t}_1$、m、$\tilde{y}_1^{\text{B}}$ 和 E 的含义与前述关于固定对浮动货币互换的定价保持一致；同时，R_{A} 表示在剩余第 1 期利息交换日针对本金 L_{A} 计息的浮动利率，R_{B} 表示在剩余第 1 期利息交换日针对本金 L_{B} 计息的浮动利率。

基于以上的变量并结合（式 5-12）以及参照（式 5-18），对于 A 交易方以 A 货币计价的货币互换合约价值表达式如下。

$$V_{\text{CCS}} = B_{\text{A}} - B_{\text{B}}E = \left(\frac{R_{\text{A}}}{m} + 1\right)e^{-\tilde{y}_1^{\text{A}}\tilde{t}_1}L_{\text{A}} - \left(\frac{R_{\text{B}}}{m} + 1\right)e^{-\tilde{y}_1^{\text{B}}\tilde{t}_1}L_{\text{B}}E \quad \text{（式 5-21）}$$

结合（式 5-13），对于 B 交易方以 B 货币计价的货币互换价值表达式如下。

$$V_{\text{CCS}} = B_{\text{B}} - \frac{B_{\text{A}}}{E} = \left(\frac{R_{\text{B}}}{m} + 1\right)e^{-\tilde{y}_1^{\text{B}}\tilde{t}_1}L_{\text{B}} - \left(\frac{R_{\text{A}}}{m} + 1\right)e^{-\tilde{y}_1^{\text{A}}\tilde{t}_1}\frac{L_{\text{A}}}{E} \quad \text{（式 5-22）}$$

其中，在（式 5-21）和（式 5-22）中，变量 $\hat{y}_i^A$ 表示针对 A 货币期限为 $\tilde{t}_i$ 并且连续复利的零息利率。

5. 确定货币互换的利率

与利率互换类似，在货币互换的合约初始日，首先需要确定货币互换合约双方的利率，然后结合不同的货币互换类型并按照由易到难的顺序进行阐述。

针对双浮动利率货币互换，在合约初始日通常按照各自货币最常见的浮动利率进行设定，比如货币互换涉及的两种货币分别是人民币和港币，则浮动利率往往设定为 Shibor（针对人民币）和 Hibor（针对港币），因此针对此类货币互换合约，确定利率是比较容易的。

针对固定对浮动货币互换，需要确定固定利率与浮动利率：浮动利率的确定方式与双浮动利率货币互换确定浮动利率的方式一致；针对固定利率，可以运用第 5.2.4 小节测算互换利率的公式（式 5-9），具体如下。

$$R = \frac{m(1-q_N)}{\sum_{i=1}^{N} q_i}$$

其中，式中的 q_i 代表对应期限 t_i 的贴现因子，并且贴现因子涉及的贴现利率由对应货币币种的零息利率曲线确定。比如，在一份货币互换中，固定利率对应于人民币本金，贴现利率需要运用人民币的零息利率曲线（例如国债的到期收益率曲线）。

固定对浮动货币互换确定固定利率的方法也适用于双固定利率货币互换。

6. Python 的自定义函数

结合货币互换定价数学表达式，通过 Python 自定义一个针对货币互换定价的函数，具体的代码如下。

```
In [58]: def CCS_Value(La,Lb,Ra,Rb,ya,yb,E,m,t,trader,types):
    ...:     '''货币互换定价的函数，合约交易双方是A交易方和B交易方，
    ...:     约定A交易方在初始日支付A货币本金，B交易方在初始日支付B货币本金
    ...:     La: A货币本金；
    ...:     Lb: B货币本金；
    ...:     Ra: 针对A货币本金的利率；
    ...:     Rb: 针对B货币本金的利率；
    ...:     ya: 定价日针对A货币本金并对应不同期限、连续复利的零息利率，并且输入数组；
    ...:     yb: 定价日针对B货币本金并对应不同期限、连续复利的零息利率，并且输入数组；
    ...:     E: 定价日的即期汇率，标价方法是若干单位A货币表示1单位B货币；
    ...:     m: 每年支付利息的频次；
    ...:     t: 定价日距离剩余每期利息交换日的期限，并且输入数组；
    ...:     trader: 交易方，输入A表示A交易方，输入其他表示B交易方；
    ...:     types: 合约类型，输入Fixed表示双固定利率货币互换，输入Float表示双浮动利率货币互换，输入其他表示固定对浮动货币互换并约定固定利率是针对A货币本金、浮动利率是针对B货币本金'''
    ...:     from numpy import exp                    #从NumPy模块导入exp函数
    ...:     if types=='Fixed':                       #针对双固定利率货币互换
    ...:         Bond_A=(Ra*sum(exp(-ya*t))/m+exp(-ya[-1]*t[-1]))*La  #计算对应A货币本金的固定利率债券价值
    ...:         Bond_B=(Rb*sum(exp(-yb*t))/m+exp(-yb[-1]*t[-1]))*Lb  #计算对应B货币本金的固定利率债券价值
    ...:         if trader=='A':                      #针对A交易方
```

```
     ...:                     value=Bond_A-Bond_B*E         #计算以A货币计价的合约价值
     ...:                 else:                              #针对B交易方
     ...:                     value=Bond_B-Bond_A/E         #计算以B货币计价的合约价值
     ...:         elif types=='Float':                      #针对双浮动利率货币互换
     ...:             Bond_A=(Ra/m+1)*exp(-ya[0]*t[0])*La   #计算对应A货币本金的浮动利率债券价值
     ...:             Bond_B=(Rb/m+1)*exp(-yb[0]*t[0])*Lb   #计算对应B货币本金的浮动利率债券价值
     ...:             if trader=='A':
     ...:                 value=Bond_A-Bond_B*E
     ...:             else:
     ...:                 value=Bond_B-Bond_A/E
     ...:         else:                                      #针对固定对浮动货币互换
     ...:             Bond_A=(Ra*sum(exp(-ya*t))/m+exp(-ya[-1]*t[-1]))*La   #计算对应A货币本金的固定利率债券价值
     ...:             Bond_B=(Rb/m+1)*exp(-yb[0]*t[0])*Lb   #计算对应B货币本金的浮动利率债券价值
     ...:             if trader=='A':
     ...:                 value=Bond_A-Bond_B*E
     ...:             else:
     ...:                 value=Bond_B-Bond_A/E
     ...:         return value
```

通过以上自定义的函数 CCS_Value，输入货币本金、计息的利率、零息利率、汇率、每年支付利息的频次、期限、交易方以及合约类型等参数信息，就可以便捷地计算出货币互换合约的价值。下面通过一个示例并结合 Python 编程具体演示货币互换的定价。

7. 一个示例

【例 5-6】 2022 年 8 月 1 日，我国的 J 银行与德国的 K 银行之间达成了一笔期限为 3 年的固定对浮动货币互换，具体的合约要素如下。

（1）本金的约定。K 银行在合约初始日（2022 年 8 月 1 日）向 J 银行支付 1 亿欧元本金，并且在合约到期日（2025 年 8 月 1 日）收回该本金；J 银行在合约初始日按照当天欧元兑人民币汇率中间价 6.8880 向 K 银行支付 6.888 亿元人民币，同样在合约到期日收回该金额的人民币本金。

（2）利率的约定。交换利息的频次约定为每年一次，其中，针对欧元本金按照 12 个月 Euribor 计算利息，并且 2022 年 8 月 1 日的利率报价是 0.9420%；针对人民币本金则支付固定利息。

对于 J 银行需要确定在货币互换中基于人民币本金的固定利率。此外，在 2022 年 8 月 15 日和 8 月 22 日这两个交易日针对不同交易方计算货币互换的合约价值。表 5-20 列出了相关的零息利率和汇率信息。

表 5-20　人民币、欧元零息利率和汇率

日期	人民币零息利率（连续复利利率）			欧元零息利率（连续复利利率）			欧元兑人民币汇率（中间价）
	1 年	2 年	3 年	1 年	2 年	3 年	
2022-8-1	1.8269%	2.1429%	2.2912%	—	—	—	6.8880
2022-8-15	1.7167%	2.1068%	2.2433%	0.2946%	0.4369%	0.5287%	6.9156
2022-8-22	1.7570%	2.1217%	2.2432%	0.5442%	0.7978%	0.8948%	6.8421

数据来源：同花顺。

下面通过 Python 编程并且分 3 个步骤展开计算。

第 1 步：通过第 5.2.4 小节的自定义函数 Swap_Rate 计算针对人民币本金对应的固定利率。具体的代码如下。

```
In [59]: y_RMB_Aug1=np.array([0.018269,0.021429,0.022912])  #2022年8月1日人民币零息利率
    ...: freq=1                                              #每年交换利息的频次
    ...: tenor=3                                             #合约的期限

In [60]: rate_RMB=Swap_Rate(m=freq,y=y_RMB_Aug1,T=tenor)     #计算固定利率
    ...: print('货币互换针对人民币本金的固定利率',round(rate_RMB,4))
货币互换针对人民币本金的固定利率 0.0231
```

根据以上的输出结果，J 银行在合约中设定针对人民币本金的固定利率是 2.31%。

第 2 步：通过表 5-20 的信息并运用自定义函数 CCS_Value，测算 2022 年 8 月 15 日该货币互换的合约价值。具体的代码如下。

```
In [61]: FX_Aug1=6.8880                  #2022年8月1日欧元兑人民币汇率
    ...: par_EUR=1e8                     #货币互换的欧元本金金额
    ...: par_RMB=par_EUR*FX_Aug1         #货币互换的人民币本金金额
    ...: Euribor_Aug1=0.009420           #2022年8月1日12个月Euribor

In [62]: y_RMB_Aug15=np.array([0.017167,0.021068,0.022433])  #2022年8月15日人民币零息利率
    ...: y_EUR_Aug15=np.array([0.002946,0.004369,0.005287])  #2022年8月15日欧元零息利率
    ...: FX_Aug15=6.9156                                     #2022年8月15日欧元兑人民币汇率

In [63]: t0=dt.datetime(2022,8,1)    #合约初始日（第5.2.5小节已导入datetime模块并缩写为dt）
    ...: t1=dt.datetime(2022,8,15)   #合约定价日2022年8月15日

In [64]: t1_list=np.arange(1,tenor+1)-(t1-t0).days/365   #2022年8月15日距离每期利息交换日的期限数组
    ...: t1_list                                          #查看结果
Out[64]: array([0.96164384, 1.96164384, 2.96164384])

In [65]: V1_RMB=CCS_Value(La=par_RMB,Lb=par_EUR,Ra=rate_RMB,Rb=Euribor_Aug1,
    ...:                  ya=y_RMB_Aug15,yb=y_EUR_Aug15,E=FX_Aug15,m=freq,t=t1_list,
    ...:                  trader='A',types='FixFlt')   #2022年8月15日J银行的合约价值
    ...: V1_EUR=CCS_Value(La=par_RMB,Lb=par_EUR,Ra=rate_RMB,Rb=Euribor_Aug1,
    ...:                  ya=y_RMB_Aug15,yb=y_EUR_Aug15,E=FX_Aug15,m=freq,t=t1_list,
    ...:                  trader='B',types='FixFlt')   #2022年8月15日K银行的合约价值
    ...: print('2022年8月15日J银行的货币互换合约价值（元）',round(V1_RMB,2))
    ...: print('2022年8月15日K银行的货币互换合约价值（欧元）',round(V1_EUR,2))
2022年8月15日J银行的货币互换合约价值（元）   -5735489.41
2022年8月15日K银行的货币互换合约价值（欧元）   829355.29
```

通过以上的代码运算结果可以看到，在 2022 年 8 月 15 日对 J 银行而言，合约带来了约 573.55 万元人民币的浮亏，对 K 银行则产生了约 82.94 万欧元的浮盈。

第 3 步：依然运用表 5-20 的信息以及自定义函数 CCS_Value，测算 2022 年 8 月 22 日的合约价值。具体的代码如下。

```
In [66]: y_RMB_Aug22=np.array([0.017570,0.021217,0.022432])  #2022年8月22日人民币零息利率
    ...: y_EUR_Aug22=np.array([0.005442,0.007978,0.008948])  #2022年8月22日欧元零息利率
```

```
         ...: FX_Aug22=6.8421                          #2022年8月22日欧元兑人民币汇率
         ...: t2=dt.datetime(2022,8,22)                #合约定价日2022年8月22日

In [67]: t2_list=np.arange(1,tenor+1)-(t2-t0).days/365 #2022年8月22日距离每期利息交换日的期限数组
    ...: t2_list
Out[67]: array([0.94246575, 1.94246575, 2.94246575])

In [68]: V2_RMB=CCS_Value(La=par_RMB,Lb=par_EUR,Ra=rate_RMB,Rb=Euribor_Aug1,
    ...:                  ya=y_RMB_Aug22,yb=y_EUR_Aug22,E=FX_Aug22,m=freq,t=t2_list,
    ...:                  trader='A',types='FixFlt')   #2022年8月22日J银行的合约价值
    ...: V2_EUR=CCS_Value(La=par_RMB,Lb=par_EUR,Ra=rate_RMB,Rb=Euribor_Aug1,
    ...:                  ya=y_RMB_Aug22,yb=y_EUR_Aug22,E=FX_Aug22,m=freq,t=t2_list,
    ...:                  trader='B',types='FixFlt')   #2022年8月22日K银行的合约价值
    ...: print('2022年8月22日J银行的货币互换合约价值(元)',round(V2_RMB,2))
    ...: print('2022年8月22日K银行的货币互换合约价值(欧元)',round(V2_EUR,2))
2022年8月22日J银行的货币互换合约价值(元)      3528791.31
2022年8月22日K银行的货币互换合约价值(欧元)   -515746.82
```

根据上述的代码运行结果，2022年8月22日该合约给J银行带来了约352.88万元人民币的浮盈，对K银行则产生了约51.57万欧元的浮亏，其根本的原因是欧元兑人民币汇率从2022年8月15日的6.9156下跌至2022年8月22日的6.8421。这表明即期汇率的变动会对货币互换的合约价值产生显著影响。

表5-21梳理出了利率互换与货币互换的异同。

表5-21 利率互换与货币互换的异同

要素	利率互换	货币互换
合约初始日交换本金	否	是
合约存续期内交换利息	是	是
合约到期日交换本金	否	是
合约面临利率风险	是	是
合约面临汇率风险	否	是

5.4 信用违约互换

本节将探讨信用违约互换的运作机理以及定价等内容。需要强调的是，前面讨论的利率互换、货币互换所依赖的变量是利率、汇率等市场因子，全体市场参与者掌握的此类信息具有一致性，换言之就是很难有一部分市场参与者会比其他参与者在市场因子方面拥有更多的信息。然而，信用违约互换依赖于参考实体的违约概率，一些市场参与者可能比其他参与者拥有更多关于参考实体信用状况的信息。比如，为参考实体A公司提供贷款、证券承销的金融机构，往往比另一家与A公司无业务往来的金融机构更了解A公司的真实信用状况，这就会导致信息的不一致。

5.4.1 信用违约互换的运作机理

为了便于理解，下面借助一个示例讲解信用违约互换的运作机理。

【例 5-7】假如 L 银行与 M 银行在 2021 年 9 月 1 日签订一份期限是 3 年、本金为 1 亿元的信用违约互换合约，在合约中约定了如下的要素信息。

（1）合约交易方。L 银行是合约的买方，也就是信用保护买方；M 银行是合约的卖方，也就是信用保护卖方。

（2）参考实体。合约约定的参考实体是一家主体信用评级为 AA+的 N 公司；如果在合约存续期内发生 N 公司债券违约等信用事件，L 银行有权将违约的 N 公司债券按面值卖给 M 银行，M 银行必须同意按面值买入该债券。为了降低结算风险和成本，信用事件发生时双方可以采用现金差额结算并需要考虑债券违约时的回收率。

（3）合约费用。在合约存续期内，L 银行每年向 M 银行支付合约本金的 1.6%作为信用保护费用，1.6%就是年化的**信用违约互换价差**（CDS spread），支付频次是每年 1 次，并且在每期期末支付直到合约到期或者信用事件发生为止。

（4）合约到期。如果在合约存续期内未发生约定的信用事件，合约到期日就是 2024 年 9 月 1 日，即合约正常到期；一旦在合约存续期内发生了信用事件，合约到期日则是信用事件发生日，即合约非正常终止。

针对该合约在存续期内的现金流情况，需要区分以下两种情形进行讨论。

情形 1：合约存续期内参考实体未发生信用事件。L 银行需要每年向 M 银行支付信用保护费用 160 万元，3 年共计 480 万元；M 银行则无须向 L 银行支付任何费用。

情形 2：合约存续期内参考实体发生信用事件。假如在 2023 年 12 月 1 日（合约存续期内）N 公司债券出现违约，此时按照合约的约定，M 银行必须按面值从 L 银行买入该债券，共计本金 1 亿元，同时假定 N 公司债券违约的回收率是 40%，因此，M 银行在信用事件发生时的赔偿性支付是 1 亿元×(1－40%) = 6000 万元；此外，从最近一次信用保护支付日（2023 年 9 月 1 日）至信用事件发生日（2023 年 12 月 1 日），L 银行需要按照合约存续时间每年支付本金的 1.6%的信用保护费用；需要注意的是，2023 年 9 月 1 日至 12 月 1 日一共是 3 个月，因此 L 银行需要支付该期间的信用保护费用是 $1.6\% \times \frac{3}{12} \times 1$ 亿元 = 40 万元。

图 5-7 展示了信用违约互换（CDS）的运作机理，按照合约期内是否发生信用事件依次展示。

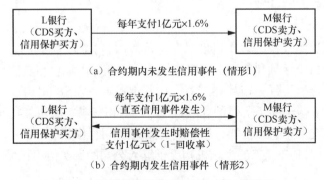

（a）合约期内未发生信用事件（情形1）

（b）合约期内发生信用事件（情形2）

图 5-7　信用违约互换（CDS）的运作机理

表 5-22 列出了该信用违约互换在合约存续期内的现金流情况，依然区分是否发生信用事件。

表 5-22 信用违约互换在合约存续期内的现金流 （单位：万元）

日期	情形 1：未发生信用事件		情形 2：发生信用事件	
	L 银行	M 银行	L 银行	M 银行
2021 年 9 月 1 日（合约初始日）	—	—	—	—
2022 年 9 月 1 日	−160	160	−160	160
2023 年 9 月 1 日	−160	160	−160	160
2023 年 12 月 1 日（信用事件发生日）	—	—	5960（−40 + 6000）	−5960（40 − 6000）
2024 年 9 月 1 日（合约正常到期日）	−160	160	—	—
合计	−480	480	5640	−5640

注：信用事件发生日要计算交易方的现金流净额，即同时考虑信用保护费用与赔偿性支付。

5.4.2 信用违约互换的期间现金流

1. 数学表达式

根据【例 5-7】，可以抽象得出信用违约互换在合约存续期内各交易方现金流的表达式。

假定针对信用违约互换，L 代表合约的名义本金（面值），T 代表合约的期限并且以年为单位，s 代表用于计算信用保护费用的年化信用违约互换价差（代码中采用 S 表示）并且用百分数表示，m 代表在合约存续期内买方每年支付信用保护费用的频次并且 $m \geq 1$；t_0 表示合约初始日，t_i 表示在未发生信用事件情形下的第 i 期信用保护费支付日，$i = 1, 2, \cdots, N$，其中 $N = mT$。

此外，假定信用事件发生在 $\tilde{t}$ 时点并且处于 $[t_{j-1}, t_j]$ 区间内，$j = 1, 2, \cdots, N$；R 表示信用事件发生时的回收率，在 t_i 时点发生的现金流用 f_i 表示，在 $\tilde{t}$ 时点发生的现金流净额用 $\tilde{f}$ 表示。

下面分两种情形讨论现金流情况。

情形 1：在合约存续期内参考实体没有发生信用事件。针对合约买方也就是信用保护买方，期间现金流表达式如下。

$$f_i = -\frac{sL}{m} \qquad （式 5-23）$$

针对合约卖方也就是信用保护卖方，期间现金流与买方期间现金流互为相反数，具体表达式如下。

$$f_i = \frac{sL}{m} \qquad （式 5-24）$$

情形 2：在合约存续期参考实体发生信用事件。需要将现金流支付日分为两类：一是信用事件发生之前的现金流支付日；二是信用事件发生的现金流支付日，也就是信用事件发生日。表 5-23 整理了期间现金流的相关表达式。

表 5-23 信用违约互换在合约存续期内发生信用事件的期间现金流

时间的类型	时间的记号	交易方	期间现金流表达式（计算现金流净额）
信用事件发生之前的现金流支付日	t_i 其中，$i=1,2,\cdots,j-1$	合约买方 （信用保护买方）	$f_i = -\dfrac{sL}{m}$
		合约卖方 （信用保护卖方）	$f_i = \dfrac{sL}{m}$
发生信用事件的现金流支付日 （信用事件发生日）	$\tilde{t}$	合约买方 （信用保护买方）	$\tilde{f} = -sL(\tilde{t}-t_{j-1}) + (1-R)L$
		合约卖方 （信用保护卖方）	$\tilde{f} = sL(\tilde{t}-t_{j-1}) - (1-R)L$

2. Python 的自定义函数

下面通过 Python 自定义一个计算信用违约互换期间现金流的函数，具体的代码如下。

```
In [69]: def CDS_Cashflow(S,m,T1,T2,L,R,trader,event):
    ...:     '''计算信用违约互换期间现金流的函数
    ...:     S: 信用违约互换价差（即信用保护费用价格）;
    ...:     m: 信用保护费用每年支付的频次，并且不超过2次;
    ...:     T1: 合约期限（年）;
    ...:     T2: 合约初始日距离信用事件发生日的期限（年），信用事件未发生则输入Na;
    ...:     L: 合约的本金;
    ...:     R: 信用事件发生时的回收率，信用事件未发生则输入Na;
    ...:     trader: 交易方，输入buyer表示买方，输入其他表示卖方;
    ...:     event: 信用事件是否发生，输入N表示未发生，输入其他表示发生'''
    ...:     #为了便于理解代码撰写逻辑，分为以下3个步骤
    ...:     #第1步：合约存续期内没有发生信用事件的情形并计算现金流
    ...:     if event=='N':                          #在合约存续期内信用事件未发生
    ...:         n=m*T1                              #计算期间现金流支付的次数
    ...:         cashflow=S*L*np.ones(n)/m           #合约存续期内支付信用保护费用金额的现金流
    ...:         if trader=='buyer':
    ...:             CF=-cashflow                    #针对信用保护买方
    ...:         else:                               #计算信用保护买方的期间现金流
    ...:             CF=cashflow                     #针对信用保护卖方
    ...:                                             #计算信用保护卖方的期间现金流
    ...:     #第2步：发生信用事件并且信用保护费用每年支付1次时计算现金流
    ...:     else:                                   #在合约存续期内信用事件发生
    ...:         default_pay=(1-R)*L                 #合约卖方针对本金的赔偿性支付
    ...:         if m==1:                            #信用保护费用每年支付的频次等于1
    ...:             n=int(T2)*m+1                   #计算期间现金流支付的次数
    ...:             cashflow=S*L*np.ones(n)/m       #计算合约期间的现金流（最后一个元素后面会调整）
    ...:             spread_end=(T2-int(T2))*S*L     #合约最后一期（信用事件发生日）支付的信用保护费用
    ...:             cashflow[-1]=spread_end-default_pay   #合约最后一期的现金流
    ...:             if trader=='buyer':
    ...:                 CF=-cashflow
    ...:             else:
    ...:                 CF=cashflow
    ...:     #第3步：发生信用事件并且信用保护费用每年支付2次时计算现金流
    ...:         else:                               #信用保护费用每年支付的频次等于2
    ...:             if T2-int(T2)<0.5:              #信用事件发生在前半年
    ...:                 n=int(T2)*m+1               #计算期间现金流支付的次数
```

```
   ...:             cashflow=S*L*np.ones(n)/m    #计算合约期间的现金流（最后一个元素后面会调整）
   ...:             spread_end=(T2-int(T2))*S*L   #最后一期支付的信用保护费用
   ...:             cashflow[-1]=spread_end-default_pay
   ...:             if trader=='buyer':
   ...:                 CF=-cashflow
   ...:             else:
   ...:                 CF=cashflow
   ...:         else:                             #信用事件发生在后半年
   ...:             n=(int(T2)+1)*m               #计算期间现金流支付的次数
   ...:             cashflow=S*L*np.ones(n)/m     #计算合约期间的现金流（最后一个元素后面会调整）
   ...:             spread_end=(T2-int(T2)-0.5)*S*L  #最后一期支付的信用保护费用
   ...:             cashflow[-1]=spread_end-default_pay
   ...:             if trader=='buyer':
   ...:                 CF=-cashflow
   ...:             else:
   ...:                 CF=cashflow
   ...:     return CF                             #以数组结构输出最终结果
```

在以上自定义的函数 CDS_Cashflow 中，输入信用违约互换价差、信用保护费用每年支付的频次、合约期限、合约初始日距离信用事件发生日的期限（如有）、合约的本金、信用事件发生（如有）时的回收率、交易方等参数，就可以计算出合约的期间现金流。

3. Python 自定义函数的运用

运用自定义函数 CDS_Cashflow 计算并验证【例 5-7】信用违约互换合约相关交易方的期间现金流，具体分为两种情形。

情形 1：合约存续期内信用事件没有发生。相关代码如下。

```
In [70]: spread=0.016                      #信用违约互换价差（用于计算信用保护费用）
   ...: freq=1                             #信用保护费用每年支付的频次
   ...: tenor=3                            #信用违约互换合约期限（年）
   ...: par=1e8                            #信用违约互换本金

In [71]: CF1_buyer=CDS_Cashflow(S=spread,m=freq,T1=tenor,T2='Na',L=par,R='Na',
   ...:                         trader='buyer',event='N')       #计算买方的期间现金流
   ...: CF1_seller=CDS_Cashflow(S=spread,m=freq,T1=tenor,T2='Na',L=par,R='Na',
   ...:                         trader='seller',event='N')      #计算卖方的期间现金流
   ...: print('未发生信用事件情形下合约买方L银行的现金流（元）',CF1_buyer)
   ...: print('未发生信用事件情形下合约卖方M银行的现金流（元）',CF1_seller)
未发生信用事件情形下合约买方L银行的现金流（元） [-1600000. -1600000. -1600000.]
未发生信用事件情形下合约卖方M银行的现金流（元） [1600000. 1600000. 1600000.]
```

情形 2：合约存续期内发生信用事件，并且信用事件发生日是 2023 年 12 月 1 日。相关代码如下。

```
In [72]: T_default=27/12                   #合约初始日距离信用事件发生日的期限（年）
   ...: recovery=0.4                       #违约时的回收率

In [73]: CF2_buyer=CDS_Cashflow(S=spread,m=freq,T1=tenor,T2=T_default,L=par,R=recovery,
   ...:                         trader='buyer',event='Y')       #计算买方的期间现金流
   ...: CF2_seller=CDS_Cashflow(S=spread,m=freq,T1=tenor,T2=T_default,L=par,R=recovery,
   ...:                         trader='seller',event='Y')      #计算卖方的期间现金流
```

```
           ...: print('发生信用事件情形下合约买方L银行的现金流（元）',CF2_buyer)
           ...: print('发生信用事件情形下合约卖方M银行的现金流（元）',CF2_seller)
发生信用事件情形下合约买方L银行的现金流（元） [-1600000. -1600000. 59600000.]
发生信用事件情形下合约卖方M银行的现金流（元） [ 1600000.  1600000. -59600000.]
```

以上输出的代码结果，无论是针对情形1还是情形2，均与表5-22的数据一致。

4. 结合新案例的Python编程

下面对【例5-7】的信息适当做些调整，从而更全面地分析并演示如何计算信用违约互换的期间现金流。

【例5-8】沿用【例5-7】的相关信息，但是针对合约信息在以下两个方面做出调整：一是信用保护费用的支付频次调整为每年2次，也就是每半年1次；二是信用事件发生日变更为2023年6月1日。下面直接运用自定义函数CDS_Cashflow计算合约双方的期间现金流，具体的代码如下。

```
In [74]: freq_new=2                         #信用保护费用调整为每年支付2次
    ...: T_default_new=21/12                #合约初始日距离新的信用事件发生日的期限

In [75]: CF3_buyer=CDS_Cashflow(S=spread,m=freq_new,T1=tenor,T2=T_default_new,L=par,
    ...:                        R=recovery,trader='buyer',event='Y')  #买方新的期间现金流
    ...: CF3_seller=CDS_Cashflow(S=spread,m=freq_new,T1=tenor,T2=T_default_new,L=par,
    ...:                         R=recovery,trader='seller',event='Y') #卖方新的期间现金流
    ...: print('发生信用事件情形下合约买方L银行新的期间现金流（元）\n',CF3_buyer)
    ...: print('发生信用事件情形下合约卖方M银行新的期间现金流（元）\n',CF3_seller)
发生信用事件情形下合约买方L银行新的期间现金流（元）
 [ -800000.  -800000.  -800000. 59600000.]
发生信用事件情形下合约卖方M银行新的期间现金流（元）
 [  800000.   800000.   800000. -59600000.]
```

从以上的输出结果可以看到，由于信用保护费用支付频次调整为每年2次并且信用事件发生日提前，因此，每次支付的信用保护费用金额就下降至80万元，同时现金流发生的期数也调整为4期，最后一期是信用事件发生日的现金流净额。

5.4.3 累积违约概率、边际违约概率与存活率

在【例5-7】中，假定已知信用违约互换价差（即每年为本金的1.6%）。然而，在现实金融市场中，针对信用违约互换最重要且最复杂的一步是确定信用违约互换价差。在测算该价差之前，需要掌握累积违约概率、边际违约概率以及存活率等概念和表达式。

1. 概念和数学表达式

根据第2.5.3小节所述，针对某个参考实体，λ表示连续复利的违约概率（年化），也称为**风险率**（hazard rate）或**违约密度**（default density）。在$[0,t_i]$的时间区间内，该参考实体的**累积违约概率**（cumulative default probability，CDP）用C_i表示，具体的数学公式如下。

$$C_i = 1 - e^{-\lambda t_i} \qquad （式5-25）$$

其中，$i=1,2,\cdots,N$。

在$[0,t_i]$的时间区间内，该参考实体未发生违约的概率，也就是**存活率**（survival rate，SR）用S_i表示，根据概率论的知识，存在如下等式。

$$S_i = 1 - C_i = e^{-\lambda t_i} \quad \text{(式 5-26)}$$

根据（式 5-26），可以计算出参考实体在 t_{i-1} 时点之前未发生违约但是在 $[t_{i-1}, t_i]$ 时间区间内发生违约的概率 D_i，具体的表达式如下。

$$D_i = S_{i-1} - S_i = e^{-\lambda t_{i-1}} - e^{-\lambda t_i} \quad \text{(式 5-27)}$$

D_i 就称为**边际违约概率**（marginal default probability，MDP）或者**无条件违约概率**（unconditional default probability）。这里需要注意的是，设定 $t_0 = 0$，在 $[0, t_1]$ 时间区间的边际违约概率就等于累积违约概率，即 $D_1 = C_1$。

下面通过一个示例讲解累积违约概率、存活率以及边际违约概率的具体计算与运用。

2. 一个示例

【**例 5-9**】假设有一份期限为 5 年、参考实体为 O 公司的信用违约互换合约，在合约存续期内 O 公司的年化违约概率（连续复利利率）是 3%。表 5-24 为结合（式 5-25）至（式 5-27）依次计算得出的 O 公司的累积违约概率、存活率与边际违约概率。

表 5-24 O 公司的累积违约概率、存活率与边际违约概率

时间	累积违约概率	存活率	边际违约概率
第 1 年	$1 - e^{-3\% \times 1} = 0.0296$	$e^{-3\% \times 1} = 0.9704$	0.0296
第 2 年	$1 - e^{-3\% \times 2} = 0.0582$	$e^{-3\% \times 2} = 0.9418$	$e^{-3\% \times 1} - e^{-3\% \times 2} = 0.0287$
第 3 年	$1 - e^{-3\% \times 3} = 0.0861$	$e^{-3\% \times 3} = 0.9139$	$e^{-3\% \times 2} - e^{-3\% \times 3} = 0.0278$
第 4 年	$1 - e^{-3\% \times 4} = 0.1131$	$e^{-3\% \times 4} = 0.8869$	$e^{-3\% \times 3} - e^{-3\% \times 4} = 0.0270$
第 5 年	$1 - e^{-3\% \times 5} = 0.1393$	$e^{-3\% \times 5} = 0.8607$	$e^{-3\% \times 4} - e^{-3\% \times 5} = 0.0262$

注：数据保留小数点后 4 位。

下面运用 Python 计算表 5-24 的数值结果，具体分为以下两个步骤完成。

第 1 步：输入相应的变量并且计算累积违约概率。具体的代码如下。

```
In [76]: h=0.03                           #连续复利的违约概率
    ...: T=5                              #期限
    ...: CDP=np.ones(T)                   #创建存放累积违约概率的初始数组

In [77]: for t in range(1,T+1):
    ...:     CDP[t-1]=1-np.exp(-h*t)      #计算累积违约概率

In [78]: CDP.round(4)                     #输出累积违约概率并保留至小数点后 4 位
Out[78]: array([0.0296, 0.0582, 0.0861, 0.1131, 0.1393])
```

第 2 步：计算存活率和边际违约概率。具体的代码如下。

```
In [79]: SR=1-CDP                         #计算存活率
    ...: SR.round(4)                      #输出存活率并保留至小数点后 4 位
Out[79]: array([0.9704, 0.9418, 0.9139, 0.8869, 0.8607])

In [80]: MDP=np.ones_like(CDP)            #创建存放边际违约概率的初始数组
    ...: MDP[0]=CDP[0]                    #第 1 年的边际违约概率等于第 1 年的累积违约概率

In [81]: for t in range(1,T):
    ...:     MDP[t]=SR[t-1]-SR[t]         #计算第 2 年至第 5 年的边际违约概率
```

```
In [82]: MDP.round(4)                    #输出边际违约概率并保留至小数点后 4 位
Out[82]: array([0.0296, 0.0287, 0.0278, 0.0270, 0.0262])
```

以上 Python 代码输出的数值结果与表 5-24 的数据是相同的。

5.4.4 信用违约互换价差

有了关于累积违约概率、边际违约概率以及存活率等知识做铺垫,下面就讨论如何测算信用违约互换价差。

1. 数学表达式

假定针对信用违约互换,L 代表合约本金,T 代表合约期限(年),s 代表年化的信用违约互换价差(用百分比表示),m 代表合约买方每年支付信用保护费用的频次并且 $m \geq 1$,t_i 表示信用保护费用支付日并且 $i = 1, 2, \cdots, N$,其中 $N = mT$;y_i 代表对应于期限 t_i、连续复利的零息利率,此外,合约初始日用 t_0 表示并且 $t_0 = 0$;针对某个参考实体,λ 表示连续复利的年化违约概率,违约回收率用 R 表示。

在 $[0, t_i]$ 区间内,该参考实体的存活率用 S_i 表示;在 $[t_{i-1}, t_i]$ 区间内的边际违约概率用 D_i 表示。结合(式 5-26),得到在合约初始日买方预期支付的现金流现值 PV 的表达式如下。

$$PV = \frac{s}{m} L \sum_{i=1}^{N} S_i e^{-y_i t_i} = \frac{s}{m} L \sum_{i=1}^{N} e^{-(\lambda + y_i) t_i} \quad (\text{式 5-28})$$

结合(式 5-27),得到在合约初始日卖方预期支付的现金流现值 PV 的表达式如下。

$$PV = (1-R) L \sum_{i=1}^{N} D_i e^{-y_i t_i} = (1-R) L \sum_{i=1}^{N} \left(e^{-\lambda t_{i-1}} - e^{-\lambda t_i} \right) e^{-y_i t_i} \quad (\text{式 5-29})$$

同时,根据无套利原则,在合约初始日,买方预期支付的现金流现值应该等于卖方预期支付的现金流现值,因此根据(式 5-28)和(式 5-29)并且经过整理,可以得到信用违约互换价差 s 的表达式如下。

$$s = m(1-R) \left[\frac{\sum_{i=1}^{N} e^{-\lambda t_{i-1} - y_i t_i}}{\sum_{i=1}^{N} e^{-(\lambda + y_i) t_i}} - 1 \right] \quad (\text{式 5-30})$$

根据(式 5-30),可以得出有 4 个核心变量影响信用违约互换价差,分别是信用保护费用每年支付的频次、违约回收率、连续复利的年化违约概率以及连续复利的零息利率。

2. Python 的自定义函数

下面通过 Python 自定义一个计算信用违约互换价差的函数,具体的代码如下。

```
In [83]: def CDS_Spread(m,Lamda,T,R,y):
    ...:     '''计算信用违约互换价差(年化)的函数
    ...:     m: 信用保护费用每年支付的频次;
    ...:     Lamda: 连续复利的年化违约概率;
    ...:     T: 合约期限(年);
    ...:     R: 信用事件(违约)发生时的回收率;
    ...:     y: 对应合约初始日距离每期信用保护费用支付日的期限且连续复利的零息利率,输入数组'''
    ...:     from numpy import arange,exp                  #从 NumPy 模块导入 arange 和 exp 函数
    ...:     t_list=arange(m*T+1)/m                        #创建期限数组并且第 1 个元素为 0
    ...:     A=sum(exp(-Lamda*t_list[:-1]-y*t_list[1:]))   #计算(式 5-30)中括号内的分子
    ...:     B=sum(exp(-(Lamda+y)*t_list[1:]))             #计算(式 5-30)中括号内的分母
```

```
...:     spread=m*(1-R)*(A/B-1)                    #计算信用违约互换价差
...:     return spread
```

在以上自定义函数 CDS_Spread 中,输入信用保护费用每年支付的频次、连续复利的年化违约概率、合约期限、回收率、零息利率等参数就能计算出信用违约互换价差。下面通过一个示例进行演示。

3. 一个示例

【例 5-10】2022 年 9 月 1 日 Q 银行与 R 银行之间开展一笔信用违约互换业务,其中,Q 银行是合约买方(信用保护买方)、R 银行是合约卖方(信用保护卖方),合约期限是 5 年,参考实体是 P 公司,P 公司的存活率和边际违约概率的数据沿用【例 5-9】(即表 5-24),同时 P 公司的违约时的回收率是 40%,零息利率则运用当天的国债到期收益率[①],信用保护费用每年支付一次并且在每期期末支付,同时假设信用事件(违约)仅在信用保护费用支付日发生。无论是对 Q 银行还是 R 银行,都需要计算该信用违约互换价差。

表 5-25 展示了 Q 银行预期支付现金流现值的具体计算过程,表 5-26 展示了 R 银行预期支付现金流现值的具体计算过程,并且为了计算的便利性假设合约本金简化为 1 元。

表 5-25 Q 银行(买方)预期支付的现金流现值(年化的信用违约互换合约价差为 s,假定合约本金为 1 元)

时间	存活率	预期支付	零息利率	贴现因子	现金流现值(预期支付×贴现因子)
第 1 年	0.9704	0.9704s	1.7243%	$e^{-1.7243\%\times 1}=0.9829$	0.9539s
第 2 年	0.9418	0.9418s	2.0879%	$e^{-2.0879\%\times 2}=0.9591$	0.9032s
第 3 年	0.9139	0.9139s	2.1900%	$e^{-2.1900\%\times 3}=0.9364$	0.8558s
第 4 年	0.8869	0.8869s	2.2989%	$e^{-2.2989\%\times 4}=0.9121$	0.8090s
第 5 年	0.8607	0.8607s	2.3965%	$e^{-2.3965\%\times 5}=0.8871$	0.7635s
合计					4.2854s

注:数据保留至小数点后 4 位。
数据来源(仅限于零息利率):中国债券信息网。

表 5-26 R 银行(卖方)预期支付的现金流现值(假定合约本金 1 元)

时间	边际违约概率	回收率	预期支付	贴现因子	现金流现值(预期支付×贴现因子)
第 1 年	0.0296	0.4	0.0296×(1−0.4)=0.0178	0.9829	0.0175
第 2 年	0.0287	0.4	0.0287×(1−0.4)=0.0172	0.9591	0.0165
第 3 年	0.0278	0.4	0.0278×(1−0.4)=0.0167	0.9364	0.0156
第 4 年	0.0270	0.4	0.0270×(1−0.4)=0.0162	0.9121	0.0148
第 5 年	0.0262	0.4	0.0262×(1−0.4)=0.0157	0.8871	0.0140
合计					0.0784

注:表 5-26 的第 5 列(贴现因子)与表 5-25 的第 5 列是相同的,计算过程中的数据采用精确值,计算结果数据保留小数点后 4 位。

[①] 这里为了便于分析才运用国债到期收益率作为零息利率(贴现率)。在金融实战中,通常采用对应于参考实体信用评级的债券收益率作为零息利率,比如参考实体的信用评级是 AA,则采用 AA 评级的企业债券收益率作为零息利率。

从表 5-25 和表 5-26 可以得到，在合约初始日 Q 银行预期支付的现金流现值之和是 4.2854s，R 银行预期支付的现金流现值合计是 0.0784。合约买方预期支付的现金流现值之和等于卖方，也就是 4.2854s = 0.0784。

计算得到信用违约合约价差 s = 0.0183 = 1.83%，也就是每年 183 个基点。因此，在合约存续期内，当信用事件未发生的情形下，合约买方每年支付给卖方的信用保护费用是 1.83%乘合约的本金，比如合约本金是 1 亿元，每年信用保护费用就是 183 万元。

下面通过自定义函数 CDS_Spread 计算本例的信用违约互换价差，具体的代码如下。

```
In [84]: zero_rate=np.array([0.017243,0.020879,0.021900,0.022989,0.023965])  #零息利率
   ...: recovery=0.4                                  #违约回收率
   ...: freq=1                                        #信用保护费用每年支付的频次
   ...: tenor=5                                       #合约期限（年）
   ...: h=0.03                                        #连续复利的年化违约概率

In [85]: spread=CDS_Spread(m=freq,Lamda=h,T=tenor,R=recovery,y=zero_rate)  #计算信用违约互换价差
   ...: print('计算得到信用违约互换价差',spread.round(4))   #保留至小数点后 4 位
计算得到信用违约互换价差 0.0183
```

通过以上的代码输出结果不难发现，运用 Python 自定义函数计算得到的信用违约互换价差数值与根据表 5-25 和表 5-26 计算得出的结果是一致的。

4. 信用违约互换价差的敏感性分析

下面考察违约概率和违约回收率这两个重要变量发生变化时，如何影响信用违约互换价差，借助一个示例展开讨论。

【例 5-11】沿用【例 5-10】的信息并开展敏感性分析，具体分为以下两个方面。

一是信用违约互换价差对违约概率的敏感性分析。参考实体 P 公司的连续复利违约概率取[1%,6%]区间的等差数列，而其余变量取值保持不变，考察不同的违约概率对信用违约互换价差的影响。

二是信用违约互换价差对违约回收率的敏感性分析。参考实体 P 公司的违约回收率取[10%,60%]区间的等差数列，而其余变量取值保持不变，考察不同的违约回收率对信用违约互换价差的影响。

下面直接通过 Python 编程开展敏感性分析，具体分为 3 个步骤。

第 1 步：当参考实体 P 公司的连续复利违约概率取[1%,6%]区间的等差数列，计算对应的信用违约互换价差。具体代码如下。

```
In [86]: h_list=np.linspace(0.01,0.06,200)         #违约概率数组
   ...: spread_list1=np.zeros_like(h_list)         #创建存放信用违约互换价差（对应不同违约概率）的初始数组

In [87]: for i in range(len(h_list)):
   ...:     spread_list1[i]=CDS_Spread(m=freq,Lamda=h_list[i],T=tenor,R=recovery,
   ...:                                y=zero_rate)  #不同违约概率对应的信用违约互换价差
```

第 2 步：当参考实体 P 公司的违约回收率取[10%,60%]区间的等差数列，计算对应的信用违约互换价差。具体代码如下。

```
In [88]: R_list=np.linspace(0.1,0.6,200)           #违约回收率数组
   ...: spread_list2=np.zeros_like(R_list)         #创建存放信用违约互换价差（对应不同违约回收率）的初始数组
```

```
In [89]: for i in range(len(R_list)):
   ...:     spread_list2[i]=CDS_Spread(m=freq,Lamda=h,T=tenor,R=R_list[i],y=zero_rate)
#不同违约回收率对应的信用违约互换价差
```

第3步：将以上的计算结果进行可视化并且运用 1×2 子图模式，从而形象展示出违约概率、违约回收率与信用违约互换价差之间的关系（见图5-8）。具体的代码如下。

```
In [90]: plt.figure(figsize=(11,6))
   ...: plt.subplot(1,2,1)                                    #第1个子图
   ...: plt.plot(h_list,spread_list1,'r-',lw=2.0)
   ...: plt.xticks(fontsize=12)
   ...: plt.xlabel('违约概率',fontsize=12)
   ...: plt.yticks(fontsize=12)
   ...: plt.ylabel('信用违约互换价差',fontsize=12)
   ...: plt.title('违约概率与信用违约互换价差的关系',fontsize=12)
   ...: plt.grid()
   ...: plt.subplot(1,2,2,sharey=plt.subplot(1,2,1))   #第2个子图并且与第1个子图共用纵轴刻度
   ...: plt.plot(R_list,spread_list2,'b-',lw=2.0)
   ...: plt.xticks(fontsize=12)
   ...: plt.xlabel('违约回收率',fontsize=12)
   ...: plt.yticks(fontsize=12)
   ...: plt.title('违约回收率与信用违约互换价差的关系', fontsize=12)
   ...: plt.grid()
   ...: plt.show()
```

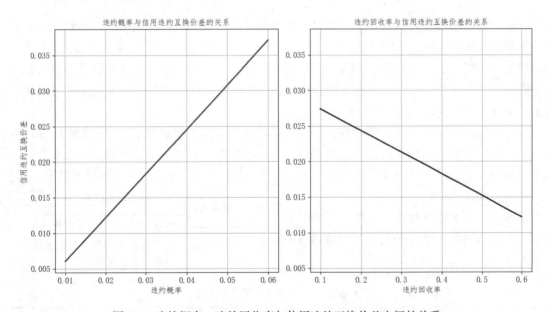

图 5-8　违约概率、违约回收率与信用违约互换价差之间的关系

从图 5-8 可以明显看到，违约概率与信用违约互换价差之间是正相关的线性关系，违约回收率与信用违约互换价差之间则是负相关的线性关系。此外，相比违约回收率，信用违约互换价差对违约概率的敏感程度更深。

5.5 权益互换

本节将聚焦权益互换,该合约根据交换收益的不同可以进一步细分为 3 类:第一类是权益资产的收益与固定利息进行交换;第二类是权益资产的收益与浮动利息(比如以 3 个月 Shibor 计息)进行交换;第三类是某个权益资产收益与另一个权益资产收益进行交换,比如沪深 300 指数收益与中证 500 指数收益进行交换。

目前,我国开展的权益互换业务以上述第一类合约为主,因此本节所讨论的内容将围绕这类权益互换合约展开。

5.5.1 权益互换的运作机理

结合一个具体的示例描述权益互换的运作机理。

【例 5-12】S 证券公司与 T 投资者之间达成一笔期限为 2 年的权益互换,合约初始日是 2020 年 9 月 1 日,到期日是 2022 年 9 月 1 日,针对合约做出如下约定。

(1)合约本金。约定合约本金是 1 亿元,并且该本金在合约存续期内不进行交换。

(2)固定利率。合约约定的固定利率为年利率 8%,并且由 T 投资者按季度向 S 证券公司支付固定利息,假定不考虑计息天数的惯例,每季度支付的固定利息是 0.25 × 8% × 1 亿元 = 200 万元。

(3)权益资产。合约约定的权益资产是沪深 300 指数,由 S 证券公司按季度向 T 投资者支付期间的指数收益,收益的计算公式是 $\frac{I_1 - I_0}{I_0}$ × 合约本金,其中 I_1 代表某一期支付日的指数收盘价,I_0 代表前一期支付日或合约初始日的指数收盘价。比如,针对第 1 期的指数收益,I_0 是合约初始日 2020 年 9 月 1 日的指数收盘价,I_1 是 2020 年 12 月 1 日的指数收盘价;针对第 2 期的指数收益,I_0 是 2020 年 12 月 1 日的指数收盘价,I_1 是 2021 年 3 月 1 日的指数收盘价;依此类推。需要注意的是,如果指数收益为正,由 S 证券公司向 T 投资者支付;如果指数收益为负,则由 T 投资者向 S 证券公司支付。

(4)结算方式。采用净额结算的方式:如果固定利息高于指数收益,T 投资者向 S 证券公司支付固定利息减去指数收益的剩余金额;相反,如果指数收益高于固定利息,则 S 证券公司向 T 投资者支付指数收益减去固定利息的剩余金额。就结算方式而言,与前面提到的利率互换、信用违约互换是类似的。

图 5-9 展示了该权益互换的运作机制,表 5-27 列出了在合约期间 S 证券公司和 T 投资者的收益交换情况。

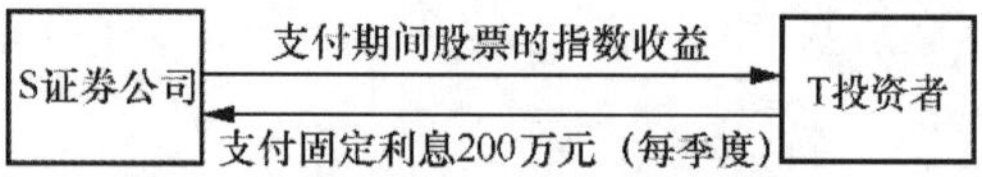

图 5-9 S 证券公司与 T 投资者的权益互换运作机制

表 5-27 权益互换的期间现金流

日期	沪深 300 指数收盘价	期间的指数收益(元)	固定利息(元)	S 证券公司现金流净额(元)	T 投资者现金流净额(元)
2020 年 9 月 1 日	4842.1223	—	—	—	—
2020 年 12 月 1 日	5067.0983	4646227.13	2000000	−2646227.13	2646227.13
2021 年 3 月 1 日	5418.7837	6940567.94	2000000	−4940567.94	4940567.94

续表

日期	沪深 300 指数收盘价	期间的指数收益（元）	固定利息（元）	S 证券公司现金流净额（元）	T 投资者现金流净额（元）
2021 年 6 月 1 日	5341.6798	−1422900.49	2000000	3422900.49	−3422900.49
2021 年 9 月 1 日	4869.4587	−8840310.87	2000000	10840310.87	−10840310.87
2021 年 12 月 1 日	4843.8510	−525883.91	2000000	2525883.91	−2525883.91
2022 年 3 月 1 日	4619.6862	−4627821.95	2000000	6627821.95	−6627821.95
2022 年 6 月 1 日	4083.1772	−11613537.73	2000000	13613537.73	−13613537.73
2022 年 9 月 1 日	4043.7395	−965858.16	2000000	2965858.16	−2965858.16
合计		−16409518.05	16000000	32409518.05	−32409518.05

注：现金流净额为正代表收取，现金流净额为负代表支付。此外，收益与现金流的数据均保留至小数点后两位。

数据来源（仅针对沪深 300 指数收盘价）：中证指数有限公司。

针对表 5-27 的现金流，以第 1 期收益交换为例说明。第 1 期现金流交换发生在 2020 年 12 月 1 日（合约初始日的 3 个月后），沪深 300 指数的期间收益计算如下。

$$\frac{5067.0983 - 4842.1223}{4842.1223} \times 1\,亿元 = 4646227.13\,元 \quad （式 5\text{-}31）$$

由于指数收益为正数，因此，S 证券公司需要向 T 投资者支付指数收益 4646227.13 元，扣除投资者支付的固定利息 200 万元，最终，S 证券公司需要支付净额 2646227.13 元，T 投资者则收取 2646227.13 元。此后各期的收益交换就按此逻辑计算。

5.5.2 权益互换的期间现金流

1. 数学表达式

根据【例 5-12】，可以抽象得到权益互换在合约存续期内各交易方现金流交换净额的表达式。

假定针对权益互换，L 代表合约本金，T 代表合约期限（年），m 代表在合约存续期内每年交换收益的频次并且 $m \geq 1$；t_i 代表时间，$i = 0$（即 t_0）表示合约初始日，$i = 1, 2, \cdots, N$（即 $t_1, t_2, \cdots, t_N$）表示第 i 期收益交换日，其中 $N = mT$；R 代表固定利率，E_i 代表权益资产在 t_i 时点的价格，第 i 期收益交换净额用 f_i 表示。

针对支付权益资产收益并收取固定利息的交易方，第 i 期的收益交换净额就有如下的数学表达式。

$$f_i = \left(\frac{1}{m}R - \frac{E_i - E_{i-1}}{E_{i-1}}\right)L \quad （式 5\text{-}32）$$

针对收取权益资产收益并支付固定利息的交易方，计算第 i 期的收益交换净额则用以下表达式。

$$f_i = \left(\frac{E_i - E_{i-1}}{E_{i-1}} - \frac{1}{m}R\right)L \quad （式 5\text{-}33）$$

（式 5-32）和（式 5-33）计算得到的收益交换净额，净额为正代表收取，净额为负就表示支付。

2. Python 自定义函数

为了计算的便利，通过 Python 自定义一个计算权益互换在合约存续期内各交易方收益交换净额的函数，具体的代码如下。

```
In [91]: def ES_Cashflow(R_fix,E_list,L,m,trader):
    ...:     '''计算权益互换每期收益交换净额的函数
    ...:     R_fix: 权益互换约定的固定利率；
    ...:     E_list: 合约初始日和每期收益交换日的权益资产价格，以数组结构输入；
    ...:     L: 合约本金；
    ...:     m: 每年交换收益的频次；
    ...:     trader: 合约交易方，输入long表示收取权益资产收益并支付固定利息的交易方，输入其他则表示支付权益资产收益并收取固定利息的交易方'''
    ...:     R_equity=E_list[1:]/E_list[:-1]-1       #测算权益资产的每一期收益率
    ...:     if trader=='long':                      #收取权益资产收益并支付固定利息的交易方
    ...:         cashflow=(R_equity-R_fix/m)*L       #计算每期的现金流净额
    ...:     else:                                   #支付权益资产收益并收取固定利息的交易方
    ...:         cashflow=(R_fix/m-R_equity)*L
    ...:     return cashflow
```

在以上自定义函数 ES_Cashflow 中，输入固定利率、相关时点的权益资产价格、合约本金、每年交换收益的频次以及合约交易方等参数，就可以计算出各交易方每期的交换收益净额。

3. 自定义函数运用的 Python 编程

运用自定义函数 ES_Cashflow，计算并验证【例 5-12】合约各交易方的每期收益交换净额，具体的代码如下。

```
In [92]: rate=0.08                        #权益互换约定的固定利率
    ...: par=1e8                          #权益互换的合约本金
    ...: freq=4                           #权益互换每年的收益交换频次

In [93]: HS300_list=np.array([4842.1223,5067.0983,5418.7837,5341.6798,4869.4587,
    ...:                     4843.8510,4619.6862,4083.1772,4043.7395])  #沪深300指数的价格

In [94]: CF_short=ES_Cashflow(R_fix=rate,E_list=HS300_list,L=par,m=freq,trader='short') #S证券公司每期收益交换净额
    ...: CF_short.round(2)                #输出结果并且保留至小数点后2位
Out[94]:
array([-2646227.13, -4940567.94,  3422900.49, 10840310.87,  2525883.91,
        6627821.95, 13613537.73,  2965858.16])

In [95]: CF_long=ES_Cashflow(R_fix=rate,E_list=HS300_list,L=par,m=freq,trader='long')  #T投资者每期收益交换净额
    ...: CF_long.round(2)
Out[95]:
array([  2646227.13,   4940567.94,  -3422900.49, -10840310.87,
        -2525883.91,  -6627821.95, -13613537.73,  -2965858.16])

In [96]: CFsum_short=sum(CF_short)        #计算S证券公司每期收益交换净额的合计数
    ...: print('S证券公司每期收益交换净额的合计金额（元）',round(CFsum_short,2))
S证券公司每期收益交换净额的合计金额（元） 32409518.05
```

```
In [97]: CFsum_long=sum(CF_long)          #计算T投资者每期收益交换净额的合计数
    ...: print('T投资者每期收益交换净额的合计金额（元）',round(CFsum_long,2))
T投资者每期收益交换净额的合计金额（元） -32409518.05
```

以上代码输出的结果与表 5-27 关于 S 证券公司、T 投资者的收益交换净额数值是相同的。

5.5.3 权益互换的等价性与利率测算

1. 合约等价性

在表 5-27 中，如果在合约到期日 2022 年 9 月 1 日增加合约本金的交换，显然不会改变交易双方收益交换净额，但是权益互换在现金流方面就可以等价于固定利率债券与权益资产的投资组合。

具体而言，在权益互换中，针对支付权益资产收益并收取固定利息的交易方，期间现金流就等价于权益资产空头头寸与固定利率债券多头头寸所构建的投资组合；相反，针对收取权益资产收益并支付固定利息的交易方，期间现金流等价于权益资产多头头寸与固定利率债券空头头寸所构建的投资组合。表 5-28 梳理了权益互换不同交易方与对应的等价投资组合。

表 5-28 权益互换不同交易方与对应的等价投资组合

交易方	等价的投资组合
支付权益资产收益并收取固定利息（【例 5-12】的 S 证券公司）	权益资产空头头寸+固定利率债券多头头寸
收取权益资产收益并支付固定利息（【例 5-12】的 T 投资者）	权益资产多头头寸+固定利率债券空头头寸

根据以上的分析，可以得到权益互换的定价公式。假定 B_{fix} 代表对应的固定利率债券价值，B_{eqt} 代表对应的权益资产价值，V_{ES} 代表权益互换的合约价值。

对于支付权益资产收益并收取固定利息的交易方，权益互换的合约价值等于固定利率债券价值减去权益资产价值，相关表达式如下。

$$V_{ES} = B_{fix} - B_{eqt} \quad \text{（式 5-34）}$$

对于收取权益资产收益并支付固定利息的交易方，权益互换的合约价值等于权益资产价值减去固定利率债券价值，表达式如下。

$$V_{ES} = B_{eqt} - B_{fix} \quad \text{（式 5-35）}$$

此外，需要注意的是，与利率互换合约类似，权益互换合约的初始价值也等于 0，因此，在权益互换的合约初始日就有如下等式关系。

$$B_{fix} = B_{eqt} \quad \text{（式 5-36）}$$

2. 测算固定利率

在【例 5-12】中，权益互换的固定利率是已知的，但在金融实战中需要事前测算出固定利率，固定利率的测算方式与第 5.2.4 小节互换利率的测算方式很相似。

假定针对权益互换，在合约初始日对应于不同期限 t_i 并且连续复利的零息利率（贴现利率）

用 y_i 表示，变量 L、T、m 以及 R 的含义与前面测算期间现金流保持一致。基于以上的变量并参考债券定价模型（式 2-11），在合约初始日 t_0，权益互换对应的固定利率债券价值 B_{fix} 表达式如下。

$$B_{\text{fix}} = \left(\frac{R}{m}\sum_{i=1}^{N} e^{-y_i t_i} + e^{-y_N T}\right)L \qquad \text{（式 5-37）}$$

这里用 q_i 表示期限 t_i 的贴现因子，并且 $q_i = e^{-y_i t_i}$，$i = 1, 2, \cdots, N$。因此，（式 5-37）就简化如下。

$$B_{\text{fix}} = \left(\frac{R}{m}\sum_{i=1}^{N} q_i + q_N\right)L \qquad \text{（式 5-38）}$$

在合约初始日 t_0，权益资产的价值等于合约名义本金 L，表达式如下。

$$B_{\text{eqt}} = L \qquad \text{（式 5-39）}$$

结合（式 5-36）、（式 5-38）和（式 5-39），就得到测算固定利率 R 的表达式如下。

$$R = \frac{m(1-q_N)}{\sum_{i=1}^{N} q_i} \qquad \text{（式 5-40）}$$

细心的读者已经注意到，（式 5-40）与测算利率互换合约的互换利率公式（式 5-9）在形式上完全一致。但需要注意的是，由于权益互换的风险要远大于利率互换，因此在测算权益互换的固定利率时所运用的贴现率 y_i 往往会大于利率互换所运用的贴现率。

考虑到目前国内证券公司在开展权益互换合约时，设定的固定利率通常在 7% 至 8% 的范围内，该固定利率的金额与信用评级为 AA- 的企业债票面利率比较相似，因此，可以选择中债 AA-企业债到期收益率作为权益互换合约的贴现率。下面通过一个示例讲解如何测算权益互换的固定利率。

3. 一个示例

【例 5-13】沿用【例 5-12】的信息，S 证券公司需要测算 2020 年 9 月 1 日合约初始日权益互换的固定利率。贴现利率参考当天的中债 AA-企业债到期收益率曲线。表 5-29 整理了相关收益率数据。

表 5-29　2020 年 9 月 1 日中债 AA-企业债到期收益率　　　　　　（单位：%）

隔夜	1 个月	3 个月	6 个月	9 个月	1 年	2 年
4.7682	4.8725	5.1053	5.3747	5.4315	5.4861	5.8416

数据来源：中国债券信息网。

下面通过 Python 测算该权益互换的固定利率，一共分为 3 个步骤。

第 1 步：自定义一个用于测算权益互换固定利率的函数。具体的代码如下。

```
In [98]: def Rate_ES(m,y,T):
    ...:     '''计算权益互换固定利率的函数
    ...:     m: 合约存续期内每年交换收益的频次；
    ...:     y: 合约初始日对应于不同期限并且连续复利的零息利率（贴现利率），以数组结构输入；
    ...:     T: 合约期限（年）'''
    ...:     n_list=np.arange(1,m*T+1)        #创建从 1 到 mT 的整数数组
    ...:     t=n_list/m                       #计算合约初始日距离每期收益交换日的期限数组
```

```
    ...:        q=np.exp(-y*t)              #计算针对不同期限的贴现因子(数组形式)
    ...:        R_fix=m*(1-q[-1])/sum(q)    #计算固定利率
    ...:        return R_fix
```

在以上自定义函数 Rate_ES 中,输入每年交换收益的频次、零息利率以及合约期限等参数,就可以计算出固定利率的金额。

第 2 步:由于权益互换合约的期限为 2 年,并且每年交换收益的频次是 4 次,因此需要结合表 5-29 的数据并运用三次样条插值法,测算出 1.25 年、1.5 年、1.75 年等相关期限的到期收益率。具体的代码如下。

```
In [99]: import scipy.interpolate as si    #导入 SciPy 的子模块 interpolate

In [100]: T_list1=np.array([1/365,1/12,3/12,6/12,9/12,1,2])   #已有期限的数组
    ...: y_list1=np.array([0.047682,0.048725,0.051053,0.053747,0.054315, 0.054861,
    ...:                    0.058416])                       #已有零息利率的数组

In [101]: func=si.interp1d(x=T_list1,y=y_list1,kind='cubic') #运用三次样条插值法

In [102]: T_list2=np.array([1/365,1/12,3/12,6/12,9/12,1,1.25,1.5,1.75,2])  #新期限的数组

In [103]: y_list2=func(T_list2)                             #计算得到基于插值法的零息利率
    ...: y_list2                                            #输出结果
Out[103]:
array([0.047682 , 0.048725 , 0.051053 , 0.053747 , 0.054315 ,
       0.054861 , 0.05580865, 0.0568934 , 0.0578507 , 0.058416 ])

In [104]: y_list=y_list2[2:]                                #取对应 3 个月至 2 年期限的零息利率
```

第 3 步:运用第 1 步的自定义函数 Rate_ES 以及第 2 步测算得到的零息利率数据,计算该权益互换的固定利率。相关代码如下。

```
In [105]: tenor=2                                           #权益互换合约的期限

In [106]: rate_fix=Rate_ES(m=freq,y=y_list,T=tenor)         #测算权益互换的固定利率
    ...: print('权益互换的固定利率',round(rate_fix,4))
权益互换的固定利率 0.0587
```

通过以上的测算可以得到,权益互换的固定利率为 5.87%。讲到这里,一些读者可能会有疑问,【例 5-12】约定的固定利率是 8%,明显高于测算得到的固定利率 5.87%。对此的一种解释是,测算得到的固定利率仅仅是最低利率,证券公司会根据不同投资者的具体信用状况,对最低利率上浮一定比例而确定最终的固定利率。

5.5.4 权益互换的定价

1. 数学表达式

针对本金 L 的权益互换,$\tilde{T}$ 代表合约的剩余期限并且以年为单位,m 代表在合约存续期内每年交换收益的频次并且 $m \geq 1$,$\tilde{t}_i$ 表示合约定价日距离剩余第 i 期收益交换日的期限,同时 $\tilde{t}_N = \tilde{T}$;$\tilde{y}_i$ 代表在合约定价日期限为 $\tilde{t}_i$ 并且连续复利的零息利率,该利率是针对剩余第 i 期支

付利息的贴现率。

同时，E_1 代表合约定价日的权益资产价格，E_0 代表合约定价日以前最近一期收益交换日的权益资产价格；如果定价日处于合约首个收益交换日之前，则 E_0 代表合约初始日的权益资产价格。在定价日，权益互换合约的价值用 V_{ES} 表示，固定票面利率的债券价值用 V_B 表示，权益资产价值用 V_E 表示。

根据以上设定的变量符号，可以有如下的债券价值以及权益资产价值的表达式。

$$V_B = \left(\frac{R}{m} \sum_{i=1}^{N} e^{-\tilde{y}_i \tilde{t}_i} + e^{-\tilde{y}_N \tilde{T}} \right) L \quad \text{（式 5-41）}$$

$$V_E = \frac{E_1}{E_0} L \quad \text{（式 5-42）}$$

针对收取权益资产收益并支付固定利息的交易方，权益互换的合约价值表达式如下。

$$V_{ES} = V_E - V_B = \frac{E_1}{E_0} L - \left(\frac{R}{m} \sum_{i=1}^{N} e^{-\tilde{y}_i \tilde{t}_i} + e^{-\tilde{y}_N \tilde{T}} \right) L \quad \text{（式 5-43）}$$

针对支付权益资产收益并收取固定利息的交易方，权益互换的合约价值表达式如下。

$$V_{ES} = -V_E + V_B = -\frac{E_1}{E_0} L + \left(\frac{R}{m} \sum_{i=1}^{N} e^{-\tilde{y}_i \tilde{t}_i} + e^{-\tilde{y}_N \tilde{T}} \right) L \quad \text{（式 5-44）}$$

2. Python 自定义函数

为了便于快速计算得到权益互换的合约价值，通过 Python 自定义一个函数，具体的代码如下。

```
In [107]: def Value_ES(R,E0,E1,t,y,m,L,trader):
     ...:     '''计算权益互换在存续期内合约价值的函数
     ...:     R: 固定利率；
     ...:     E0: 合约定价日以前最近一期收益交换日或合约初始日的权益资产价格；
     ...:     E1: 合约定价日的权益资产价格；
     ...:     t: 定价日距离剩余每期收益交换日的期限（年），并输入数组；
     ...:     y: 不同期限并且连续复利的零息利率（贴现利率），并输入数组；
     ...:     m: 权益互换每年交换收益的频次；
     ...:     L: 权益互换的合约本金；
     ...:     trader: 交易方，输入 long 表示收取权益资产收益并支付固定利息的交易方，输入其他则表示支付权益资产收益并收取固定利息的交易方'''
     ...:     from numpy import exp                        #从NumPy模块导入exp函数
     ...:     value_bond=(R/m*sum(exp(-y*t))+exp(-y[-1]*t[-1]))*L   #计算固定利率债券的价值
     ...:     value_equity=L*E1/E0                         #计算权益资产的价值
     ...:     if trader=='long':                           #收取权益资产收益并支付固定利息的交易方
     ...:         value=value_equity-value_bond            #计算权益互换的合约价值
     ...:     else:                                        #支付权益资产收益并收取固定利息的交易方
     ...:         value=-value_equity+value_bond
     ...:     return value
```

在以上自定义函数 Value_ES 中，输入固定利率、权益资产价格、期限、零息利率、每年交换收益的频次、合约本金以及交易方等参数，就可以计算出权益互换的合约价值。下面通过一个示例演示如何计算权益互换的合约价值。

3. 一个示例

【例 5-14】 沿用【例 5-12】的信息，在 2022 年 4 月 1 日 S 证券公司需要测算该权益互换的合约估值，当天的沪深 300 指数收盘价为 4276.1580 点，当天的中债 AA-企业债到期收益率数据如表 5-30 所示。

表 5-30   2022 年 4 月 1 日中债 AA-企业债到期收益率   （单位：%）

隔夜	1 个月	3 个月	6 个月	9 个月	1 年	2 年
4.6959	5.1401	5.0941	5.1556	5.2288	5.2980	5.5657

数据来源：中国债券信息网。

同时，在定价日之前的最近一次收益交换日是 2022 年 3 月 1 日，该交易日的沪深 300 指数收盘价为 4619.6862 点。在不考虑实际天数的情况下，定价日距离合约到期日（2022 年 9 月 1 日）还剩下 5 个月，并且剩余期限内尚存在两期收益交换，交换日分别是 2022 年 6 月 1 日和 9 月 1 日。下面通过 Python 编程对该权益互换进行估值，一共分为两步。

第 1 步：由于在估值过程中涉及期限为 2 个月、5 个月的零息利率（贴现利率），所以需要结合表 5-30 的到期收益率并运用三次样条插值法测算相应期限的零息利率。具体的代码如下。

```
In [108]: T_list3=np.array([1/365,1/12,3/12,6/12,9/12,1,2])   #已有期限
     ...: y_list3=np.array([0.046959,0.051401,0.050941,0.051556,0.052288, 0.052980,
     ...:                   0.055657])                        #已有的零息利率

In [109]: func=si.interp1d(x=T_list3,y=y_list3,kind='cubic')  #运用三次样条插值法

In [110]: T_list4=np.array([1/365,1/12,2/12,3/12,5/12,6/12,9/12,1,2])  #输入新的期限数组

In [111]: y_list4=func(T_list4)                               #计算基于三次样条插值法的零息利率
     ...: y_list4                                             #输出结果
Out[111]:
array([0.046959  , 0.051401  , 0.05191852, 0.050941  , 0.05098691,
       0.051556  , 0.052288  , 0.05298   , 0.055657  ])

In [112]: y_2M_5M=np.array([y_list4[2],y_list4[4]])           #取 2 个月和 5 个月的零息利率
```

第 2 步：运用自定义函数 Value_ES 并且结合第 1 步测算得到的相关期限到期收益率，计算 2022 年 4 月 1 日该权益互换的合约估值。具体的代码如下。

```
In [113]: HS300_Mar1=4619.6862                 #沪深 300 指数在 2022 年 3 月 1 日的收盘价
     ...: HS300_Apr1=4276.1580                 #沪深 300 指数在 2022 年 4 月 1 日的收盘价

In [114]: T_2M_5M=np.array([2/12,5/12])        #2 个月和 5 个月的期限数组

In [115]: value_Apr1=Value_ES(R=rate,E0=HS300_Mar1,E1=HS300_Apr1,t=T_2M_5M,y=y_2M_5M,
     ...:                    m=freq,L=par,trader='short')  #测算合约价值
     ...: print('2022 年 4 月 1 日 S 证券公司的权益互换合约价值(元)',round(value_Apr1,2))
2022 年 4 月 1 日 S 证券公司的权益互换合约价值(元) 9274861.07
```

通过以上的测算可以得到，在 2022 年 4 月 1 日 S 证券公司的权益互换合约价值约为 927.49 万元，

表明该合约给公司带来了一定的浮盈。

到这里，本章的主要内容已介绍完毕，下一章将运用 Python 展开对期货的分析。

5.6 本章小结

经过 40 余年的快速发展，互换已成为全球场外衍生产品市场的重要角色，常见的合约类型包括利率互换、货币互换、信用违约互换以及权益互换等。互换的运用非常灵活，既可以用于降低已有的风险暴露，也可以用于创造新的风险暴露。本章结合 14 个示例，重点讨论了关于互换的以下知识点。

（1）**利率互换**。利率互换涉及利息之间的交换，通常合约的期间现金流就是固定利息与浮动利息之间的交换，但是不涉及本金的交换。由于利率互换等价于固定利率债券与浮动利率债券的投资组合，因此利率互换的合约定价就可以参考债券定价。

（2）**货币互换**。与利率互换相比，货币互换不仅涉及利息之间的交换，还涉及不同币种本金的交换，因此无论是合约期间现金流还是合约定价，货币互换均比利率互换复杂。此外，相比其他类型的互换，汇率变量是货币互换特有的一个变量。

（3）**信用违约互换**。信用违约互换用于管理参考实体的信用风险，该合约的一个核心要素就是信用违约互换价差。在确定信用违约互换价差的过程中，通常会考虑参考实体的违约概率、违约回收率等变量。

（4）**权益互换**。开展权益互换的动机就是在不直接持有权益资产（如股票或股指）的同时却能获得权益资产的收益，无论是测算合约现金流还是合约定价都会涉及股票价格或者股票指数价格。此外，权益互换的合约价值波动会远大于其他类型的互换。

5.7 拓展阅读

本章的内容参考了以下资料，建议感兴趣的读者拓展学习。

（1）《利率互换及其他衍生品》（作者霍华德·科伯），该书是利率衍生品领域具有代表性的著作，该书第一章至第三章详细讨论了利率互换的运作、风险以及定价问题，并且对货币互换也有一定的涉及。

（2）《场外衍生品（第二版）》由中国期货业协会编写，该书是一本介绍包括互换合约在内的各类场外衍生品市场发展状况及产品应用的普及性读物，该书第三章、第五章分别对利率互换、货币互换、信用违约互换、股票收益互换做了通俗易懂的讲解。

第 6 章 运用 Python 分析期货

本章导读

早在古希腊和古罗马时期,人类就出现了带有期货特征的交易活动。到了近代,1848 年美国芝加哥的一群商人共同发起组建了芝加哥期货交易所(CBOT),该交易所于 1865 年推出标准化合约并实行保证金制度,标志着真正意义上的期货合约诞生。**期货**(futures)是指在将来某一特定时点以约定价格买入或卖出某一基础资产的标准化金融合约,该合约的交易必须在交易所进行,并且交易双方不知道对手是谁,也就是匿名交易。同时,为保证交易双方能够履行合约承诺,交易所设定了保证金、逐日盯市等机制。针对期货的**基础资产**(underlying asset),也称**标的资产**,如果是各种流通的商品就称为**商品期货**,如果是金融资产则称为**金融期货**。本章借助 Python 和期货市场的案例,主要讨论期货定价以及套期保值。

本章的内容将涵盖以下几个主题。
- ✓ 介绍期货交易所、期货品种以及期货合约要素,并选择若干代表性期货合约的日交易数据进行可视化。
- ✓ 借助黄金期货探讨影响期货价格与现货价格关系的 4 个核心变量、期货价格表达式以及期货价格的收敛性。
- ✓ 结合股指期货讨论套期保值类型、追加保证金的风险以及基差风险。
- ✓ 结合股指期货分析交叉套期保值、滚动套期保值和移仓风险。
- ✓ 讲述与国债期货密切相关的国债计息天数规则、国债报价等基础性知识。
- ✓ 剖析国债期货最终价格所涉及的可交割债券转换因子和应计利息。
- ✓ 探讨国债期货特有的最廉价交割以及基于久期的套期保值策略。

6.1 期货市场概况

20 世纪 80 年代,随着改革开放的深入,越来越多的商品脱离计划定价,进入市场化的运行轨道。此后,期货市场从无到有,并且不断发展壮大。

本节介绍各期货交易所和挂牌的期货合约品种,并且依次展示以黄金期货为代表的商品期货合约要素与以股指期货、国债期货为代表的金融期货合约要素。

6.1.1 期货交易所与合约品种

2022年8月1日起正式实施的《期货和衍生品法》是我国期货市场的根本大法，该法的第十一条明确规定，期货交易应当在依法设立的期货交易所或者国务院期货监督管理机构依法批准组织开展期货交易的其他期货交易场所（统称"期货交易场所"），采用公开的集中交易方式或者国务院期货监督管理机构批准的其他方式进行；该法的第八十条要求，设立、变更和解散期货交易所，应当由国务院期货监督管理机构批准。截至2022年年末，依法设立的期货交易所包括郑州商品交易所、大连商品交易所、上海期货交易所（含上海国际能源交易中心）、广州期货交易所以及中国金融期货交易所。

1. 郑州商品交易所

郑州商品交易所（简称"郑商所"）成立于1990年10月，是国务院批准成立的首家期货市场试点单位，隶属中国证监会管理。

截至2022年年末，郑商所挂牌交易的期货合约品种共计23个，分为农产品和非农产品两个大类，具体品种如下。

（1）农产品期货合约包括强麦、普麦、棉花、白糖、菜籽油、早籼稻、油菜籽、菜籽粕、粳稻、晚籼稻、棉纱、苹果、红枣、花生等，共计14个品种。

（2）非农产品期货合约包括精对苯二甲酸（PTA）、甲醇、玻璃、动力煤、硅铁、锰硅、尿素、纯碱、短纤等，共计9个品种。

表6-1汇总了2022年郑商所全部期货合约品种交易与持仓情况，并且按照成交总量由小到大排序（下同）。

表6-1　2022年郑州商品交易所期货合约品种的交易与持仓

品种名称	全年成交总量（手）	全年成交总额（亿元）	年末持仓量（手）
早籼稻	403	0.24	0
普麦	471	0.7	0
晚籼稻	566	0.34	0
粳稻	986	0.58	0
油菜籽	6936	4.44	7
强麦	46987	32.75	48
动力煤	479253	373.38	0
棉纱	839688	976.43	3338
红枣	4577877	2728.36	50344
尿素	27113269	13607.07	252422
花生	31615403	15417.83	123581
锰硅	44132548	17189.29	345830
苹果	47538645	41556.47	264889
短纤	66500096	24822.02	685131

续表

品种名称	全年成交总量（手）	全年成交总额（亿元）	年末持仓量（手）
硅铁	68893540	30050.62	395948
白糖	91351434	52540.02	895127
菜籽油	94429320	110082.59	321668
棉花	128291424	101547.79	1151193
菜籽粕	144878541	46214.56	725021
玻璃	224503565	75599.59	1098546
纯碱	330705582	173973.95	1066602
甲醇	395544977	105637.01	1905678
精对苯二甲酸（PTA）	535800834	155326.67	3115973
总计	2237252345	967682.65	12401346

数据来源：中国期货业协会。

注：表中的棉花是指一号棉。

2. 大连商品交易所

东北地区是我国重要的商品粮基地，大连是国内最大的粮食中转枢纽和粮食流通集散中心之一。基于这样的背景，经国务院批准，大连商品交易所（简称"大商所"）于1993年2月28日成立，是东北地区唯一一家期货交易所。

截至2022年年末，大商所挂牌交易的期货合约品种共计21个，以农产品期货为主，同时也有部分工业品期货，具体的合约品种如下。

（1）农产品期货合约包括玉米、玉米淀粉、黄大豆1号、黄大豆2号、豆粕、豆油、棕榈油、纤维板、胶合板、鸡蛋、粳米、生猪等，共计12个品种。

（2）工业品期货合约包括聚乙烯、聚氯乙烯、聚丙烯、焦炭、焦煤、铁矿石、乙二醇、苯乙烯、液化石油气等，共计9个品种。

表6-2整理了2022年大商所全部期货合约品种交易和持仓情况。

表6-2 2022年大连商品交易所期货合约品种的交易与持仓

品种名称	全年成交总量（手）	全年成交总额（亿元）	年末持仓量（手）
胶合板	39	0.08	0
纤维板	481257	63.99	1938
粳米	2442769	833.58	24811
生猪	8279307	24529.57	71816
焦炭	9257450	28159.24	31217
焦煤	15077510	20803.14	77449
黄大豆2号	16482200	8366.13	49648
鸡蛋	25070310	10960.96	189676
黄大豆1号	34858320	20616.62	257962
液化石油气	44491439	48317.86	140583
玉米淀粉	46197613	14576.05	255569

续表

品种名称	全年成交总量（手）	全年成交总额（亿元）	年末持仓量（手）
苯乙烯	79407098	35466	276145
乙二醇	117398170	53794.01	510617
玉米	134357515	38054.83	1517438
聚乙烯	136474119	57393.83	672744
聚丙烯	171146563	70691.06	791912
豆油	183506353	180583.83	635525
铁矿石	221120805	167114.33	1313299
棕榈油	241582846	225174.21	687780
聚氯乙烯	283661324	102432.92	1351418
豆粕	325094536	127865.57	2017632
总计	2096387543	1235797.81	10875179

数据来源：中国期货业协会。

3. 上海期货交易所

根据国务院 1998 年 8 月关于进一步整顿规范期货市场的要求，上海金属交易所、上海粮油商品交易所以及上海商品交易所等 3 家交易所合并组建成立上海期货交易所（简称"上期所"），并且于 1999 年 12 月正式营运。

目前，金属期货合约集中在上期所挂牌交易，主要分为有色金属、黑色金属以及贵金属，此外还挂牌上市了能源化工期货。截至 2022 年年末上期所挂牌的期货合约品种共计 20 个，具体的合约品种如下。

（1）有色金属期货合约包括铜、国际铜（BC）、铝、锌、铅、镍和锡等，共计 7 个合约品种。

（2）黑色金属期货合约包括螺纹钢、线材、热轧卷板和不锈钢等，共计 4 个合约品种。

（3）贵金属期货合约包括黄金和白银，共计 2 个合约品种。

（4）能源化工期货合约包括原油、低硫燃料油、燃料油、石油沥青、天然橡胶、20 号胶和纸浆等，共计 7 个合约品种。

在以上合约中，原油、国际铜（BC）、低硫燃料油以及 20 号胶这 4 个期货合约在上期所下属的上海国际能源交易中心挂牌交易。上海国际能源交易中心于 2013 年 11 月 6 日在中国（上海）自由贸易试验区注册设立，主要负责组织安排能源类衍生品上市交易。

表 6-3 统计了 2022 年上期所以及旗下上海国际能源交易中心全部期货品种交易和持仓情况。

表 6-3　2022 年上海期货交易所与上海国际能源交易中心的期货合约品种交易与持仓

交易场所名称	品种名称	全年成交总量（手）	全年成交总额（亿元）	年末持仓量（手）
上海期货交易所	线材	16162	7.88	12
	铅	20057840	15359.54	146284
	锡	29708330	66911.28	92323
	不锈钢	36099784	31848.11	113701
	黄金	39016784	153481.54	263090

续表

交易场所名称	品种名称	全年成交总量（手）	全年成交总额（亿元）	年末持仓量（手）
上海期货交易所	铜	46496614	152554.84	397127
	镍	52088887	96996.98	140184
	锌	68330390	84663.96	165731
	天然橡胶	79639372	104382.94	307986
	纸浆	81158408	55101.05	229153
	铝	99975095	100325.45	344471
	热轧卷板	142061100	61811.81	1064481
	石油沥青	162578252	63751.71	732824
	白银	188771497	135170.70	962606
	燃料油	210455099	68633.99	439547
	螺纹钢	525178157	220800.22	2759241
	合计	**1781631771**	**1411802.00**	**8158761**
上海国际能源交易中心	国际铜（BC）	5551326	16370.11	23078
	20号胶	13591734	14365.44	87066
	低硫燃料油	40841640	19973.45	96779
	原油	53580837	349099.89	56503
	合计	**113565537**	**399808.89**	**263426**

数据来源：中国期货业协会。

4. 广州期货交易所

经国务院同意，由中国证监会批准设立广州期货交易所（简称"广期所"），并且于2021年4月19日正式成立，是国内首家混合所有制的交易所。设立广期所，是健全多层次资本市场体系、服务绿色发展、服务粤港澳大湾区建设、服务"一带一路"倡议的重要举措。

2021年5月，广期所两年期品种计划获中国证监会批准，明确了未来将研发上市16个期货品种，主要涉及以下5类。

（1）包括碳排放权、电力等事关国民经济基础领域和能源价格改革的重大战略品种。

（2）关于中证商品指数、能源化工、饲料养殖、钢厂利润等商品指数类创新型品种。

（3）覆盖工业硅、多晶硅、锂、稀土、铂、钯等与绿色低碳发展密切相关的产业特色品种。

（4）涵盖咖啡、高粱、籼米等具有粤港澳大湾区与"一带一路"特点的区域特色品种。

（5）国际市场产品互挂类品种，通过与境外交易所产品互挂，推动期货市场更高水平的对外开放。

在2022年12月22日，首个期货合约——工业硅期货在广期所正式挂牌交易，截至该月末，累计成交总量177836手、累计成交总额157.60亿元、年末持仓量9564手。

5. 中国金融期货交易所

中国金融期货交易所（简称"中金所"）是经国务院同意、中国证监会批准设立的专门从事金融期货、期权等金融衍生品交易与结算的公司制交易所，于2006年9月8日在上海正式成立。

截至 2022 年年末，中金所挂牌交易的期货合约分为股指期货和国债期货两大类，共计 7 个合约品种，具体合约品种如下。

（1）股指期货合约包括上证 50 股指期货、沪深 300 股指期货、中证 500 股指期货以及中证 1000 股指期货等，共计 4 个品种。

（2）国债期货合约包括 2 年期国债期货、5 年期国债期货和 10 年期国债期货等，共计 3 个品种。

表 6-4 统计了 2022 年中金所期货合约品种的交易和持仓情况。

表 6-4　2022 年中国金融期货交易所期货合约品种交易与持仓

品种名称	全年累计成交总量（手）	全年累计成交总额（亿元）	年末持仓量（手）
中证 1000 股指期货	6115503	80355.80	131664
2 年期国债期货	7161529	144760.83	44027
5 年期国债期货	11665561	118397.77	93502
上证 50 股指期货	15407689	128870.18	118796
10 年期国债期货	19989426	201006.65	162940
中证 500 股指期货	26221072	322888.74	308286
沪深 300 股指期货	26749442	331438.21	197214
合计	**113310222**	**1327718**	**1056429**

数据来源：中国期货业协会。

6.1.2　商品期货合约的介绍

考虑到第 6.2 节讲解期货的定价运用黄金期货作为示例，因此本小节介绍的商品期货合约就以在上海期货交易所挂牌交易的黄金期货为例。

黄金，化学元素符号为 Au，是人类最早发现和利用的金属之一。由于它的稀缺、特殊和珍贵，自古以来被视为五金之首，有"金属之王"的称号，作为原材料广泛应用于工业和现代高新技术产业。此外，黄金也是各国重要的外汇储备资产之一，根据国家外汇管理局对外披露的数据，截至 2022 年年末，在我国外汇储备资产中，黄金共计 6464 万盎司（1 盎司=31.103481 克），约 2010.53 吨。

2008 年 1 月 9 日，黄金期货在上海期货交易所正式挂牌上市。表 6-5 梳理了黄金期货合约的要素信息。

表 6-5　在上海期货交易所挂牌交易的黄金期货合约要素信息

要素名称	要素的具体说明
合约标的（基础资产）	黄金
交易单位	1000 克/手
报价单位	元/克
最小变动价位	0.02 元/克
涨跌停板幅度	上一交易日结算价的±3%

续表

要素名称	要素的具体说明
合约月份	最近 3 个连续月份的合约以及最近 13 个月以内的双月合约 （举例说明：假设今天是 2022 年 10 月 12 日，合约月份就是 2022 年 10 月、11 月和 12 月以及 2023 年 2 月、4 月、6 月、8 月和 10 月）
交易时间	上午 9:00—11:30，下午 1:30—3:00 和交易所规定的其他交易时间
最后交易日	合约月份的 15 日（遇国家法定节假日顺延，春节月份等最后交易日交易所可另行调整并通知）
交割日期	最后交易日后第一个工作日
交割品级	金含量不小于 99.95%（Au99.95）的国产金锭及经交易所认可的伦敦金银市场协会（LBMA）认定的合格供货商或精炼厂生产的标准金锭
交割地点	交易所指定交割金库
最低交易保证金	合约价值的 4%，也就是期货结算价 × 交易单位 × 4%
交割方式	实物交割
交割单位	3000 克
交易代码	AU

资料来源：上海期货交易所。

上海期货交易所提供了黄金期货合约历史的日交易数据供下载。这里以 2022 年 8 月到期的黄金期货 AU2208 合约作为例子，在 Python 中导入存放该合约收盘价、结算价、成交量和持仓量的交易日数据的 Excel 文件［该数据期间从合约上市首日（2021 年 7 月 16 日）至合约到期日（2022 年 8 月 15 日）］，并绘制相关走势图（见图 6-1），具体的代码如下。

```
In [1]: import numpy as np                               #导入 NumPy 模块并且缩写为 np
   ...: import pandas as pd                              #导入 pandas 模块并且缩写为 pd
   ...: import matplotlib.pyplot as plt                  #导入 Matplotlib 的子模块 pyplot 并且缩写为 plt
   ...: from pylab import mpl                            #从 pylab 导入子模块 mpl
   ...: mpl.rcParams['font.sans-serif']=['FangSong']     #以仿宋字体显示中文
   ...: mpl.rcParams['axes.unicode_minus']=False         #解决保存图像时负号显示为方块的问题
   ...: from pandas.plotting import register_matplotlib_converters  #导入注册日期时间转换函数
   ...: register_matplotlib_converters()                 #注册日期时间转换函数

In [2]: data_AU2208=pd.read_excel(io='C:/Desktop/黄金期货 AU2208 合约日交易数据.xlsx', sheet_name=
'Sheet1',header=0,index_col=0)                           #导入数据

In [3]: data_AU2208.plot(figsize=(11,9),subplots=True,sharex=True,layout=(2,2),
   ...:                 grid=True,title='黄金期货 AU2208 合约的交易情况',xlabel='日期',
   ...:                 ylabel='合约数量（手）')           #可视化
   ...: plt.subplot(2,2,1)                               #针对第 1 张子图
   ...: plt.ylabel('合约价格（元）')                       #修改第 1 张子图的纵坐标标签
   ...: plt.subplot(2,2,2)                               #针对第 2 张子图
   ...: plt.ylabel('合约价格（元）')                       #修改第 2 张子图的纵坐标标签
Out[3]:
```

从图 6-1 中不难看到，黄金期货合约价格出现了大幅震荡，最低小于 370 元/克，最高则逼近 420 元/克。同时，无论是成交量还是持仓量均呈现倒 U 形，即合约在上市初期以及临近到期日，成交量和持仓量均比较小，表明合约处于不活跃期，在合约的其他期间成交量和持仓量

则较大,表明合约处于活跃期。

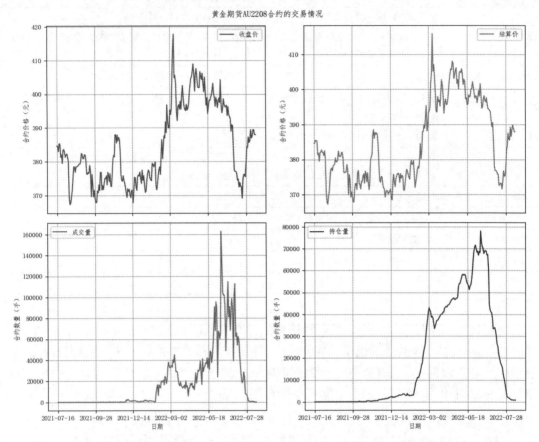

图 6-1 黄金期货 AU2208 合约收盘价、结算价、成交量以及持仓量走势
(2021 年 7 月 16 日至 2022 年 8 月 15 日)

此外,需要注意的是,与股票交易价格相比,在每个交易日期货除了拥有开盘价、最高价、最低价、收盘价以外,还有一个结算价格(简称"结算价"),该价格是计算合约日终保证金以及涨跌停价格等数据的基准,关于保证金的详细讨论可以参见第 6.3.2 小节。

6.1.3 股指期货合约的介绍

早在 1993 年 3 月,海南证券交易中心就曾推出深圳综合指数期货合约,但是由于当时的股指期货交易并未得到国家有关部门的批准,因此很快就被要求停止。

在经过了 17 年的漫长等待以后,2010 年 4 月 16 日首个 A 股市场股指期货——沪深 300 股指期货正式在中金所挂牌交易;在沪深 300 股指期货上市恰好满 5 周年之际(即 2015 年 4 月 16 日),中金所同时推出了分别基于上证 50 指数和中证 500 指数的股指期货合约;随后又过了 7 年多时间,在 2022 年 7 月 22 日中金所推出基于中证 1000 指数的股指期货合约。新的合约品种不仅扩大了指数覆盖范围,也为市场提供了多样化、差异性的对冲手段,股指期货也日益成为广大市场参与者配置资产和防范风险的重要工具。表 6-6 汇总了中金所挂牌的股指期货合约主要要素情况。

表 6-6 中国金融期货交易所挂牌的股指期货合约主要要素

要素名称	要素的具体说明			
合约品种	上证 50 股指期货	沪深 300 股指期货	中证 500 股指期货	中证 1000 股指期货
标的股指（基础资产）	上证 50 指数	沪深 300 指数	中证 500 指数	中证 1000 指数
合约乘数	每点 300 元	每点 300 元	每点 200 元	每点 200 元
交易代码	IH	IF	IC	IM
首次上市时间	2015 年 4 月 16 日	2010 年 4 月 16 日	2015 年 4 月 16 日	2022 年 7 月 22 日
报价单位	指数点			
最小变动价位	0.2 点			
合约月份	当月、下月及随后两个季月（季月是指 3 月、6 月、9 月、12 月） 举例说明：假设今天是 2022 年 10 月 12 日，合约月份就是 2022 年 10 月、11 月、12 月以及 2023 年 3 月			
交易时间	上午 9:30—11:30，下午 13:00—15:00			
涨跌停板幅度	上一个交易日结算价的±10%			
最低交易保证金	合约价值的 8%，也就是期货结算价格×合约乘数×8%			
最后交易日	合约到期月份的第 3 个星期五，遇国家法定假日顺延			
交割日期	同最后交易日			
交割方式	现金交割			

资料来源：中国金融期货交易所。

中金所提供了股指期货合约历史的日交易数据供下载。这里以 2022 年 9 月到期的沪深 300 股指期货 IF2209 合约为例，在 Python 中导入该合约收盘价、结算价、成交量和持仓量的交易日数据〔该数据期间是从合约上市首日（2022 年 1 月 24 日）至合约到期日（2022 年 9 月 16 日）〕，并绘制相关走势图（见图 6-2），具体的代码如下。

```
In [4]: data_IF2209=pd.read_excel(io='C:/Desktop/沪深300股指期货IF2209合约日交易数据.xlsx',
sheet_name='Sheet1',header=0,index_col=0)        #导入数据

In [5]: data_IF2209.plot(figsize=(11,9),subplots=True,sharex=True,layout=(2,2),
   ...:                  grid=True,title='沪深300股指期货IF2209合约的交易情况',
   ...:                  xlabel='日期',ylabel='合约价格（元）')    #可视化
   ...: plt.subplot(2,2,3)                       #针对第3张子图
   ...: plt.xticks(rotation=20)                  #横轴刻度逆时针旋转20°
   ...: plt.ylabel('合约数量（手）')               #修改第3张子图的纵坐标标签
   ...: plt.subplot(2,2,4)                       #针对第4张子图
   ...: plt.xticks(rotation=20)                  #横轴刻度逆时针旋转20°
   ...: plt.ylabel('合约数量（手）')               #修改第4张子图的纵坐标标签
Out[5]:
```

观察图 6-2 可以发现，对于沪深 300 股指期货 IF2209 合约，无论是收盘价还是结算价均呈现大幅波动，合约成交量和持仓量的走势与第 6.1.2 小节的黄金期货 AU2208 合约类

似，依然呈现倒 U 形，特别是持仓量在合约到期日降至 0，这是因为股指期货采用现金交割模式。

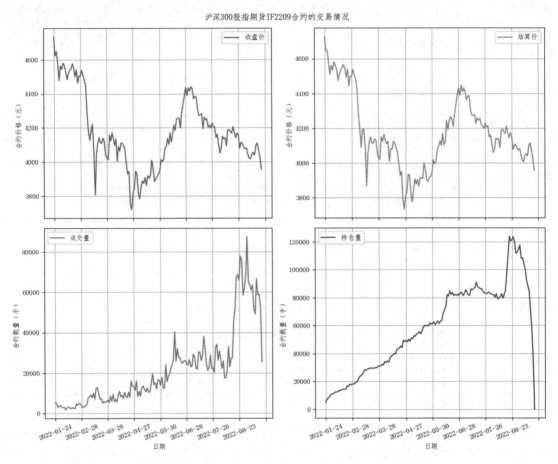

图 6-2　沪深 300 股指期货 IF2209 合约的收盘价、结算价、成交量以及持仓量走势
（2022 年 1 月 24 日至 9 月 16 日）

6.1.4　国债期货合约的介绍

早在 20 世纪 90 年代初，为了推动国债市场的发展，在借鉴海外经验的基础上，1992 年 12 月 28 日上海证券交易所就开始试点国债期货。从 1993 年开始，全国其他交易场所也纷纷开展国债期货业务，此后随着大量资金涌向国债期货市场，1994 年至 1995 年国债期货交易出现爆发式增长。然而，就在市场高歌猛进的背景下，1994 年第 4 季度至 1995 年上半年接连发生多家机构联手操纵国债期货的行为，严重扰乱了正常的交易秩序，1995 年 5 月 17 日中国证监会鉴于当时市场不具备开展国债期货交易的基本条件，发布了《关于暂停全国范围内国债期货交易试点的紧急通知》，给试点仅两年半的国债期货按下暂停键。

过了十余年，在 2012 年 2 月 13 日，中金所启动了国债期货仿真交易。2013 年 9 月 6 日，5 年期国债期货正式在中金所上市交易，标志着国债期货重启。随后，在 2015 年 3 月 20 日，10 年期国债期货开始上市交易；在 2018 年 8 月 17 日，2 年期国债期货成功挂牌；2023 年 4 月 21 日，30 年期国债期货顺利上市，国债期货从此步入正轨。表 6-7 整理了截至 2022 年末在中金所上市交易的 2 年期、5 年期和 10 年期国债期货合约的主要要素。

表 6-7 中国金融期货交易所挂牌的国债期货合约主要要素

要素名称	要素的具体说明			
合约品种	2 年期国债期货	5 年期国债期货	10 年期国债期货	30 年期国债期货
合约标的（基础资产）	面值为 200 万元、票面利率为 3% 的名义中短期国债	面值为 100 万元、票面利率为 3% 的名义中期国债	面值为 100 万元、票面利率为 3% 的名义长期国债	面值为 100 万元、票面利率为 3% 的名义超长期国债
可交割国债	发行期限不高于 5 年，合约到期月份首日剩余期限为 1.5～2.25 年的记账式附息国债	发行期限不高于 7 年，合约到期月份首日剩余期限为 4～5.25 年的记账式附息国债	发行期限不高于 10 年，合约到期月份首日剩余期限不低于 6.5 年的记账式附息国债	发行期限不高于 30 年，合约到期月份首日剩余期限不低于 25 年的记账式附息国债
交易代码	TS	TF	T	TL
涨跌停板幅度	上一交易日结算价的 ±0.5%	上一交易日结算价的 ±1.2%	上一交易日结算价的 ±2%	上一交易日结算价的 ±3.5%
最低交易保证金	合约价值的 0.5%	合约价值的 1%	合约价值的 2%	合约价值的 3.5%
首次上市日	2018 年 8 月 17 日	2013 年 9 月 6 日	2015 年 3 月 20 日	2023 年 4 月 21 日
报价方式	百元净价报价			
最小变动价位	0.002 元	0.005 元	0.005 元	0.01 元
合约月份	最近的三个季月（3 月、6 月、9 月、12 月中的最近三个月循环） 举例说明：假设今天是 2022 年的 10 月 12 日，合约月份就是 2022 年 12 月以及 2023 年 3 月和 6 月			
交易时间	上午 9:15—11:30，下午 13:00—15:15			
最后交易日交易时间	上午 9:15—11:30			
最后交易日	合约到期月份的第 2 个星期五			
最后交割日	最后交易日后的第 3 个交易日			
交割方式	实物交割			

资料来源：中国金融期货交易所。

中金所提供了国债期货合约历史的日交易数据供下载。这里导入 2022 年 9 月到期的 10 年期国债期货合约 T2209 的收盘价、结算价、成交量和持仓量的交易日数据［该数据期间从合约上市首日（2021 年 12 月 13 日）至合约到期日（2022 年 9 月 9 日）］，通过 Python 绘制相关走势图（见图 6-3），具体的代码如下。

```
In [6]: data_T2209=pd.read_excel(io='C:/Desktop/10 年期国债期货 T2209 合约日交易数据.xlsx',
sheet_name='Sheet1',header=0,index_col=0)  #导入数据

In [7]: data_T2209.plot(figsize=(11,9),subplots=True,sharex=True,layout=(2,2),
   ...:                 grid=True,title='10 年期国债期货 T2209 合约的交易情况',
   ...:                 xlabel='日期',ylabel='合约价格（元）')  #可视化
   ...: plt.subplot(2,2,3)                        #针对第 3 张子图
   ...: plt.xticks(rotation=20)                   #横轴刻度逆时针旋转 20°
```

```
   ...: plt.ylabel('合约数量(手)')         #修改第3张子图的纵坐标标签
   ...: plt.subplot(2,2,4)                #针对第4张子图
   ...: plt.xticks(rotation=20)           #横轴刻度逆时针旋转20°
   ...: plt.ylabel('合约数量(手)')         #修改第4张子图的纵坐标标签
Out[7]:
```

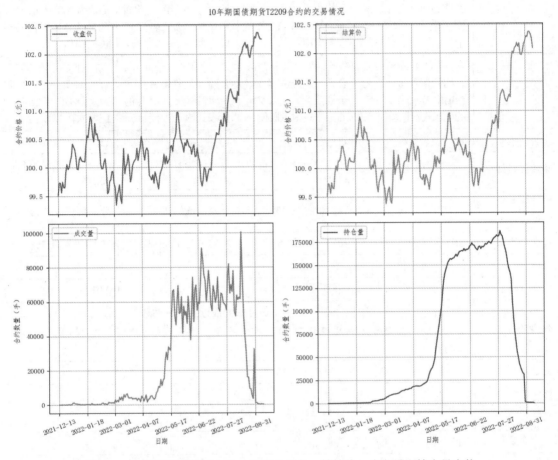

图 6-3　10 年期国债期货 T2209 合约收盘价、结算价、成交量和持仓量走势
（2021 年 12 月 13 日至 2022 年 9 月 9 日）

从图 6-3 可以看到，对于 10 年期国债期货 T2209 合约，收盘价和结算价处于震荡上行的走势，成交量和持仓量则依然呈现出倒 U 形。

6.1.5　期货交易的头寸方向与动机

在期货交易中，投资者买入期货而持有的合约仓位称为**多头持仓**或**多头头寸**（long position），投资者卖出期货而持有的合约仓位称为**空头持仓**或**空头头寸**（short position）。持有多头头寸的投资者认为期货价格预期会上涨，相反，持有空头头寸的投资者认为期货价格预期会下跌。投资者可以针对已有的期货头寸，建立方向相反的期货头寸从而实现**平仓**（close position）。

期货市场快速发展的主要原因就是市场吸引了带着不同交易动机的交易主体参与其中，进而使市场具有良好的流动性，也就是当一个交易主体希望针对某个合约进行交易时通常很容易

在一个合理的价格找到交易对手。

按照交易动机进行分类，期货市场的交易主体可以分为 3 类：套期保值者、投机者和套利者。

套期保值者（hedger），也称**对冲者**，其运用期货是为了减小自身所面临的由于市场变化而产生的风险，简而言之，套期保值者就是利用期货规避基础资产价格上涨或下跌的风险。

投机者（speculator）与套期保值者恰好相反，其利用期货合约是为了建立头寸以获得风险敞口，从而对基础资产价格上涨或者下跌进行下注。例如预期基础资产价格上涨，投机者就可以持有期货多头头寸，相反，预期基础资产价格下跌，则可以通过持有期货空头头寸进行投机。

套利者（arbitrager）则介于套期保值者和投机者之间，采用两个或更多相互抵消的合约头寸来锁定盈利。

6.2 期货与现货的价格关系

期货作为流动性最高的衍生产品，期货价格与期货合约基础资产价格（简称"现货价格"）是息息相关的。本节以黄金期货为例，探讨期货价格与现货价格之间的关系，并由此引出期货定价公式以及期货价格的收敛特性。

6.2.1 影响期货与现货价格差异的核心变量

在期货合约存续期内，期货价格与现货价格之间会存在一定差异，影响这种差异的变量主要有 4 个：无风险收益、便利收益、期间收益与仓储费用。下面以在上海期货交易所挂牌交易的黄金期货合约作为分析对象，并按照由简单到复杂的分析路径展开对这些变量的讨论。

1. 第 1 个变量——无风险收益

假设影响期货价格的因素仅为无风险收益。举例说明，黄金 Au99.95（代表含金量 99.95% 的黄金）在 2022 年 5 月 26 日的现货价格是 400 元/克①，当天，无风险利率设定为 2% 并且复利频次是每年 1 次，对于期限是 1 年的黄金期货而言，当前的期货价格用 F 表示，并且 $F = 400 \times (1 + 2\%) = 408$（元/克）。如果 $F \neq 408$ 元/克，投资者就拥有无风险的套利机会，并且有以下两种情形。

情形 1：黄金期货价格高于 408 元/克，即 $F > 408$ 元/克。投资者可以按照无风险利率借入资金并按照现货价格 400 元/克购买黄金现货，同时持有期限 1 年的黄金期货合约空头头寸；在期货合约到期并交割时（也是借款偿还日），用黄金现货进行交割同时偿还借款本金和利息，实现的无风险套利收益就等于 $(F - 408)Q$，这里的 Q 代表黄金的数量。

情形 2：黄金期货价格低于 408 元/克，即 $F < 408$ 元/克。对于持有黄金现货的投资者而言，可以按照当前现货价格卖出黄金并将所获得的资金投资于期限 1 年的无风险资产，同时持有期限 1 年的黄金期货合约多头头寸；在期货合约到期并交割时（也是无风险资产到期日），投资者除了获得原有数量的黄金现货以外，还可以额外获得无风险的套利收益金额 $(408 - F)Q$，这

---

① 上海黄金交易所在 2022 年 5 月 26 日针对黄金 Au99.95 的开盘价为 399.4 元/克，收盘价是 400.18 元/克，为了便于分析，设定现货价格为 400 元/克。

里的 Q 含义与情形 1 相同。

下面给出抽象的数学表达式。假设依然用 F 表示期货价格，S 代表现货价格，I 代表与期货合约期限相同的无风险收益。因此，如果仅存在无风险收益这一个影响期货价格的变量，就有如下的等式。

$$F = S + I \tag{式 6-1}$$

2. 第 2 个变量——便利收益

将影响期货价格的因素增加至两个——无风险收益和便利收益，**便利收益**（convenience yield）是指现货持有者通过持有现货所获得的便利。举个例子加以说明，对于一家以黄金作为原材料的生产商，不可能将持有黄金期货合约与持有黄金现货同等看待，因为持有现货黄金作为库存可以满足正常的生产要求，进而通过规避黄金的临时性短缺而从中得到便利，但如果生产商仅持有黄金期货合约显然无法满足生产的需要。

影响便利收益的因素包括现货市场的短缺可能性以及生产商的现货库存规模。例如，在黄金期货的合约存续期内，现货黄金市场供给短缺的可能性增大，便会增加便利收益，反之则减少便利收益；此外，生产商如果拥有充足的黄金现货作为原材料库存，则未来因黄金短缺而影响正常生产的可能性会减小，便利收益就会减小，反之则便利收益会增加。

假设 Y 表示现货持有者在期货合约存续期内获得的便利收益。因此，当存在无风险收益 I、便利收益 Y 这两个影响期货价格的因素时，根据无风险套利原理就有如下的等式。

$$F + Y = S + I \tag{式 6-2}$$

（式 6-2）经过调整就可以得到期货价格的表达式如下。

$$F = S + I - Y \tag{式 6-3}$$

3. 第 3 个变量——期间收益

如果是金融机构作为黄金现货的持有者，可以通过出借黄金并按照租借利率收取一定的收益，这种收益称为现货的**期间收益**。比如，上海黄金交易所就可以办理黄金的租借业务，并且该交易所对外公布的 2022 年 9 月 26 日至 30 日统计的场内黄金同业租借参考利率如下：6 个月期平均利率是 1.10%，1 年期平均利率是 0.50%。相比之下，当投资者持有黄金期货时，将无法通过出借黄金而获得期间收益。

但不是所有的资产都存在期间收益，在这里按照资产用途将期货的基础资产划分为投资资产与消费资产。**投资资产**（investment asset）是指主要为了满足投资目的而持有的资产，股票、债券等金融产品就是典型的投资资产，黄金、白银等贵金属也可以划归为投资资产，当然投资资产也可以不只用于投资，例如黄金、白银还有工业上的用途。**消费资产**（consumption asset）是用于消费的资产，持有消费资产的目的主要是消费而不是投资，例如铜、原油以及农产品等都属于消费资产。通常而言，投资资产存在期间收益，比如股票的股息、债券的票息就是资产的期间收益，消费资产则不存在期间收益。

假设 U 表示现货的期间收益。当存在无风险收益 I、便利收益 Y 和期间收益 U 这 3 个影响期货价格的变量时，根据无风险套利原理就有如下的等式。

$$F + Y + U = S + I \tag{式 6-4}$$

（式 6-4）经过调整可以得到期货价格的如下表达式。

$$F = S + I - Y - U \quad \text{(式 6-5)}$$

4. 第 4 个变量——仓储费用

与其他商品一样，持有黄金现货也需要承担**仓储费用**，比如上海黄金交易所针对现货黄金的仓储费收费标准是每天每千克 1.2 元。这里需要注意的是，通常消费资产可能需要很高的仓储费用。

假设 C 表示现货仓储费用。当存在无风险收益 I、便利收益 Y、期间收益 U 和仓储费用 C 这 4 个影响期货价格的变量时，根据无风险套利原理就有如下的恒等关系式。

$$F + Y + U = S + I + C \quad \text{(式 6-6)}$$

（式 6-6）经过调整可以得到期货价格的如下表达式。

$$F = S + I + C - Y - U \quad \text{(式 6-7)}$$

5. 持有成本

期货价格与现货价格之间的关系式可以通过**持有成本**（cost of carrying）这一术语来描述。具体而言，持有成本为无风险收益加上仓储费用，减去便利收益与期间收益，（式 6-7）中的 $I + C - Y - U$ 就是持有成本的表达式。

此外，持有成本决定了期货价格是高于还是低于现货价格。如果持有成本为正，即 $I + C - Y - U > 0$，则期货价格会高于现货价格（$F > S$），这样的期货市场称为**正向市场**（contango）；相反，如果持有成本为负，即 $I + C - Y - U < 0$，则期货价格会低于现货价格（$F < S$），此时的期货市场称为**反向市场**（backwardation）或者**逆向市场**（inverted market）。

6.2.2 期货与现货的价格关系式

为了能够完成对期货合约的定价，本小节具体讨论期货价格与现货价格之间的关系表达式。

1. 数学表达式

假定 r 代表连续复利的无风险利率，y 代表连续复利的便利收益率，u 代表连续复利的现货期间收益率，c 代表以现金形式支付的年化仓储费用并且在期货到期日（交割日）支付，此外 T 代表期货合约的剩余期限并且单位是年。（式 6-6）就可以写成如下的表达式。

$$Fe^{(y+u)T} = Se^{rT} + cT \quad \text{(式 6-8)}$$

如果用 $\tilde{c}$ 表示年化仓储费用的现值，即 $\tilde{c} = ce^{-rT}$，则（式 6-8）就可以改写如下。

$$F = (S + \tilde{c}T)e^{(r-y-u)T} \quad \text{(式 6-9)}$$

需要注意的是，（式 6-9）是适用于商品期货的期货定价公式。

对于股指期货、国债期货、外汇期货等金融期货而言，由于金融资产不存在仓储费用（即 $c = 0$）也不存在便利收益（即 $y = 0$），因此，金融期货价格的表达式可以简化为如下的式子。

$$F = Se^{(r-u)T} \quad \text{(式 6-10)}$$

比如，对于股指（股票）期货，（式 6-10）中的 u 表示股息率；对于外汇期货，当即期汇率的标价是若干单位的 A 货币表示 1 单位 B 货币时，（式 6-10）中的 r 就代表 A 货币的无风险利率，u 则表示 B 货币的无风险利率。

2. Python 的自定义函数

为了计算的便利性，通过 Python 自定义一个测算期货价格的函数，具体的代码如下。

```
In [8]: def Price_Futures(S,r,y,u,c,T):
   ...:     '''计算期货价格的函数
   ...:     S: 现货价格；
   ...:     r: 无风险利率，并且是连续复利利率；
   ...:     y: 现货的便利收益率，并且是连续复利利率；
   ...:     u: 现货的期间收益率，并且是连续复利利率；
   ...:     c: 在期货到期日（交割日）以现金支付的年化仓储费用；
   ...:     T: 合约的剩余期限（年）'''
   ...:     from numpy import exp          #导入 NumPy 模块的 exp 函数
   ...:     c_pv=c*exp(-r*T)                #计算年化仓储费用的现值
   ...:     F=(S+c_pv*T)*exp((r-y-u)*T)     #计算期货价格
   ...:     return F
```

在以上自定义的函数 Price_Futures 中，输入现货价格、无风险利率、便利收益率、期间收益率、仓储费用以及合约的剩余期限等参数，可以计算出理论上的期货价格。下面通过黄金期货合约的示例演示如何测算期货价格。

3. 一个示例

【例 6-1】A 企业是一家以黄金作为原材料的生产厂商，针对在上海期货交易所挂牌交易并于 2023 年 6 月 15 日到期的黄金期货 AU2306 合约，该企业希望在 2022 年 9 月 15 日计算该期货的价格，合约的剩余期限是 9 个月。由于期货合约的基础资产是含金量不小于 99.95%的金锭，与此相对应的现货就选择在上海黄金交易所挂牌交易的黄金 Au99.95 现货合约，并且该现货合约的当日收盘价为 386.03 元/克。其他的参数设置如下。

（1）以 9 个月的 Shibor 作为无风险利率，并且当日的报价是 1.8730%（连续复利利率）。

（2）对于 A 企业而言，黄金库存给企业带来的便利收益率设定为 0.6%（连续复利利率）。

（3）黄金租借利率（黄金现货期间收益率）参考上海黄金交易所发布的 2022 年 9 月 13 日至 16 日场内黄金同业租借利率，并且设定为 1.15%（连续复利利率）。

（4）黄金的仓储费收费是每天每千克 1.2 元，转换为按照每克计算的年化仓储费用就是 $1.2 \times 365/1000 = 0.438$（元）。

根据以上的参数信息并结合期货定价模型公式（式 6-9），可以得到黄金期货 AU2306 合约的价格是 $(386.03 + 0.438e^{-0.75 \times 1.8730\%} \times 0.75)e^{(1.8730\% - 0.6\% - 1.15\%) \times 0.75} = 386.71$（元/克）。

这一结果与上海期货交易所当天的黄金期货 AU2306 合约收盘价 386.52 元/克是比较接近的，这也表明期货定价公式是比较合理的。

下面运用 Python 自定义函数 price_futures 验证以上计算结果，具体的代码如下。

```
In [9]: P_spot=386.03              #2022年9月15日的黄金现货价格
   ...: R_riskfree=0.018730        #无风险利率（连续复利利率）
   ...: Y_conv=0.006               #便利收益率（连续复利利率）
   ...: R_lease=0.0115             #黄金的租借利率（连续复利利率）
   ...: C_storage=0.438            #1克黄金的年化仓储费用
```

```
    ...: tenor=9/12                     #期货合约的剩余期限（年）
In [10]: P_AU2306=Price_Futures(S=P_spot,r=R_riskfree,y=Y_conv,u=R_lease,c=C_storage, T=tenor) #计算期货价格
    ...: print('2022年9月15日黄金期货AU2306合约的理论价格（元）', round(P_AU2306,2))
2022年9月15日黄金期货AU2306合约的理论价格（元） 386.71
```

以上Python输出的数值结果与手工计算得到的结果是吻合的。

4. 敏感性分析

运用敏感性分析依次考察无风险利率、便利收益率、期间收益率、仓储费用这4个变量如何影响期货价格，依然通过一个示例展开分析。

【例6-2】 沿用【例6-1】的信息，在敏感性分析过程中，设置如下4种分析情形。

情形1：无风险利率的取值是处于区间[1.4%,2.4%]的等差数列，并且其他变量取值保持不变，计算对应于不同无风险利率的黄金期货AU2306合约价格。

情形2：便利收益率的取值是处于区间[0.4%,0.8%]的等差数列，其他变量取值保持不变，计算对应于不同便利收益率的期货价格。

情形3：黄金租借利率（期间收益率）取值是处于区间[0.8%,1.4%]的等差数列，其他变量取值保持不变，计算对应于不同黄金租借利率的期货价格。

情形4：年化仓储费用的取值是处于区间[0.2,0.6]的等差数列，其他变量取值保持不变，计算对应于不同仓储费用的期货价格。

整个敏感性分析过程以及Python编程分为两个步骤完成。

第1步：计算对应于每个变量不同取值的期货价格。具体的代码如下。

```
In [11]: R_riskfree_list=np.linspace(0.014,0.024)    #无风险利率的等差数列
    ...: P_list1=Price_Futures(S=P_spot,r=R_riskfree_list,y=Y_conv,u=R_lease,c=C_storage,T=tenor)  #计算对应不同无风险利率的期货价格数组

In [12]: Y_conv_list=np.linspace(0.004,0.008)        #便利收益率的等差数列
    ...: P_list2=Price_Futures(S=P_spot,r=R_riskfree,y=Y_conv_list,u=R_lease,c=C_storage,T=tenor)  #计算对应不同便利收益率的期货价格数组

In [13]: R_lease_list=np.linspace(0.008,0.014)       #黄金租借利率（期间收益率）的等差数列
    ...: P_list3=Price_Futures(S=P_spot,r=R_riskfree,y=Y_conv,u=R_lease_list,c=C_storage,T=tenor)  #计算对应不同黄金租借利率的期货价格数组

In [14]: C_storage_list=np.linspace(0.2,0.6)         #仓储费用的等差数列
    ...: P_list4=Price_Futures(S=P_spot,r=R_riskfree,y=Y_conv,u=R_lease,c=C_storage_list,T=tenor)  #计算对应不同仓储费用的期货价格数组
```

第2步：将以上的结果进行可视化并且用2×2的子图形式展示，见图6-4。具体的代码如下。

```
In [15]: plt.figure(figsize=(12,10))
    ...: plt.subplot(2,2,1)                          #第1行第1列子图
    ...: plt.plot(R_riskfree_list,P_list1,'r-',lw=2)
    ...: plt.xticks(fontsize=12)
    ...: plt.xlabel('无风险利率',fontsize=12)
    ...: plt.yticks(fontsize=12)
```

```
...: plt.ylabel('期货价格(元)',fontsize=12)
...: plt.grid()
...: plt.subplot(2,2,2,sharey=plt.subplot(2,2,1))   #第1行第2列子图(与第1张子图共用纵轴刻度)
...: plt.plot(Y_conv_list,P_list2,'b-',lw=2)
...: plt.xticks(fontsize=12)
...: plt.xlabel('便利收益率',fontsize=12)
...: plt.yticks(fontsize=12)
...: plt.grid()
...: plt.subplot(2,2,3,sharey=plt.subplot(2,2,1))   #第2行第1列子图(与第1张子图共用纵轴刻度)
...: plt.plot(R_lease_list,P_list3,'c-',lw=2)
...: plt.xticks(fontsize=12)
...: plt.xlabel('黄金租借利率(期间收益率)',fontsize=12)
...: plt.yticks(fontsize=12)
...: plt.ylabel('期货价格(元)',fontsize=12)
...: plt.grid()
...: plt.subplot(2,2,4,sharey=plt.subplot(2,2,1))   #第2行第2列子图(与第1张子图共用纵轴刻度)
...: plt.plot(C_storage_list,P_list4,'m-',lw=2)
...: plt.xticks(fontsize=12)
...: plt.xlabel('仓储费用(元)',fontsize=12)
...: plt.yticks(fontsize=12)
...: plt.grid()
...: plt.show()
```

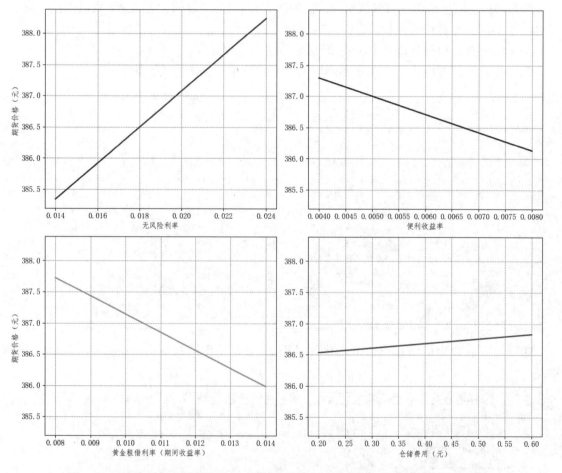

图 6-4　无风险利率、便利收益率、期间收益率、仓储费用与期货价格之间的关系

从图 6-4 不难发现，无风险利率、仓储费用这两个变量与期货价格之间呈现正相关的线性关系，便利收益率、期间收益率这两个变量与期货价格之间则是负相关的线性关系，这些规律其实也可以通过（式 6-9）推导得出。

6.2.3 期货价格向现货价格的收敛

随着期货合约临近到期日，期货价格会逐渐向现货价格收敛，在期货合约到期时，期货价格将非常接近于现货价格，这就是期货价格的收敛性。当然，由于交易费用等市场摩擦因素的存在，在期货合约到期日，通常不会出现期货价格与现货价格完全相等的情形。为了更好地说明期货价格的收敛性，假定存在以下两种情形。

情形 1：在合约到期日，期货价格高于即期价格与交易费用之和，即 $F > (S+f)$，这里的 f 表示交易费用。在这种情形下，投资者可以通过以下 3 个步骤的交易实现无风险套利收益。

第 1 步：在期货市场上卖出期货合约，即持有期货合约空头头寸。
第 2 步：在现货市场上买入与期货合约相对应的现货资产。
第 3 步：在期货交割日进行实物交割。

投资者获得的无风险收益金额等于期货价格与现货价格的差价再扣除交易费用，即 $F-(S+f)$。当市场上大量的投资者发现这种无风险套利机会并广泛参与时，根据供求关系，期货价格会下降，同时现货价格会上升，最终无风险套利机会消失。

情形 2：在合约到期日，现货价格高于期货价格与交易费用之和，即 $S > (F+f)$。在这种情形下，对于希望拥有现货资产的投资者而言，可以通过以下两个步骤的交易实现现货购买成本的降低。

第 1 步：在期货市场上买入期货，即持有期货合约的多头头寸。
第 2 步：在期货交割日获得期货合约空头交割的现货资产。

最终，投资者获得现货所支付的总金额 $F+f$ 将低于直接从现货市场买入现货所支付的成本 S，投资者为此节省的成本就等于 $S-(F+f)$。当市场上大量的拥有相同交易需求的投资者都开展这样的交易时，就会导致期货价格上涨，最终导致市场出清。

综上，在期货合约到期日，期货价格与现货价格会十分接近。关于期货价格的收敛性，也可以从（式 6-9）直观地得出，即当变量 $T \to 0$ 时，就有 $F \to S$。下面通过一个示例展示期货价格的收敛性。

【例 6-3】B 期货公司尝试分析黄金期货价格的收敛性，并且选取在上海期货交易所挂牌交易的 2 个黄金期货合约的结算价，合约相关信息见表 6-8。

表 6-8　上海期货交易所挂牌交易的 2 个黄金期货合约信息

合约代码	合约上市首日	合约到期日	合约最后交割日
AU2204	2021-03-16	2022-04-15	2022-04-18
AU2210	2021-09-16	2022-10-17	2022-10-18

数据来源：上海期货交易所。

针对期货合约的现货价格，选择在上海黄金交易所挂牌交易的黄金 Au99.95 现货合约收盘价。下面通过 Python 的可视化（见图 6-5 和图 6-6）考察黄金期货价格的收敛性，具体的代码如下。

```
In [16]: data_list1=pd.read_excel(io='C:/Desktop/黄金期货价格与黄金现货价格.xlsx',
    ...:                          sheet_name='Sheet1',header=0,index_col=0)  #导入 AU2204 合约和现货数据（Sheet1 工作表）

In [17]: data_list1.plot(figsize=(9,6),grid=True,title='期货价格向现货价格收敛',
    ...:                 xlabel='日期',ylabel='价格（元）')  #可视化
Out[17]:
```

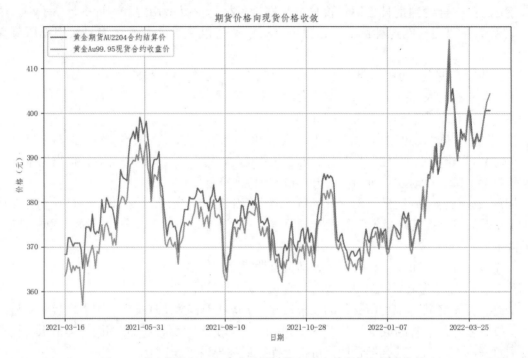

图 6-5　黄金期货 AU2204 合约结算价与对应现货收盘价的走势

```
In [18]: data_list2=pd.read_excel(io='C:/Desktop/黄金期货价格与黄金现货价格.xlsx',
    ...:                          sheet_name='Sheet2',header=0,index_col=0)  #导入 AU2210 合约和现货数据（Sheet2 工作表）

In [19]: data_list2.plot(figsize=(9,6),grid=True,title='期货价格向现货价格收敛',
    ...:                 xlabel='日期',ylabel='价格（元）')  #可视化
Out[19]:
```

从图 6-5 和图 6-6 可以明显看到，在黄金期货合约存续期的多数交易日，期货价格高于现货价格；伴随着期货合约接近到期日，期货价格开始向现货价格不断收敛。期货价格的收敛性也为运用期货对冲风险（也称套期保值）提供了现实基础。而本章后面的内容就将围绕期货的套期保值展开。

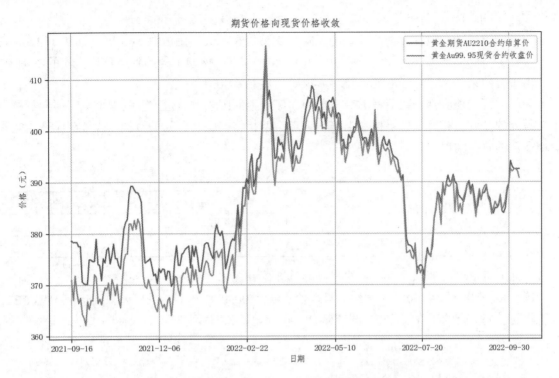

图 6-6　黄金期货 AU2210 合约结算价与对应现货收盘价的走势

6.3　股指期货的套期保值

当运用期货对冲风险时，目标是选择尽量能够抵消风险的期货合约。这里的风险可能与商品价格、利率、汇率、股票价格或其他变量的波动有关。在理论上存在**完美套期保值**（perfect hedge），也就是指完全消除风险的策略，当然在实际中完美对冲比较罕见。本节就通过股指期货合约讨论套期保值。

6.3.1　套期保值的类型

按照期货头寸的方向，运用期货开展套期保值可以分为空头套期保值和多头套期保值两大类。

1. 空头套期保值

空头套期保值（short hedge）是指套期保值者选择期货的空头头寸进行风险对冲。下面通过一个股指期货的示例详加说明。

【例 6-4】一家从事股票投资的 C 公司，在 2022 年 5 月 27 日购买了市值 1.2 亿元的沪深 300 指数 ETF（交易型开放式指数证券投资基金），购买时的沪深 300 指数恰好为 4000 点[①]，ETF 特殊的运作机制保证了指数 ETF 的基金净值能够与指数的走势保持同步。这意味着沪深

---

① 2022 年 5 月 27 日，沪深 300 指数开盘价是 4022.7095 点，最高价 4051.1428 点，最低价 3983.3838 点，收盘价 4001.2988 点。

300 指数上涨或下跌 1 个点，该基金的投资将盈利或亏损 3 万元[①]。

为了能够对冲指数在短期内下跌的风险，交易员在当天运用沪深 300 股指期货 IF2206 合约的空头进行套期保值并且期货价格也恰好是 4000 点[②]，该期货合约到期日是当年的 6 月 17 日，由于合约乘数是每点 300 元（见表 6-6），需要持有 100 手空头头寸。

为了分析的便利性，暂不考虑交易费用和保证金的因素，当指数下跌 1 个点时，期货将产生 3 万元的盈利；相反，如果指数上涨 1 个点，期货将面临 3 万元的亏损。表 6-9 梳理了空头套期保值的收益情况。

表 6-9　空头套期保值的收益情况（完美套期保值）

沪深 300 指数变化	基金的收益	期货的收益	整个投资组合的收益
下跌 1 个点	亏损 3 万元	盈利 3 万元	0
上涨 1 个点	盈利 3 万元	亏损 3 万元	0

下面通过 Python 将【例 6-4】的收益情况进行可视化，分为两个步骤。

第 1 步：创建沪深 300 指数数组并且取值是在[3500,4500]区间内的等差数列，计算指数 ETF 现货收益、期货合约收益以及整个投资组合（包括现货和期货）收益。具体的代码如下。

```
In [20]: ETF=1.2e8                            #购买ETF时的基金市值
    ...: HS300=4000                           #购买ETF时沪深300指数的点位（也是期货空头的初始价格）
    ...: N=100                                #持有期货空头数量
    ...: M=300                                #期货合约乘数

In [21]: HS300_list=np.linspace(3500,4500,200)    #创建沪深300指数不同点位的数组

In [22]: profit_ETF=(HS300_list-HS300)*ETF/HS300  #现货的收益
    ...: profit_future=-(HS300_list-HS300)*N*M    #期货的收益

In [23]: profit_portfolio=profit_ETF+profit_future  #整个投资组合的收益
```

第 2 步：将指数 ETF 现货收益、期货合约收益以及套期保值后的整个投资组合收益进行可视化，见图 6-7。具体的代码如下。

```
In [24]: plt.figure(figsize=(9,6))
    ...: plt.plot(HS300_list,profit_ETF,label='沪深300指数ETF',lw=2)
    ...: plt.plot(HS300_list,profit_future,label='沪深300股指期货IF2206合约',lw=2)
    ...: plt.plot(HS300_list,profit_portfolio,label='套期保值的投资组合',lw=2)
    ...: plt.xlabel('沪深300指数价格',fontsize=12)
    ...: plt.xticks(fontsize=12)
    ...: plt.ylabel('收益金额（元）',fontsize=12)
    ...: plt.yticks(fontsize=12)
    ...: plt.title('空头套期保值的收益情况')
    ...: plt.legend(fontsize=12,loc=9)        #图例在中上位置
    ...: plt.grid()
    ...: plt.show()
```

[①] 在该示例中，为了简化分析，假定该 ETF 与沪深 300 指数之间的跟踪偏离度为 0，跟踪偏离度的内容可以参见第 4.5.5 小节。
[②] 2022 年 5 月 27 日，沪深 300 股指期货 IF2206 合约开盘价为 4003.00 点，最高价 4040.20 点，最低价 3966.00 点，收盘价 3983.20 点。

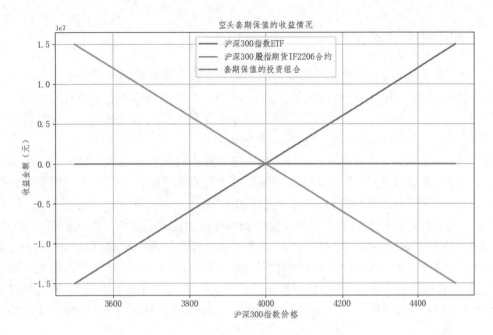

图 6-7 采用空头套期保值的收益情况

需要注意的是，图 6-7 中纵坐标轴的数量级 1e7 代表 10^7。从图 6-7 不难发现，针对完美的空头套期保值，期货合约空头头寸的盈利（亏损）恰好抵补了现货投资的亏损（盈利），最终通过套期保值后的投资组合收益为 0。

2. 多头套期保值

持有期货多头头寸的套期保值策略称为**多头套期保值**（long hedge）。运用多头套期保值的准则是，当基础资产（现货）价格下跌时，投资者可以实现盈利；而当基础资产价格上升时，投资者可能会亏损，在这种情况下，就可以采用期货多头头寸来对冲风险。

运用多头套期保值的情景通常是，当投资者已知在将来某个时点需要购买一定数量的基础资产时，可以通过期货多头头寸锁定在购买前基础资产（现货）价格上涨的风险，而基础资产（现货）价格下跌导致的期货亏损则由未来以低价购入基础资产进行抵补。这里依然通过一个股指期货示例进行说明。

【例 6-5】假定一家从事股票投资的 D 公司，在 2022 年 4 月 27 日确定在当年的 12 月 16 日将会有一笔金额为 1.14 亿元的资金并且届时需要全部购买沪深 300 指数 ETF，在当天（4 月 27 日）沪深 300 指数触及最低价 3757.09 点时，D 公司认为股指已经处于阶段性底部，预计未来股指将大概率出现上扬，如果等到 12 月 16 日再进行投资，股指可能已经上涨了一定的幅度而错失最佳建仓的时机。确实在当年 12 月 16 日，沪深 300 指数的收盘价已经达到了 3954.23 点。

为了规避未来股指可能出现的上涨风险，可以运用上市日是 2022 年 4 月 18 日、到期日是当年 12 月 16 日的沪深 300 股指期货 IF2212 合约进行套期保值，具体就是 D 公司在 4 月 27 日以期货价格 3800 点开立 100 手合约的多头头寸[1]，这样就实质上锁定了将于 12 月 16 日购买沪深 300 指数 ETF 的价格。

---

[1] 沪深 300 股指期货 IF2212 合约在 4 月 27 日的开盘价为 3704.00 点、最高价 3813.00 点、最低价 3704.00 点以及收盘价 3812.60 点。

6.3.2 追加保证金的风险

【例 6-4】和【例 6-5】中讨论套期保值时，都是在没有考虑期货保证金的前提下展开分析的。然而，期货是采用保证金方式进行交易的，这与前面介绍的债券、股票在交易方式上存在极大的差异，因此即便是针对套期保值的期货交易在某种程度上也会比债券、股票具有更高的风险。下面通过一个示例具体探讨追加保证金的风险。

【例 6-6】2022 年 4 月 26 日，E 公司认为中证 500 指数依然存在较大的下行空间，因此运用中证 500 股指期货 IC2205 合约 100 手空头头寸进行套期保值，并且成交时的期货价格恰好为 5200 点[①]，该期货合约的到期日是 2022 年 5 月 20 日。

假定 F 期货公司提供中证 500 股指期货的初始保证金比率是 13%，因此对 E 公司而言，仅需投入 5200×100×200×13%÷10000 = 1352（万元）就可以开展 1.04 亿元期货合约的交易，需要注意的是，中证 500 股指期货的合约乘数是 200（见表 6-6）。由于 E 公司运用的是期货空头头寸，当期货价格上涨 1%，E 公司将亏损 104 万元，如果期货价格下跌 1%，则盈利是 104 万元，因此期货价格变动∓1%，E 公司的收益率是±104/1352×100% = ±7.69%，这就是期货交易的高杠杆风险。

此外，E 公司的期货合约空头头寸需要按照达成交易的当天及随后交易日的每日结算价进行结算。因此，在每个交易日结束时，期货保证金账户的金额通常会发生变化，进而反映 E 公司的期货盈亏变化，这种结算方式称为**每日无负债结算**（daily settlement）或者**逐日盯市**（marking to market）。

表 6-10 展示了 E 公司从 4 月 26 日至 5 月 20 日每个交易日的期货合约收益、累积收益以及保证金余额，并且暂不考虑追加保证金。

表 6-10　4 月 26 日至 5 月 20 日每个交易日的期货合约盈亏与保证金余额（不考虑追加保证金）

日期	初始交易价格（点）	期货结算价（点）	合约日收益（万元）	合约累积收益（万元）	保证金余额（万元）
2022-04-26	5200.00	—	—	—	1352.00
	—	5211.00	−22.00	−22.00	1330.00
2022-04-27	—	5384.20	−346.40	−368.40	983.60
2022-04-28	—	5367.80	32.80	−335.60	1016.40
2022-04-29	—	5595.20	−454.80	−790.40	561.60
2022-05-05	—	5657.60	−124.80	−915.20	436.80
2022-05-06	—	5519.80	275.60	−639.60	712.40
2022-05-09	—	5546.00	−52.40	−692.00	660.00
2022-05-10	—	5652.00	−212.00	−904.00	448.00
2022-05-11	—	5741.20	−178.40	−1082.40	269.60
2022-05-12	—	5708.80	64.80	−1017.60	334.40
2022-05-13	—	5769.80	−122.00	−1139.60	212.40

---

① 当天中证 500 股指期货 IC2205 合约的开盘价为 5338.20 点、最高价 5412.00 点、最低价 5151.20 点、收盘价 5170.80 点、结算价 5211.00 点。

续表

日期	初始交易价格（点）	期货结算价（点）	合约日收益（万元）	合约累积收益（万元）	保证金余额（万元）
2022-05-16	—	5749.40	40.80	−1098.80	253.20
2022-05-17	—	5786.40	−74.00	−1172.80	179.20
2022-05-18	—	5802.60	−32.40	−1205.20	146.80
2022-05-19	—	5819.80	−34.40	−1239.60	112.40
2022-05-20	—	5911.89	−184.18	−1423.78	−71.78

注：（1）表中的合约日收益=−合约张数×合约乘数×(当天结算价−上一日结算价)，其中，针对4月26日的合约日收益则是将公式中的上一日结算价改为初始交易价格；
（2）表中的合约累积收益是将当天及之前的合约日收益进行累加；
（3）表中的保证金余额=初始保证金（即1352万元）+当天的合约累积收益。

下面运用Python快速计算E公司从2022年4月26日至5月20日每个交易日的期货合约收益、累积收益以及保证金余额（暂不考虑追加保证金），具体分为3个步骤。

第1步：从外部导入中证500股指期货IC2205合约在2022年4月26日至5月20日的结算价数据，并且输入相关的期货合约参数。具体的代码如下。

```
In [25]: price_IC2205=pd.read_excel(io='C:/Desktop/中证500股指期货IC2205合约结算价.xlsx',
heet_name='Sheet1',header=0,index_col=0)        #导入外部数据

In [26]: margin0=1.352e7                        #初始保证金
   ...: N=100                                   #合约空头数量
   ...: P0=5200                                 #成交价格
   ...: M=200                                   #合约乘数
```

第2步：分别计算并创建2022年4月26日至5月20日每个交易日期货合约累积盈亏、合约日收益以及保证金余额等3个数据框。具体的代码如下。

```
In [27]: profit_cumsum=-N*M*(price_IC2205-P0)   #计算期货合约累积收益
   ...: profit_cumsum=profit_cumsum.rename(columns={'IC2205合约结算价':'合约累积收益'})    #变更列名

In [28]: profit_daily=profit_cumsum-profit_cumsum.shift(1)  #计算期货合约每日的收益
   ...: profit_daily.iloc[0]=profit_cumsum.iloc[0]          #首个交易日的当日收益等于当日的累积收益
   ...: profit_daily=profit_daily.rename(columns={'合约累积收益':'合约日收益'})    #变更列名

In [29]: margin_daily=profit_cumsum+margin0     #计算每日保证金余额（不考虑追加保证金）
   ...: margin_daily=margin_daily.rename(columns={'合约累积收益':'保证金余额'})    #变更列名
```

第3步：将以上3个数据框按列名合并，并且输出最终的计算结果，具体的代码如下。

```
In [30]: data_list=pd.concat([profit_daily,profit_cumsum,margin_daily],axis=1)   #将3个数据框按列名合并

In [31]: data_list                              #查看结果
Out[31]:
                合约日收益      合约累积收益      保证金余额
日期
2022-04-26    -220000.0     -220000.0    13300000.0
2022-04-27   -3464000.0    -3684000.0     9836000.0
```

```
2022-04-28    328000.0   -3356000.0   10164000.0
2022-04-29  -4548000.0   -7904000.0    5616000.0
2022-05-05  -1248000.0   -9152000.0    4368000.0
2022-05-06   2756000.0   -6396000.0    7124000.0
2022-05-09   -524000.0   -6920000.0    6600000.0
2022-05-10  -2120000.0   -9040000.0    4480000.0
2022-05-11  -1784000.0  -10824000.0    2696000.0
2022-05-12    648000.0  -10176000.0    3344000.0
2022-05-13  -1220000.0  -11396000.0    2124000.0
2022-05-16    408000.0  -10988000.0    2532000.0
2022-05-17   -740000.0  -11728000.0    1792000.0
2022-05-18   -324000.0  -12052000.0    1468000.0
2022-05-19   -344000.0  -12396000.0    1124000.0
2022-05-20  -1841800.0  -14237800.0   -717800.0
```

以上输出的结果与表 6-10 的数据一致。同时，从表 6-10 中不难发现，如果不追加期货保证金，则 E 公司的保证金账户余额在 5 月 20 日会变为负数，保证金的风险控制功能也就形同虚设。因此，为了确保保证金账户的资金余额控制在合理的水平，从而有效应对结算风险，期货公司会设置**维持保证金**（maintenance margin），通常维持保证金比例会低于初始保证金比例。在本例中，假定 F 期货公司给 E 公司设置的维持保证金比例是 9%。

当 2022 年 4 月 29 日收盘后，E 公司期货保证金账户的余额为 561.60 万元，低于维持保证金 $5595.20 \times 100 \times 200 \times 9\% \div 10000 = 1007.136$（万元）的水平，在当天期货合约结算以后（通常是晚上 6 点至 7 点），E 公司就会收到 F 期货公司以电话、短信、电子邮件等方式发送的**追加保证金通知**（margin call），被要求在下一个交易日（即 5 月 5 日）期货合约开盘之前将保证金账户内的资金增加至初始保证金水平，即 $5595.20 \times 100 \times 200 \times 13\% \div 10000 = 1454.752$（万元），而不是仅达到维持保证金水平，这一部分增加的资金被称为**追加保证金**（variation margin）。如果 E 公司不追加保证金或者追加的保证金未满足要求，F 期货公司在 5 月 5 日开盘时便会将期货合约进行平仓。

6.3.3 基差风险

【例 6-4】假定了完美套期保值，也就是说套期保值者可以利用期货合约消除基础资产（现货）价格变动而带来的全部风险。然而，在金融实战中，运用期货进行套期保值绝非理论上那么完美，一个很重要的原因就是期货合约存在**基差风险**（basis risk）。

1. 基差的数学表达式

在套期保值的情形下，针对商品期货和金融期货这两种不同的期货合约类型，基差（basis）的表达式会有所不同。

对于商品期货而言，基差的表达式如下。

$$\text{基差} = \text{被套期保值资产的价格} - \text{期货价格} \qquad (\text{式 6-11})$$

对于金融期货而言，基差表达式则写成如下式子。

$$\text{基差} = \text{期货价格} - \text{被套期保值资产的价格} \qquad (\text{式 6-12})$$

对此，A 股的股指期货基差表达式如下。

$$\text{股指期货基差} = \text{股指期货价格} - \text{股指期货标的指数价格} \qquad (\text{式 6-13})$$

比如,在 2022 年 10 月 10 日,中证 500 指数的收盘价为 5635.71 点,中证 500 股指期货 IC2212 合约的结算价为 5605.40 点,则基差为 5605.40 点 – 5635.71 点 = –30.31 点。此外,在计算基差时,当基础资产采用收盘价时,期货合约可以运用收盘价也可以运用结算价,本书则统一采用期货合约的结算价。

如果被套期保值的资产与期货合约的基础资产完全相同,在期货合约到期时基差应当接近于 0,也就是在第 6.2.3 小节提到的期货价格存在向现货价格的收敛。

2. 一个示例

【例 6-7】以中证 500 股指期货 IC2209 合约作为分析对象,演示股指期货基差的变化情况。该合约的上市首日是 2022 年 1 月 24 日,最后交易日是 2022 年 9 月 16 日,计算该期货合约在存续期内的基差,每个交易日的基差用该期货合约的每个交易日结算价减去中证 500 指数收盘价的差表示。下面直接运用 Python 进行计算并演示,编程分为两个步骤完成。

第 1 步:导入 2022 年 1 月 24 日至 9 月 16 日期货合约结算价和指数收盘价的数据,并且计算该期货合约的基差。具体的代码如下。

```
In [32]: data_price=pd.read_excel(io='C:/Desktop/中证 500 股指期货 IC2209 合约结算价和指数收盘
价.xlsx',sheet_name='Sheet1',header=0,index_col=0)    #导入外部数据

In [33]: data_price.index=pd.DatetimeIndex(data_price.index) #将数据框的索引转换为 Datetime 类型
    ...: data_price.index                              #显示数据框的索引
Out[33]:
DatetimeIndex(['2022-01-24', '2022-01-25', '2022-01-26', '2022-01-27',
               '2022-01-28', '2022-02-07', '2022-02-08', '2022-02-09',
               '2022-02-10', '2022-02-11',
               ...
               '2022-09-02', '2022-09-05', '2022-09-06', '2022-09-07',
               '2022-09-08', '2022-09-09', '2022-09-13', '2022-09-14',
               '2022-09-15', '2022-09-16'],
              dtype='datetime64[ns]', name='日期', length=158, freq=None)

In [34]: data_price.columns                            #显示数据框的列名
Out[34]: Index(['中证 500 股指期货 IC2209 合约结算价', '中证 500 指数收盘价'], dtype='object')

In [35]: basis=data_price['中证 500 股指期货 IC2209 合约结算价']-data_price['中证 500 指数收盘价'] #计算基差
    ...: basis.describe()                              #基差的统计指标
Out[35]:
count    158.000000
mean    -141.278628
std       76.136617
min     -297.409300
25%     -201.386150
50%     -163.222700
75%      -74.909175
max       52.756300
dtype: float64
```

从以上的统计分析可以发现,在期货合约的存续期内,最大基差为 52.7563 点,最小基差则为 –297.4093 点,并且在超过 75% 的交易日基差为负值。

第 2 步：绘制中证 500 股指期货 IC2209 合约的基差走势图（见图 6-8），为了加强对比的效果，创建基差等于 0 的时间序列作为比较基准。具体的代码如下。

```
In [36]: zero_basis=np.zeros_like(basis)                      #创建基差等于0的数组
    ...: zero_basis=pd.Series(zero_basis,index=basis.index)   #将数组转换为序列

In [37]: plt.figure(figsize=(9,6))
    ...: plt.plot(basis,'b-',label='基差',lw=2)
    ...: plt.plot(zero_basis,'r-',label='基差等于0',lw=2)
    ...: plt.xlabel('日期',fontsize=12)
    ...: plt.ylabel('基差',fontsize=12)
    ...: plt.xticks(fontsize=12)
    ...: plt.yticks(fontsize=12)
    ...: plt.title('中证500股指期货IC2209合约的基差',fontsize=12)
    ...: plt.legend(fontsize=12,loc=9)                        #图例在中上位置
    ...: plt.grid()
    ...: plt.show()
```

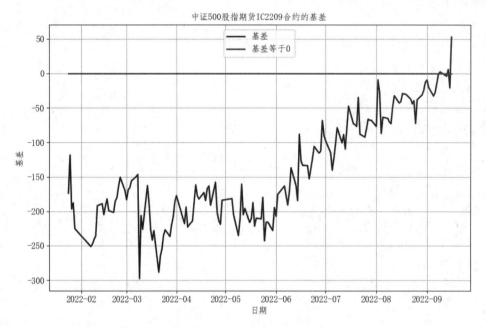

图 6-8　中证 500 股指期货 IC2209 合约的基差
（2022 年 1 月 24 日至 9 月 16 日）

从图 6-8 可以看到，在期货合约到期日之前，基差时而变大，时而变小。在期货合约存续期内，基差变大称为**基差增强**，比如图中的 6 月至合约到期日，基差整体走强，并且从负基差最终变为正基差；相反，基差变小则称为**基差减弱**，比如在合约上市的初期就出现基差减弱的情形。

3. 基差对套期保值的影响

需要注意的是，基差变动会影响到套期保值的效果。当基差朝着有利方向变化，不仅可以取得较好的套期保值效果，而且可以获得额外的盈利；反之则不仅会影响套期保值效果，甚至会使得套期保值蒙受一定损失。

在股指期货的多头套期保值中，在套期保值结束时，套期保值者需要采用买入现货并同时卖出期货合约的方式对原来的期货多头头寸进行平仓。因此，当基差增强，也就是现货价格相对更低而期货价格相对更高时，套期保值者通过买低（现货）卖高（期货）就可以获利；反之当基差减弱时，套期保值者通过买高（现货）卖低（期货）则会出现亏损。以图 6-8 的中证 500 股指期货 IC2209 合约基差走势作为例子，假定投资者在基差为 −250 点时开展了多头套期保值，在基差为 0 时结束了套期保值，则该投资者因为套期保值获得 250 点的额外盈利，也就是 1 手期货合约可以获得 $250 \times 200 \div 10000 = 5$（万元）的额外盈利。

在股指期货的空头套期保值中，在套期保值结束时需要卖出现货并通过买入期货合约对原有的期货空头头寸进行平仓。因此，当基差增强时，套期保值者因为卖低（现货）买高（期货）则会面临亏损；相反，当基差减弱时，套期保值者因为卖高（现货）买低（期货）则会获利。依然以图 6-8 的基差走势作为例子，假定投资者在基差为 −150 点时开展了空头套期保值，在基差为 −250 点之际结束了套期保值，则该投资者因为套期保值得到 100 点的额外盈利，也就是 1 手期货合约可以获得 $100 \times 200 \div 10000 = 2$（万元）的额外盈利。

为尽可能减小套期保值中的基差风险，一是尽量选择期货合约到期日在现货交易日之后并且离现货交易日最近的合约作为套期保值合约，二是通过观察基差的变化对套期保值进行动态调整。

6.3.4 交叉套期保值

到目前为止，本节讨论的示例都是基于被套期保值的资产（比如沪深 300 指数 ETF）与套期保值期货合约的基础资产（比如沪深 300 指数）相同的情形，但是这些情形在现实金融市场不是很常见。在金融实战中，经常出现的情况是期货合约的基础资产与被套期保值的资产是两种不同的资产，这就引出了**交叉套期保值**（cross hedging）。举例说明，假定投资者配置了上证 180 指数 ETF，为了对冲该基金面临的风险，希望通过股指期货进行套期保值，但棘手的问题是，期货市场并没有标的指数恰好是上证 180 股指的期货合约，对此，投资者只能将上证 50 股指期货、沪深 300 股指期货、中证 500 股指期货或中证 1000 股指期货作为备选的套期保值工具。

但是，又该如何衡量交叉套期保值的效果呢？这里就需要提出套期保值比率的概念。**套期保值比率**（hedge ratio），简称**套保比率**，是指持有期货合约的头寸数量与被对冲资产风险敞口数量的比率。当期货合约的基础资产与被套期保值资产完全相同时，套保比率等于 1.0，这正是本节【例 6-4】所采用的套保比率。然而，当采用交叉套期保值时，将套保比率设为 1.0 就可能不再是最优的选择。套保比率的选择应当使得套期保值以后，包含期货合约在内的整个投资组合价值变化的方差达到最小，这就引出了最优套保比率的概念。

1. 最优套保比率

最优套保比率（也称**最小方差套保比率**）取决于被套期保值资产价格变化与期货价格变化之间的关系。为了测算该比率，假设 ΔS 表示在套期保值期间被套期保值资产价格 S 的变化，ΔF 表示在套期保值期间用于套期保值的期货价格 F 的变化。构建如下的线性回归方程。

$$\Delta S = \alpha + h^* \Delta F + \varepsilon \qquad \text{（式 6-14）}$$

（式 6-14）表达的含义就是将期货价格的变化作为自变量（解释变量），而将被套期保值资产价格的变化作为因变量(被解释变量),从而用期货价格的变化线性表达被套期保值资产价格的变化。

其中,(式6-14)中的α是截距项,ε是残差项,h^*是ΔS对ΔF进行线性回归时所产生的最优拟合直线的斜率,也就是最优套保比率。线性回归模型用最小二乘法进行拟合,因为利用最小二乘法可以简便地求出回归模型的参数,并使得拟合数据与实际数据之间误差的平方和最小。此外,线性回归方程的判定系数(也称可决系数)R^2就是**套期保值效率**,R^2的取值处于$[0,1]$的区间,R^2取值越大说明套期保值效率越高,反之则表明套期保值效率越低。

根据线性回归模型中的斜率计算公式,可以得到最优套保比率h^*的如下表达式。

$$h^* = \rho \frac{\sigma_S}{\sigma_F} = \frac{\Delta S}{\Delta F} \quad (式6\text{-}15)$$

其中,σ_S是被套期保值资产价格变化ΔS的标准差,σ_F是期货价格变化ΔF的标准差,ρ是ΔS与ΔF之间的相关系数。(式6-15)表明最优套保比率等于被套期保值资产价格变动与期货价格变动的相关系数乘以两个价格变动标准差之间的比率。

在股指货合约中,根据第3.5节的资本资产定价模型,最优套保比率h^*就等于被套期保值投资组合的β(贝塔值)。下面通过一个上证180指数ETF的示例演示最优套保比率的测算。

2. 一个示例

【例6-8】G公司持有上证180指数ETF(代码510180,简称"上证180ETF"),该公司希望通过股指期货对该基金进行套期保值。假定备选的合约分别是上证50股指期货IH2209合约、沪深300股指期货IF2209合约以及中证500股指期货IC2209合约,这3个合约的上市首日均是2022年1月24日,最后交易日都是2022年9月16日[①]。公司需要从这3个合约中选择最合适的套期保值合约,并且计算相应的最优套保比率。

对于这个示例,将通过Python演示具体的分析和计算过程,相关的编程分为5个步骤。

第1步:导入2022年1月24日至9月16日上证180ETF净值以及3个股指合约结算价的日数据,并计算相应的日收益率。具体代码如下。

```
In [38]: ETF_future=pd.read_excel(io='C:/Desktop/上证180ETF净值与3个股指期货合约结算价数据.xlsx',
sheet_name='Sheet1',header=0,index_col=0)      #导入数据

In [39]: ETF_future.columns                    #查看数据框的列名
Out[39]: Index(['上证180ETF', 'IH2209合约', 'IF2209合约', 'IC2209合约'], dtype='object')

In [40]: R_ETF=np.log(ETF_future['上证180ETF']/ETF_future['上证180ETF'].shift(1))   #计算基金日收益率
    ...: R_ETF=R_ETF.dropna()                  #删除缺失值

In [41]: R_IH2209=np.log(ETF_future['IH2209合约']/ETF_future['IH2209合约'].shift(1))   #计算上证50股指期货IH2209合约的日收益率
    ...: R_IH2209=R_IH2209.dropna()

In [42]: R_IF2209=np.log(ETF_future['IF2209合约']/ETF_future['IF2209合约'].shift(1))   #计算沪深300股指期货IF2209合约的日收益率
```

[①] 由于中证1000股指期货IM2209合约的上市首日是2022年7月22日,因此未能作为备选的套期保值期货合约。

```
   ...: R_IF2209=R_IF2209.dropna()

In [43]: R_IC2209=np.log(ETF_future['IC2209合约']/ETF_future['IC2209合约'].shift(1))   #计算中证500股指期货IC2209合约的日收益率
   ...: R_IC2209=R_IC2209.dropna()
```

第 2 步：建立以基金的日收益率作为被解释变量、以上证 50 股指期货 IH2209 合约的日收益率作为解释变量的线性回归模型。具体代码如下。

```
In [44]: import statsmodels.api as sm         #导入statsmodel的子模块api

In [45]: con=np.ones(len(R_ETF))              #创建元素为1且元素个数等于被解释变量样本数的数组
   ...: con=pd.Series(data=con,index=R_ETF.index)    #转换为序列

In [46]: R_IH2209_addcon=pd.concat([con,R_IH2209],axis=1)    #合并两个序列
   ...: R_IH2209_addcon=R_IH2209_addcon.rename(columns={0:'截距项'})   #修改列名

In [47]: model_IH2209=sm.OLS(endog=R_ETF,exog=R_IH2209_addcon)    #构建线性回归模型
   ...: result_IH2209=model_IH2209.fit()                         #拟合线性回归模型

In [48]: result_IH2209.summary()              #输出模型的结果
Out[48]:
"""
                            OLS Regression Results
==============================================================================
Dep. Variable:              上证180ETF   R-squared:                       0.890
Model:                            OLS   Adj. R-squared:                  0.889
Method:                 Least Squares   F-statistic:                     1249.
Date:                Thu, 20 Oct 2022   Prob (F-statistic):           4.60e-76
Time:                        09:59:58   Log-Likelihood:                 637.27
No. Observations:                 157   AIC:                            -1271.
Df Residuals:                     155   BIC:                            -1264.
Df Model:                           1
Covariance Type:            nonrobust
==============================================================================
                 coef    std err          t      P>|t|      [0.025      0.975]
------------------------------------------------------------------------------
截距项         -1.302e-05      0.000     -0.039      0.969      -0.001       0.001
IH2209合约        0.8963      0.025     35.340      0.000       0.846       0.946
==============================================================================
Omnibus:                       12.272   Durbin-Watson:                   2.477
Prob(Omnibus):                  0.002   Jarque-Bera (JB):               14.438
Skew:                          -0.539   Prob(JB):                     0.000732
Kurtosis:                       4.021   Cond. No.                         75.6
==============================================================================
"""
```

第 3 步：建立以基金的日收益率作为被解释变量、以沪深 300 股指期货 IF2209 合约的日收益率作为被解释变量的线性回归模型。具体代码如下（与第 2 步的部分代码比较相似）。

```
In [49]: R_IF2209_addcon=pd.concat([con,R_IF2209],axis=1)    #合并两个序列
   ...: R_IF2209_addcon=R_IF2209_addcon.rename(columns={0:'截距项'})   #修改列名
```

```
In [50]: model_IF2209=sm.OLS(endog=R_ETF,exog=R_IF2209_addcon)    #构建线性回归模型
   ...: result_IF2209=model_IF2209.fit()                          #拟合线性回归模型

In [51]: result_IF2209.summary()                                  #输出模型的结果
Out[51]:
"""
                            OLS Regression Results
==============================================================================
Dep. Variable:                 上证180ETF   R-squared:                       0.898
Model:                            OLS   Adj. R-squared:                  0.897
Method:                 Least Squares   F-statistic:                     1361.
Date:                Thu, 20 Oct 2022   Prob (F-statistic):           1.22e-78
Time:                        10:05:27   Log-Likelihood:                 643.28
No. Observations:                 157   AIC:                            -1283.
Df Residuals:                     155   BIC:                            -1276.
Df Model:                           1
Covariance Type:            nonrobust
==============================================================================
                 coef    std err          t      P>|t|      [0.025      0.975]
------------------------------------------------------------------------------
截距项         4.919e-05      0.000      0.152      0.880      -0.001       0.001
IF2209合约       0.8792      0.024     36.886      0.000       0.832       0.926
==============================================================================
Omnibus:                        7.231   Durbin-Watson:                   2.497
Prob(Omnibus):                  0.027   Jarque-Bera (JB):               10.337
Skew:                          -0.229   Prob(JB):                      0.00569
Kurtosis:                       4.170   Cond. No.                         73.8
==============================================================================
"""
```

第 4 步：建立以基金的日收益率作为被解释变量、以中证 500 股指期货 IC2209 合约的日收益率作为解释变量的线性回归模型。具体代码如下（与第 2 步的部分代码也比较相似）。

```
In [52]: R_IC2209_addcon=pd.concat([con,R_IC2209],axis=1)                    #合并两个序列
   ...: R_IC2209_addcon=R_IC2209_addcon.rename(columns={0:'截距项'})         #修改列名

In [53]: model_IC2209=sm.OLS(endog=R_ETF,exog=R_IC2209_addcon)    #构建线性回归模型
   ...: result_IC2209=model_IC2209.fit()                          #拟合线性回归模型

In [54]: result_IC2209.summary()                                  #输出模型的结果
Out[54]:
"""
                            OLS Regression Results
==============================================================================
Dep. Variable:                 上证180ETF   R-squared:                       0.686
Model:                            OLS   Adj. R-squared:                  0.684
Method:                 Least Squares   F-statistic:                     338.3
Date:                Thu, 20 Oct 2022   Prob (F-statistic):           8.36e-41
Time:                        10:10:35   Log-Likelihood:                 555.17
No. Observations:                 157   AIC:                            -1106.
Df Residuals:                     155   BIC:                            -1100.
```

```
Df Model:                            1
Covariance Type:              nonrobust
==============================================================================
                 coef    std err          t      P>|t|      [0.025      0.975]
------------------------------------------------------------------------------
截距项          -0.0004      0.001     -0.763      0.447      -0.002       0.001
IC2209合约       0.6487      0.035     18.393      0.000       0.579       0.718
==============================================================================
Omnibus:                        9.986   Durbin-Watson:                   2.213
Prob(Omnibus):                  0.007   Jarque-Bera (JB):               10.153
Skew:                           0.544   Prob(JB):                      0.00624
Kurtosis:                       3.608   Cond. No.                         62.3
==============================================================================
"""
```

综合以上 3 个线性回归模型的结果，以沪深 300 股指期货 IF2209 合约的日收益率作为解释变量的模型确定性系数 R^2 最大，达到了 0.898，因此将选择沪深 300 股指期货作为套期保值的期货合约。

第 5 步：将最终拟合得到的最优套保比率通过可视化的方式进行展示，见图 6-9。具体代码如下。

```
In [55]: result_IF2209.params                    #输出线性回归的常数项和贝塔值
Out[55]:
截距项           0.000049
IF2209合约      0.879217
dtype: float64

In [56]: cons=result_IF2209.params[0]            #取线性回归的常数项
   ...: beta=result_IF2209.params[1]             #取线性回归的斜率（贝塔值）

In [57]: plt.figure(figsize=(9,6))
   ...: plt.scatter(x=R_IF2209,y=R_ETF,marker='o')          #绘制散点图
   ...: plt.plot(R_IF2209,cons+beta*R_IF2209,'m-',lw=2)     #绘制拟合的直线
   ...: plt.xlabel('沪深300股指期货IF2209合约',fontsize=12)
   ...: plt.xticks(fontsize=12)
   ...: plt.ylabel('上证180ETF',fontsize=12)
   ...: plt.yticks(fontsize=12)
   ...: plt.title('沪深300股指期货IF2209合约与上证180ETF的日收益率散点图', fontsize=12)
   ...: plt.grid()
   ...: plt.show()
```

从以上的分析可以得到，运用沪深 300 股指期货 IF2209 合约作为套期保值工具，最优套保比率就是线性回归中的斜率（贝塔值）0.879217。此外，图 6-9 中的直线表示按照最优套保比率拟合得到的期货合约收益率与 ETF 收益率之间的线性关系。

3. 套期保值的最优合约数量

当选择了合适的期货合约并且计算得出最优套保比率以后并不意味着已经大功告成，还剩下最后一步，就是套期保值者最关心的需要运用多少数量的期货合约进行套期保值，即套期保值的最优合约数量。

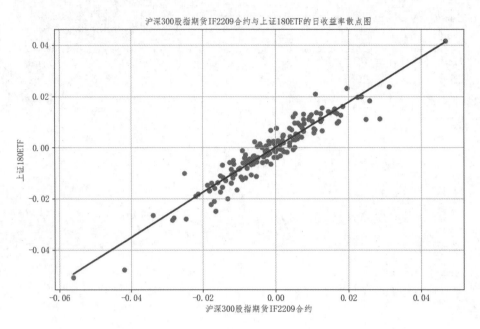

图 6-9　沪深 300 股指期货 IF22090 合约与上证 180ETF 的日收益率散点图

假定 Q_A 表示被对冲资产的数量（或金额），Q_F 表示 1 手期货合约的规模（或金额），N^* 表示用于套期保值的最优期货合约数量。在完美套期保值的情形下，存在如下的恒等关系式。

$$N^* Q_F \Delta F = Q_A \Delta S \qquad （式 6\text{-}16）$$

（式 6-16）意味着用于套期保值的期货合约盈利（亏损）恰好与被套期保值资产亏损（盈利）完全抵消。同时，将前面讨论的最优套保比率（式 6-15）代入（式 6-16）并经过调整，得到最优的套期保值期货合约数量计算公式如下。

$$N^* = \frac{h^* Q_A}{Q_F} \qquad （式 6\text{-}17）$$

通过 Python 自定义一个用于计算套期保值最优期货合约数量的函数，具体代码如下。

```
In [58]: def N_Futures(h,Q_A,Q_F):
    ...:     ''' 计算最优套期货合约数量的函数
    ...:     h: 最优套保比率；
    ...:     Q_A: 被套期保值资产的数量（或金额）；
    ...:     Q_F: 1 手期货合约的规模（或金额）'''
    ...:     N=h*Q_A/Q_F              #计算最优套期货合约数量
    ...:     return N
```

通过以上自定义函数 N_Futures，输入最优套保比率、被套期保值资产的数量或金额以及 1 手期货合约的规模或金额，就可以迅速计算得到最优套保期货合约数量。下面通过一个示例演示最优套保期货合约数量的测算过程。

【例 6-9】H 公司在 2022 年 9 月 20 日按照净值 3.4804 元买入上证 180ETF 共计 5000 万份。与此同时，H 公司希望运用沪深 300 股指期货 IF2211 合约空头头寸进行套期保值，该合约上市日为 2022 年 9 月 19 日，到期日为同年 11 月 18 日。9 月 20 日期货合约结算价 3925.60 点并用于测算套期保值的期货合约数量。

为了简化计算，假设期货最优套保比率等于【例 6-8】计算得到的 0.879217。根据（式 6-17）

可以得到最优期货合约数量如下。

$$N^* = \frac{h^* Q_A}{Q_F} = \frac{0.879217 \times 3.4804 \times 50000000}{3925.60 \times 300} \approx 130 \quad \text{（式 6-18）}$$

注意，式子分母中的 300 代表期货合约乘数是每点 300 元。由于期货合约数量必须是整数，通过四舍五入得到 H 公司应该运用的最优合约数量是 130 手空头头寸。

下面运用自定义函数 N_Futures，计算并验证【例 6-9】的最优套期保值期货合约数量，具体的代码如下。

```
In [59]: N_ETF=5e7                              #购买上证 180ETF 的份数（5000 万份）
    ...: price_ETF=3.4804                       #2022 年 9 月 20 日基金收盘净值
    ...: price_IF2211=3925.60                   #2022 年 9 月 20 日货合约结算价
    ...: M=300                                  #期货合约乘数

In [60]: value_ETF=N_ETF*price_ETF              #基金的市值
    ...: value_IF2211=price_IF2211*M            #1 手期货合约价值

In [61]: h_IF2211=result_IF2209.params[1]       #IF2211 期货合约的最优套保比率

In [62]: N_IF2211=N_Futures(h=h_IF2211,Q_A=value_ETF,Q_F=value_IF2211) #计算期货合约数量
    ...: print('用于套期保值的沪深 300 股指期货 IF2011 合约数量（手）',round(N_IF2211,0))
用于套期保值的沪深 300 股指期货 IF2011 合约数量（手） 130.0
```

以上输出的代码结果与前面手动计算得出的数值相同。

4. 套期保值整体投资组合的动态盈亏

下面讨论当运用最优期货合约数量开展套期保值以后，现货价格和期货价格的变化如何影响套期保值的效果。具体通过一个示例进行分析。

【例 6-10】沿用【例 6-9】的信息，当 H 公司在 2022 年 9 月 20 日完成了套期保值以后，随着上证 180ETF 净值与沪深 300 股指期货 IF2211 合约价格的变化，套期保值的效果也会随之发生变动。假定 H 公司希望计算 2022 年 9 月 30 日、10 月 10 日和 10 月 18 日共 3 个交易日的套期保值情况（不考虑追加保证金因素）。表 6-11 列出了套期保值首日和上述 3 个交易日基金净值和期货合约结算价的数据。

表 6-11 上证 180ETF 净值和沪深 300 股指期货 IF2211 合约结算价

价格类型	2022 年 9 月 20 日（套期保值首日）	2022 年 9 月 30 日	2022 年 10 月 10 日	2022 年 10 月 18 日
上证 180EFT 净值（元）	3.4804	3.3796	3.3076	3.3725
沪深 300 股指期货 IF2211 合约结算价	3925.60	3815.40	3731.40	3831.80

数据来源：上海证券交易所、中国金融期货交易所。

2022 年 9 月 30 日整个投资组合的累积收益金额计算如下。

$$[50000000 \times (3.3796 - 3.4804) - 130 \times 300 \times (3815.40 - 3925.60)] \div 10000 = -74.22 \text{（万元）} \quad \text{（式 6-19）}$$

2022 年 10 月 10 日整个投资组合的累积收益金额计算如下。

$[50000000×(3.3076−3.4804)−130×300×(3731.40−3925.60)]÷10000=−106.62（万元）$（式6-20）

2022年10月18日整个投资组合的累积收益金额计算如下。

$[50000000×(3.3725−3.4804)−130×300×(3831.80−3925.60)]÷10000=−173.68（万元）$（式6-21）

下面通过 Python 演示计算整个套期保值组合在 3 个交易日的累积收益情况，具体的代码如下。

```
In [63]: N=130                                              #套期保值的期货合约数量
    ...: ETF_list=np.array([3.4804,3.3796,3.3076,3.3725])   #套期保值首日和其他3个交易日的基金净值
    ...: IF2211_list=np.array([3925.60,3815.40,3731.40,3831.80])  #套期保值首日和其他3个交易日的期货结算价

In [64]: profit_list=N_ETF*(ETF_list[1:]-ETF_list[0])-N*M*(IF2211_list[1:]-IF2211_list[0]) #计算
3个交易日的整个投资组合累积收益

In [65]: print('2022年9月30日整个投资组合的累积收益金额（元）',round(profit_list[0],2))
    ...: print('2022年10月10日整个投资组合的累积收益金额（元）',round(profit_list[1],2))
    ...: print('2022年10月18日整个投资组合的累积收益金额（元）',round(profit_list[-1],2))
2022年9月30日整个投资组合的累积收益金额（元） -742200.0
2022年10月10日整个投资组合的累积收益金额（元） -1066200.0
2022年10月18日整个投资组合的累积收益金额（元） -1736800.0
```

从以上的分析可以清楚地看到，随着期货价格和被套期保值资产价格的变动，H 公司在 3 个交易日整体投资组合均出现了浮亏，并且浮亏存在一定的波动。但是，如果不采用期货合约对冲，单纯持有 5000 万份上证180ETF 在 9 月 30 日、10 月 10 日以及 10 月 18 日的累积收益金额依次是−504 万元、−864 万元以及−539.5 万元，亏损金额要远高于套期保值以后整个投资组合的亏损。

6.3.5 滚动套期保值与移仓风险

在前面讨论的套期保值示例中，都是假定期货合约的剩余期限能够覆盖套期保值的期限。然而，在现实中也会不可避免地出现期货合约的期限无法覆盖套期保值期限的情形。比如，期货合约的期限仅为 6 个月，但投资者需要的套期保值期限却长达 1 年，对于这个难题的解决方案就涉及滚动套期保值。为了更好地理解滚动套期保值，首先来看一个示例。

1. 一个示例

【例 6-11】假定 I 公司在 2020 年 1 月 22 日拥有市值为 1.08 亿元的中证 500ETF（代码 159922），为了对冲由于中证 500 指数变化而导致基金净值的波动，公司希望运用中证 500 股指期货进行套期保值，并且套期保值的时间区间是 2020 年 1 月 22 日至 2022 年 8 月 31 日。然而，在 2020 年 1 月 22 日挂牌交易的全部中证 500 股指期货合约中，最长到期日也仅仅是 2020 年 9 月 18 日，显然无法满足约 2 年零 7 个月的套期保值需求。为此，I 公司将采用如下共计 6 个步骤的套期保值方案。

第 1 步：在 2020 年 1 月 22 日（套期保值起始日），按照期货价格 5400 点开立中证 500 股指期货 IC2009 合约 100 手空头头寸[①]，由于合约乘数是每点 200 元，因此能够对持有的指数基

[①] 2022 年 1 月 22 日，中证 500 股指期货 IC2009 合约开盘价为 5351.40 点、最高价 5455.00 点、最低价 5259.00 点、收盘价 5423.40 点。

金进行有效的套期保值，合约上市首日是 2020 年 1 月 20 日，合约到期日是当年 9 月 18 日，并且该合约也是 2020 年 1 月 22 日当天交易的全部合约中期限最长的合约。

第 2 步：在 2020 年 9 月 18 日，对持有的中证 500 股指期货 IC2009 合约全部平仓，并于当天开立中证 500 股指期货 IC2103 合约，头寸数量依然是 100 手空头头寸（下同），该合约上市首日是 2020 年 7 月 20 日，合约到期日是 2021 年 3 月 19 日，同样，该合约也是在 2020 年 9 月 18 日当天期限最长的期货合约（下同）。

第 3 步：在 2021 年 3 月 19 日，对中证 500 股指期货 IC2103 合约全部平仓，当天开立中证 500 股指期货 IC2109 合约，头寸数量依然保持不变，该合约上市首日是 2021 年 1 月 18 日，合约到期日是同年 9 月 17 日。

第 4 步：在 2021 年 9 月 17 日，对中证 500 股指期货 IC2109 合约全部平仓，当天开立中证 500 股指期货 IC2203 合约，该合约上市首日是 2021 年 7 月 19 日，合约到期日是 2022 年 3 月 18 日。

第 5 步：在 2022 年 3 月 18 日，对中证 500 股指期货 IC2203 合约全部平仓，当天开立中证 500 股指期货 IC2209 合约，该合约上市首日是 2022 年 1 月 24 日，合约到期日是 2022 年 9 月 16 日。

第 6 步：在 2022 年 8 月 31 日（套期保值终止日），对中证 500 股指期货 IC2209 合约全部平仓，从而最终结束长达约 2 年零 7 个月的套期保值。

表 6-12 整理了以上套期保值方案所涉及的 5 个期货合约以及合约开立、上市、到期和平仓等关键日期。

表 6-12 2020 年 1 月 22 日至 2022 年 8 月 31 日套期保值期间的期货合约与关键日期

合约开立日	期货合约名称	合约上市首日	合约到期日	合约平仓日
2020-01-22	中证 500 股指期货 IC2009 合约	2020-01-20	2020-09-18	2020-09-18
2020-09-18	中证 500 股指期货 IC2103 合约	2020-07-20	2021-03-19	2021-03-19
2021-03-19	中证 500 股指期货 IC2109 合约	2021-01-18	2021-09-17	2021-09-17
2021-09-17	中证 500 股指期货 IC2203 合约	2021-07-19	2022-03-18	2022-03-18
2022-03-18	中证 500 股指期货 IC2209 合约	2022-01-24	2022-09-16	2022-08-31

数据来源（不含合约开立日和平仓日）：中国金融期货交易所。

通过以上化整为零的 6 步套期保值，最大限度满足了投资者长达约 2 年零 7 个月的套期保值需求，而以上的这种分步骤实施的套期保值策略就是滚动套期保值，下面给出具体的定义和数学表达式。

2. 定义与数学表达式

滚动套期保值（stack and roll），也称**延展式套期保值**，是指当套期保值的期限比套期保值在初始时点全部可交易的期货合约期限更长，套期保值者只能在套期保值初始时点开立可交易的期货合约头寸，然后在合约到期时对期货合约进行平仓，同时开立到期日更晚的可交易期货合约，从而将用于套期保值的期货合约在到期后不断延展，最终满足套期保值的需要。

假定套期保值的期间处于 [0,T]，在期货市场上将依次挂牌交易期货合约 1、期货合约 2、期货合约 3、…、期货合约 N，后面挂牌合约的到期日要晚于前面挂牌的合约。比如，期货合约 2 的到期日要晚于期货合约 1，期货合约 3 的到期日又晚于期货合约 2，依此类推。滚动套期保值就是采用以下的策略。

在 0 时点（套期保值初始日）：开立期货合约 1 的头寸，如果是多头套期保值，则开立多头头寸，相反如果是空头套期保值，则开立空头头寸；同时，用 F_1 表示开立期货合约 1 的期货价格。

在 t_1 时点：对期货合约 1 的头寸进行平仓，同时开立期货合约 2 的头寸，该操作称为**期货移仓**（futures transfer）；用 $\tilde{F}_1$ 表示期货合约 1 平仓时的期货价格，用 F_2 表示开立期货合约 2 的期货价格。

在 t_2 时点：对期货合约 2 的头寸进行平仓，同时开立期货合约 3 的头寸；用 $\tilde{F}_2$ 表示期货合约 2 平仓时的期货价格，用 F_3 表示开立期货合约 3 的期货价格。

……

在 T 时点（套期保值终止日）：对期货合约 N 的头寸进行平仓，用 $\tilde{F}_N$ 表示平仓时期货合约 N 的期货价格，整个套期保值就此结束。

根据以上的信息，可以得到在整个套期保值期间期货合约带来的收益金额，并且需要区分多头套期保值与空头套期保值这两种不同的情形。

情形 1：针对多头套期保值。套期保值期间期货合约收益金额记作 R_{long}，表达式如下。

$$R_{\text{long}} = \left(\tilde{F}_1 - F_1\right) + \left(\tilde{F}_2 - F_2\right) + \left(\tilde{F}_3 - F_3\right) + \cdots + \left(\tilde{F}_N - F_N\right) \qquad (\text{式 6-22})$$

情形 2：针对空头套期保值。套期保值期间期货合约收益金额记作 R_{short}，表达式如下。

$$R_{\text{short}} = \left(F_1 - \tilde{F}_1\right) + \left(F_2 - \tilde{F}_2\right) + \left(F_3 - \tilde{F}_3\right) + \cdots + \left(F_N - \tilde{F}_N\right) \qquad (\text{式 6-23})$$

需要注意的是，在（式 6-22）和（式 6-23）中，括号中的因子式表示每次移仓的收益。比如，在（式 6-22）中，因子式 $\tilde{F}_2 - F_2$ 表示在多头套期保值期间针对期货合约 2 移仓的收益。因此，在整个滚动套期保值中，期货合约的最终收益便等于每次期货移仓的收益之和。

3. Python 自定义函数

为了计算的便利，通过 Python 自定义一个计算滚动套期保值期间期货合约收益的函数，具体的代码如下。

```
In [66]: def Stack_Roll(F_open,F_close,M,N,position):
    ...:     '''计算滚动套期保值期间期货合约收益的函数
    ...:     F_open: 期货合约开立时的期货价格，以数组结构输入；
    ...:     F_close: 期货合约平仓时的期货价格，以数组结构输入；
    ...:     M: 期货合约乘数；
    ...:     N: 持有期货合约的数量；
    ...:     position: 期货合约头寸方向，输入long表示多头，输入其他表示空头'''
    ...:     if position=='long':                        #多头套期保值
    ...:         profit_list=(F_close-F_open)*M*N        #计算每次期货合约移仓的收益数组
    ...:     else:                                       #空头套期保值
    ...:         profit_list=(F_open-F_close)*M*N        #计算每次期货合约移仓的收益数组
    ...:     profit_sum=sum(profit_list)                 #计算套期保值期内期货合约的收益合计数
    ...:     return profit_sum
```

在以上自定义的函数 Stack_Roll 中，输入相应的期货价格、期货合约乘数、持有期货合约的数量以及期货合约头寸方向等参数，可以测算出滚动套期保值期间期货合约的收益金额。下面依然通过一个示例进行具体演示。

4. 一个扩展后的示例

【例 6-12】沿用【例 6-11】的信息，I 公司作为套期保值的空头，需要计算在整个套期保值期间，每次移仓的收益以及全部移仓的收益情况。这里假定除了在 2022 年 1 月 22 日（套期保值起始日）开立合约以外，其他交易日的合约开立或者合约平仓均采用当天的合约结算价。表 6-13 展示了整个套期保值期间期货移仓收益以及计算过程。

表 6-13 在整个滚动套期保值期间期货移仓收益的完整计算过程（运用空头套期保值并且持有 100 手空头头寸）

日期	合约开立		合约平仓		移仓收益（万元）
	合约名称	期货价格	合约名称	期货价格	
2020-01-22	中证 500 股指期货 IC2009 合约	5400.00	—	—	
2020-09-18	中证 500 股指期货 IC2103 合约	6039.60	中证 500 股指期货 IC2009 合约	6440.14	$(5400-6440.14) \times 100 \times 200 \div 10000$ $= -2080.28$
2021-03-19	中证 500 股指期货 IC2109 合约	5821.00	中证 500 股指期货 IC2103 合约	6196.10	$(6039.6-6196.1) \times 100 \times 200 \div 10000$ $= -313$
2021-09-17	中证 500 股指期货 IC2203 合约	6948.60	中证 500 股指期货 IC2109 合约	7353.81	$(5821-7353.81) \times 100 \times 200 \div 10000$ $= -3065.62$ 万元
2022-03-18	中证 500 股指期货 IC2209 合约	6104.00	中证 500 股指期货 IC2203 合约	6305.27	$(6948.6-6305.27) \times 100 \times 200 \div 10000$ $= 1286.66$
2022-08-31	—	—	中证 500 股指期货 IC2209 合约	6143.20	$(6104-6143.2) \times 100 \times 200 \div 10000$ $= -78.40$
合计					−4250.64

从表 6-13 可以发现，在整个滚动套期保值期间一共发生 5 次期货移仓，由于期货价格先升后降，因此在这 5 次移仓中，仅 1 次实现了正收益，其余 4 次均亏损，期货合约移仓合计亏损 4250.64 万元。

此外，在 2020 年 1 月 22 日和 2022 年 8 月 31 日，中证 500ETF 的净值分别是 5.9007 元和 6.2761 元，可以计算得到整个滚动套期保值期内，该基金的收益是 $1.08 亿元 \times \left(\dfrac{6.2761}{5.9007} - 1 \right) = 687.09$ 万元。

综合以上的基金（基础资产）盈利与期货移仓亏损，滚动套期保值使得整个投资组合最终净亏损 4250.64 − 687.09 = 3563.55（万元），滚动套期保值过程中的风险不容小觑。

下面运用 Python 对【例 6-12】的期货移仓进行分析，相关编程分为以下两个步骤。

第 1 步：运用自定义函数 Stack_Roll 计算滚动套期保值期间期货移仓收益合计数。具体的代码如下。

```
In [67]: price_open=np.array([5400.00,6039.60,5821.00,6948.60,6104.00])    #合约开立时的期货价格
   ...: price_close=np.array([6440.14,6196.10,7353.81,6305.27,6143.20])    #合约平仓时的期货价格
   ...: M_future=200                      #中证 500 股指期货合约乘数
   ...: N_future=100                      #持有中证 500 股指期货合约数量（空头）
```

```
In [68]: profit_total=Stack_Roll(F_open=price_open,F_close=price_close,M=M_future,
   ...:                          N=N_future,position='short')    #计算滚动套期保值的收益
   ...: print('滚动套期保值期间期货移仓收益合计数（元）',round(profit_total,2))
滚动套期保值期间期货移仓收益合计数（元） -42506400.0
```

通过 Python 编程输出的数值结果与表 6-13 计算得到的最终合计金额是相同的。

第 2 步：将套期保值期间期货移仓收益合计金额分解至每次期货移仓，并且采用条形图（见图 6-10）进行可视化，需要运用 Matplotlib 的 pyplot 子模块中的 barh 函数。具体代码如下。

```
In [69]: profit_list=(price_open-price_close)*M_future*N_future   #计算每次期货移仓的收益
   ...: profit_list=list(profit_list)                              #将数组转换为列表
   ...: profit_list.append(profit_total)                           #在列表末尾新增移仓收益合计数
   ...: name=['IC2009合约','IC2103合约','IC2109合约','IC2203合约','IC2209合约','合计']    #创建名称的列表

In [70]: plt.figure(figsize=(9,6))
   ...: plt.barh(y=name,width=profit_list,height=0.5,label='期货移仓的收益')
   ...: plt.xticks(fontsize=12)
   ...: plt.xlabel('收益金额（元）',fontsize=12)
   ...: plt.yticks(fontsize=12)
   ...: plt.title('滚动套期保值期间期货移仓的收益情况',fontsize=12)
   ...: plt.legend(loc=3,fontsize=12)                              #图例在左下位置
   ...: plt.grid()
   ...: plt.show()
```

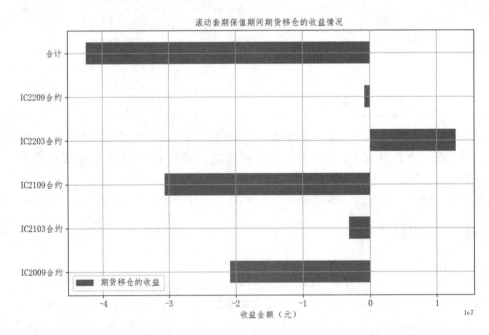

图 6-10 2020 年 1 月 22 日至 2022 年 8 月 31 日滚动套期保值期间期货移仓的收益情况

针对图 6-10 需要注意的是，横坐标轴的数量级 1e7 代表 10^7，并且可以很清楚地看到仅有中证 500 股指期货 IC2203 合约的移仓实现了正收益，其他的期货合约移仓均是负收益。

此外，在这个滚动套期保值示例中，套期保值者运用每个股指期货进行套期保值的期限大致为 6 个月（第 1 个和最后 1 个合约除外）。当然，套期保值者也可以每次选择期限更短（如 3 个月）的期货合约进行套期保值，因为期限越短的期货合约的流动性越强，但与此同时期货合

约的移仓次数就越多，套期保值者可能会承担更高的移仓风险。所以，在实施滚动套期保值策略过程中，需要平衡期货合约流动性与移仓风险。

6.4 国债期货的套期保值

在讨论完股指期货的套期保值以后，本节就聚焦于如何运用国债期货开展套期保值。由于国债期货的基础资产是国债，因此本节的内容将涵盖国债计息天数规则、国债的报价等国债期货的基础性知识，以及国债期货最终价格、最廉价交割、基于久期的套期保值策略等核心内容。

6.4.1 计息天数规则

国债期货合约的基础资产是国债，国债的一个很重要的变量是利息，而计算利息要面临如何计算利息天数（简称"计息天数"）的问题。

计息天数定义了在一段期间内利息累计的方式。介于相邻两次票息支付日的期间被称为**参考期间**，通常而言在参考期间内的利息是已知的。但是，对于债券投资者而言，遇到的常见问题是如何计算在某个**非参考期间**的利息。

$$非参考期间的利息 = \frac{非参考期间头尾两个日期之间的天数}{参考期间的总天数} \times 参考期间全部利息 \quad （式6-24）$$

通常将天数计算表示成 X/Y 的形式。当计算某个非参考期间内的利息时，X 定义了该非参考期间头尾两个日期之间计算天数的方式，Y 定义了参考期间内总天数的计算方式。债券市场存在以下 3 种计息天数的规则。

一是实际天数/实际天数（Actual/Actual），第 1 个实际天数表示非参考期间头尾两个日期之间的天数（算头不算尾，下同），第 2 个实际天数表示参考期间的总天数。

二是实际天数/360（Actual/360），这里的实际天数依然表示非参考期间头尾两个日期之间的天数，360 代表全年 360 天。

三是实际天数/365（Actual/365），这里的实际天数依然表示非参考期间头尾两个日期之间的天数，365 代表全年 365 天。

下面通过一个国债示例讲解不同的计息天数规则。

1. 一个示例

【例 6-13】假定 J 投资者持有"22 附息国债 19"，表 6-14 整理了该国债的主要要素信息。票息支付日是债券存续期间的每年 3 月 1 日和 9 月 1 日（遇节假日则顺延），票面利率为每年 2.60%。该投资者希望用 3 种不同的计息天数规则依次计算 2022 年 9 月 26 日至 2023 年 1 月 31 日（非参考期间）的利息，同时持有该债券的面值为 100 万元。

表 6-14 "22 附息国债 19"的要素信息

债券要素	要素说明
全称	2022 年记账式附息（十九期）国债
简称	22 附息国债 19
债券类型	记账式国债

续表

债券要素	要素说明
发行人	中华人民共和国财政部
票面利率	2.60%
付息频次	每年付息2次
起息日	2022年9月1日
到期日	2032年9月1日
债券代码与交易市场	220019（银行间债券市场） 019684（上海证券交易所） 102219（深圳证券交易所） 220019（银行柜台市场）

数据来源：中国债券信息网。

首先，按照"实际天数/实际天数"的天数规则计息。注意，参考期间是2022年9月1日至2023年3月1日，实际天数共计181天（算头不算尾），非参考期间从2022年9月26日至2023年1月31日，实际天数共计127天（算头不算尾）。因此2022年9月26日至2023年1月31日的利息金额计算如下。

$$\frac{127}{181} \times 2.6\% \times 0.5 \times 1000000 = 9121.55（元）\quad\text{（式6-25）}$$

其次，采用"实际天数/360"的天数规则计息，测算的期间利息金额如下。

$$\frac{127}{360} \times 2.6\% \times 1000000 = 9172.22（元）\quad\text{（式6-26）}$$

最后，采用"实际天数/365"的天数规则计息，测算的期间利息金额如下。

$$\frac{127}{365} \times 2.6\% \times 1000000 = 9046.58（元）\quad\text{（式6-27）}$$

从以上的分析不难发现，用"实际天数/360"的天数规则计息得到的利息金额最高，用"实际天数/365"计算得到的利息金额最低。目前，我国国债采用"实际天数/实际天数"的天数规则计算利息，因此，本章后面部分涉及的国债利息计算均采用这种计息天数规则。

2. Python自定义函数与编程

下面针对【例6-13】按照3种不同的计息天数规则，通过Python测算并验证期间的利息金额，相关编程分为两个步骤。

第1步：通过Python自定义计算债券利息的函数，在函数中需要区分不同的计息天数规则。此外，由于涉及日期时间对象，在定义函数之前，需要先导入datetime模块。具体的代码如下。

```
In [71]: import datetime as dt       #导入datetime模块（本章后面部分会多次运用该模块）

In [72]: def Accrued_Interest(C,m,t1,t2,t3,t4,par,rule):
    ...:     '''定义一个按照不同计息天数规则计算债券期间的应计利息
    ...:     C: 债券的票面利率；
    ...:     m: 每年支付票息的频次；
    ...:     t1: 非参考期间的起始日，以datetime模块的时间对象格式输入；
```

```
   ...:         t2: 非参考期间的到期日,格式同t1;
   ...:         t3: 参考期间的起始日,格式同t1;
   ...:         t4: 参考期间的到期日,格式同t1;
   ...:         par: 债券的面值;
   ...:         rule: 计息天数规则,输入Actual/Actual表示实际天数/实际天数,输入Actual/360表示实际
天数/360,输入其他表示实际天数/365'''
   ...:     d1=(t2-t1).days                  #计算非参考期间的天数
   ...:     if rule=='Actual/Actual':        #计息天数规则是实际天数/实际天数
   ...:         d2=(t4-t3).days              #计算参考期间的天数
   ...:         interest=(d1/d2)*par*C/m     #计算期间利息
   ...:     elif rule=='Actual/360':         #计息天数规则是实际天数/360
   ...:         interest=(d1/360)*par*C
   ...:     else:                            #计息天数规则是实际天数/365
   ...:         interest=(d1/365)*par*C
   ...:     return interest
```

在自定义函数 Accrued_Interest 中,输入票面利率、每年支付票息的频次、相关日期、债券的面值以及计息天数规则,就可以计算出期间的利息金额。

第2步:运用第1步中自定义函数 Accrued_Interest,计算在不同计息天数规则下2022年9月26日至2023年1月31日的利息。具体的代码如下。

```
In [73]: par_TB19=1e6                        #22附息国债19面值(J投资者持有)
   ...: C_TB19=0.026                         #22附息国债19票面利率
   ...: m_TB19=2                             #22附息国债19票面利息每年支付频次

In [74]: t1_TB19=dt.datetime(2022,9,26)      #22附息国债19的非参考期间起始日
   ...: t2_TB19=dt.datetime(2023,1,31)       #22附息国债19的非参考期间到期日
   ...: t3_TB19=dt.datetime(2022,9,1)        #22附息国债19的参考期间起始日
   ...: t4_TB19=dt.datetime(2023,3,1)        #22附息国债19的参考期间到期日

In [75]: R1_TB19=Accrued_Interest(C=C_TB19,m=m_TB19,t1=t1_TB19,t2=t2_TB19,t3=t3_TB19,
   ...:                           t4=t4_TB19,par=par_TB19,rule='Actual/Actual') #期间利息
   ...: print("按照"实际天数/实际天数"的规则计算期间利息(元)",round(R1_TB19,2))
按照"实际天数/实际天数"的规则计算期间利息(元)  9121.55

In [76]: R2_TB19=Accrued_Interest(C=C_TB19,m=m_TB19,t1=t1_TB19,t2=t2_TB19,t3=t3_TB19,
   ...:                           t4=t4_TB19,par=par_TB19,rule='Actual/360')
   ...: print("按照"实际天数/360"的规则计算期间利息(元)",round(R2_TB19,2))
按照"实际天数/360"的规则计算期间利息(元)  9172.22

In [77]: R3_TB19=Accrued_Interest(C=C_TB19,m=m_TB19,t1=t1_TB19,t2=t2_TB19,t3=t3_TB19,
   ...:                           t4=t4_TB19,par=par_TB19,rule='Actual/365')
   ...: print("按照"实际天数/365"的规则计算期间利息(元)",round(R3_TB19,2))
按照"实际天数/365"的规则计算期间利息(元)  9046.58
```

以上通过 Python 编程得到的结果与手动计算得出的结果是一致的。

6.4.2 国债的报价

在第 2.2.1 小节提到债券的价格分为净价和全价,这一价格规则也适用于国债,同时有效区分国债的净价和全价是准确理解国债期货价格的基础。根据(式2-1),国债的全价与净价之

间满足如下关系式。

$$国债的全价 = 国债的净价 + 上一个起息日至定价日期间的应计利息 \quad （式6-28）$$

下面通过一个国债示例讨论如何通过 Python 计算国债的价格。

【例6-14】沿用【例6-13】针对"22附息国债19"的相关信息，假定债券定价日是2022年10月12日，当天该债券连续复利的到期收益率是2.7454%，J投资者希望计算该国债的全价、应计利息以及净价。相关的计算分为以下3个步骤。

第1步：运用第2.2.2小节 Python 自定义函数 Bondprice_onediscount 计算该债券的全价。具体的代码如下。

```
In [78]: y_TB19=0.027454                          #22附息国债19连续复利的到期收益率
   ...: t_begin=dt.datetime(2022,9,1)             #22附息国债19起息日
   ...: t_mature=dt.datetime(2032,9,1)            #22附息国债19到期日
   ...: t_pricing=dt.datetime(2022,10,12)         #22附息国债19定价日
   ...: t_coupon=dt.datetime(2023,3,1)            #22附息国债19下一次付息日

In [79]: N=((t_mature-t_pricing).days//365+1)*m_TB19    #剩余期限内的票息支付次数
   ...: tenor=(t_coupon-t_pricing).days/365             #定价日距离下一次付息日的期限（年）
   ...: t_list=np.arange(N)/2+tenor                     #定价日距离剩余每期票息支付日的期限（年）
   ...: t_list                                          #显示输出结果
Out[79]:
array([0.38356164, 0.88356164, 1.38356164, 1.88356164, 2.38356164,
       2.88356164, 3.38356164, 3.88356164, 4.38356164, 4.88356164,
       5.38356164, 5.88356164, 6.38356164, 6.88356164, 7.38356164,
       7.88356164, 8.38356164, 8.88356164, 9.38356164, 9.88356164])

In [80]: def Bondprice_onediscount(C,m,y,t):      #第2.2.2小节自定义的函数
   ...:     '''基于单一贴现利率计算债券价格的函数
   ...:     C:债券的票面利率，如果输入0则表示零息债券;
   ...:     m:债券票息每年的支付频次;
   ...:     y:单一贴现利率;
   ...:     t:定价日距离后续每一期票息支付日的期限数组，零息债券则直接输入数字'''
   ...:     L=100                                 #设定债券面值100元
   ...:     if C==0:                              #针对零息债券
   ...:         price=np.exp(-y*t)*L              #计算零息债券的价格
   ...:     else:                                 #针对带票息债券
   ...:         coupon=np.ones_like(t)*L*C/m      #创建每一期票息金额的数组
   ...:         PV_coupon=np.sum(coupon*np.exp(-y*t))  #计算每一期票息在定价日的现值之和
   ...:         PV_par=L*np.exp(-y*t[-1])         #计算债券面值在定价日的现值
   ...:         price=PV_coupon+PV_par            #计算定价日的债券价格
   ...:     return price

In [81]: price_dirty=Bondprice_onediscount(C=C_TB19,m=m_TB19,y=y_TB19,t=t_list)  #计算全价
   ...: print('2022年10月12日22附息国债19的全价（元）',round(price_dirty,4))
2022年10月12日22附息国债19的全价（元） 98.8884
```

从以上代码输出的结果可以得出，该国债在2022年10月12日的全价是98.8884元。

第2步：运用第6.4.1小节的自定义函数 Accrued_Interest，计算起息日（2022年9月1日）至定价日（2022年10月12日）的应计利息金额。相关的代码如下。

```
In [82]: par_bond=100                             #设定债券的面值（100元）
```

```
In [83]: interest=Accrued_Interest(C=C_TB19,m=m_TB19,t1=t_begin,t2=t_pricing,t3=t_begin,
    ...:                           t4=t_coupon,par=par_bond,rule='Actual/Actual')  #计算应计利息
    ...: print('2022年10月12日22附息国债19的应计利息金额（元）',round(interest,4))
2022年10月12日22附息国债19的应计利息金额（元） 0.2945
```

通过第2步的计算得到，该国债在2022年10月12日的应计利息金额是0.2945元。

第3步：基于第1步和第2步的运算结果，计算2022年10月12日的债券净价。具体的代码如下。

```
In [84]: price_clean=price_dirty-interest              #计算净价
    ...: print('2022年10月12日22附息国债19的净价（元）',round(price_clean,4))
2022年10月12日22附息国债19的净价（元） 98.594
```

最终计算得出在2022年10月12日该国债的净价是98.5940元。

6.4.3 国债期货最终价格

有了关于计息天数和国债报价知识的铺垫，接下来讨论国债期货的价格。国债期货除了市场的报价以外，还有一个很重要的价格就是**国债期货最终价格**（invoice price），具体的表达式如下。

$$国债期货最终价格 = 国债期货价格 \times 转换因子 + 应计利息 \quad (式6\text{-}29)$$

在（式6-29）中，国债期货价格就是期货市场上的价格，类似于债券的净价，国债期货最终价格就类似于债券的全价；转换因子和应计利息需要计算得到。下面重点介绍国债期货涉及的转换因子和应计利息。

1. 转换因子

观察表6-7关于国债期货合约的主要要素，不难发现针对国债期货有一个比较宽泛的可交割债券标准。比如，5年期国债期货的可交割国债是发行期限不长于7年、合约到期月份首日剩余期限为4年至5.25年的记账式附息国债；但是该期货合约的基础资产（合约标的）则是标准交割债券，也就是剩余期限为5年、票面利率为3%的国债，其他的可交割国债需要按一定的比例折算成这种标准交割债券，这个折算比例就称为**转换因子**（conversion factor）。

转换因子的确定方式如下：假定所有期限的收益率为每年3%，同时确定拟交割债券在国债期货到期日的剩余期限，将面值为1元的该债券在其剩余期限内的所有现金流（包括票息和本金）折算为现值，这个现值就是该债券的转换因子。直观上讲，转换因子实际上是一种债券价格，只不过这种债券价格是通过假定市场收益率是国债期货基础资产的票面利率，且收益率曲线为水平时计算得出的对应可交割债券的债券价格。

根据中国金融期货交易所官方网站公布的信息，针对国债期货，可交割债券转换因子的数学表达式如下。

$$CF = \frac{1}{\left(1+\frac{r}{m}\right)^{\frac{xm}{12}}}\left[\frac{c}{m}+\frac{c}{r}+\frac{\left(1-\frac{c}{r}\right)}{\left(1+\frac{r}{m}\right)^{n-1}}\right] - \frac{c}{m}\left(1-\frac{xm}{12}\right) \quad (式6\text{-}30)$$

关于（式6-30）中的变量具体说明如下。

CF 表示可交割债券的转换因子。

r 表示国债期货合约基础资产的票面利率，即等于3%。

x 表示国债期货合约交割月到可交割债券下一付息月的月份数。例如，期货交割月是3月，债券下一个付息月是8月，则相关月份数是5个月。

n 表示国债期货合约交割日以后可交割债券剩余付息次数。

c 表示可交割债券的票面利率。

m 表示可交割债券每年的付息次数。

下面通过 Python 自定义一个计算可交割债券转换因子的函数，具体的代码如下。

```
In [85]: def CF(x,n,c,m):
    ...:     '''计算国债期货可交割债券转换因子的函数
    ...:     x: 国债期货合约交割月至可交割债券下一个付息月的月份数；
    ...:     n: 国债期货合约到期后可交割债券的剩余付息次数；
    ...:     c: 可交割债券的票面利率；
    ...:     m: 可交割债券每年的付息次数'''
    ...:     r=0.03                              #国债期货合约基础资产的票面利率3%
    ...:     A=1/pow(1+r/m,x*m/12)               # (式6-30)中括号前面的因子式
    ...:     B=c/m+c/r+(1-c/r)/pow(1+r/m,n-1)    # (式6-30)中括号里面的表达式
    ...:     D=c*(1-x*m/12)/m                    # (式6-30)中括号后面的因子式
    ...:     value=A*B-D                         #计算转换因子
    ...:     return value
```

在以上自定义函数 CF 中，输入可交割债券的相关月份数、剩余付息次数、票面利率以及每年的付息次数，就可以计算出转换因子。下面通过一个国债期货的示例具体演示如何测算转换因子。

【例6-15】假定分析的国债期货是在2022年12月9日到期、2022年12月14日作为最后交割日的10年期国债期货 T2212 合约，【例6-13】提及的"22附息国债19"作为该期货合约的可交割债券，计算"22附息国债19"的转换因子。

计算转换因子的关键是求出两个变量：一个是国债期货交割月至可交割债券下一付息月的月份数（x），另一个是国债期货交割日以后可交割债券剩余付息次数（n）。

由于国债期货合约的交割月份是12月，"22附息国债19"的下一付息月份是3月，因此，$x=(12+3)-12=3$。

此外，由于"22附息国债19"的最后到期日是2032年9月1日，并且每年支付两次票息，因此在国债期货合约最后交割日以后，该债券的剩余付息次数是20。

将相关参数代入（式6-30），可以得到该国债的转换因子如下（结果保留小数点后4位）。

$$CF=\frac{1}{\left(1+\frac{3\%}{2}\right)^{\frac{3\times 2}{12}}}\left[\frac{2.6\%}{2}+\frac{2.6\%}{3\%}+\frac{\left(1-\frac{2.6\%}{3\%}\right)}{\left(1+\frac{3\%}{2}\right)^{20-1}}\right]-\frac{2.6\%}{2}\left(1-\frac{3\times 2}{12}\right)=0.9664 \quad （式6-31）$$

下面运用自定义函数 CF 计算该国债的转换因子，具体的代码如下。

```
In [86]: t_settle1=dt.datetime(2022,12,14)      #国债期货T2212合约最后交割日
    ...: t_coupon=dt.datetime(2023,3,1)         #22附息国债19在期货交割日之后的下一个付息日

In [87]: months=12+(t_coupon.month-t_settle1.month)  #交割月至下一个付息月的月份数
```

```
       ...: months                                    #输出月份数的结果
Out[87]: 3

In [88]: n_TB19=((t_mature-t_settle1).days//365+1)*m_TB19   #22附息国债19在期货交割后的剩余付息次数
     ...: n_TB19                                            #查看结果
Out[88]: 20

In [89]: CF_TB19=CF(x=months,n=n_TB19,c=C_TB19,m=m_TB19)    #计算22附息国债19的转换因子
     ...: print('22附息国债19的转换因子',round(CF_TB19,4))
22附息国债19的转换因子 0.9664
```

以上 Python 代码输出的结果与手动计算得到的结果吻合。

2. 应计利息

下面讨论构成国债期货最终价格中的应计利息部分。第 6.4.1 小节提到国债利息的天数计算规则是"实际天数/实际天数",同时根据中国金融期货交易所官方网站披露的信息,针对面值 100 元可交割国债的应计利息计算公式如下。

$$\text{应计利息} = \frac{\text{可交割债券票面利率}}{\text{可交割债券每年付息次数}} \times \frac{\text{期货第 2 个交割日} - \text{可交割债券上一付息日}}{\text{当前付息周期的实际天数}} \times 100$$

（式 6-32）

【例 6-16】运用【例 6-14】的信息,也就是将"22 附息国债 19"作为 10 年期国债期货 T2212 合约的可交割债券,同时该期货合约的第 2 个交割日是 2022 年 12 月 13 日,可交割债券在第 2 个交割日前的上一付息日（债券起息日）是 2022 年 9 月 1 日,计算该可交割债券的应计利息。

这里首先需要计算的是当前付息周期的实际天数,该周期是国债期货第 2 个交割日所在"22 附息国债 19"的付息周期,也就是从 2022 年 9 月 1 日至 2023 年 3 月 1 日,实际天数是 181 天;此外,2022 年 9 月 1 日（债券起息日）至 2022 年 12 月 13 日（期货第 2 个交割日）的天数是 103 天。因此,应计利息的计算过程如下。

$$\frac{2.6\%}{2} \times \frac{103}{181} \times 100 = 0.7398 \text{（元）}$$

（式 6-33）

下面依然运用自定义函数 Accrued_Interest 计算"22 附息国债 19"作为可交割债券的应计利息,具体的代码如下。

```
In [90]: t_settle2=dt.datetime(2022,12,13)        #国债期货合约第 2 个交割日

In [91]: interest=Accrued_Interest(C=C_TB19,m=m_TB19,t1=t_begin,t2=t_settle2,t3=t_begin,
     ...:                          t4=t_coupon,par=par_bond,rule='Actual/Actual')#计算应计利息
     ...: print("22附息国债19作为可交割债券的应计利息",round(interest,4))
22附息国债19作为可交割债券的应计利息 0.7398
```

以上代码输出的可交割债券应计利息结果与手动计算的结果也是一致的。

6.4.4 国债期货的最廉价交割

针对 10 年期国债期货 T2212 合约而言,在期货交割日会存在多只符合交割要求的国债用于交割,【例 6-15】中提到的"22 附息国债 19"仅仅是全部可交割国债中的一只。然而,不同的可交割国债具有不同的票面利率与剩余期限,对于理性的国债期货空头而言,必然会从这些

可交割国债中挑选出一只交割成本最低的国债用于交割。

在交割日，空头的现金流出、流入以及现金流净额计算如下。

$$\text{买入交割国债金额（现金流出）} = \text{国债报价（净价）} + \text{应计利息} \quad (\text{式 6-34})$$

$$\begin{aligned}\text{期货交割收到现金（现金流入）} &= \text{国债期货最终价格} \\ &= \text{国债期货价格} \times \text{转换因子} + \text{应计利息}\end{aligned} \quad (\text{式 6-35})$$

$$\begin{aligned}\text{现金流出净额（交割成本）} &= \text{买入交割国债金额} - \text{期货交割收到现金} \\ &= \text{国债报价} - \text{国债期货价格} \times \text{转换因子}\end{aligned} \quad (\text{式 6-36})$$

最廉价交割债券（cheapest-to-deliver bond，CTD bond）就是使得国债期货空头现金流出净额（即交割成本）实现最小化的国债。空头可以采用考察每只潜在可交割债券的方式来确定最廉价交割债券。

1. Python 自定义函数

为了计算的便利，通过 Python 自定义能够计算可交割国债的交割成本并找出最廉价交割债券的函数，具体的代码如下。

```
In [92]: def CTD_Cost(P_bond,P_future,CF,name):
   ...:     '''计算可交割国债的交割成本并找出最廉价交割债券的函数
   ...:     P_bond: 可交割国债的净价，以数组结构输入；
   ...:     P_future: 国债期货的价格；
   ...:     CF: 输入可交割国债的转换因子，以数组结构输入；
   ...:     name: 可交割国债的名称，以数组结构输入'''
   ...:     cost=P_bond-P_future*CF               #计算可交割国债的交割成本
   ...:     cost=pd.DataFrame(data=cost,index=name,columns=['交割成本'])  #转为数据框
   ...:     CTD_bond=cost.idxmin()                #找出最廉价交割债券
   ...:     CTD_bond=CTD_bond.rename(index={'交割成本':'最廉价交割债券'})  #更改索引名称
   ...:     return cost,CTD_bond                  #输出国债交割成本以及最廉价交割债券
```

在以上自定义函数 CTD_Cost 中，输入可交割国债的净价、国债期货的价格、可交割国债的转换因子以及可交割国债的名称，就可以便捷地计算出相关可交割债券的交割成本并找出最廉价交割债券。同时，在函数的自定义过程中，需要运用 pandas 模块的 idxmin 方法以找出数据框中最小值的索引。下面通过一个示例详细讨论如何找出最廉价交割债券。

2. 一个示例

【**例 6-17**】10 年期国债期货 T2212 合约在 2022 年 12 月 9 日（合约到期日）的结算价为 100.66 元，当时银行间债券市场共有 13 只国债可以用于交割，见表 6-15。

表 6-15　10 年期国债期货 T2212 合约的可交割债券信息（银行间市场债券）

序号	债券简称	债券全称	转换因子	票面利率（%）	年付息次数	到期日期
1	19附息国债15	2019 年记账式附息（十五期）国债	1.0080	3.13	2	2029-11-21
2	20附息国债06	2020 年记账式附息（六期）国债	0.9788	2.68	2	2030-05-21
3	20附息国债16	2020 年记账式附息（十六期）国债	1.0189	3.27	2	2030-11-19
4	20抗疫国债04	2020 年抗疫特别国债（四期）	0.9906	2.86	2	2030-07-16
5	21附息国债09	2021 年记账式附息（九期）国债	1.0015	3.02	2	2031-05-27

续表

序号	债券简称	债券全称	转换因子	票面利率（%）	年付息次数	到期日期
6	21附息国债17	2021年记账式附息（十七期）国债	0.9914	2.89	2	2031-11-18
7	22附息国债03	2022年记账式附息（三期）国债	0.9801	2.75	2	2032-02-17
8	22附息国债10	2022年记账式附息（十期）国债	0.9804	2.76	2	2032-05-15
9	22附息国债12	2022年记账式附息（十二期）国债	0.9853	2.75	1	2029-06-15
10	22附息国债17	2022年记账式附息（十七期）国债	0.9741	2.69	2	2032-08-15
11	22附息国债19	2022年记账式附息（十九期）国债	0.9664	2.60	2	2032-09-01
12	22附息国债21	2022年记账式附息（二十一期）国债	0.9770	2.62	1	2029-09-25
13	22附息国债25	2022年记账式附息（二十五期）国债	0.9829	2.80	2	2032-11-15

资料来源：中国金融期货交易所。

为了简化计算，假定K金融机构作为国债期货的空头，希望从"19附息国债15""20抗疫国债04""22附息国债19"这3只可交割债券中挑选出最廉价交割债券进行交割。这3只国债的要素信息以及在2022年12月9日的转换因子、净价如表6-16所示。

表6-16　3只可交割债券的信息

债券要素	债券1	债券2	债券3
债券全称	2019年记账式附息（十五期）国债	2020年抗疫特别国债（四期）	2022年记账式附息（十九期）国债
债券简称	19附息国债15	20抗疫国债04	22附息国债19
票面利率（%）	3.13	2.86	2.60
起息日	2019-11-21	2020-07-16	2022-09-01
到期日	2029-11-21	2030-07-16	2032-09-01
转换因子	1.0080	0.9906	0.9664
债券净价（元）	102.2583	100.0623	97.2740
付息次数	每年付息2次		

资料来源：同花顺。

10年期国债期货T2212合约在2022年12月9日的结算价是100.66元。交割每只债券的成本如表6-17所示。

表6-17　3只可交割国债的交割成本

债券简称	交割债券的成本（元）
19附息国债15	$102.2583 - 100.66 \times 1.008 = 0.7930$
20抗疫国债04	$100.0623 - 100.66 \times 0.9906 = 0.3485$
22附息国债19	$97.2740 - 100.66 \times 0.9664 = -0.0038$

显然，从表6-17中不难发现，在3只可交割国债中，"22附息国债19"的交割成本是最低的，因此K金融机构可以将"22附息国债19"作为最廉价交割债券从债券市场中买入并且用于国债期货合约到期的交割。

下面利用自定义函数CTD_Cost，求出这3只可交割国债的交割成本以及找出最廉价交割债券，具体的代码如下。

```
In [93]: price_3bond=np.array([102.2583,100.0623,97.274])    #3只可交割国债的净价
   ...: price_T2212=100.66                                    #国债期货合约的结算价
   ...: CF_3bond=np.array([1.008,0.9906,0.9664])              #3只可交割国债的转换因子
   ...: name_3bond=np.array(['19附息国债15','20抗疫国债04','22附息国债19'])  #3只可交割债券名称

In [94]: result=CTD_Cost(P_bond=price_3bond,P_future=price_T2212,CF=CF_3bond, name=name_3bond)   #计算结果

In [95]: result[0]                          #输出3只可交割国债的交割成本
Out[95]:
                交割成本
19附息国债15    0.793020
20抗疫国债04    0.348504
22附息国债19   -0.003824

In [96]: result[-1]                         #输出最廉价交割债券
Out[96]:
最廉价交割债券    22附息国债19
dtype: object
```

看到这里，读者可能会有疑问：为什么会产生最廉价交割债券呢？这是因为在计算转换因子时，对于不同期限的现金流运用了相同的贴现率，显然这种做法不符合真实的利率曲线结构。因此，转换因子就无法准确地调整交割价格，由此造成的偏差会使得某些可交割债券的价格在交割时相对优于其他债券，最终就会产生最廉价交割债券。

最廉价交割债券由债券现货市场价格、市场利率水平、收益率曲线的形状以及债券的剩余期限等诸多因素决定。在确定最廉价交割债券时，通常而言，当收益率曲线向上倾斜时，转换因子倾向于将剩余期限较长的债券作为最廉价交割债券；当收益率曲线向下倾斜时，转换因子倾向于将剩余期限较短的债券作为最廉价交割债券。当然，这仅仅是经验之谈，并非绝对如此。

6.4.5 基于久期的套期保值策略

在第2.3节曾经讲过，久期用于衡量债券的利率风险。运用国债期货开展套期保值是为了对冲利率风险，因此国债期货的套期保值需要围绕久期开展。

1. 数学表达式

假定持有一个与利率相关的投资组合，比如债券投资组合，现在考虑如何运用国债期货对冲该投资组合的利率风险。为此，需要定义如下一组变量。

V_f 表示1手国债期货的合约价值，具体的表达式如下。

$$V_f = \frac{1手国债期货合约基础资产对应的国债面值 \times 国债期货报价}{100} \quad （式6\text{-}37）$$

根据表6-7，2年期国债期货的基础资产是面值200万元的国债，5年期国债期货、10年期国债期货以及30年期国债期货的基础资产均是面值100万元的国债。

V_p 表示被套期保值的投资组合在套期保值到期日的远期价值，为了计算便利，通常用投资组合的当前市值代替。

D_f 表示国债期货合约基础资产在套期保值到期日的久期（麦考利久期）。

D_p 表示被套期保值的投资组合在套期保值到期日的久期（麦考利久期）。

假定对应于所有期限，到期收益率曲线的变动是平行移动的并且变动金额为 Δy，运用第 2.3.1 小节所讨论的（式 2-20），有如下近似的等式。

$$\Delta V_p \approx -V_p D_p \Delta y \qquad \text{（式 6-38）}$$

$$\Delta V_f \approx -V_f D_f \Delta y \qquad \text{（式 6-39）}$$

其中，ΔV_p 表示被套期保值的投资组合价值变化，ΔV_f 表示国债期货合约价值变化。

因此，结合（式 6-38）和（式 6-39），用于对冲收益率变动 Δy 的风险所需要的国债期货合约数量如下。

$$N^* = \frac{\Delta V_p}{\Delta V_f} = \frac{V_p D_p}{V_f D_f} \qquad \text{（式 6-40）}$$

（式 6-40）中的 N^* 就是**基于久期的套保比率**（duration based hedge ratio），也称为**价格敏感套保比率**。利用（式 6-40）可以在理论上使得包含国债期货在内的整体投资组合的麦考利久期降至 0，这也就意味着整体投资组合的利率风险暴露为 0。

2. Python 自定义函数

下面用 Python 自定义计算基于久期套期保值的国债期货合约数量的函数，具体代码如下。

```
In [97]: def N_TBF(Pf,par,Vp,Df,Dp):
    ...:     '''计算基于久期套期保值的国债期货合约数量的函数
    ...:     Pf: 国债期货报价；
    ...:     par: 1手国债期货合约基础资产对应国债的面值；
    ...:     Vp: 被对冲投资组合的当前价值；
    ...:     Df: 期货合约基础资产在套期保值到期日的麦考利久期；
    ...:     Dp: 被对冲投资组合在套期保值到期日的麦考利久期'''
    ...:     Vf=Pf*par/100            #计算1手国债期货的合约价值
    ...:     N=Vp*Dp/(Vf*Df)          #计算国债期货合约数量
    ...:     return N
```

在以上自定义函数 N_TBF 中，输入国债期货报价、1 手国债期货合约基础资产对应国债的面值、被对冲投资组合的当前价值以及久期，就可以计算出用于对冲的国债期货合约数量。

3. 需要注意的事项

当然，运用国债期货进行套期保值时，还有一个复杂之处，就是需要在假设某一特定国债将被用于交割的前提下计算期货合约基础资产在套期保值到期日的久期值 D_f。这意味着套期保值者在实施套期保值时，首先需要估计哪只国债可能是最廉价交割债券，并且将该国债的久期作为 D_f。一旦利率环境发生变化，导致其他国债变为最廉价交割债券，套期保值原则上需要动态调整，因此实际的套期保值往往达不到预期的完美效果。

此外，市场利率与国债期货价格呈现相反变动，也就是当利率上升时国债期货价格下降，利率下降时国债期货价格上升。因此，金融机构因利率下降而导致损失的，可以用国债期货的多头头寸进行套期保值；相反，金融机构因利率上升而导致损失的，可以用国债期货的空头头寸开展套期保值。同时，套期保值者选择的期货合约应当是基础资产的久期（最廉价交割债券的久期)尽量接近于被套期保值资产的久期。

下面通过一个示例具体讲解如何运用国债期货展开套期保值。

4. 一个示例

【例6-18】 假定在2022年10月10日,一家管理市值10亿元债券投资组合(债券基金)的L基金公司,担心在未来2个月内市场利率会出现比较大的不利变动,进而影响到债券投资组合的价值,因此决定利用12月到期的国债期货对债券投资组合进行套期保值,套期保值到期日是12月6日。假定债券投资组合的麦考利久期为7.38,对于较长久期的投资组合,需运用10年期国债期货T2212合约进行套期保值,该合约在10月10日的结算价是100.85元,1手10年期国债期货合约基础资产是面值为100万元的国债。

假定在10月10日市场上的最廉价交割债券是"20抗疫国债04",该债券的信息在表6-16中已经提及。基于10月10日该债券到期收益率(连续复利利率)2.78%,计算得到在套期保值到期日的债券久期为6.8217,这也就意味着期货合约基础资产在期货合约到期日的久期值$D_f = 6.8217$。

L公司需要运用国债期货的空头头寸对债券投资组合进行套期保值,需要持有国债期货空头头寸的数量可以通过(式6-40)得出,具体合约数量计算如下(结果要四舍五入取整)。

$$N^* = \frac{7.38 \times 10^9}{\frac{100.85 \times 10^6}{100} \times 6.8217} \approx 1073 \text{(手)} \quad \text{(式6-41)}$$

最终L公司需要持有1073手10年期国债期货T2212合约空头头寸才能有效规避债券投资组合在未来2个月的利率波动风险。

下面运用Python演示相关的计算过程,分两个步骤完成。

第1步:运用在第2.3.1小节自定义函数Mac_Duration,计算"20抗疫国债04"在套期保值到期日(2022年12月6日)的麦考利久期。具体的代码如下。

```
In [98]: C_TB04=0.0286                          #20抗疫国债04票面利率
   ...: y_TB04=0.0278                           #20抗疫国债04到期收益率(2022年10月10日)
   ...: m_TB04=2                                #20抗疫国债04每年付息次数

In [99]: t_end=dt.datetime(2022,12,6)           #套期保值到期日
   ...: t1_TB04=dt.datetime(2023,1,16)          #20抗疫国债04下一次票息支付日
   ...: t2_TB04=dt.datetime(2030,7,16)          #20抗疫国债04到期日

In [100]: N_TB04=((t2_TB04-t_end).days//365+1)*m_TB04   #套期保值到期日之后20抗疫国债04剩余的票息支付次数
   ...: tenor=(t1_TB04-t_end).days/365         #套期保值到期日距离20抗疫国债04下一次付息日的期限
   ...: t_list=np.arange(N_TB04)/m_TB04+tenor  #套期保值到期日距离20抗疫国债04剩余付息日的期限数组

In [101]: def Mac_Duration(C,m,y,t):            #第2.3.1小节自定义的函数
   ...:     '''计算麦考利久期的函数
   ...:     C:债券的票面利率;
   ...:     m:债券每年支付票息的频次;
   ...:     y:债券的到期收益率(连续复利利率);
   ...:     t:定价日距离后续每一期现金流支付日的期限数组,零息债券可直接输入数字'''
   ...:     L=100                              #设定债券面值100元
```

```
    ...:         if C==0:                                #针对零息债券
    ...:             duration=t                          #计算零息债券的麦考利久期
    ...:         else:                                   #针对带票息债券
    ...:             coupon=np.ones_like(t)*L*C/m        #创建每一期票息金额的数组
    ...:             PV_coupon=sum(coupon*np.exp(-y*t))  #计算每一期票息在定价日的现值之和
    ...:             PV_par=L*np.exp(-y*t[-1])           #计算债券面值在定价日的现值
    ...:             price=PV_coupon+PV_par              #计算定价日的债券价格
    ...:             cashflow=coupon                     #现金流数组并初始设定等于票息
    ...:             cashflow[-1]=L*(1+C/m)              #最后一个元素调整为票息与本金之和
    ...:             weight=cashflow*np.exp(-y*t)/price  #计算时间的权重
    ...:             duration=sum(t*weight)              #计算带票息债券的麦考利久期
    ...:         return duration

In [102]: D_TB04=Mac_Duration(C=C_TB04,m=m_TB04,y=y_TB04,t=t_list)   #计算麦考利久期
    ...: print('2022年12月6日（套期保值到期日）20抗疫国债04的麦考利久期', round(D_TB04,4))
2022年12月6日（套期保值到期日）20抗疫国债04的麦考利久期 6.8217
```

从以上的输出结果可以看到，在2022年12月6日的套期保值到期日，最廉价交割债券"20抗疫国债04"的麦考利久期等于6.8217，这就意味着用于套期保值的10年期国债期货T2212合约基础资产的久期等于6.8217。

第2步：运用自定义函数N_TBF，计算基于久期套期保值的国债期货合约数量。具体的代码如下。

```
In [103]: par_T2212=1e6              #1手10年期国债期货T2212合约基础资产的国债面值
    ...: price_T2212=100.85          #T2212合约在2022年10月10日结算价
    ...: value_fund=1e9              #债券投资组合（债券基金）的市值
    ...: D_fund=7.38                 #债券投资组合的麦考利久期

In [104]: N_T2212=N_TBF(Pf=price_T2212,par=par_T2212,Vp=value_fund,Df=D_TB04, Dp=D_fund)
#计算国债期货合约数量
    ...: print('用于对冲债券投资组合的10年期国债期货T2212合约数量（手）', round(N_T2212,0))
用于对冲债券投资组合的10年期国债期货T2212合约数量（手） 1073.0
```

代码输出的结果与前面手动计算得到的结果是一致的。

到这里，第6章的内容已讨论完毕，这也意味着本书讲解的结束。

6.5 本章小结

无论是成熟市场还是新兴市场，期货作为套期保值的工具正越来越受到关注。在介绍了期货交易所、期货合约品种以及典型期货合约的基础上，本章结合18个示例，重点讨论了以下关于期货定价和套期保值的知识点。

（1）**期货与现货价格差异**。影响期货与现货价格差异的变量包括无风险收益、便利收益、期间收益以及仓储费用等。

（2）**套期保值策略**。按照期货头寸方向的不同，套期保值可以分为空头套期保值与多头套期保值。空头套期保值用于规避现货价格未来下跌的风险，多头套期保值则用于规避现货价格未来上涨的风险。

（3）**交叉套期保值**。在套期保值中，当发生现货与期货基础资产不同的情形时，可以选择

交叉套期保值。在交叉套期保值过程中，需要测算最优套保比率以及最优合约数量。

（4）**滚动套期保值**。当套期保值的期限大于市场可交易的期货合约存续期限时，往往需要运用滚动套期保值，当然也会面临期货合约的移仓风险。

（5）**计息天数规则**。国债期货的基础资产是国债，国债必然会有利息，而在计息过程中会涉及计息天数规则，国债采用"实际天数/实际天数"的规则计算利息。

（6）**国债期货交割**。由于国债期货到期后需要交割国债，可交割的国债又会有若干只，因此需要测算每只国债的转换因子；然后结合国债期货价格以及可交割国债的价格（净价），最终挑选出最廉价交割债券。

（7）**基于久期的套期保值策略**。债券等固定收益类资产会面临利率波动的风险，通过国债期货并采用基于久期的套期保值策略，就可以有效规避利率风险。

6.6 拓展阅读

本章的内容参考了以下资料，建议感兴趣的读者拓展学习。

（1）《期权与期货市场基本原理》是约翰·C.赫尔教授撰写的关于期货等衍生产品的入门级教程，该图书针对期货市场的运作机制、期货的对冲策略、期货定价等内容给出了比较系统的论述，同时配有一些业界案例。

（2）中国期货业协会编著的《股指期货（第二版）》是一本关于股指期货的普及性读物，尤其针对运用股指期货开展套期保值和资产组合管理等方面，提供了一些值得借鉴的案例。